國家社會科學基金項目
國家古籍整理出版專項經費資助項目

元代湖州路戶籍文書

——元公文紙印本《增修互注禮部韻略》紙背公文資料

第一册

王曉欣　鄭旭東　魏亦樂　編著

中華書局

圖書在版編目(CIP)數據

元代湖州路户籍文書:元公文紙印本《增修互注禮部韻略》紙背公文資料/王曉欣,鄭旭東,魏亦樂編著. —北京:中華書局,2021.1
ISBN 978-7-101-14848-0

Ⅰ.元… Ⅱ.①王…②鄭…③魏… Ⅲ.①户籍-管理-文書-湖州-元代 Ⅳ.D691.6

中國版本圖書館 CIP 數據核字(2020)第 200613 號

書　　名	元代湖州路户籍文書——元公文紙印本《增修互注禮部韻略》紙背公文資料(全四册)
編　　著	王曉欣　鄭旭東　魏亦樂
責任編輯	孫文穎
裝幀設計	劉　麗
出版發行	中華書局 (北京市豐臺區太平橋西里 38 號　100073) http://www.zhbc.com.cn E-mail:zhbc@zhbc.com.cn
印　　刷	北京市白帆印務有限公司
版　　次	2021 年 1 月北京第 1 版 2021 年 1 月北京第 1 次印刷
規　　格	開本/787×1092 毫米　1/8 印張 171½　字數 1200 千字
國際書號	ISBN 978-7-101-14848-0
定　　價	3600.00 元

目録

第三册

紙背録文篇

第四册

前言

一

公文紙印本，指中國古代利用當時廢棄的公牘紙張，在其背面刷印而成的書籍。瞿冕良先生認爲，利用前朝寫本卷背反面另抄其他内容首創於唐朝。但作爲印本當是在印刷術成熟後的宋朝以後〔一〕。此類書在宋、元、明開始流行。最早提出並歸納這種書籍形式的是清末民初藏書家葉德輝。其《書林清話》卷八《宋元明印書用公牘紙背及各項舊紙》，專門揭示了其所見大約十八種此類古籍，並分爲「公牘紙」、「文册紙」、「官册紙」、「册子紙」、「册籍紙」、「箋翰簡帖紙」等別類〔二〕，因其中主體是公牘官册，二十世紀後期開始學界統稱爲「公文紙印本」。公文紙印本的出現，一是出於節約用紙考慮，二是由於宋元和明前期官府用紙多用皮紙（棉紙）類優質紙，可以滿足在反面再次刷印的要求，故此類書多集中於宋、元、明三代。清代由於官府用紙品質下降，公文紙印本就不多見了。現存公文紙印本書的數量，除葉德輝揭示的十八種，當今中外學者分別統計有從十幾種、三十五種、八十一種到超過百種（包括公文紙抄本）不等〔三〕。由於所處時代在版本學上的地位，傳世至今的公文紙印書即使不計背面原有文字，本身也基本均爲善本。而背面留存的公牘均爲原始的第一手資料，對史學研究更顯珍貴。近年來多有版本目録學者呼籲重視對公文紙印書的利用和重視，史學界孫繼民先生更將其稱爲「傳世文獻最後一座待開發的富礦」〔四〕。目前被較充分利用和研究者已有兩種，一爲俄藏黑水城文獻中西夏文刻本《文海寶韻》背面所保存的宋代鄜延路經略安撫使司檔案文書，初由俄國學者整理，後由上海古籍出版社出版《俄藏黑水城文獻》時將西夏文面和漢文面影印件分別出版，漢文影印件名爲《宋西北邊境軍政文書》。孫繼民先生對此進行了整理研究並出版了專著〔五〕。另一種爲宋刻龍舒本《王文公文集》背面所存南宋舒州官府公牘和官員文人的書簡手劄，一九九〇年由上海古籍出版社以《宋人佚簡》爲名影印出版。對此書已有一批研究論文，《全宋文》收録了部分書簡，孫繼民、魏琳出版了以公牘

〔一〕瞿冕良《略論古籍善本的公文紙印、抄本》，《山東圖書館季刊》一九九二年第二期。
〔二〕葉德輝《書林清話》，第一八六—一八九頁，岳麓書社，一九九九年版。
〔三〕見孫繼民、魏琳《公文紙本：傳世文獻最後一座待開發的富礦》，《光明日報》，二〇一二年四月十二日第十一版。
〔四〕同前引孫繼民、魏琳文。
〔五〕孫繼民《俄藏黑水城所出〈宋西北邊境軍政文書〉整理與研究》，中華書局，二〇〇九年版。

部分爲重點的整理研究專著〔一〕。

國外學者也介紹使用和刊布過一些中國古籍的紙背公牘資料。一九三六年日本杉村勇造發表《元代公牘零拾》〔二〕，刊布了元大字刊本《大學或問》和《論語集注》背面所存的部分元浙東宣慰司經濟公牘，涉及延祐至至正年間物價、救濟、課程、租賃等方面。文書原長二尺餘，寬一尺餘，但刷印時被裁成普通刊本大小，導致各文書首尾順序顛倒錯亂，許多内容不完整。美國哈佛大學哈佛燕京圖書館藏有中國明代公文紙文獻若干種，其中《重刊并音連聲韻學集成》和《直音篇》兩部印本紙背均爲明中後期的黄册文書。此批資料哈佛燕京圖書館網站已在網上刊布。此兩部書正面刷印非常清晰且字間距很密，而紙背文書却相對不清，只能辨識每葉天頭地脚處及正面印文字數較少的部分〔三〕。

必須指出，宋、明兩代史料保存相對完整，史籍總量宏大。前述已整理和待整理的公文可以起到豐富和補充邊疆和地區史料的作用。與宋、明時期相比，元代書面文字史料在歷史過程中的流失散佚比較嚴重。其朝廷實録和《經世大典》等主要政書已散失，主要的法典、公文書流傳至今的亦非全部。當時人所著雜别史數量較少。方志現存爲數不多。元人詩文集數量不少，但亦遠不及前後朝代。欲推進元史研究的發展和深入，除努力挖掘現存漢文史籍、金石碑刻遺存資料和少數民族文字資料並擴大域外史料的利用外，公文紙印本的整理工作也應該着手做了。而由於上述元代史料的狀況，在某種程度上，公文紙印本的研究開發對於元史的意義而言要更甚於宋、明史。但是，目前除了日本學者，國内這方面的工作才剛剛開始，迄今元代公文紙印本書尚未有任何一部進行過完整整理和研究的論著問世。

據各善本書目、題跋載，元代亦有相當數量的公文紙印本書存世。葉德輝所見元公文紙之書籍有三：（一）宋邢昺《爾雅疏》（紙背爲元代致和、至順年公牘，曾藏蘇州袁氏五硯樓）、（二）宋吕祖謙《歐公本末》（紙背爲元延祐四年官册紙，現藏日本静嘉堂文庫）、（三）漢班固《漢書》（宋蜀刻大字版，殘存八卷，紙背皆元時公牘）〔四〕。此外瞿冕良先生還録有十二種：（一）宋毛晃《增修互注禮部韻略》，宋刊元印本，紙背爲元户口册子紙，現藏上海圖書館。（二）唐魏徵等《隋書》，元刻公牘紙印本，原藏江陰藝風堂。（三）漢應劭《風俗通義》，元公文紙印本，現藏北京大學圖書館。（四）宋朱熹《中庸或問》，元覆宋刊，以泰定間江浙行省各路户口錢糧册等公牘紙印，現藏臺灣「中央」圖書館。（五）唐李賢《後漢書注》，宋刻元修公文紙印本，現藏國家圖書館。（六）唐皮日休《皮子文藪》，元册子紙印本，原藏張氏涉園。（七）北齊魏收《魏書》，宋元遞修公文紙印本，現藏國家圖書館。另南京大學圖書館藏殘本卷四一册。（八）五代劉昫《唐書》，宋元遞修公文紙印本，現藏國家圖書館。（九）元俞琰《周易集説》，元錢糧册子公文紙印本，現藏國家圖書

〔一〕孫繼民、魏琳《南宋舒州公牘佚簡整理與研究》，上海古籍出版社，二〇一一年版。

〔二〕見《服部先生古稀祝賀紀念論文集》，（日）富山房，一九三六年版。

〔三〕見杜立暉《哈佛大學藏公文紙本〈重刊并音連聲韻學集成〉等紙背明代文獻初探》，《寧夏社會科學》，二〇一五年第五期。

〔四〕同前引葉德輝《書林清話》。另參見傅增湘《藏園群書經眼録》卷二、卷四，中華書局，二〇〇九年版。

館。（一〇）元周伯琦《説文字原》，元公文紙印本，現藏國家圖書館。（一一）元陳桱《通鑑續編》，元昆山錢糧册子公文紙印本。（一二）元吴師道《戰國策校注》，元官紙印本，曾藏積餘齋[一]。此外還應有一些尚未著録的本子。

還需要指出的是，前述《宋西北邊境軍政文書》和《宋人佚簡》的刊布有其特殊處，二書底本均爲蝶裝，書背内容易於識讀，今人影印也較爲便利。而元以後包背裝興起，之後又綫裝大行。後世對開膠破散的包背裝書的修補也多採取綫訂。綫裝不拆無法窺得紙背全貌。由於善本難得及收藏者和圖書館的刻意保護，現存大部分爲綫裝的公文紙印本書中的背面内容就甚少爲外界所知及利用了。據説二十世紀後葉，日本學人曾來華欲用筆式微型相機探入綫裝書夾頁的方式拍録紙背文書，無果。哈佛明代資料的紙背是如何録下來的不得而知，據説美國現在的掃描技術已能够做到不拆綫裝就可掃出紙背，但這也可能是掃出來的紙背字不易辨認的一個原因。我們認爲真正解決問題仍必須拆綫裝後逐葉掃描。

二〇一二年，王曉欣和研究生赴上海圖書館，對上圖所藏元公文紙印本《增修互注禮部韻略》用手小心撑開折葉，從中窺視紙背，做了初步調查檢視，少量摘録了能够較清楚看到一部分内容的元代公文，初步確定其爲户籍文書。當年八月，在中國元史研究會和南開大學聯合舉辦的「元代國家與社會國際學術研討會」上，我們提交論文《元公文紙印本史料初窺——宋刊元印本〈增修互注禮部韻略〉紙背所存部分元代資料淺析》[二]，對摘録内容做了介紹和初步分析，引起與會學者的關注和鼓勵。二〇一三年，王曉欣以「元公文紙印本《增修互注禮部韻略》紙背所存元代户籍文書的整理與研究」爲題申請並獲得國家社科基金的資助，在上海圖書館陳先行先生、顧雅芳女士、上圖歷史文獻中心樊兆鳴主任的支持下，與上圖合作，將《增修互注禮部韻略》綫裝全部拆開，完整掃描複製紙背。據我們所知，這也是國内圖書館中首次拆開善本綫裝書對紙背文獻的全面掃描。

二〇一四、二〇一五年，孫繼民先生及陳瑞青、宋坤、杜立暉諸先生以宋元公牘紙背和明代古籍紙背公文紙資料整理研究爲題相繼獲得了國家社科基金重點和重大項目的支持。這幾年他們做了很多工作，在我們之後掃描了上圖所藏十幾種明代紙背資料，在明代黄册起源等問題方面有一些新的材料發現。還收集了南京、瀋陽、河南等地的一些紙背文獻[三]。但由於除上海圖書館之外國内其他圖書館對於拆開綫裝書掃描均不予允許，他們對其他圖書館所藏元代紙背資料的整理遇到了很大困難。如杜立暉先生對國家圖書館所藏《魏書》紙背所存元代資料的整理，只能依靠透过館藏膠片的反面進行抄録，辨識和完整性都受到影響。

我們這批《增修互注禮部韻略》紙背的文獻，是國内第一部完整掃描後整理的元代紙背公文書資料。

〔一〕 參見前揭瞿冕良《略論古籍善本的公文紙印、抄本》，另參見傅增湘《藏園群書經眼録》。

〔二〕 此文刊於《清華元史》第三輯，商務印書館，二〇一五年版。

〔三〕 參見杜立暉《〈魏書〉紙背元代文獻具有雙重史料價值》，《中國社會科學報》，二〇一五年六月十日。山東師範大學歷史與社會發展學院《古籍公文紙本文獻與宋元明史研究新境界學術研討會會議論文集》，二〇一七年六月。

《禮部韻略》是中國音韻學史上一部有名的韻書，爲宋仁宗時期修定的官方用韻標準書，也是指導科舉詩賦用韻的重要工具書。元代此書的這種作用仍然延續。元重開科舉後規定：「鄉、會等試許將《禮部韻略》外，餘并不許懷挾文字」〔一〕，可見其是當時士人唯一可以帶入考場的書，爲士子所必備。《禮部韻略》在金、南宋時多有修訂和增補本問世，分爲南北不同的韻系。其中《增修互注禮部韻略》是南宋時增補《禮部韻略》的南方韻系的代表〔二〕，在南方士子中和元後期影響最大，故坊間争相傳刻，刊本甚多。有學者統計，此書流傳至今的有宋本、元本、明本共十四種版本〔三〕。巨大的社會需求量，可能是其中出現用公文紙刷印版本的重要原因。

《增修互注禮部韻略》，南宋毛晃增注，毛居正重增。上海圖書館藏元公文紙印本，先爲清代怡親王府舊藏，後爲潘氏滂喜齋藏。潘祖蔭《滂喜齋藏書記》云：「其紙爲元時户口册，書即印於紙背，諦視之皆湖州路某縣某人云宋民户至元某年歸順，則湖州官庫本也」〔四〕。該《藏書記》據此斷言此書爲元刻本，但現代學者根據其書刻工皆爲南宋人，書中避宋諱等證據確定其爲宋刻板元公文紙刷印本〔五〕。

是書開本宏闊，五卷六册，框高二十八點二釐米，廣十九點二釐米。凡三百二十四葉，正面半葉十行，行十六字，小字雙行，行三十二字，白口，左右雙邊，單魚尾。此書今爲綫裝，襯紙與訂綫較新。按宋元書原多非綫裝，就此書而言，自書脊處可看出原包背裝的痕迹，不知何時更换裝訂形式。《滂喜齋藏書記》有背面内容的大略，《上海圖書館藏宋本圖録》及李子君先生《〈增修互注禮部韻略〉版本考述》一文各有一條其背面内容的著録，不知以何法録下。我們判斷此書入藏潘祖蔭家時仍非綫裝，可能是在上海圖書館重新换襯，用綫裝訂。

此書卷首爲毛晃序，爲清安樂堂補鈔（補鈔紙爲新紙，從第一至十葉）。除卷首外無修版痕迹，内葉間有斷板，然不多。書中從十一葉開始正文幾乎每頁背面都有原文書。觀察全部複製圖版後，可以看到其是有完整固定的頂格、抬頭、空行等格式的，基本分條記録。紙背原公文面均爲小楷書，與正面刷印文字同一方向。其户口登記格式使得行距很寬，加上楷書字小，使得後來另一面刷印時不易受到太大影響。元代在另面刷印韻書時，這批公文在地脚處裁邊，有少量條目有字被裁下，但所裁下的字并不多，約在二至三個。個别册中少數頁張反面有較大塊漫漶頁面。册三葉四十七，紙張的上半部分空白，户籍登記從中間開始，殘缺後半部分内容。但這僅是個别現象，總體上文書的完整度較好。

〔一〕《通制條格》卷五《學令·科舉》，方齡貴校注本，中華書局，二〇〇一年版。

〔二〕北方韻系即「平水韻」，代表者有金人王文郁《平水新刊禮部韻略》（又稱《新刊韻略》）和一二五二年刊印的劉淵《壬子新刊禮部韻略》。元代科舉中所指的《禮部韻略》，實際包括了北方平水韻和南方《增修互注禮部韻略》等南北兩系的各種書。相關討論可參見李子君《〈增修互注禮部韻略〉版本考述——兼釋元代屢刊〈增修互注禮部韻略〉的原因》，《文獻》，二〇一〇年第一期。

〔三〕同前揭李子君文。

〔四〕《滂喜齋藏書記》卷一，中華書局，一九九〇年版。按此記挂名潘祖蔭，實葉昌熾代筆。

〔五〕參見傅增湘《藏園群書題記》附録一《題宋本〈增修互注禮部韻略〉六首》，上海古籍出版社，一九八九年版。另見《上海圖書館藏宋本圖録·浙江地區》，上海古籍出版社，二〇一〇年版。

本書紙背資料絶大部分爲元中期以前江南湖州路户口事産登記。全部六册共整理三二二葉，按正反面計六四四面。其中除第三册葉五七爲格式類似「延祐經理册」的土地資産歸類登記殘葉，第六册葉五四和五五爲一種性質不明的單獨題名録外，基本格式相同的人户登記有九五五户，除去其中五四户重複户，共計九〇一户。這是目前爲止發現的數量最大的宋元時期的户籍登記材料。

二

如此系統完整的大體量元代户籍資料相當難得。有學者曾指出：「元代的户籍册子，我們現在已經無法看到」，以往能見到的只有如黑水城文書中的幾片殘葉，且没有一條完整的[一]。《增修互注禮部韻略》紙背文書的掃描，使我們首次看到了以往未見的成規模的元代户籍册。在這批材料中我們可以第一次較完整瞭解到元朝江南地區户籍登記的總體面貌。雖然紙背掃描圖版的辨識因爲紙正面字迹的影響有一定困難，但完全依照其原有版面録下就可以看出，元代户籍登記是有相當嚴格的記録格式的。登記均以户爲條。一條完整記録的人户，第一行頂格「一户……」記户主姓名及籍貫居住所在、宋時職業和應役類型、歸附元朝年月、部分在元代發生的職業和應役變化；第二行退兩格「計家」記家口（包括親屬口數和非親屬的驅口、典雇人口等）；第三行退六格記本户男性口數；第四行退八格記本户成丁口數；第五行退十格記成丁男姓名、年齡（如有多人，則一般依本人、子、弟等依次並排記録，之間大約空四格）；第六行部分與第四行同，退八格記不成丁男口數，下一行退十格記不成丁男姓名、年齡，部分直接退十格連續記不成丁男口數、姓名、年齡，如有多人同丁男；第八行或第七行與第三行齊，記本户女性口數（如無男性女户，則直接從第三行記）；第九行與第五行齊，退十格記本户婦女姓名、年齡；第九或第十行與第二行齊，退二格記事産；事産下一行退四格記本户田土數目；田土數下一行退六格並排依次記水田、陸地、山嶺畝數（之間各空約四格）；水、陸、山田土具體數行下一行與田土總數行齊，退四格記本户房舍間數；房舍下一行與事産行齊，退二格記孳畜；最後一行同事産、孳畜行齊，記本户營生。除第一行户主頂格記外，退兩格的行分别是計家、事産、孳畜、營生四大類，顯然這是最主要的類項。一户登記内容，一般都是從「一户」户主信息開始，至「營生」結束。

本批資料絶大部分的基本登録時間是元滅南宋至元世祖至元後期，最晚到仁宗皇慶年間。從録文的時間看，有三類：第一類，幾乎每條人户都要記的「歸附」時間，這個時間段基本上在至元十二年十一月到至元十二年十二月間，可以説是一個基本格式。按録文的内容均在湖州路，至元十二年年底是元軍占領湖州的時間，「歸附」在時間上是契合的。但需要指出，這個時間並非本批籍册的完成時間，而是爲統計人户爲元朝服役納税的開始點。每户都要依此

〔一〕 參見劉曉《從黑城文書看元代的户籍制度》，《江西財經大學學報》，二〇〇〇年第六期。

格式登録，也可能表明至少有相當部分人户登記在元定江南之初就開始了，這也是爲了及早徵派賦役。第二類是户類改色或應當其他差役的時間，如原宋民户被定爲元朝的弓手、定爲船站户等等，資料記録的還有原宋民户被改籍爲打捕户、醫户、儒户、軍户的。此類改色改役時間稍晚，本書資料分别記有至元二十、二十一、二十三、二十六年等。第三類，人户遷移記録時間，有至元十九年、至元二十六年等。

至元二十六年是我們看到的完整户籍條文中明確年號記録最晚的一年。衆所周知，至元二十六年，元廷下令開始全面「籍江南户口」[一]，我們所看到的是否就是這次籍户的户口登記册或者登記底册（草册）呢？陳高華先生指出，元平定南宋之初，便注意保存各種籍册和徵收賦税，並主要以一二六六年（宋度宗咸淳二年）南宋最後一次大規模土地調查登記爲依據，南宋科徵文書已損失不存的，則由基層人員「只憑鄉司草册數目」催納税糧[二]。但所謂「鄉司草册」是什麽面貌？以前没有這方面的具體資料。考慮到該版本《增修互注禮部韻略》極大可能是延祐開科後成爲暢銷書才用過期的公文紙增印的，則這批文卷應該是延祐年以前的。從其内容分析，本文卷每户都登記了詳盡的女口，這是只登男丁的宋代户籍不可能有的（女户除外）；文卷裏還登録了不少元代的户籍如站户、驅口等，這些元代特有的記録説明資料不會是抄南宋的。由所見時間記録看，由其登録有具體格式和各項具體户籍事産的全面集中性看，很可能就是至元二十六年江南籍户的登記册或至少是登記草册。從户籍登録的完整性判斷，從元滅宋後到至元二十六、二十七年開始大面積户口土地調查的十幾年間，元廷江南一些地方的官員很可能已經在原南宋簿籍之外按元代的體制進行了新的登記了。至元二十六、二十七年籍户前後的詳情，以往所見只是一些政書所載原則性的規定[三]及一些方志和元人文集中的一般性陳述。至元二十六、二十七年籍户的效果怎樣？權威看法，元廷做得很不認真，基本沿用南宋土地登記，有些方志記載這次籍户時根本没有事産資料[四]。但本批資料顯示，起碼湖州路的事産登録還是較嚴整的。另外，至元二十六年籍户後，對已登録的户籍資料是否有補充修訂，没有資料。《中國經濟通史·元代經濟卷》認爲户籍册攢成後很快被棄置不用，根據户等重新編排户籍册而成的鼠尾簿，就是實際上的户籍册子[五]。從現在我們能見到的兩份元代北方鼠尾簿看，主要以差發派役功能爲主而不考慮人丁，是税役文書；而湖州路這種南方的册子重點在定人户的司法功能，是户籍文書，兩種不同是明顯的，結合其他資料，我們認爲這兩種不同類型在一定時期裏是並行存在的。關於這批册卷的最晚時間，《增修互注禮部韻略》第四册葉二十五紙背有兩條記録了「元籍」户數和之後根據「今次手狀」補寫的新增户内成丁人口，補寫

〔一〕《元史》卷一五《世祖本紀十二》，中華書局點校本，一九七六年版，第三一九頁。

〔二〕參見陳高華《元朝的土地登記和土地籍册》，《歷史研究》，一九九八年第一期。另見余卓《松江府助役田糧記》，《正德松江府志》卷六，《天一閣藏明代地方志選刊續編》本，上海書店出版社，一九九〇年影印本。

〔三〕如《元典章》卷一七《户部三·籍册·抄數户計事産》，陳高華等點校本，天津古籍出版社、中華書局，二〇一一年版，第五九四頁。

〔四〕陳高華《元朝的土地登記和土地籍册》。

〔五〕陳高華、史衛民《中國經濟通史·元代經濟卷》第十三章，經濟日報出版社，二〇〇〇年版，第五三五頁。

的時間和第一次登録最多相隔了三十八年，也就是至少到元仁宗皇慶二年（一三一三）還有補録。這和我們前面判斷其大約是延祐開科後才被廢棄用以在另面印書似乎可以契合。紙背文書後幾册中還有很多添加、塗改、調换的筆迹，大多是小修小補，册六另有連續多處修改格式的指示箭頭（通常是將後一行引向前一行之下而合併爲一行），此亦反映此户籍册或是登記草册，或確實是在修成後有修訂和補充。

括言之，這批資料對我們進一步認識元代江南户籍調查和土地登記的詳情非常有用。對於從宋經元至明，户籍文書系統諸如手狀、户帖、各類型户籍册的關係和發展脉絡，本資料更是提供了尤爲珍貴的研究數據。如前述第四册兩户分别記録：「今抄手狀内計家九口」、「今抄手狀内計家一十二口」，這是元代户籍册與手狀關係的重要實證。另外，除「營生」類，本資料其他户口登記格式、内容都與明初頒行的「户帖」十分相似。以湖州路户籍册中的一户資料和明初户帖對比：

（湖州路户籍資料第二册葉二十三）

1 一户施四五，元係湖州路安吉縣移風鄉二管人氏，亡宋時本名爲户作民户附籍，至元十二年十二月内在本鄉歸附□
2 坐應當民户差役
3 計家：叁口
4 親屬叁口
5 男子貳口
6 成丁貳口
7 本身年伍拾壹歲
8 男施千三年叁拾壹歲
9 婦人壹口
10 妻張二娘年肆拾捌歲
11 驅口無
12 典雇身人無
13 事産：

14 田土壹拾肆畝陸分
15 水田壹畝捌分
16 陸地叁分
17 山壹拾貳畝伍分
18 房舍
19 瓦屋貳間
20 營生：
21 養種

（中國社會科學院歷史研究所圖書館善本庫藏明洪武四年安徽省祁門縣十西都住民汪寄佛户帖一件）：〔一〕

一户汪寄佛，徽州府祁門縣十西都住民，應當民差。計家伍口：

男子三口

成丁貳口

本身年三拾陸歲

兄滿年肆拾歲

不成丁壹口

男祖壽年肆歲

婦女貳口

妻阿李年三拾三歲

嫂阿王年三拾三歲

〔一〕中國社會科學院歷史研究所整理《徽州千年契約文書》（宋·元·明編）第一卷，花山文藝出版社，一九九三年。

事産：

田地無

房屋瓦屋三間

右户帖付汪寄佛收執，准此。

洪武四年　月　日

深字伍佰拾號

再以元湖州路户籍册和明初近二十則户帖的内容格式特點，製作成簡易表格，逐項比較[一]：

	元湖州路户籍册	明初户帖	前者多出事項
户頭	姓名、籍貫、户計類型、歸附時間、差役種類	姓名、籍貫、户計類型、差役種類	歸附時間
計家人口	男子、婦女、驅口、典雇身人	男子、婦女	驅口、典雇身人
事産	田土、房舍	土地、房舍、孳畜	
孳畜	孳畜	（歸入「事産」一欄）	
營生	生計來源、佃田		生計來源、佃田

兩相對照，明洪武四年户帖内容上分户頭、計家人口、事産三項，而元代湖州路户籍册有户頭、計家人口、事産、營生四項，無論從整體還是具體條目，洪武四年户帖都像是元代户籍册的簡化版。明代户籍登録格式明顯是承襲元代而來的。關於這方面的探討，鄭旭東博士另有專文（見《中國史研究》二〇一八年第三期）。

關於宋元及明初百姓的取名，吴晗先生和洪金富等先生曾撰文專門做過研討。吴先生主要依據清俞樾《春在堂隨筆》卷五「元制庶人無職者不許取名，而以行第及父母年齡合計爲名」及其他一些「雜書」的零星例證，指出當時平民百姓没有功名的，多用行輩或者父母年齡合算一個數目作爲名字，並考察

〔一〕資料來源：除汪寄佛户帖外，其他明代户帖轉引自陳學文《明初户帖制度的建立和户帖格式》（《中國經濟史研究》，二〇〇五年第四期）以及方駿碩士論文《明代户帖研究》第二章第三節「明初户帖文書及其相關問題」（復旦大學，二〇一一年）。

該現象並非僅在元代；洪先生引用多種旁證做了更爲詳細的討論，並進一步揭示這種習俗宋元明清民間一直存在，亦並非所有百姓均如此〔一〕。但以往討論一直未有一個直接的大批量宋元姓名資料能對此予以確證，現在我們可以看到元湖州路户籍册中大部分的百姓（可達數千人）人名都帶數字，只有極少數人取正式名，僅大約十來個。主要是儒户、醫户，也有民户。這是數目字人名前所未有的完整例證。魏亦樂博士以此爲綫索並結合其他資料對數目字人名有新的全面研究論文（見《中研院歷史語言研究所集刊》第九十一本，第一分，二〇二〇年）。

宋元是漢字俗字發展的重要階段。本户籍文書的編纂，其基本信息是據手狀而來。手狀由百姓自行填寫，爲攢造户籍册提供人口、事産等信息，而官府由手狀提供的信息編造户籍册。在這種「户籍册草稿」中，可能是手狀書寫時百姓文化水平不一（或有鄉里識字者代爲登録），所用字形混亂，俗字比一般傳世文檔更多，也有許多他處所不見的怪字，所以本批資料也是一部研究宋元俗異字的很好的文字學材料。魏亦樂博士對此亦撰有專文（見《文史》二〇一八年第三期）。

户籍册中事産（水旱田地、山林、房産、孳畜）的資料也非常豐富，初步看，絶大多數家庭擁有數畝到數十畝田産，一頃以上的較爲罕見（册二葉七、二五、三九）。在土地登載時，大多數只是登録事産數量，但也有兩處開始詳細地標注了所處方位（册二葉三四、三五）。册頁中「佃田」較爲常見，登記時不屬「事産」，而是附在「營生」之下。佃田份額不小，尤其第三册數量可觀，多爲寺觀田僧人田，偶有官員私田，及「田賦田」，有些户佃種的田地相當多（册四葉一六、册五葉七、一七，册六葉二七），反映出江南租佃關係的發達。關於土地、事産方面經濟學視角的統計考察，我們擬另行撰文討論。

三

由於本批户籍登録的地區集中性，資料還給我們提供了元代江南具體地區内地方基層體制的較完整面貌。本書文卷基本都是元湖州路下各處的登記。此地唐爲吴興郡，宋改安吉州，元至元十三年升湖州路，轄烏程、歸安、安吉、德清、武康五縣和長興一州。本書登録有湖州路安吉縣浮玉鄉、鳳亭鄉、移風鄉、銅山鄉；德清縣千秋鄉、金鵝鄉、遵教鄉、永和鄉北界台鼎坊、桂枝坊和永和鄉南界等共二縣八個鄉兩個坊有本地居民登記的基層建置。另有本路武康縣、烏程縣、歸安縣、長興州遷來上述兩縣和杭州路、嘉興路、紹興路居民遷來本路的記録。安吉縣各鄉以下爲「管」，管下爲村。浮玉鄉記録有一、二、三、四、五、六管；鳳亭鄉有一、二、三、四、五、六管等；移風鄉有一、二、三、四、五、六、七、八管；銅山鄉有五管等。約有二十七管。管之

〔一〕參見吴晗《宋元以来老百姓的稱呼》，原載一九五九年二月二十七日《人民日報》，後收入《燈下集》，見三聯書店，一九七九年版，第五二頁。洪金富《數目字人名説》，《中研院歷史語言研究所集刊論文類編·歷史編·宋遼金元卷》第三册，中華書局，二〇〇九年版，第二〇二七頁。

下記録有俞村、三户村、潘村、埡田村、黨口村、上市村、施村、盧村、石罷村、石馬上村、石馬村、横塘村、茭湖村、後澤村、平田村、金村、汪加邊村、壁門村、坎頭村、塘裹村、新墟村等五十三個村名。德清縣各鄉以下均爲都、保，有些地方都、保之間有上、下管。如：「金鵝鄉拾肆都下管北塔村拾保」、「千秋鄉下管捌保」、「遵教鄉拾壹都」等。約記有十五個都，六十五個保。武康縣亦有上、下管，如：「太原鄉拾柒都下管」。所録烏程縣、歸安縣地名不多，其鄉之下均記爲都、保。

管、都、保均爲宋朝設置，但各地情況相當複雜，學界争議也相當大〔一〕。主流觀點認爲自宋太祖開寶以後，鄉村實際的基層行政單位大多是管或者，宋神宗以後又改爲都保。到南宋大部已實行鄉以下都保制，但有些地方還有管〔二〕。對於元代的基層單位，元史學界一般認爲是繼承了宋代的鄉都制，都之下則多引《至順鎮江志》：「每鄉所轄都分不等，其中爲里、爲村、爲坊、爲保，皆據其土俗之所呼以書」，對都以下細節及各地具體的不同並未展開討論〔三〕。《至順鎮江志》所記爲元代方志中最爲詳盡者，其載鎮江路各縣之下確爲典型的鄉、都、保制。從《元典章》、《延祐四明志》及一些元代田土税糧簿的登記格式看，元代江南基層大部分實行都保制是没有問題的〔四〕。但元南方是否和南宋一樣也有些地方有不同的設置，這些設置是沿襲南宋還是元代的改制？這些問題亦需要疏理清楚。修於明初的《吴興續志》對於元代湖州路的地方基層設置及沿革有相當詳細的記述，但以往學界大多引用該書對里正主首作用的描述，很少有關注其對元代湖州路鄉之下基層體系及變化的記載。本批紙背户籍文書對《吴興續志》的記録提供了實證和補充。

〔一〕參見王棣《宋代鄉里兩級制質疑》，《歷史研究》一九九九年第四期。夏維中《宋代鄉村基層組織衍變的基本趨勢》，《歷史研究》二〇〇三年第三期。鄭世剛《宋代的鄉和管》，《中日宋史研討會中方論文選編》，河北大學出版社，一九九一年版。

〔二〕參見王曾瑜《宋代社會結構》，周積明、宋德金編《中國社會史論》下册，湖北教育出版社，二〇〇〇年版。

〔三〕（元）余希魯《至順鎮江志》卷二《地理·鄉都·丹徒县》，江蘇古籍出版社校點本，一九九九年版，第二十頁。另參見白鋼主編，陳高華、史衛民著《中國政治制度史》第八卷《元代》，人民出版社一九九六年版，第一三四—一三五頁。陳高華、史衛民《中國經濟通史·元代經濟卷》，第九二—九七頁。

〔四〕《元典章》卷二六《户部一二·賦役·户役·編排里正主首》，陳高華等點校本，第九七〇頁。（元）袁桷等《延祐四明志》卷八《鄉都》，《宋元方志叢刊》本第六册，中華書局，一九九〇年版。宋坤《國圖藏〈魏書〉紙背所見元代税糧簿書式文書淺談》，山東師範大學歷史與社會發展學院《古籍公文紙本文獻與宋元明史研究新境界學術研討會會議論文集》，二〇一七年六月。

附表《吴興續志》與紙背户籍文書登録地區基層名稱之對比〔一〕

縣	鄉	《吴興續志》	紙背文書
安吉縣		安吉縣，《舊志》（《吴興志》）鄉一十有六，轄里八十。自元至今，鄉名如故，定爲三十七扇，一百八管。	
	浮玉鄉	浮玉鄉，《吴興志》轄里五。元二扇，分爲六管	一管、二管、三管、四管、五管、六管
	鳳亭鄉	鳳亭鄉，《吴興志》轄里五。元一扇，分爲六管。	一管、二管、三管、四管、五管、六管、七管
	移風鄉	移風鄉，《吴興志》轄里五。元二扇，分爲五管。	一管、二管、三管、四管、五管、六管、七管、八管
	銅山鄉	銅山鄉，《吴興志》轄里五。元三扇，分爲九管。	三管、五管、七管、八管
	梅溪鄉	梅溪鄉，《吴興志》轄里五。元一扇，分爲五管。	一管、二管
	魚池鄉	魚池鄉，《吴興志》轄里五。元三扇，分爲九管。	一管
德清縣		德清縣，《舊志》（《吴興志》）六鄉，轄里七十有五。元改里爲十八都。繼因括勘田土，又分十三都、十四都爲上下管，十五都、十六都、（十七都）、十八都爲東西管。（加上一至十二都）〔三〕共爲二十四管一界。	
	千秋鄉	千秋鄉，《吴興志》轄里五。元管都五：二、三、四、五都。	貳都、三都、三都下管、肆都、伍都
	金鵝鄉	金鵝鄉，《吴興志》轄里二十。元管都八：十二都、十三都上管、十三都下管，十四都上管、十四都下管，十五都東管、十五都西管、十八都東管。	拾貳都、拾三都、拾肆都、拾肆都下管、拾伍都、拾捌都
	永和鄉	永和鄉，《吴興志》轄里二十。元管都五，界一：一都，十六都東管、十六都西管，十七都，十八都西管。南界、北界。	壹都、十六都、十七都、十八都。北界台鼎坊、桂枝坊。南界
	遵教鄉	遵教鄉，《吴興志》轄里十五。元管都二：十都、十一都。	十一都
武康縣		武康縣，宋爲鄉四，里凡七十。元仍其鄉，而定爲十八都。	
	太原鄉	太原鄉，《吴興志》轄里二十。元管都（各）四：十四都下管、十五都上管、十五都下管、十六都上管、十六都下管、十七都上管、十七都下管、十八都。	拾柒都下管

〔一〕表中《吴興續志》記載皆引自《永樂大典》卷二二七六《湖·湖州府》，中華書局，一九九八年影印本。

〔二〕表中括號中内容爲筆者根據前後數據及文意補，下欄中有括號處同。

從《吳興續志》和紙背文書安吉、德清等縣本地居民登記的基層建置看，宋元湖州路基層組織明顯發生變化。《嘉泰吳興志》記安吉縣「爲鄉十六，管里八十」[一]，而《吳興續志》則云：「自元至今，鄉名如故，定爲三十七扇，一百八管」。關於德清縣，儘管宋史學者提到南宋「管」還存在的情況時往往舉《嘉泰吳興志》所記德清縣爲例，如「永和鄉……永和管：雅詞里、仁智里、周漳里……。長樂管：漪瀾里、長壽里、長樂里」等[二]。但德清縣在南宋鄉之下的「管」記載稀少，《吳興續志》根本未提，其主體仍應爲鄉里制。德清縣入元後「改里爲十八都，」又因「括勘田土」，在都下分上下管或東西管，「共爲二十四管」。南宋安吉縣、德清縣均爲鄉里制，元將安吉縣改成爲鄉扇管制，將德清縣改成了鄉都管制。扇、管和都、管這些元以後的變化不僅記於《吳興續志》，而且出現在我們所見的户籍登録文書上。紙背文書中，安吉縣鳳亭鄉和移風鄉記録的管數分别比《吳興續志》多出一管和三管，其餘各縣、鄉的基層名稱登録和《吳興續志》完全一致。《吳興續志》所云德清縣因「括勘田土」而進行的第二次改制時間點值得注意。從已見材料可知，元至元二十六年江南籍户時一個主要内容就是進行包括土地在内的事産登記，也就是同時進行括勘田土。至元二十八年至元三十年，又有「括田之命」。之後又一次大規模的括田則是延祐經理[三]。結合本書湖州路户口資料，可以判斷元代在湖州對鄉里制的這種改革，時間不會晚於我們看到的這些户口登記的時間，最早可能在元軍占領湖州後不久就開始了。而之後的改制可能在至元二十六年至延祐年間。我們可以斷言，元代地方基層組織和宋一樣也是複雜的，各地情況也是不一樣的。除了一般所知的鄉、都、里、保，一些地方也雜有「扇」「管」之類的設置，據《吳興續志》的記載，他們存在的時間一直到明。户籍册子以徵收税役爲目的的内涵，特别是如此嚴整規範的户籍登記，有力地證實了《吳興續志》所記元代對南宋湖州基層組織改制的正式性。這些基層名稱顯然亦不能以《至順鎮江志》「皆據其土俗之所呼以書」的看法而簡單概括之爲約定俗成的習慣性老地名。總之，本户口登記資料對於更好瞭解南宋末到元代江南縣、鄉及鄉以下基層體制的變化形態是很有價值的。

本書文卷中對户口的登記有兩種類别：一是原户類。所有人户先標明其在南宋時的户類（職業或應役類型），如「亡宋民户」、「亡宋時作民户附籍」、「亡宋時爲匠户」等，看來登記者對宋乙亥年（一二七五）和至元十三年（一二七六）之間的朝代和身份轉換十分在意。這也應該是元江南户籍登記的特别體例。這種體例首先如前面所析是爲標明人户爲元朝服役納税的開始時間，其次在户口登記方面表明元廷對南宋原有的户類相當重視。在户口登記時人户還必須表明原户類的職業。

宋史專家王曾瑜先生總結：主體上宋代的户口分類制度大致由四組户名所構成：一，按人户的身份區分，有官户與民户，形勢户與平户。二，按人户

〔一〕（宋）談鑰《嘉泰吳興志》卷三《鄉里》，《宋元方志叢刊》本第六册，中華書局，一九九〇年版，第四六九三—四六九四頁。

〔二〕見前王曾瑜《宋代社會結構》。參見《嘉泰吳興志》卷三《鄉里》，《宋元方志叢刊》本第六册，中華書局，一九九〇年版，第四六九三頁。

〔三〕《元典章》卷一七《户部三・户計・籍册・抄數户計事産》、卷一九《户部五・田宅・官田・影占係官田土》、卷一九《户部五・田宅・民田・漏報自己田土》、卷一九《户部五・田宅・民田・田多詭名避差》，陳高華等點校本，第五九四頁、六七一頁、六七四頁。參見陳高華、史衛民《中國經濟通史・元代經濟卷》，第二二四—二二八頁。

居住地區分，有鄉村户和坊郭户。三，按有無田地等重要生産資料，房産等重要生活資料區分，有主户和客户之别。有鄉村主户和鄉村客户，也有坊郭主户和坊郭客户。四，按財産多少，鄉村主户分爲五等户，坊郭主户分爲十等户。王先生還指出：宋朝爲了處置各種社會經濟事務，創設了不少户名，如家中只有一個成丁男子，稱單丁户；家中有男子未成丁者，稱未成丁户；單丁而家産物力貧乏者，稱孤貧户；無夫無子的人户，稱女户；軍人及其家屬，可稱軍户；僧寺和道觀，可稱僧、道户或寺觀户；從事鹽業者，稱畦户、亭户、灶户、井户和鐺户；産茶以至種橘、養花者，都可稱園户；從事酒業者，可稱酒户、坊户、槽户、拍户和撲户；從事煉礬者，稱鑊户；從事采礦和冶煉者，稱坑户、冶户、礦户、爐户和炭户；燒製陶瓷者，稱陶户和窑户；工匠稱匠户；從事紡織、印染、刺繡等，稱機户、綾户、錦户、染户和繡户；擁有船隻者稱船户，而從事遠洋經商者稱舶户；城市的商鋪稱市户、行户、鋪户和店户；從事造紙者，稱紙户；包攬代納賦税等類稱攬户；山中打石者稱宕户。名稱繁多[一]。除單丁、未成丁、孤貧、女户，上述這些宋户名有的只是習慣稱呼，大都只是職業户别，並非法律意義上的經濟等級劃分，更没有固定世襲的性質。

宋代的官户、形勢户、平户、主户、客户及鄉村户和坊郭户等法定的户類到元代已大多不再使用（湖州路户籍登記資料中有兩處記録南宋時「作官户附籍」者，歸附元朝後一户僅剩一幼女，歸入「應當民役」系列。另一户歸附後出家爲道。官户入元後已無意義）。但紙背資料湖州路户口登記册中有一個類别大項「營生」，却似乎來自宋朝的各職業户名。宋代成規模的户口登記册子我們現在也看不到了，無法得知宋代户籍登記時是否有「營生」一項。南宋淳熙年間朱熹在南康軍任上時，曾爲賑災規定管下各都下户上報缺糧登記式樣：

下户合要糴米者幾家

作田幾家，各開户名，大人幾口，小人幾口（别經營甚業次）

不作田幾家，各開户名，大人幾口，小人幾口（經營甚業次）

作他人田幾家，各開户名，係作某人家田，大人幾口，小人幾口（兼經營甚業次）[二]

以上登記式樣每行末小字夾注「别經營甚業次」「經營甚業次」「兼經營甚業次」似乎就是指各類「營生」，宋朝某些户籍登録可能存在着這種類目。

[一] 參見王曾瑜《涓埃編》六、《宋代社會結構》之（二）「宋朝的户口分類制度和階級結構」；七、《宋朝户口分類制度略論》，河北大學出版社，二〇〇八年版，第一五八—一六〇頁、一八六—一九五頁。

[二] （宋）朱熹《晦庵先生朱文公文集·别集》卷九《取會管下都分富家及闕食之家》，四部叢刊初編本。

元代湖州路户籍登記在這方面也許受到南宋的影響。不過在登録時繼承這個類項，元朝廷似另有自己的需要。

湖州路户籍登記中各種具體營生名目繁多，匠類有漆匠、裁縫匠、鋸匠、泥水匠、絮匠、竹匠、木匠、紙匠、鐵匠、桶匠、瓦匠户等十幾種細目。還有「養種佃田」、「作山」、「賣豆腐」、「教養童蒙」、「求乞」（册六葉七，乞丐亦須入籍登記）、「求親贍口」（册三葉五〇，户主是十二歲孤兒）、「草鞋」、「賣□紙」、「瓶罐」、「捕魚」、「賣皦子」、「賣紗」、「屠宰」、「買賣絲綿」、「做頭巾賣官鹽」、「扎艌匠」、「灑掃」（寺院中擔任灑掃使，册六葉七）、「做絮」、「唱詞」（册六葉三二）、「推磨」、「賣藥」等等。這些具體名目顯然都是從南宋延續而來的。

登記頁中還有雙營生。即記録一户同時從事兩種行當。如「養種、佃田（帶種）」、「扎艌、養種」（册四葉二四）、「養種、賣藥」（册五葉一五），「做頭巾、賣官鹽」（册五葉三六），其餘還有「守産、賣瓶罐」、「開羅、磨石」（册三葉一七、六二）等等。

湖州路户籍册頁中的「營生」似乎是元代原南宋地區歸附後特有的登記類目。現存如黑水城户籍文書的一些殘片中看不到這一項内容[一]。我們認爲元朝江南户籍登記時强調「營生」是官府給人户定性，以便儘快根據南宋民衆的職業生計狀況來向元北方已經確定的户計制過渡。這種定性重點不在經濟等級，而在職業技能。

重職業技能而不似宋朝主要依據財産等級管理户口，特别是每户登記都要强調其「應當民役」或「應當××差役」，這種格式前朝尚未見過，體現了元朝統治特重配户當差，驅使全民服各類勞役的特點。元在北方建立的户計體制就是這個思路。但强調「營生」也反映北方户計制在南方地方上還在過渡中，這個過渡在湖州路户籍登記時已經展開。我們在紙背册頁中可以看到有相當人户已按元制重新收繫，被元朝的各類户計機構管理了。名目計有采捕鷹房户、采茶户、匠户、軍户、儒户、站户、醫户等。他們有的是按原有的户類被定爲相應户計，如：

（册一葉四十六上）

［ST—Z：1·46a·93］

1 一户鐵匠戚万七，元係湖州路安吉縣鳳亭鄉一管横塘村人氏，亡宋作鐵匠，至元十二年十二月内歸附，至元十八年正月内有康提舉□

2 二十一年撥入本路雜造局工作，見有作頭戚文旺管領，不曾支請□

3 坐應當鐵匠差役

［一］參見劉曉《从黑城文書看元代的户籍制度》。

（家口事産略）

17　營生：鐵匠

（册一葉四十六下）

［ST—Z：1·46b·94］

1　一户泥水匠葉三二，元係湖州路安吉縣鳳亭鄉一管茭湖村人氏，亡宋作泥水匠，至元十二年十二月内歸附，至元十八年正月□

2　上司差來官康提舉將三二作泥水匠，至元二十三年正月内蒙本縣□

3　本路織染局俞堂長，管領入生帛堂絡絲工役，於當年七月□

4　四斗，至元二十六年六月内作支口粮，即目見在本村住坐應當差役

（家口事産略）

17　營生：泥水匠

向來物産豐富，經濟繁盛，且多種經營發達和手工業門類齊全的湖州，入元後設有湖州路雜造提舉司。元全國其他路設置這個名稱機構的不多，基本在北方。這裏顯然是被定爲了南方重要的工匠雜造基地〔一〕。上引兩户籍册中提到的康提舉，當即爲本路雜造提舉司的長官，爲從五品匠職。看來本地的造作工匠都是由他親自收繫確定的。儘管兩户在南宋的營生就是鐵匠和泥水匠，但被提舉司確定爲匠户並編入專門部門應當差役，還要支請錢糧，他們已經完全成爲了和北方户計一樣的固定的匠户了。

除各類匠户，還有其他湖州路的元朝户計，大多是宋時原爲民户，被元官府根據其户等財力或特長將其轉定爲其他户計或應當其他差役，是爲改色。如有二條民户定爲弓手的記載：

（册一葉四十四上）

〔一〕據《元典章》，當时元境内設有雜造提舉司或雜造管理機構的還有大都、東平、大同、中山、真定、大名幾處。《元典章》卷七《吏部一·官制一·資品、職品》，陳高華等點校本，第二〇五頁、二〇六頁、二〇九頁、二一一頁、二一四頁、二一五頁、二二一頁。

［ST—Z : 1・44a・90］

1 一户徐万十二〔一〕，元係湖州路安吉縣鳳亭鄉二管前澤村人氏，亡宋是父徐千三作民户附籍，至元十二年十二月内歸附，至元二十年□

2 上司行下，爲万十二名下田地苗税相應，定奪万十二作〔二〕，見於本村□

3 本縣獨松巡檢司弓手差役

（家口事産略）

17 營生：養種

（册一葉四十五上）

［ST—Z : 1・45a・92］

1 一户苗千三，元係湖州路安吉縣鳳亭鄉三管平田村人氏，亡宋是兄苗千二爲户作民户附籍，至元十□

2 至元二十年十月内蒙

3 上司行下，爲千三名下田地苗税相應，定奪□

4 坐，即目應當本縣獨松巡檢司弓手差役

（家口事産略）

28 營生：

29 養種

上二條中所謂「爲某某名下田地苗税相應」，就是根據其户的財力户等（包括丁口）情況。這二人中，徐萬十二家中成丁二口，田土五十二畝七分五厘，

〔一〕該户與同册葉七十「徐万十二」户爲同一户。

〔二〕万十二作　據同册葉七十重複户「万十二作」後有「弓手」二字，故此處當脱「弓手」二字。

房舍瓦屋四間壹步；苗千三家中成丁三口，田土四十八畝，瓦屋二間，黄牛四頭。他們顯然都是被認爲在當地屬有一定財力的中等以上之家，因而被簽成弓手。這是有關江南簽發弓手標準很直觀的材料。

下面册一葉四十三［ST—Z：1・43a・89］條則是關於民户被簽轉爲站户的：

1 一户朱雙秀，元係湖州路安吉縣鳳亭鄉六管溪東村人氏，亡宋時父朱細四爲户作民户，至元十二年十二月内歸附，至元□
2 本縣備奉
3 上司旨揮，照勘丁多苗税相應之家簽撥遞運船夫，爲雙秀苗税□
4 解發本路總管府轉解杭州路長安鎮站赤所應當遞運船□
5 見於本村住坐應當差役

（家口事産略）

19 營生：
20 養種爲活

此條中朱雙秀當時已孤身一人，但他有田土三十一畝五分，瓦屋二間，也是有一定財力基礎的，這是江南簽定站户的一個標準事例。值得注意的是，關於宋元户等制，一般認爲是徵收賦役的根本，柳田節子認爲户等制是「元代中國鄉村支配的基本體制」，但她同時又指出以宋爲頂點的户等制到元已進入衰退期，尤其在南方，朝着「以田土、税糧爲基準的」的方向轉變〔一〕，這裏「爲某某名下田地苗税相應」可提供一個明顯的佐證。

改色撥充而來的民户還有采茶户、馬户、采捕户、醫户、軍户等。

采茶户例：

（册六葉八上）

〔一〕（日）柳田節子《宋元鄉村制の研究》，東京創文社，一九八六年版。

［ST—Z : 5/c6・8a・775］

1 一户姚肆肆，元係湖州路德清縣北界人氏，亡宋乙亥年前作民户附籍，至元十三年□月内[　　]

（葉八下）

2 衆歸附，至元十六年蒙官司取勘得本户□茶地[　　]

3 分揀作採茶户計，見於本界住坐應當

（後略）

馬户例：

（冊五葉二十八下）

［ST—Z : 4/c5・28b・720］

1 一户沈萬伍，元係湖州路德清縣千秋鄉伍都貳保人氏，亡宋時民户附籍，至元十三年正月内在[　　]

2 後於至元十八年十一月内蒙官司撥充在馬頭[　　]

3 杭州路在城站馬貼户，見於本保住坐，即目應當馬户差役

（後略）

采捕鷹房例：

（冊四葉一上）

［ST—Z : 4/c4・1a・525］

1 一户戴伯肆，元係湖州路德清縣金鵞鄉拾肆都大麻村伍保人氏，亡宋乙亥年前作民户附籍，採捕爲生，至[　　]

2 內在本村歸附，至元十九年蒙本縣鷹房提領所招收入籍□

3 十一月內蒙本路治中到縣省會放罷爲民，至元二十二年□

4 省委官馬宣使招收作採捕户計，見於本保住坐應當鷹□

（後略）

此類户在南宋爲民户，但以捕獵爲生。元即以此特長籍爲鷹房提領所屬下采捕户計。

醫户例：

（册四葉二下）

[ST—Z : 4/c4・2b・527]

1 一户錢陸壹，元係湖州路德清縣金鵞鄉拾肆都大麻村肆保人氏，亡宋乙亥年前作民户附籍於至元□

2 在本村歸附，見於本保住坐，至元十七年內蒙

3 本縣官醫提領收係入籍，即目應當醫户差役[一]

（家口事産略）

10 營生：醫藥

（册五葉十五上）

[ST—Z : 4/c5・15a・681]

1 一户黄阡玖，元係湖州路德清縣千秋鄉肆都叁保人氏，亡宋乙亥年前醫户附籍，至元十三年正月內在本處□

2 於本保住坐應當醫户差役

[一] 該行上方有墨筆綫條引向第二行下。

（家口事産略）

14　營生：賣藥

以上兩户，黄阡玖南宋時即爲醫户。錢陸壹原爲民户，但可能從事醫藥買賣，入元後遂被官醫提領收悉入籍爲醫户。

軍户尤其值得注意。元平定江南後，對江南軍人的招收主要體現在對新附軍的整編定籍上。元對新附軍户的管理與蒙古漢軍均不一樣，可以肯定在營軍户是由軍府管理的[一]，但江南地方上的軍户是軍府管還是地方官管不是很清楚。現在我們看到一些湖州路本地的軍人的户籍記録，給了我們具體的江南軍户管理的例證。

五户軍户例：

（册四葉八下）

1　一户戚阡叁名青[二]，元係湖州路德清縣北界人氏，亡宋乙亥年前作民户附籍，至元十【三】□

2　衆歸附以後投拜李總管，後於至元十八年□

3　拘收作梢碇水手，於當年三月内夾谷同知到本縣□

4　差本路長興縣范千户翼内，於至元二十年五月□統宝鈔貳定，即目本界典房住坐听候【差】□

5　計家：親屬柒口

6　男子伍口

7　成丁叁口

8　戚阡叁名青年叁拾叁歲　兄阡壹年肆□

9　姪阿慶年壹拾捌歲

10　不成丁貳口

〔一〕參見陳高華《論元代的軍户》，《元史論叢》第一輯，中華書局，一九八二年，第七六—七九頁。另見王曉欣《元代新附軍述略》，《南開學報》（哲學社會科學版），一九九二年第一期。

〔二〕該户與同册葉七「戚阡叁」户、葉十「戚阡叁」户均爲同一户。後闕内容據葉七上補。

11 姪男阿宝年柒歲　姪男小宝年陸歲
12 婦女貳口
13 嫂沈氏年肆拾伍歲　姪女阿□年叁歲
14 營生

此户爲原宋民户，拘收作梢碇水手。經本路軍府請給鈔錠服軍役。按本路長興縣范千户翼，很可能屬當時駐守本地的由新附軍人爲主組編的湖州萬户府[一]。家中七口，有一人有軍役，在湖州租賃住坐，仍爲地方管理，家屬不隨軍。

（册四葉八上）

[ST—Z：4/c4·8a·541]

1 一户朱沈定壹，元係浙東道紹興路山陰縣人氏，亡宋乙亥年前移居湖州路德清縣住□
2 至元十三年正月内在本縣隨衆歸附見□
3 有次男阡貳見充征東梢碇水手於紹興□
4 府當役
5 計家：壹拾貳口
6 親屬壹拾口
7 男子伍口
8 成丁叁口
9 男阡壹年叁拾壹歲　男阡貳年貳拾捌歲

[一]《元史》卷九九《兵志二·鎮戍》，第二五四〇頁、二五四三頁。《元典章》卷三四《兵部一·軍役病故·已死軍無弟男寡婦及年老殘疾許收爲民》，陳高華等點校本，第一二〇〇頁。據此條《元典章》載，湖州萬户府爲新附軍爲主的萬户府無疑，但至元三十年時當已不駐湖州。據《吴興續志》，湖州路後來的駐軍爲「鎮守湖州炮手軍匠上萬户府」，此上萬户不在至元二十二年元廷公布的江淮、江西三十七萬户名單中，應是之後新組建的。炮手軍匠上萬户中各翼千户有：冀寧、大同、汴梁、崇德、杭州、福州、嘉興，皆非湖州本地千户。據此判斷至少至元二十二年前湖州路新附軍萬户府還在湖州。

10　男阡叁年貳拾肆歲

11　不成丁貳口

12　朱沈定壹年陸拾肆歲　孫男□丑年柒歲

（葉八下）

13　婦女伍口

14　妻徐壹娘年伍拾柒歲　兒婦謝伍娘年叁拾□

15　兒婦沈貳娘年貳拾柒歲　兒婦俞柒娘年貳拾□

16　女阿奴年叁歲

17　典顧身人男子不成丁貳口

18　傳元叁年陸拾叁歲　朱曾玖年陸拾壹歲

19　事産：

20　陸地壹畝伍分

21　瓦屋伍間

22　營生：賣醋

此户原爲民户，營生賣醋，但家中十口，有一人有軍役。就其登記看，仍爲地方管理，家屬也不隨軍。

（册四葉七下）　［ST—Z：4/c4・7b・540］

1　一户戴阡叁，元係湖州路德清縣北界人氏，亡宋乙亥年前係郁總管下鹽軍户□

2　年正月内在本縣隨衆歸附，於至元十八年□

3 司中統宝鈔壹定撥充梢碇水手□

4 請給中統鈔貳定，見於本界住坐听□

5 計家：親屬壹口

6 男子成丁壹口戴阡叁年肆拾肆歲

7 事産：

8 陸地壹畝伍分捌厘

9 瓦屋壹間

10 船壹隻

11 營生

本户是爲原宋鹽軍户，請給鈔錠撥充作梢碇水手。家中就其本人，但有地、房、船産，在湖州住坐，顯然仍爲地方管理。

（册六葉四十七上）

［ST—Z：5/c6・47a・884］

1 一户宣伯捌，係湖州路德清縣千秋鄉伍都捌玖保人氏，亡宋時作民户附籍，至元十三年正月内在本都歸附□

2 至元十八年分招收水手軍頭目陳千户賫鈔前来伯捌□

3 請鈔壹錠，即目在范千户下伺候應當差役

4 計家：親屬肆口

5 男子不成丁壹口宣伯捌年陸拾肆歲

（葉四十七下）

6 婦女叁口

7　妻沈阡捌娘年伍拾伍歲　女弍娘年叁拾伍歲
8　甥女萬壹娘年伍歲
9　事産：
10　田地柒畝柒分捌厘
11　水田柒畝　陸地柒分捌厘
12　瓦屋壹間壹厦
13　營生：養種

本户是爲原宋民户，雖登記時已六十四歲超過服役年齡（不成丁），但數年前仍請給鈔錠撥充作水軍。家中男子就其本人，婦女三人。但有地、房産，明確記爲養種户，顯然仍爲地方管理。

（册六葉四十七下）

［ST—Z : 5/c6・47b・885］

1　一户徐伯玖，係湖州路德清縣千秋鄉伍都捌玖保人氏，亡宋時作民户附籍，至元十三年正月内在本都□
2　坐，於至元十八年分招收水手軍頭目陳千户賫鈔前来□
3　水手軍户請鈔壹錠，即目在范千户下伺候應當差役
4　計家：親屬壹口
5　男子成丁壹口徐伯玖年肆拾肆歲
6　事産：
7　陸地肆分叁厘
8　瓦屋壹間壹厦
9　營生

本户亦爲本地原宋民户，招收水軍頭目賫鈔前來招爲水手軍户。家中就其本人一口，但有地、房産。似乎仍爲地方管理。

以上五户登記，四户南宋時原爲本地民户，一户爲南宋時鹽軍户，都是至元十三年隨衆歸附。一户不清其被充軍過程，其他四户均爲至元十八年由元軍招軍頭目賫鈔前來招收或撥充爲軍，二户招爲水手軍户，另三户在紹興萬户府或湖州萬户府本縣千户下爲梢碇水手。五户家口最多者十口加二口典雇人口；一户七口；一户男子即軍人本人加三口婦女；二户就其本人一口。五户包括單丁户均有地、房産。三户營生缺記；一户記録營生賣醋，一户記録爲養種。一户明記「本界典房住坐」當役。另幾户也是本都住坐。從這些登記看，顯然不屬軍隊，是地方管理的。四户被招收撥充軍户時都是請鈔一錠，至元二十年後請鈔增至二錠。按中統鈔一錠當鈔銀五十兩。元代戰場上給予士兵的戰功賞賜一般是每人鈔三十兩到五十兩[一]。高者也是一錠鈔。個別情況下更高，如至元二十五年忽必烈親征東道叛王勝利後，賞賜軍士鈔每人二至三錠[二]。但南方軍户充軍時所請錠鈔主要是爲了生計。新附軍户仍然保持着南宋募兵制的特點，新附軍人始終「靠請過活」[三]。從湖州路户籍册頁記載看，元軍在南方開始招收新附軍户時不完全局限在原南宋軍人，而且開始時這些軍人似乎是支請鈔錠的。幾年後請鈔增至二錠，可能和鈔幣貶值有關。至元十五年元廷下令招誘新附軍時確定「照依亡宋體例，每月支給錢糧」[四]，但湖州路的軍户支請中並未提到糧。之後元朝規定支給新附軍人每月「正身六斗米一斤鹽，家口四斗米」和一定量的韭菜錢[五]。韭菜錢數量很少。其他元代史料中也見不到類似湖州路那樣一個軍户支給一或二錠鈔的記載。很可能新附軍支給制度定型後，單獨的大額支請鈔錠已一攬子併入到正身六斗米一斤鹽，家口四斗米和韭菜錢之中了。湖州路户籍册頁給我們提供了元廷在江南的招兵方式的新材料，更支持了江南地方上對離營軍户是地方官管理的判斷。實際上，對離營新附軍户的這套管理體制和南宋軍隊對其軍人軍屬的管理没有多大區别。

值得注意的是還有儒户。

儒户例：

（册四葉十一下）

［ST—Z : 4/c4 · 11b · 544］

〔一〕史衛民：《元代軍事史》，軍事科學出版社，一九九八年版，第三七四頁。
〔二〕《元史》卷一五《世祖紀十二》，第三〇七頁。
〔三〕《元典章》卷三四《兵部一·軍役·逃亡、逃軍窩主罪名》，陳高華等點校本，第一一九七—一一九八頁。
〔四〕《元典章》卷三四《兵部一·新附軍·招誘新附軍人》，陳高華等點校本，第一一七七頁。
〔五〕《元典章》卷三四《兵部一·軍役·軍糧·軍人支鹽糧例》、卷三四《兵部一·軍役·新附軍·拘刷軍人弟男》，陳高華等點校本，第一一八一頁、一二一一頁。

1 一户徐淣，元係湖州路德清縣北界人氏，亡宋乙亥年前作儒户附籍，至元十三年正月内在本縣隨衆歸附，至元十七□

2 蒙□提□按察司夾谷僉事到縣分揀□儒户［下殘］

（家口事産略）

（册四葉九上）

［ST—Z : 4/c4・9a・542］

［前闕］

1 事到學分揀中分入籍儒户，見於本界住坐

2 計家：肆口

3 親屬貳口

4 男子成丁壹口吴清夫年叁拾叁歲

（其餘家口事産略）

13 營生：教□

（册四葉九下）

［ST—Z : 4/c4・9b・543］

1 一户李捌秀名錫老，元係湖州路德清縣北界人氏，亡宋乙亥年前作儒户附籍，至元十三年正月内在本縣□

2 附於至元十六年蒙提刑按察司分司巡按官夾谷僉事□□

3 分揀入籍儒户，見於本界住坐

（家口事産略）

13　營生：教學

前載三户中兩户均爲「亡宋乙亥前作儒户附籍」，至元十三年歸附，一户明載「於至元十六年蒙提刑按察司分司巡按官夾谷僉事」「分揀入籍儒户」，一户是「按察司夾谷僉事到縣分揀……儒户」，另一吴清夫户「……事到學分揀中入籍儒户」，從前後文意和其他兩户對照，估計「……事」亦爲「夾谷僉事」。三户都是這段時間入籍爲儒户的。一般認爲儒户是元代獨有的户計，宋代是没有儒户的〔一〕。元占領江南後，南宋時曾中舉或有聲望的儒士均可由地方奏報入户〔二〕。地方如何登記奏報？《廟學典禮》説：「歸附之初，止是有司憑據坊里正人等一時具寫諸色户計，攢類籍册」，官府據此定奪，「於儒户項下作數」〔三〕。此二户條中由「提刑按察司分司巡按官」「到學」或「到縣」「分揀入籍」，或可提供一個時間和制度方式上的參考。登録二户時均云其在南宋時就已「作儒户附籍」。可能是剛歸附元朝的江南地方基層人員將宋朝的儒士按元朝北方的觀念視爲儒户了。正因爲是「歸附」後新分揀籍定的，所以「儒户元籍亦有有者，有無者」，「其間恐誤籍内博學碩儒」〔四〕。本書册三葉五五、五九，有營生是「教學」和「教養童蒙」的兩户，均仍記爲民户，而册四吴清夫户有兩次登記，分别在葉九和葉一二，第一次記營生是「教學」，第二次却記是儒户。可見當時在由民户按元制改定爲儒户的過程中，確如《廟學典禮》所言，並非所有的讀書人都被同時入籍儒户了。

户計和營生的關係很複雜，很多時候並不同步。元代户計代表官府規定的固定義務，世襲不變；營生則描述其職業生計狀況。由於南宋不分户計，湖州路又是江南多種經營發達區，到元代改定户計時，許多定爲民户者，實際從事的營生却並非種地。如前述以民户身份却做教學儒士的幾户。另外一些采茶户的營生也是「養種」，同民户一樣。有些營生爲工匠，但户計却是民户，如册五葉三六，營生是「扎艌匠」；册六葉六，營生爲「養種、扎艌匠」，兩處雖有「匠」字，仍都記屬民户。資料記録的這種現象正反映了元代户計和宋代户類的不同及元代户計制在江南的推行及過程。

本書録文中一些有財力之家的家口記録之後還出現了「驅口幾口（或無），典雇身人幾口（或無）」的字樣（册一葉四六、七五、七六、八八、八九、九二、一二九，册二葉一、三、四、五、六、一〇、一一、一四、二三、三九、五〇、五二，册三葉五四、五五，册四，八、一一等）。如前引［ST—Z : 4/c4 · 11b · 542］條儒户徐湜，計家五口：親屬四口，包括徐湜本人、他兩個兒子和一個侄子；另有「驅口婦女壹口許仟壹娘，年三拾貳歲」。一個南

〔一〕 前引王曾瑜《涓埃編》六、《宋代社會結構》二「宋朝的户口分類和階級結構」中未提及宋有儒户。

〔二〕 參見《中國歷史大辭典》第三三三七頁「儒户」條，上海辭書出版社，二〇〇〇年版。

〔三〕 《廟學典禮》卷三《儒户照歸附初籍並葉提舉續置儒籍抄户》，王頲點校本，浙江古籍出版社，一九九二年版，第五八頁。

〔四〕 同前。

方地方上歸附的儒户是如何擁有驅口的？很令人感興趣。

驅口的登録明確表明蒙元北方一些特有的户籍名目此時也已推行到南方户籍登録中。而典雇身人則是江南租佃制發展的特色産物。籍册中典雇身人的信息有時記得很詳細，如年齡、籍貫、誰家女、誰家妻等（册二葉五二，册三葉五四、五五，册四葉八，册六葉二三等）。

李治安先生曾統計了幾部元朝南方方志記載，在江南存在的元代户計，有十六七種〔一〕。與其比對，其中民户、儒户、醫户、站户、財富佃户、匠户、海道梢水户、軍户、打捕户、馬户、驅口等十一種户計在湖州路户籍册頁都已出現。但這幾部元代方志，包括《吴興續志》也記録的一批移居南方的北人户，如蒙古、回回、怯憐口、也里可温、契丹、河西、契丹、女真、色目、畏兀兒、投下、貴赤、禿禿哈等以及陰陽户、僧道户、淘金户、灶户等，湖州路本批户籍資料却無。淘金户、灶户等無，有湖州路本地經濟環境的因素。各種北人户未曾登録，説明北方户計制度向南方的推行或嫁接在此時此地尚未完成。

登記中還有一批以女性爲户主的人户（户中無男丁的寡婦或單身婦女户）（册三葉七、册六葉一八、三四、三五等），類似宋代的女户。日本學者柳田節子在《宋元社會經濟史研究》中曾專列章節研究女户〔二〕，但她在元代《至順鎮江志》等號稱最詳盡的元代地方資料中找不到明確的元代女户户類。如湖州路户籍册頁中的女户資料應該是十分難得的。對於女户，湖州路文卷記她們都是民户附籍，也都是要「應當民役」的。

四

本書共分二部分：一、紙背圖版篇，二、紙背録文篇。每篇各兩册，共四册。爲便利讀者查閲對照，本書圖版和録文雖分册裝訂，但每頁録文和相應圖版頁完全對應一致。

本書整理、録文與研究工作由王曉欣與鄭旭東（西北師範大學歷史學院講師）、魏亦樂（北京聯合大學應用文理學院歷史文博系講師）共同完成。王曉欣總體負責，發起調查，與上海圖書館合作進行紙背文獻掃描並獲得完整圖版，申報國家社會科學基金項目，提出項目録文、整理原則和研究工作計劃，對初步録文整理稿進行審核，對全書審校、定稿。鄭旭東負責對掃描圖版進行識別和録文、標點。魏亦樂參與初步調研並對録文、標點、凡例等提出建議和補充校對。

關於這批資料的相關研究，我們已經發表了部分論文：一，王曉欣、魏亦樂《元公文紙印本史料初窺——宋刊元印本〈增修互注禮部韻略〉紙背所存

〔一〕參見李治安《元代江浙行省户籍制考論》，《首都師範大學學報》（社會科學版）二〇一五年第五期。

〔二〕參見柳田節子《宋元社會經濟史研究》第二篇二《宋代的女户》、三《元代女子的財産繼承》，東京創文社，一九九五年版，第二四三—二七二頁。

部分元代資料淺析》（《清華元史》第三輯，商務印書館二〇一五年版）；二，王曉欣、鄭旭東《元湖州路户籍册初探——宋刊元印本〈增修互注禮部韻略〉第一册紙背公文紙資料整理與研究》，（《文史》，二〇一五年第一期）；三，鄭旭東《元代户籍文書系統再檢討——以新發現的元湖州路户籍文書爲中心》（《中國史研究》，二〇一八年第三期）；四，魏亦樂《宋刻元印本〈增修互注禮部韻略〉紙背公文俗字初探》（《文史》，二〇一八年第三期）。五，王曉欣《宋刊元印本〈增修互注禮部韻略〉紙背户籍文書全書整理小結及所見宋元鄉村基層組織和江南户類户計問題探析》，《慶祝蔡美彪教授九十華誕元史論文集》，中國社會科學出版社，二〇一九年五月版。六，魏亦樂《宋元時期數目字人名新説——以新發現元代湖州路户籍文書及宋元碑刻文獻爲綫索》，《中研院歷史語言研究所集刊》第九十一本，第一分，二〇二〇年版。另有幾篇亦將於不久刊布。專門的研究文集擬於日後另行出版。

宋元大批量的紙背户籍登記資料，以往未有整理先例可資參照，不當之處在所難免，亦祈請學界同仁和讀者批評指正。

王曉欣

二〇二〇年三月於南開大學西南邨寓所

凡例

一　本書正面爲宋刻元印本《增修互注禮部韻略》，凡五卷六册。册一（卷一）爲上平聲第一，册二（卷二）爲下平聲第二，册三（卷三）爲上聲第三，册四、册五（卷四）爲去聲第四，册六（卷五）爲入聲第五。本録文所録僅爲原書背面公文内容，自卷一（册一）葉十一始，按正面册、卷、葉順序排列。由於紙背上、下葉之順序當與正面上、下葉相反，紙背葉上爲正面葉下，且兩半葉内容前後接續，爲便於閲讀及排序，本録文依正面版心標注之葉碼録入，並以正面書口折綫爲界，一律依紙背順序標示録文之葉上、葉下，即：以圖版中一對葉上、葉下作爲一個整理頁（如葉十一），同時標示本整理頁的葉上、葉下（如葉十一上、葉十一下）。如遇紙背文字恰在折綫騎縫處，一律視作該整理頁的葉上之内容。本書中縫處紙背，原均有寬度一致的襯紙一聯，爲盡可能保留襯紙遮蓋處的文字信息，本書圖版劃分上、下葉時，此處中縫襯紙部分仍完整保留。

二　録文依原貌仍爲直排。爲便於對照圖版閲讀及研究，所有整理頁中，凡有文字處均按原貌分行，按順序標注阿拉伯數字行號，數字與文字方向一致。行號按户分别排序，每户第一行標注行號1，以此類推。原行如有字數過多，録文時版面無法排下時，一律自動提行且不標行號。

三　原件每葉中各户無順序號。根據本文書户籍册的特點，依原文格式，以户爲一個文件單位，每户據文書學體例按①：收藏處、②：本整理公文紙文獻名、③：本文獻正面的卷號（本書卷四分册四、册五，則以4/c4、4/c5代替）、④：該卷頁號及上下（以a、b代替）」、⑤：「按全書順序排列的阿拉伯字序數的户數依次確定每一户文獻的編號。例如：[ST—Z：1・11a・1] 表示上圖藏公文紙印本（ST）《增修互注禮部韻略》（Z）卷1、葉11上、總第1户；「[ST—Z:4/c5・30b・725]」表示上圖藏公文紙印本（ST）《增修互注禮部韻略》（Z）卷4、册5、葉30下、總第725户。各户編號在每户前獨占一行。

四　本録文中每户抬頭、退格、換行等登録格式的録文完全遵照原文格式排列。原件凡殘闕，確認缺字的，每條（户）前位置用［前闕］，條（户）中位置用［中闕］，條（户）後位置用［後闕］標示；不確定是否缺字的，分别用［上殘］［下殘］標示。

五　每户中文字漫漶無法辨認處，可確認所殘字數者以□代替；不可確認者，以條形長框▭（上闕）、▭（中闕）、▭（下闕）代替。由於所殘字數可依據公文體例大致判斷，故條框長度視所闕字數而定。録文中如遇文字殘闕部分構件但可辨認者，補全後加框録出，不可辨認者視爲殘字，以□代替。

六　本録文使用規範繁體字。對録文中出現的非規範字，可分三種情況處理：①除數目字外，舉凡人名、地名等專有名詞中出現的異體字、俗字，一律照録，如「金擹鄉」等。②非專有名詞中，異體字、俗字，一律改爲規範繁體字，並於首次出現處出校説明。凡遇鈔寫時任意改變文字筆劃、構件以及文字結構者，一律徑改作規範字形，不出校記。③數目字一律使用規範字形録文，區分大、小寫，不出校記。如小寫「一」「二」「三」，大寫「壹」「貳」「叁」等。

七　録文中凡遇文字之脱、訛、衍、乙，一律照録，並出校記乙正。文字清晰但難以準確辨識之文字，一律以□代替，出校記説明。

八　凡文書有增補、删改、調换等改動處，爲保存文書原貌，一般照録。原文增補文字，直接補入正文，出校説明；删除文字照録，加雙删除綫（如「賃房住坐」）；調换符號不録，在相應位置出校説明。凡文書字行外墨書文字，在其出現大概位置録入並加粗黑框（户頭旁文字一律置於户頭右上角）；字行外墨書標記、劃痕等不録，其中與文書内容或順序有關者出校説明，無關或無法判斷者不出校。

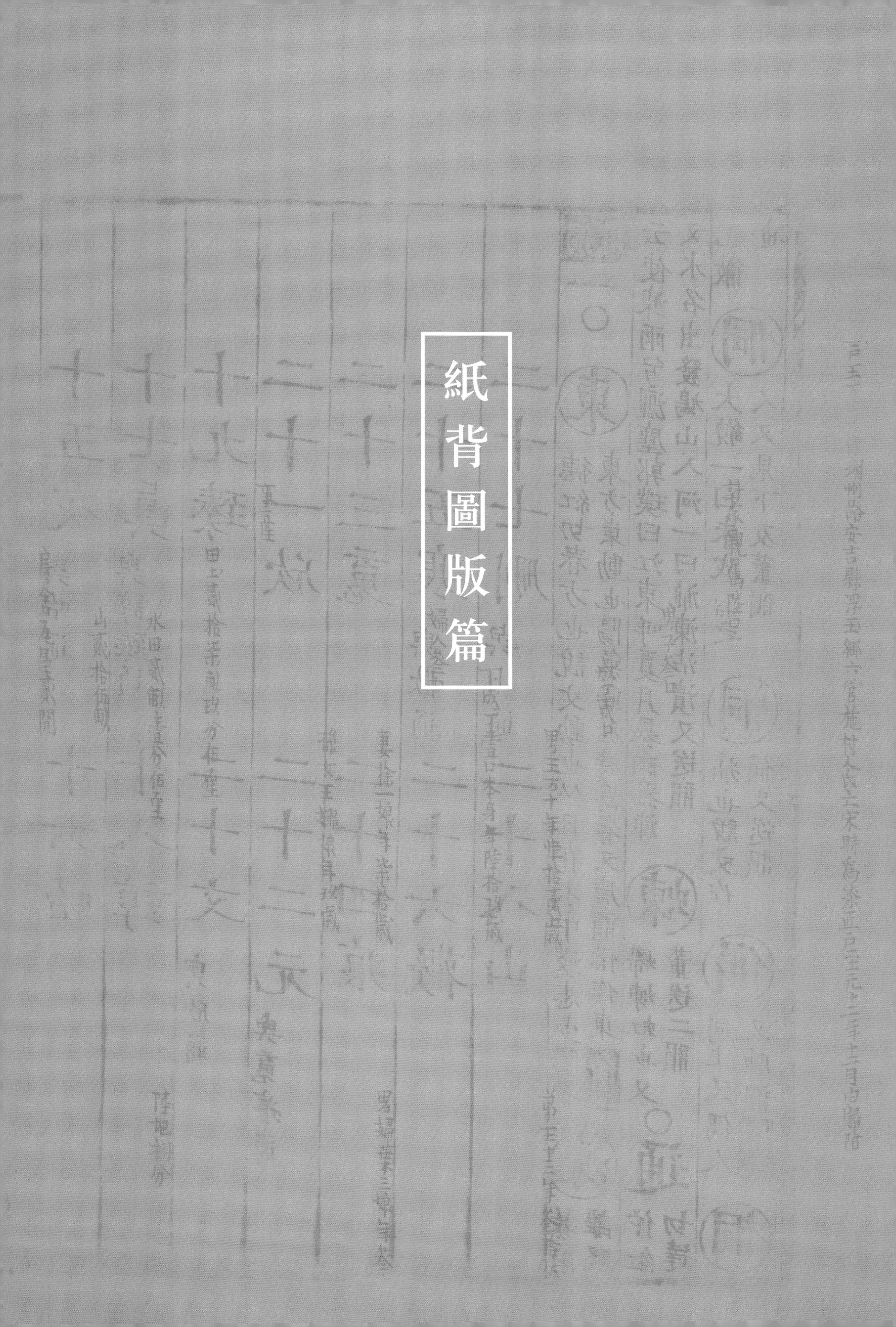

紙背圖版篇

册一　上平聲第一

一戶王万四元係湖州路安吉縣浮玉鄉六管施村人氏亡宋時爲漆匠戶至元十二年十二月內歸附
男王万十年肆拾貳歲
弟王万十三年叁拾
成丁壹口 本身年陸拾玖歲
妻徐一娘年柒拾歲
男婦葉三娘年叁
孫女王娜娘年玖歲
事產
田土貳拾柒畝玖分伍釐
水田貳畝壹分伍釐
陸地捌分
山貳拾伍畝

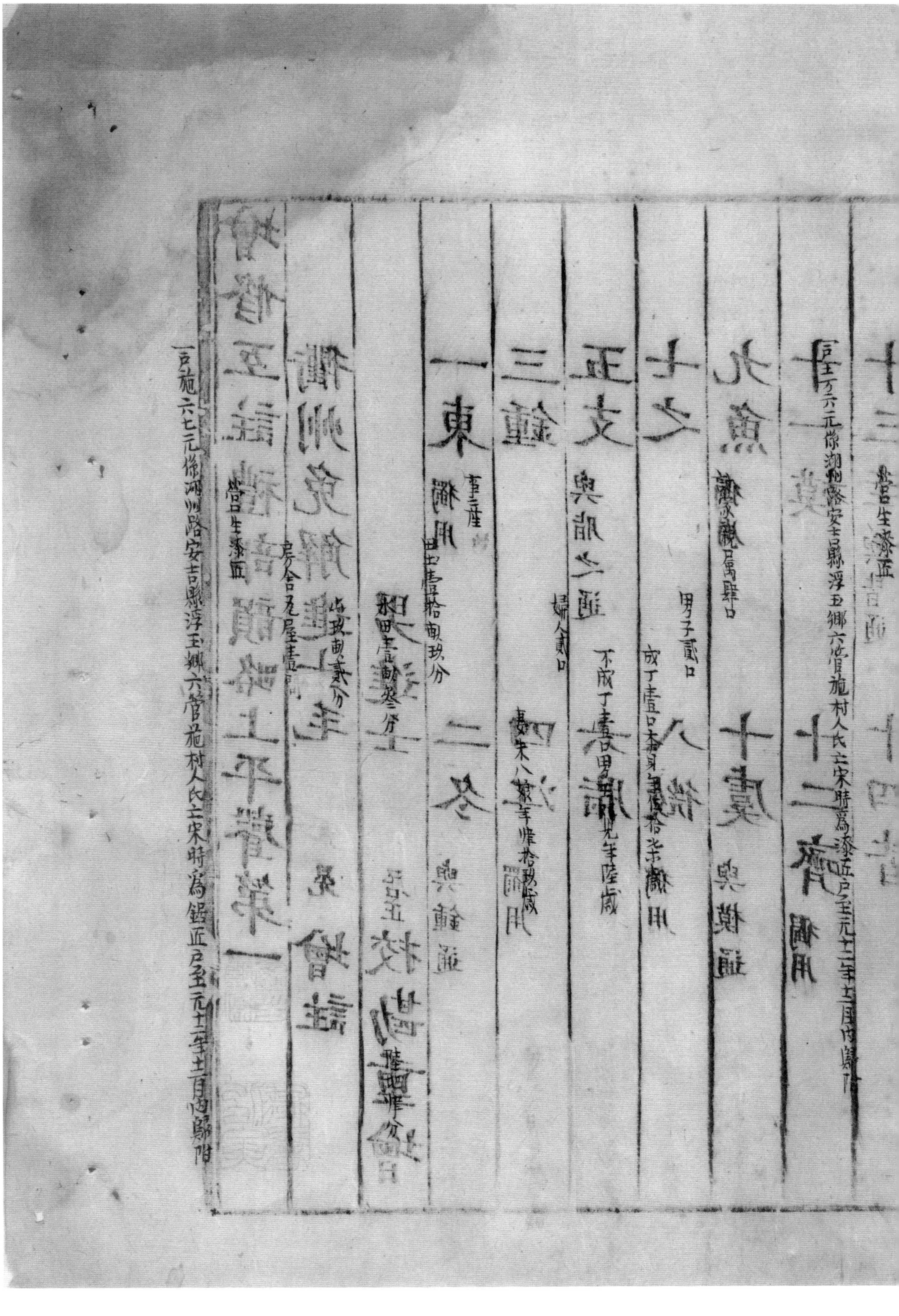
一戶施六七元係湖州路安吉縣浮玉鄉六管施村人氏亡宋時爲鋁匠戶至元十二年十二月內歸附
增修互註禮部韻略上平聲第一
營生漆匠
衢州免解進士毛晃增註
房舍瓦屋壹間
男進士居正校勘重增
一東 獨用 二冬 與鍾通
事產
田土壹拾畝玖分
三鍾 四江 獨用
婦人貳口
五支 與脂之通 六脂
不成丁壹口
七之 八微 獨用
男子貳口
成丁壹口
九魚 獨用 十虞 與模通
營生漆匠
十一模 十二齊 獨用
十三 十四

成丁壹口

本身年准相沿

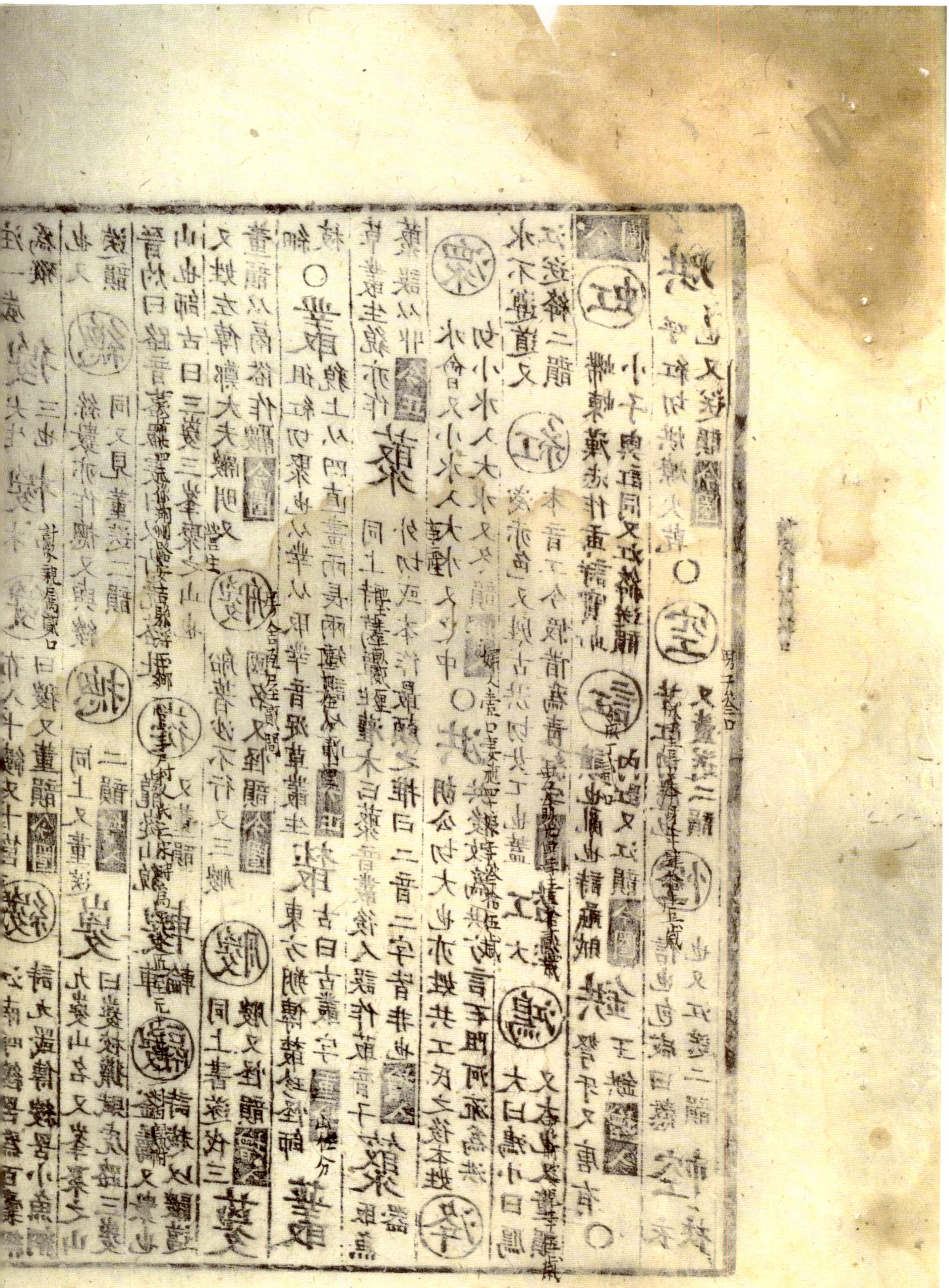

紙背圖版篇　冊一

上平聲第一　葉十三

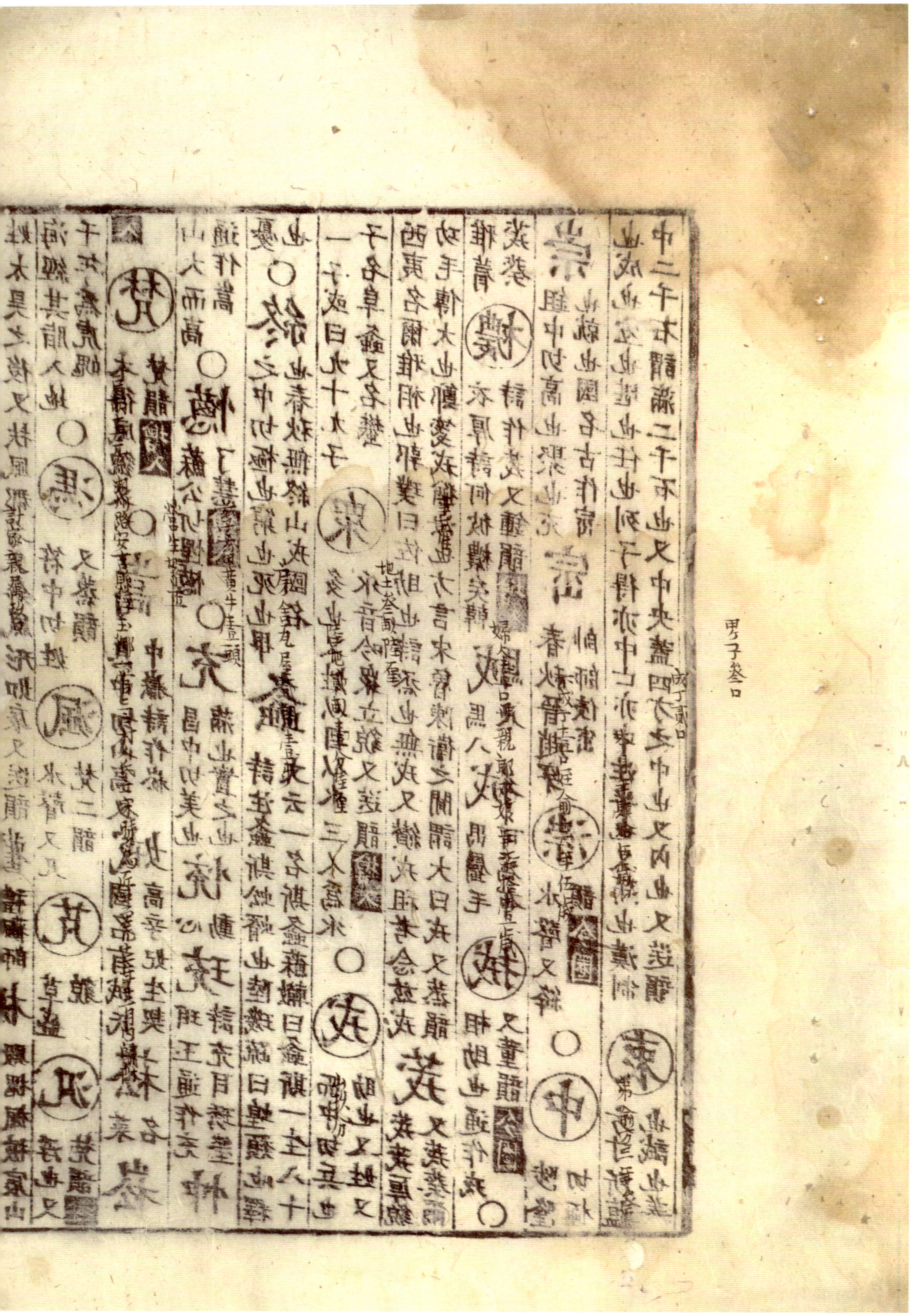
男子叁口

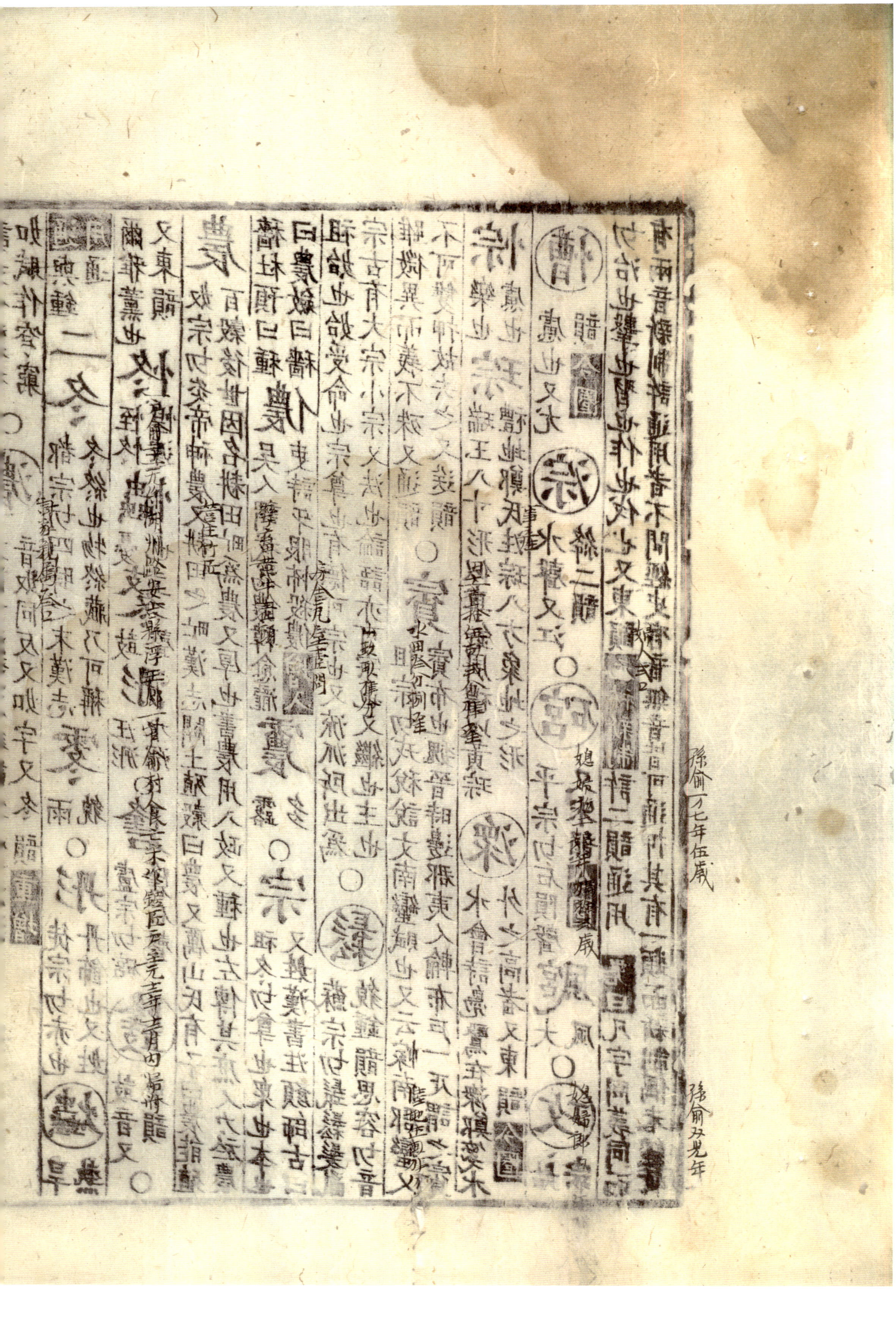

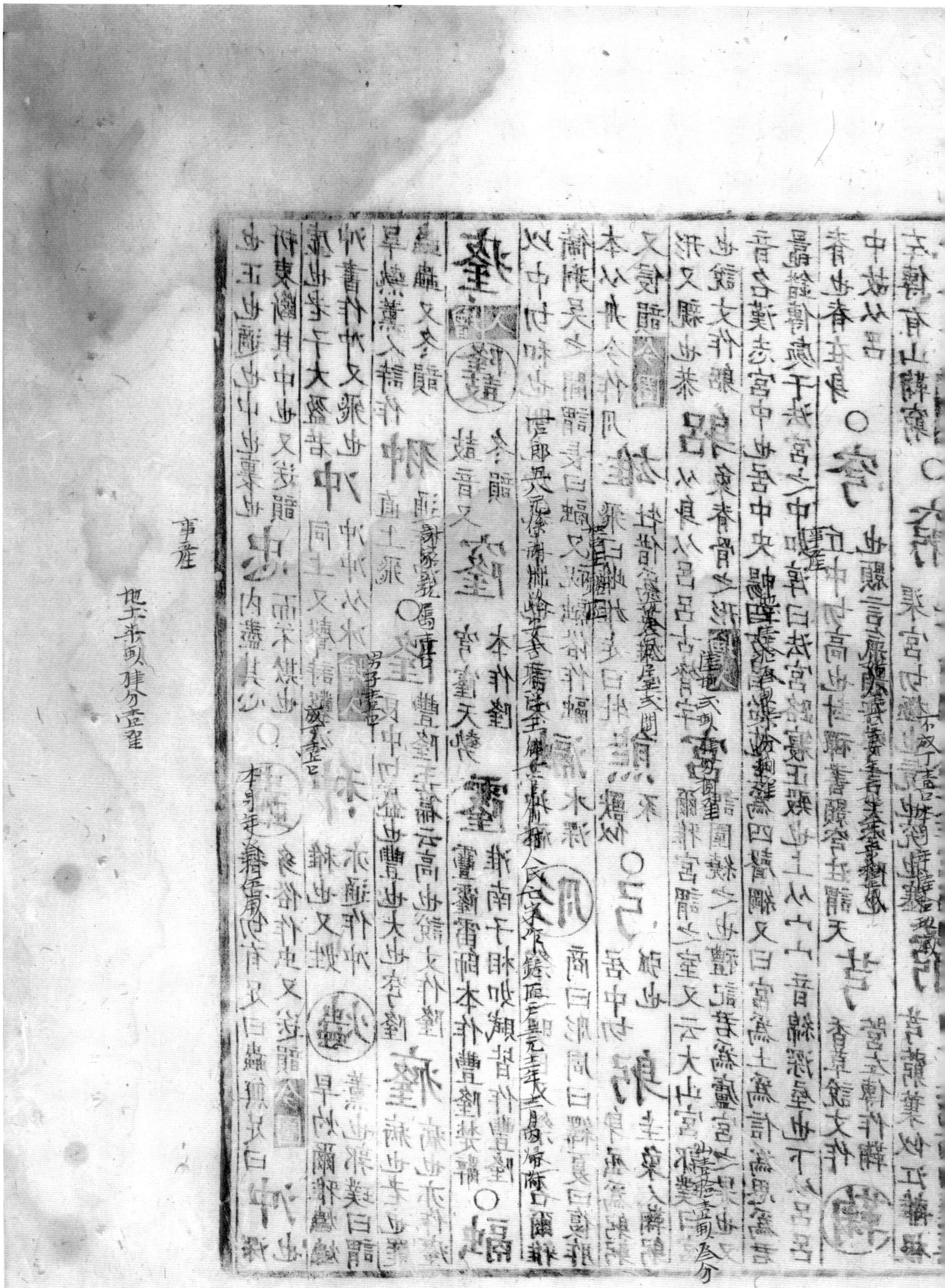

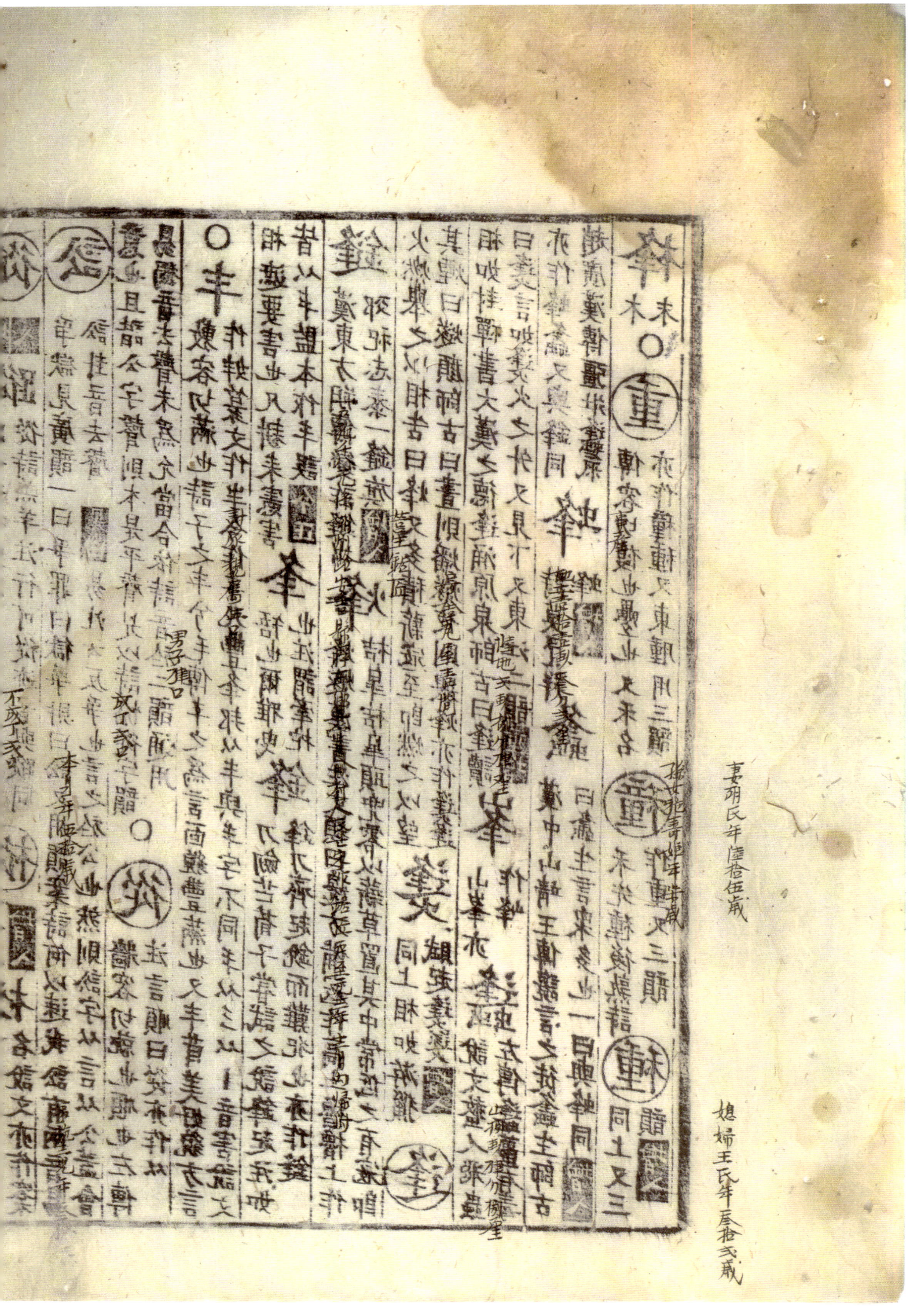
妻胡氏年肆拾伍歲
媳婦王氏年叁拾貳歲

本身年捌拾歲
男俞九九年肆拾伍歲
男俞万三年玖歲

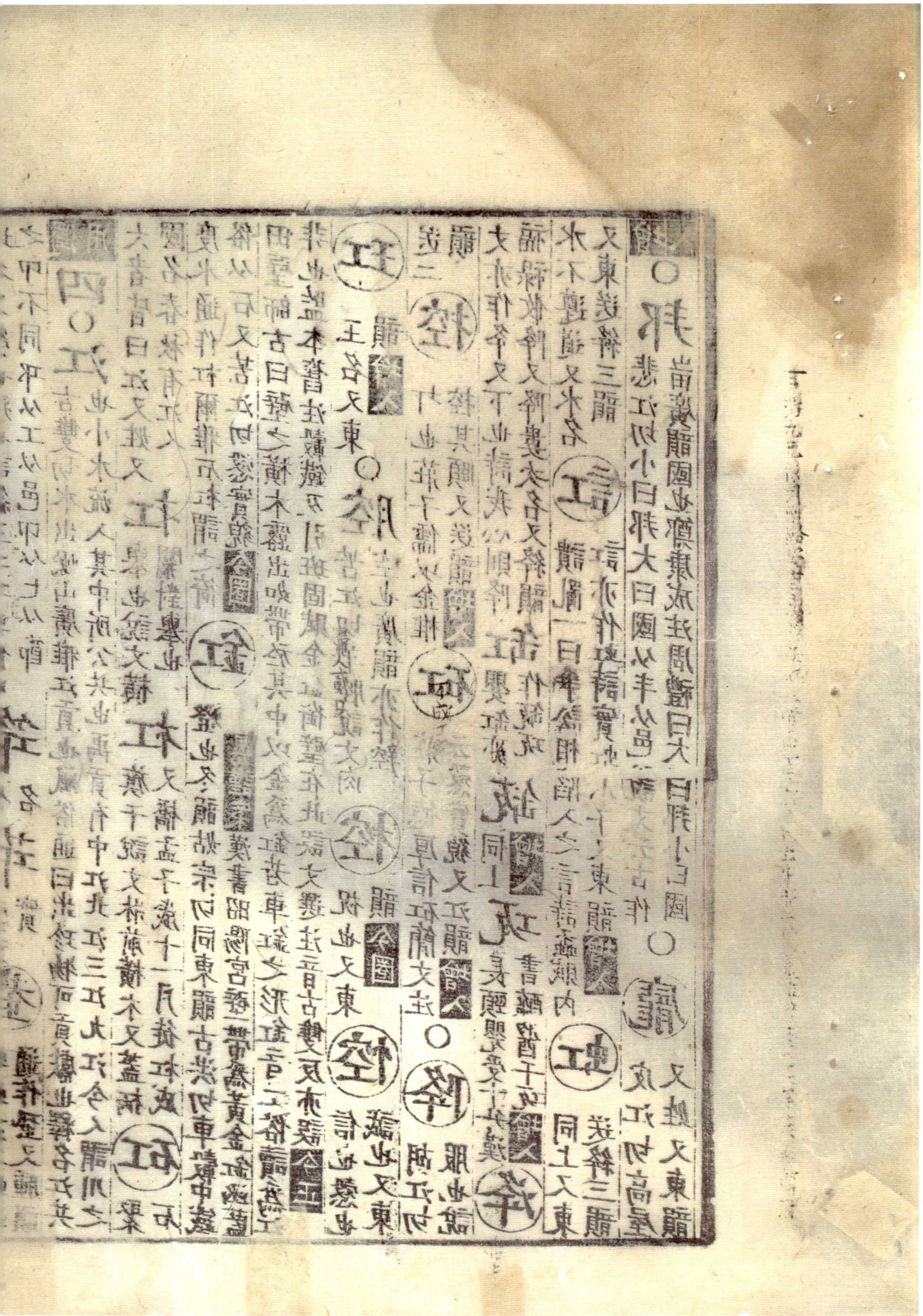

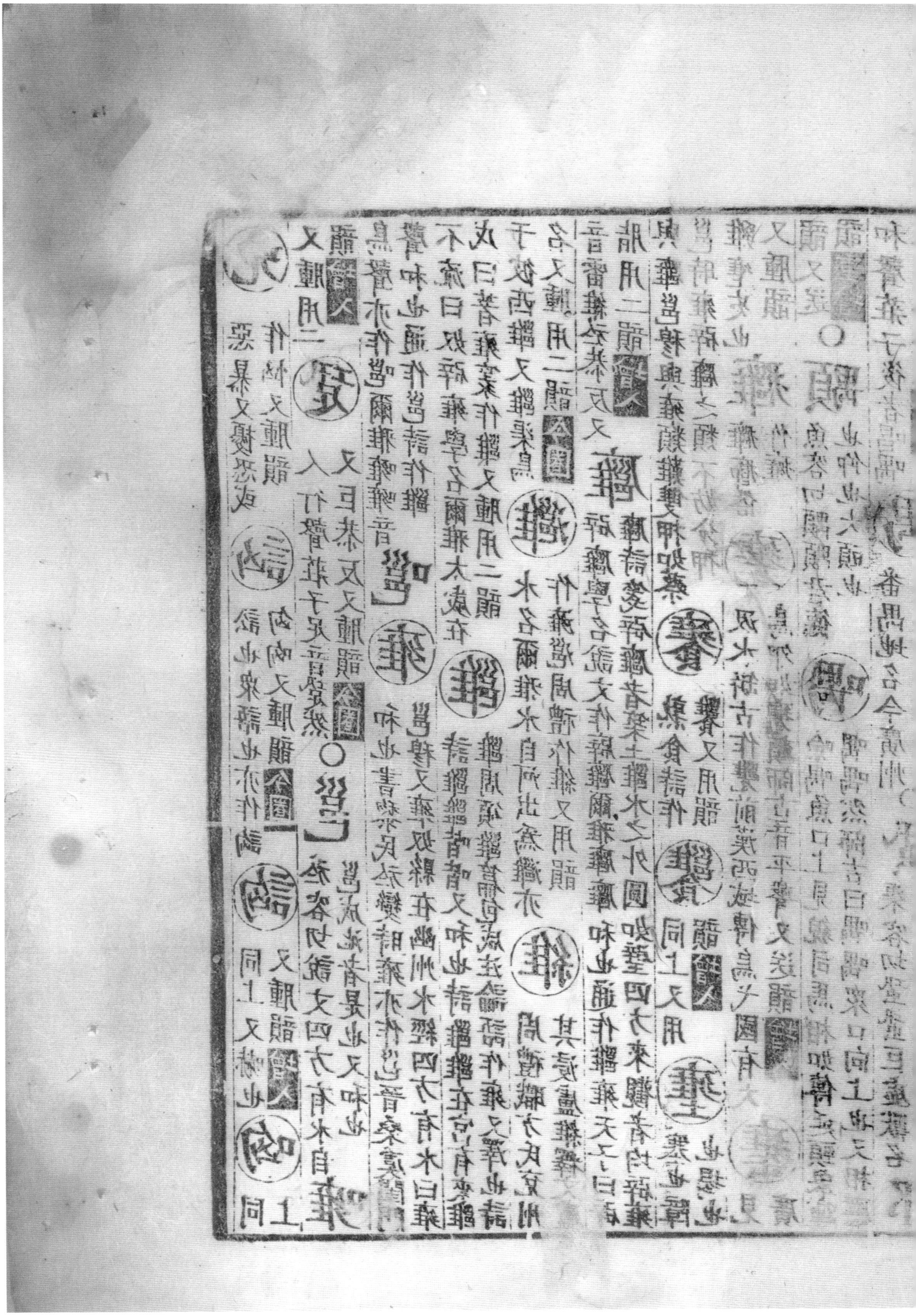

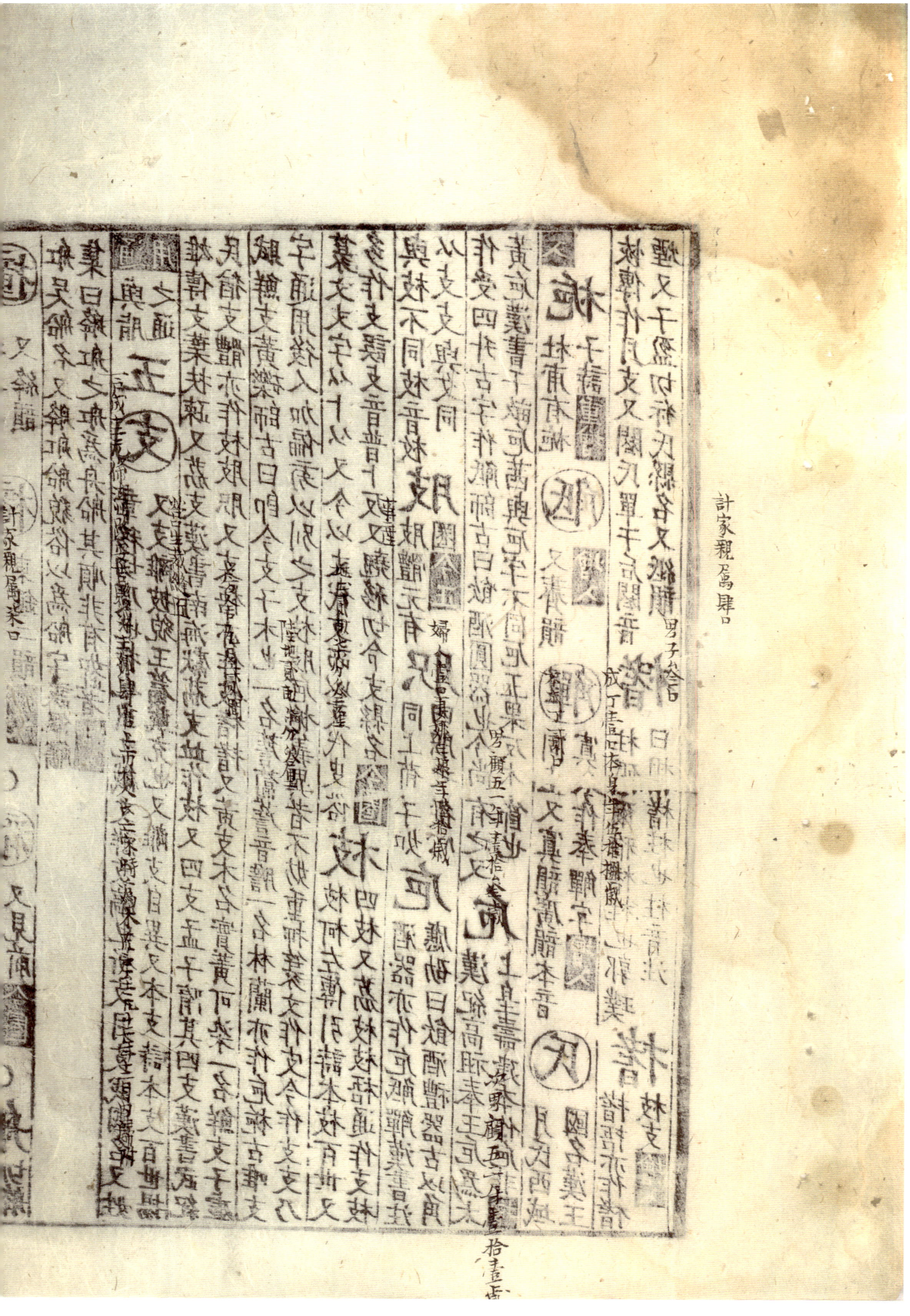

許家親屬肆口

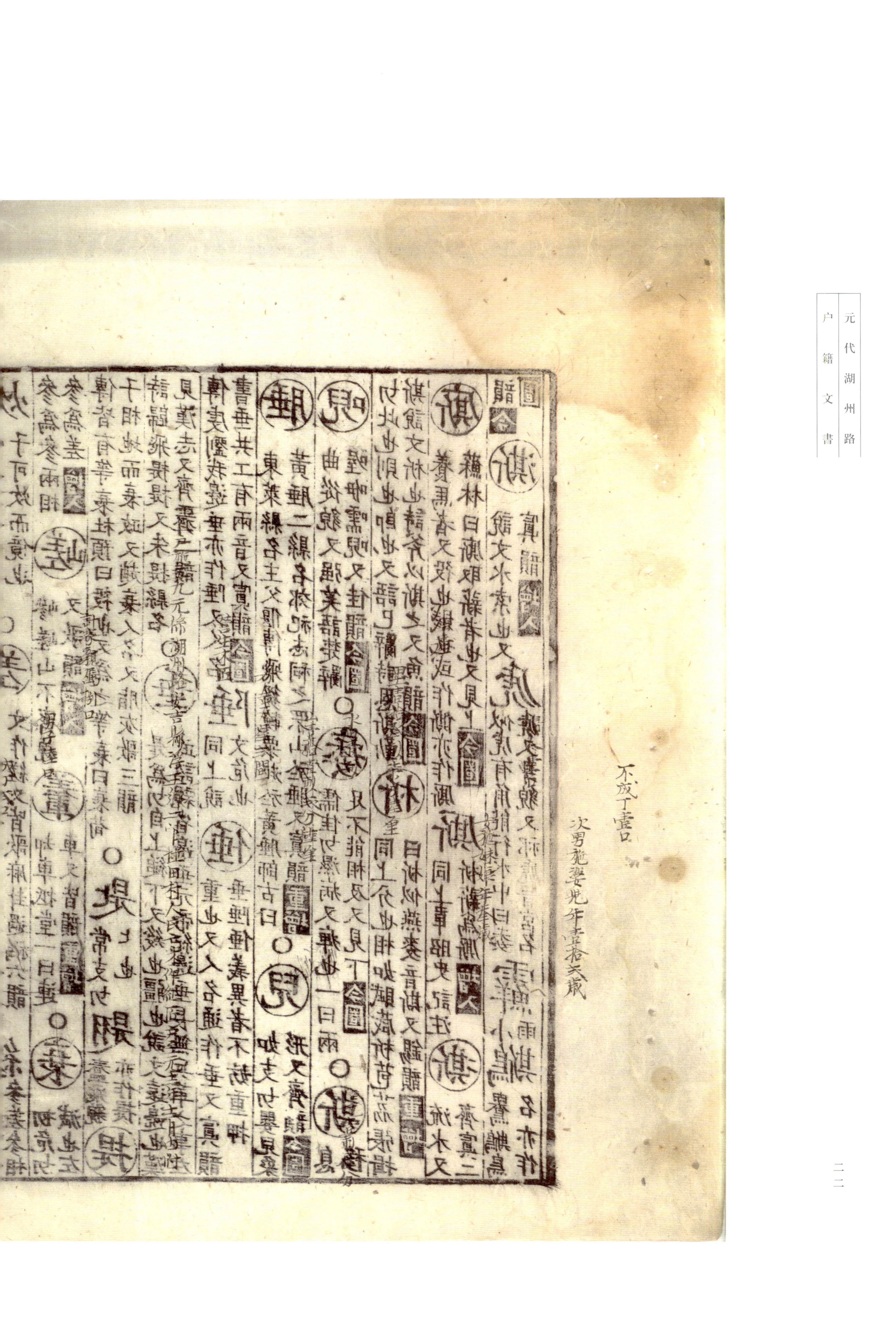

不成丁壹口

次男施婆兒年壹拾叁歲

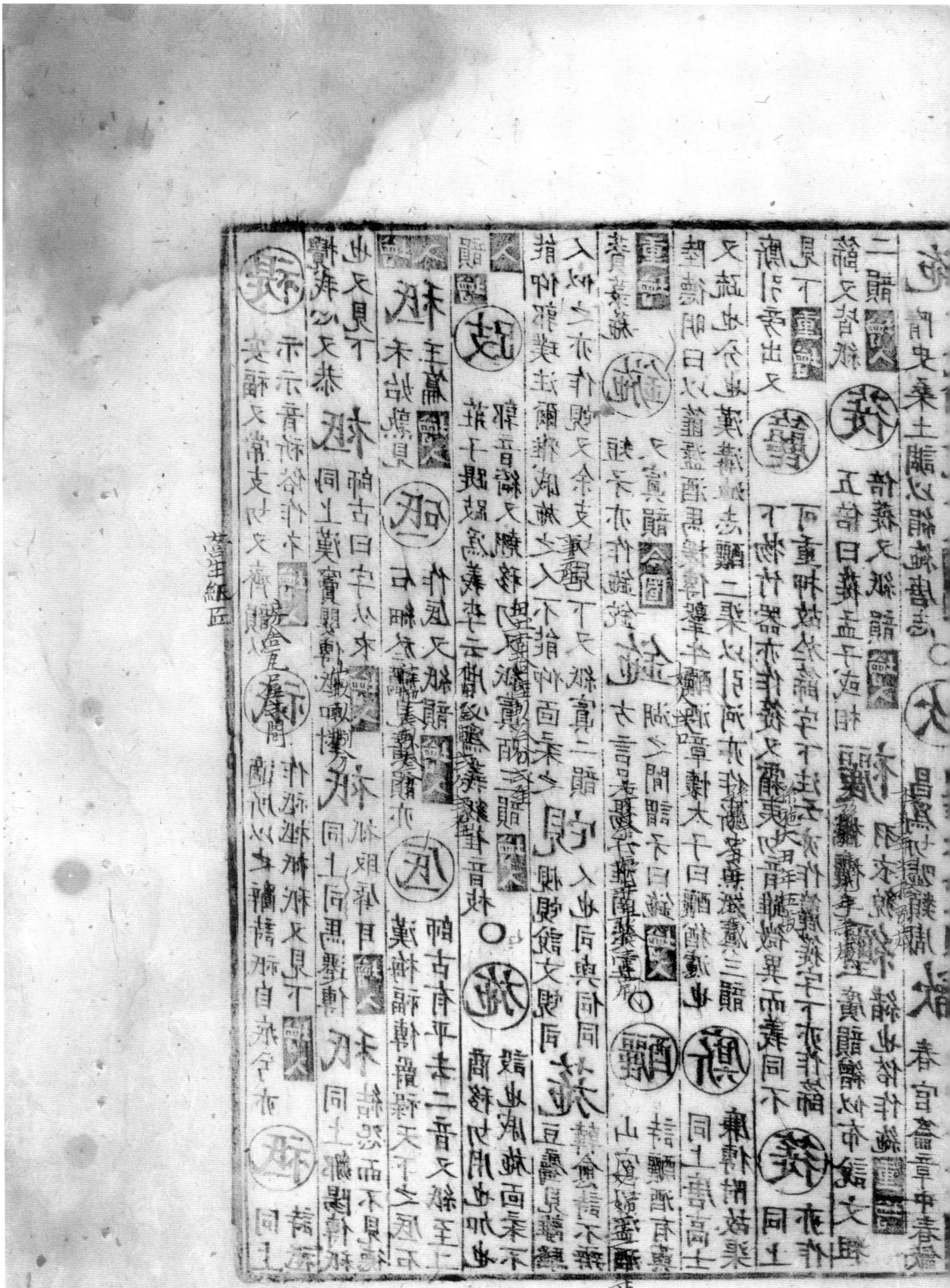

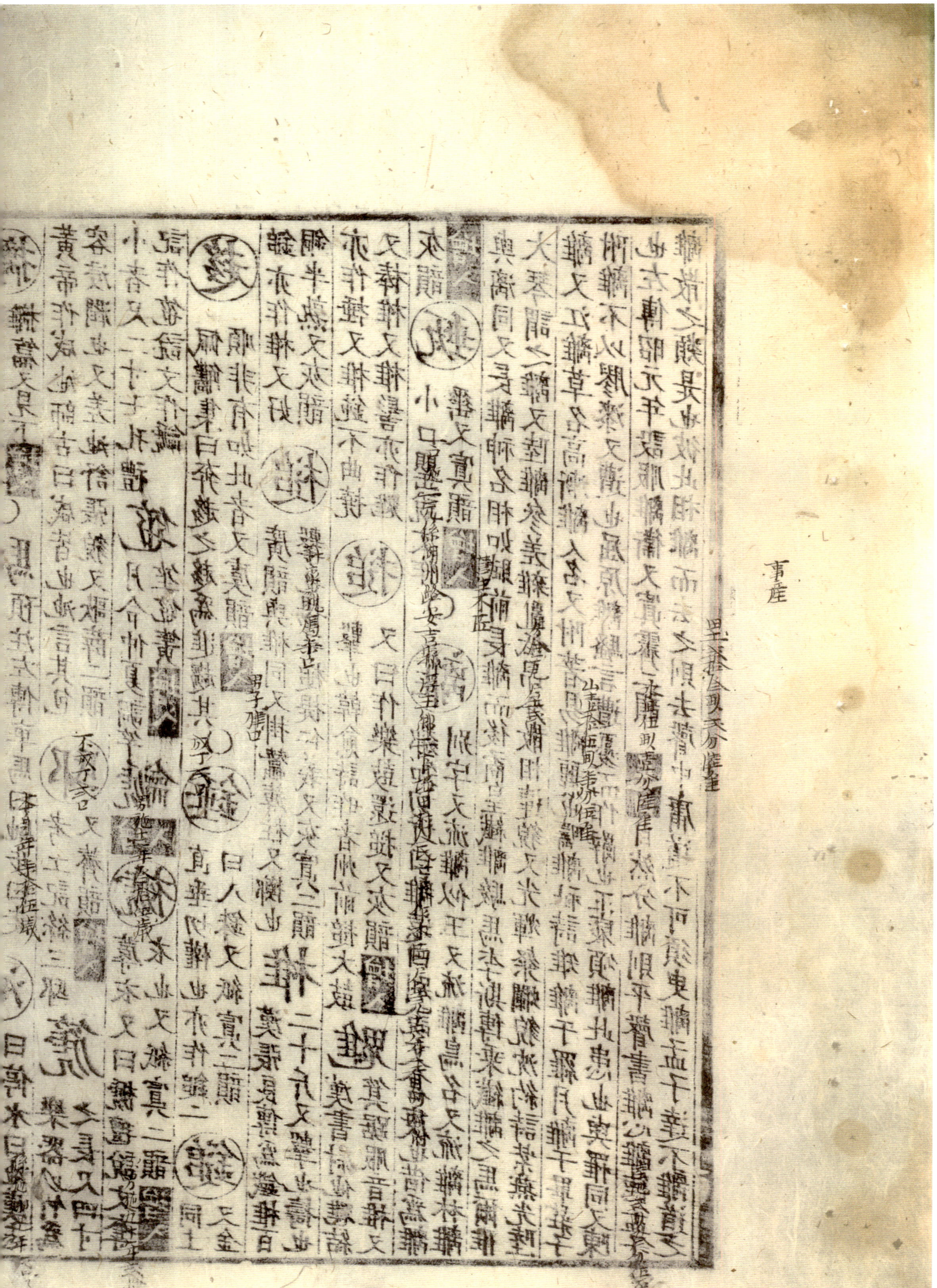
事産

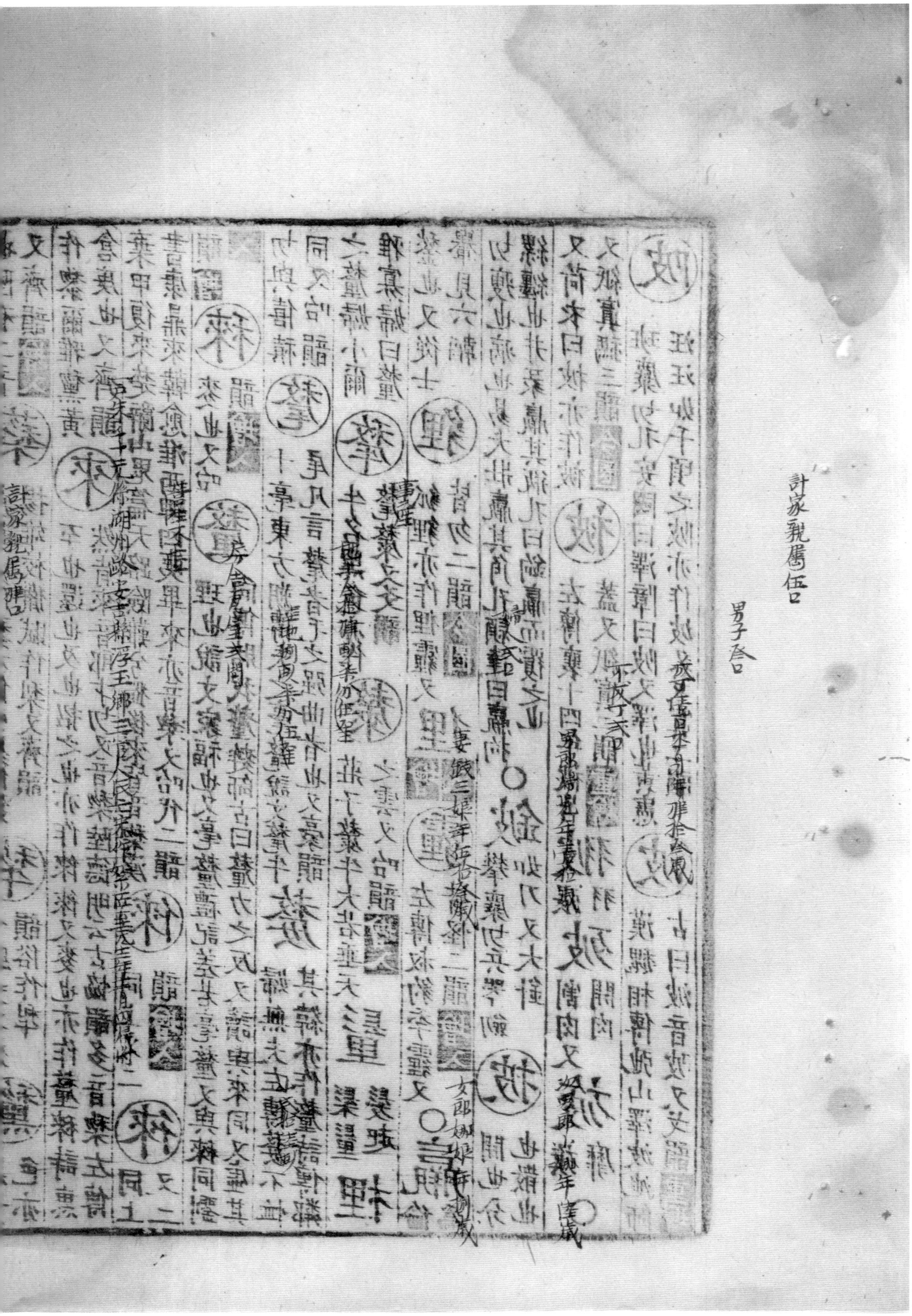
許家親屬伍口
男子叁口

陸地壹畝玖分捌厘
房舍草屋壹間

車莚

一户施山元係湖州路安吉縣移風鄉五管坎頭村人氏亡宋民户至元十二年十二月内歸附見於本村住坐應當民役

計家親屬貳口

男子不成丁壹口本身年陸拾貳歲

婦人壹口母親惠一娘年捌拾壹歲

事産

田土伍畝肆分

陸地叁畝玖分

山壹畝伍分

一户施□元係湖州路安吉縣移風鄉五管坎頭村人氏亡宋民户至元十二年十二月内歸附見於本村住坐應當民役

計家親屬壹口

男子成丁壹口本身年肆拾貳歲

事産

田土壹拾叁畝捌釐

應當民役

長男施大孫年壹拾玖歲

徐男施觀德年肆拾歲

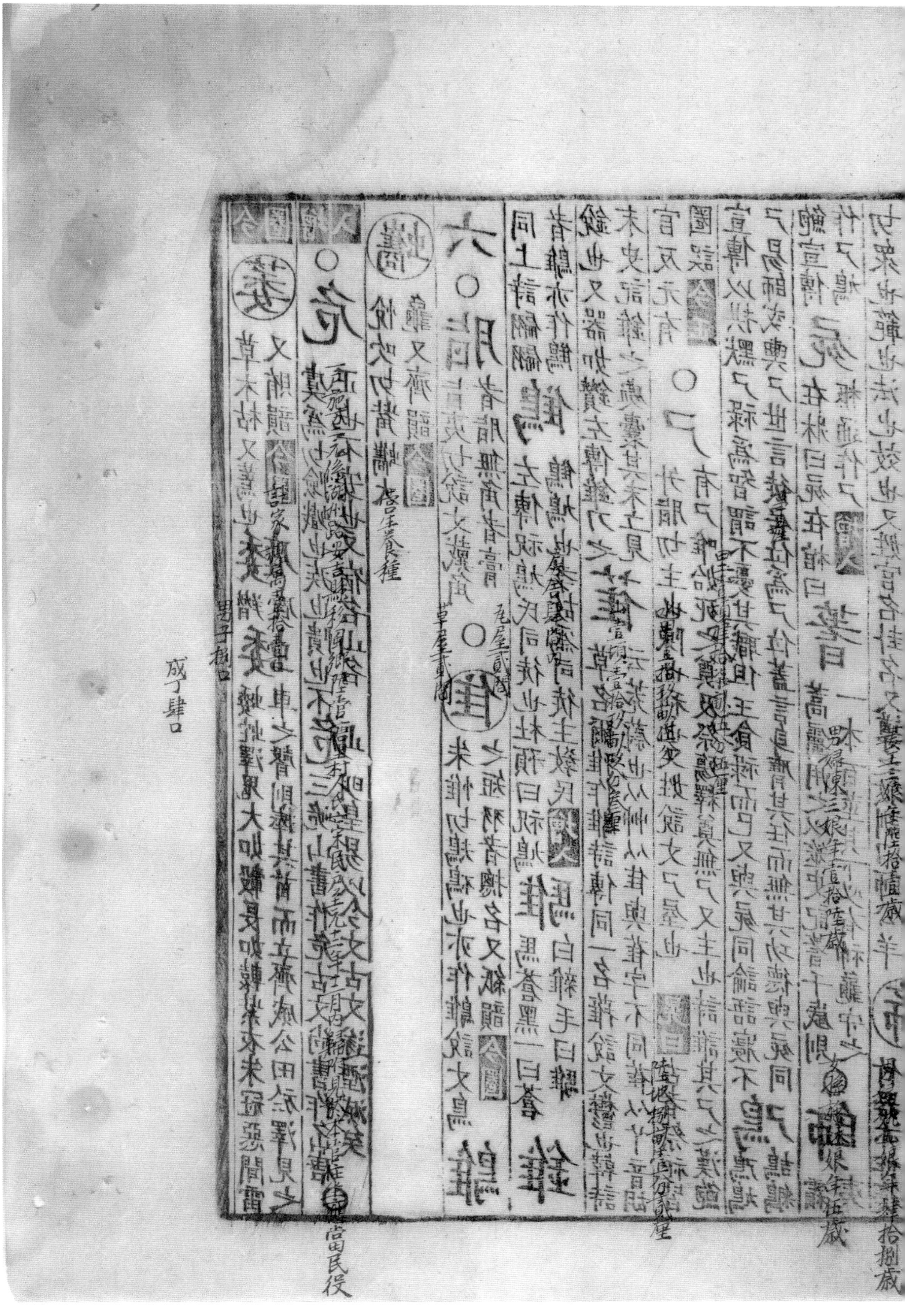
成丁肆口
當民役

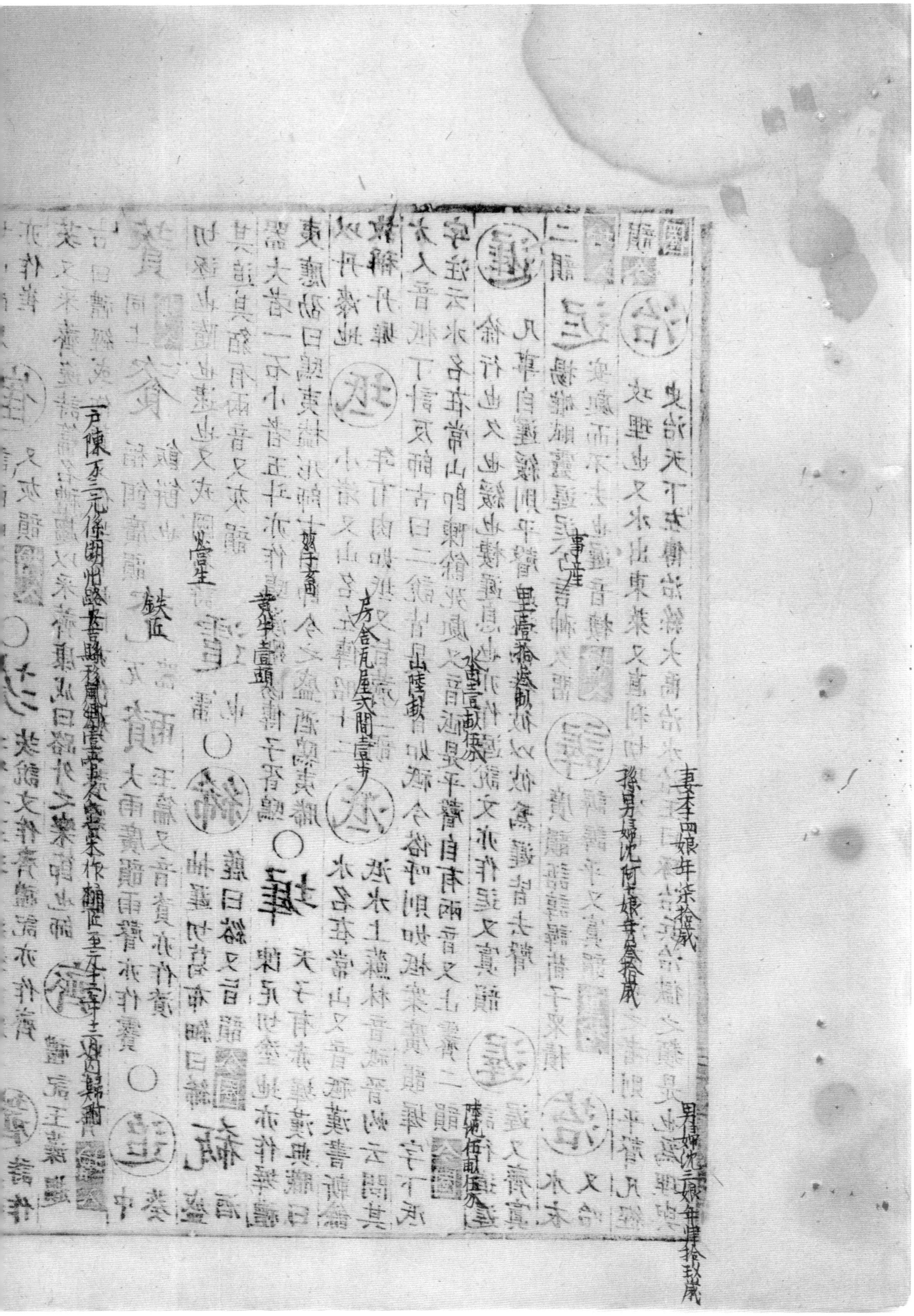
妻李四娘年柒拾歲
孫男婦沈阿娘年叁拾歲
男婦沈三娘年肆拾玖歲

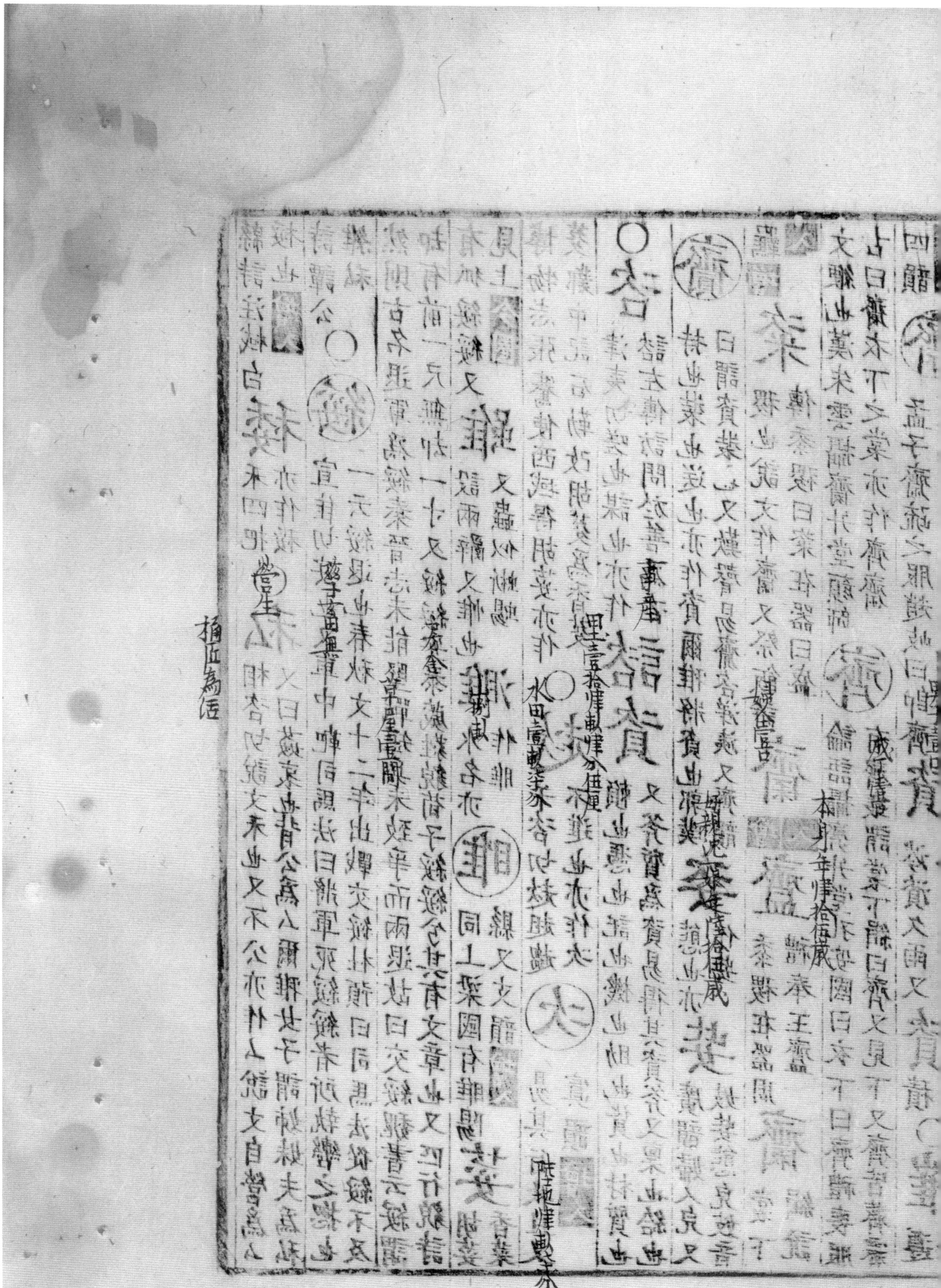

地壹拾壹畝柒分伍厘

水田貳畝陸分伍厘

陸地肆畝

山壹拾柒畝伍分

房舍瓦屋貳間壹步

營生養種

一戶楊四五元係湖州路安吉縣移風鄉[illegible]村人氏亡宋民戶至元十三年歸附[illegible]當民役

計家親屬壹口

男子成丁壹口本身年[illegible]歲

事產

[illegible]

房舍瓦屋壹間

營生養種

一戶金大三元係湖州路安吉縣移風鄉[illegible]村人氏亡宋民戶至元十三年[illegible]歸附[illegible]當民役

計家親屬[illegible]口

營生養種
一戶余玉元係湖州路安吉縣移風鄉[illegible]管壁門村人氏亡宋至元十三年十二月內歸附見於本村住坐應當民役

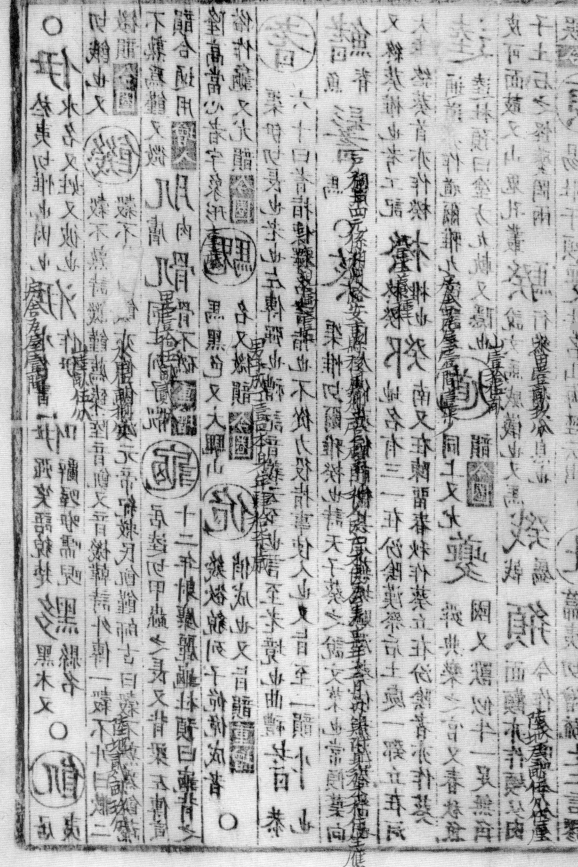

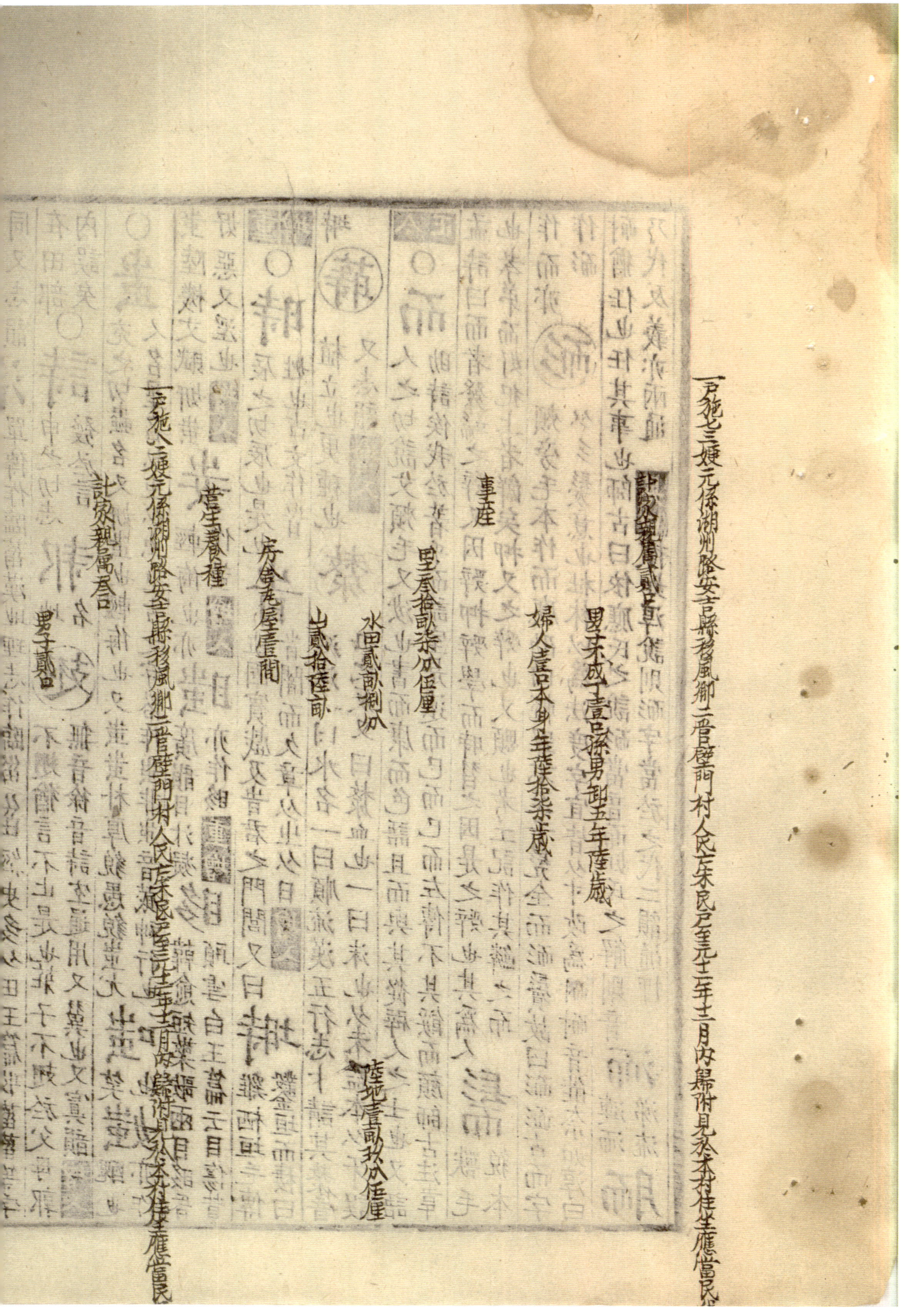

一户施七三娘元係湖州路安吉縣移風鄉三管壁門村人氏亡宋民户至元十二年十二月内歸附見於本村住坐應當民

計家親屬貳口

男未成丁壹口孫男釗五年陸歲

婦人壹口本身年陸拾柒歲

事產

田土叁拾貳畝柒分伍厘

水田貳畝捌分

山貳拾陸畝

陸地壹畝玖分伍厘

房舍瓦屋壹間

營生養種

一户施八三娘元係湖州路安吉縣移風鄉三管壁門村人氏亡宋民户至元十二年十二月内歸附見於本村住坐應當民

計家親屬叁口

男子貳口

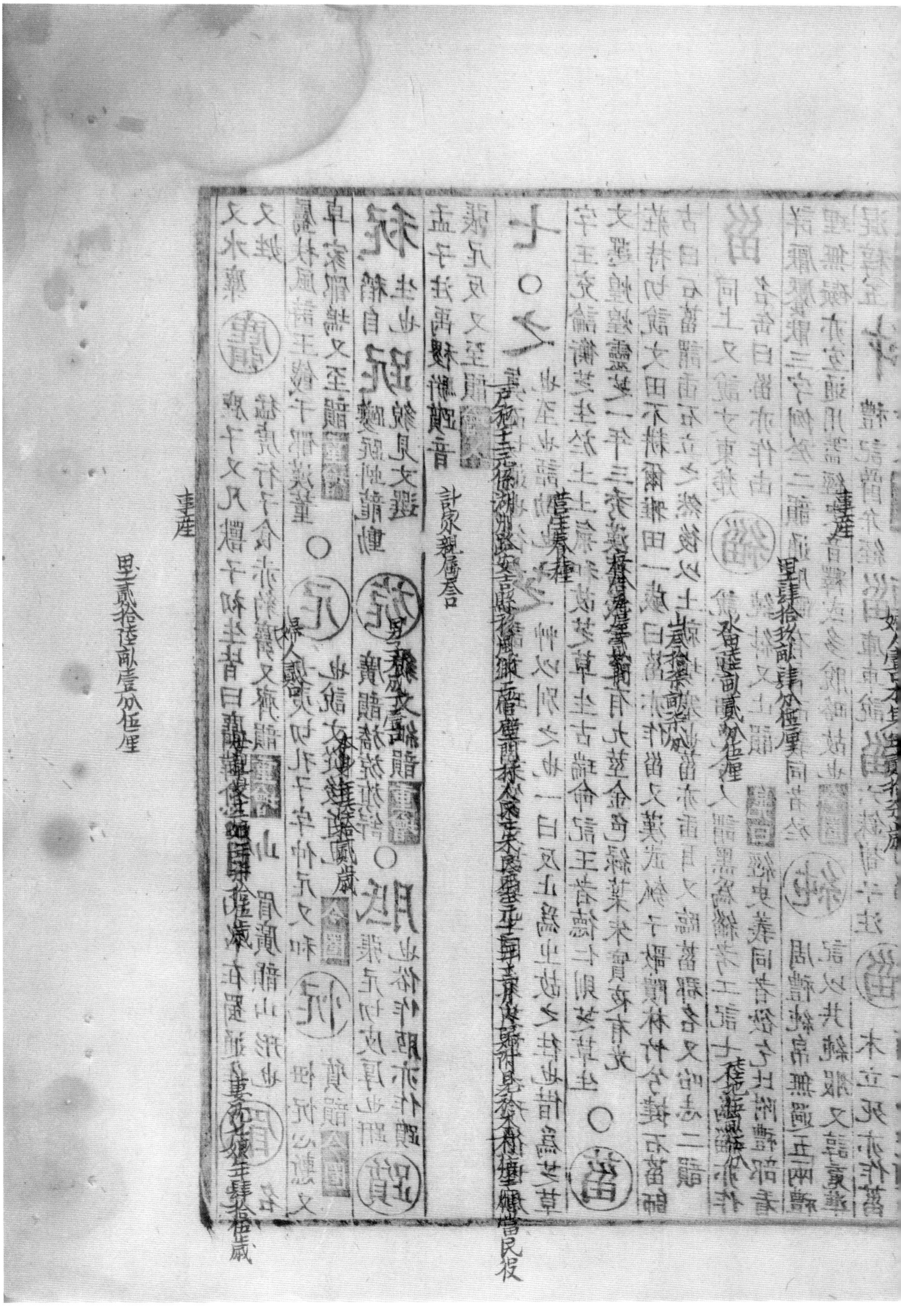

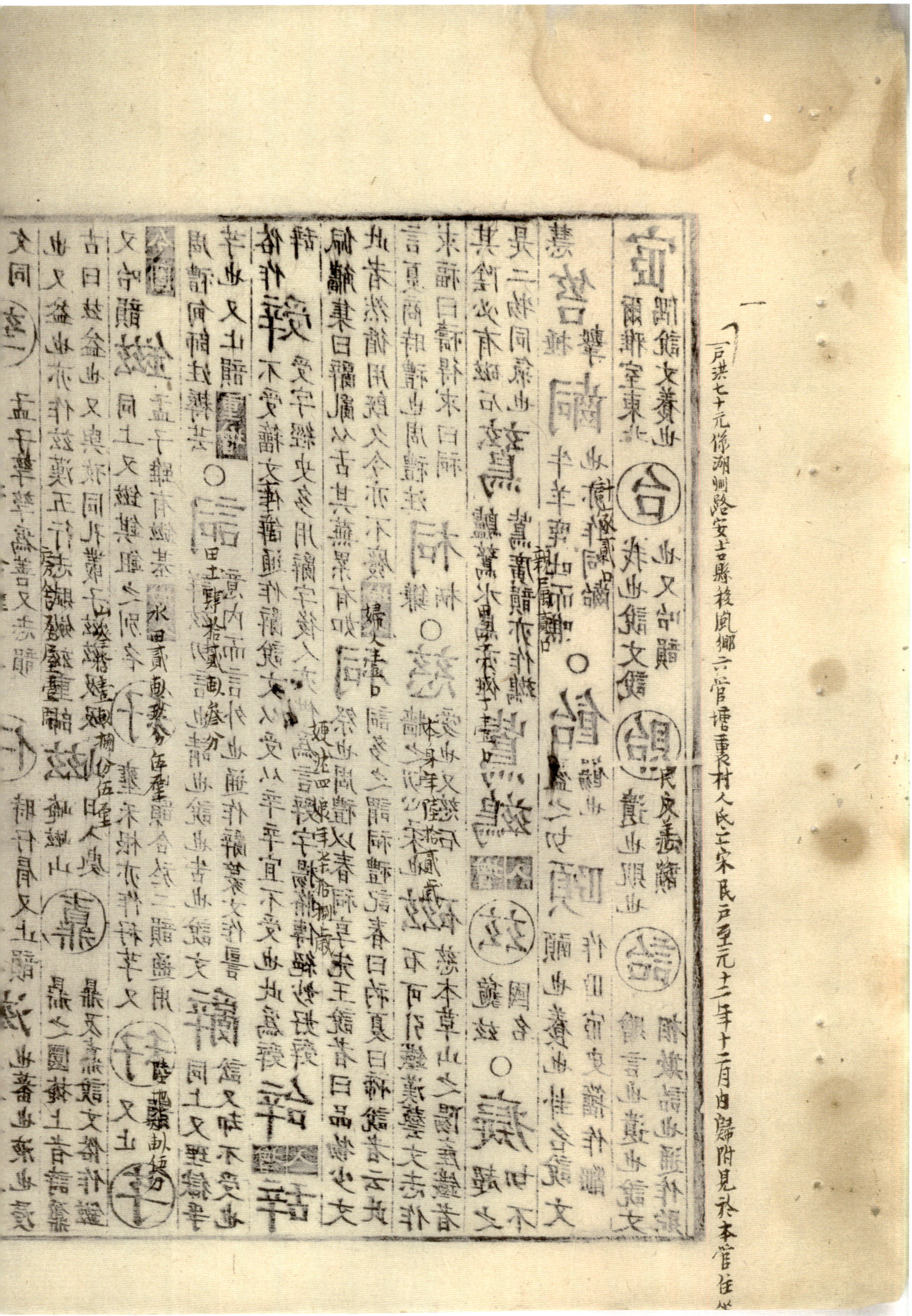

一

一户洪七十元係湖州路安吉縣移風鄉六管塘裏村人氏亡宋民戶至元十二年十二月内歸附見於本管住[illegible]

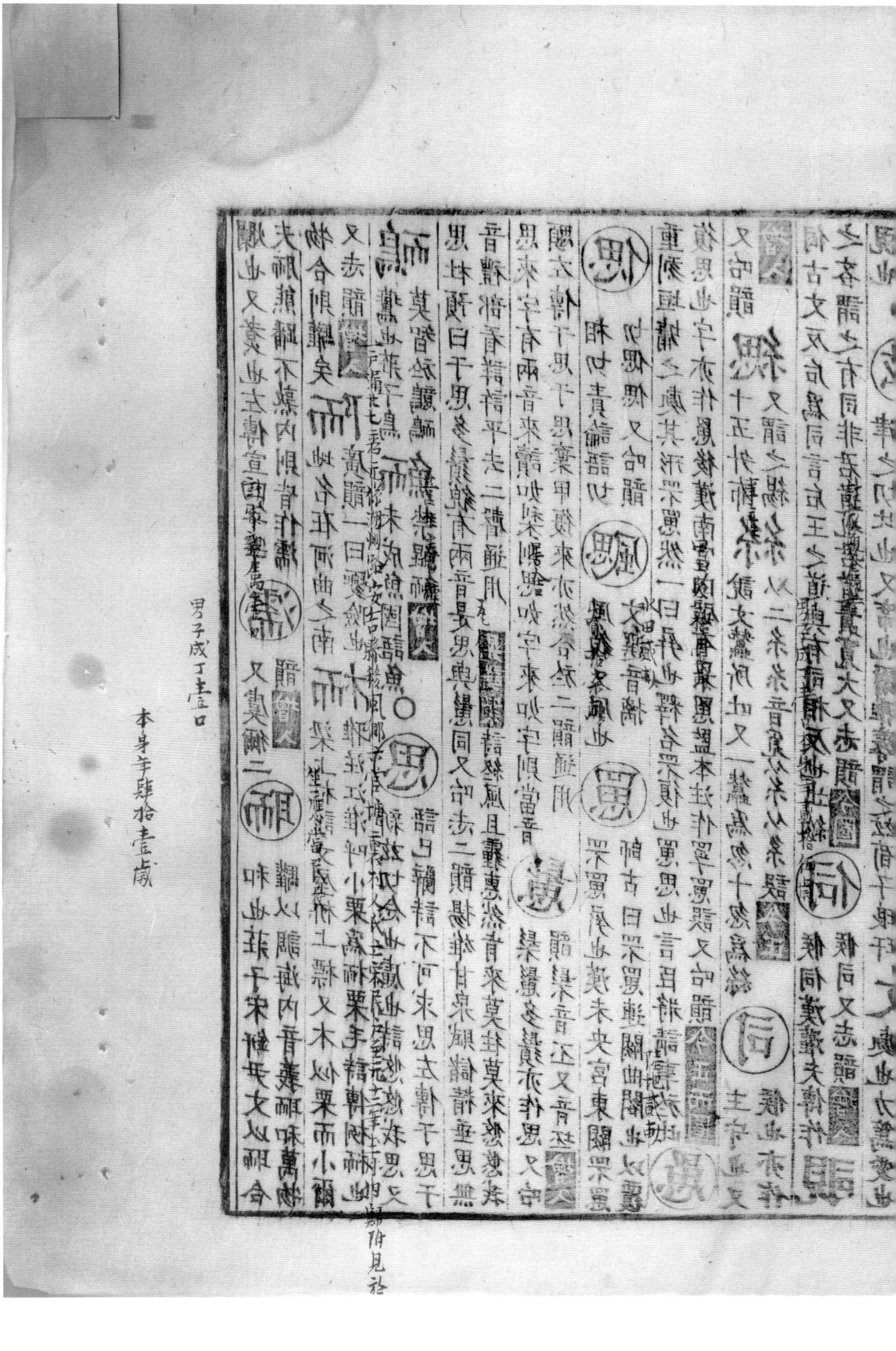
男子成丁壹口
本身年肆拾壹歲
鄉附見在

一戶郎七八娘元係湖州路安吉縣移風鄉六管新塘村人氏亡宋民戶至元十二年十二月內歸附見於本管住坐應當民

計家叁口

親屬叁口

婦人叁口

本身年柒拾壹歲

妻婦陳五娘年陸拾叁歲

女孫郎婆娘年伍歲

事產

田土捌畝壹分

水田壹畝捌分

陸地壹畝柒分

山肆畝陸分

房舍

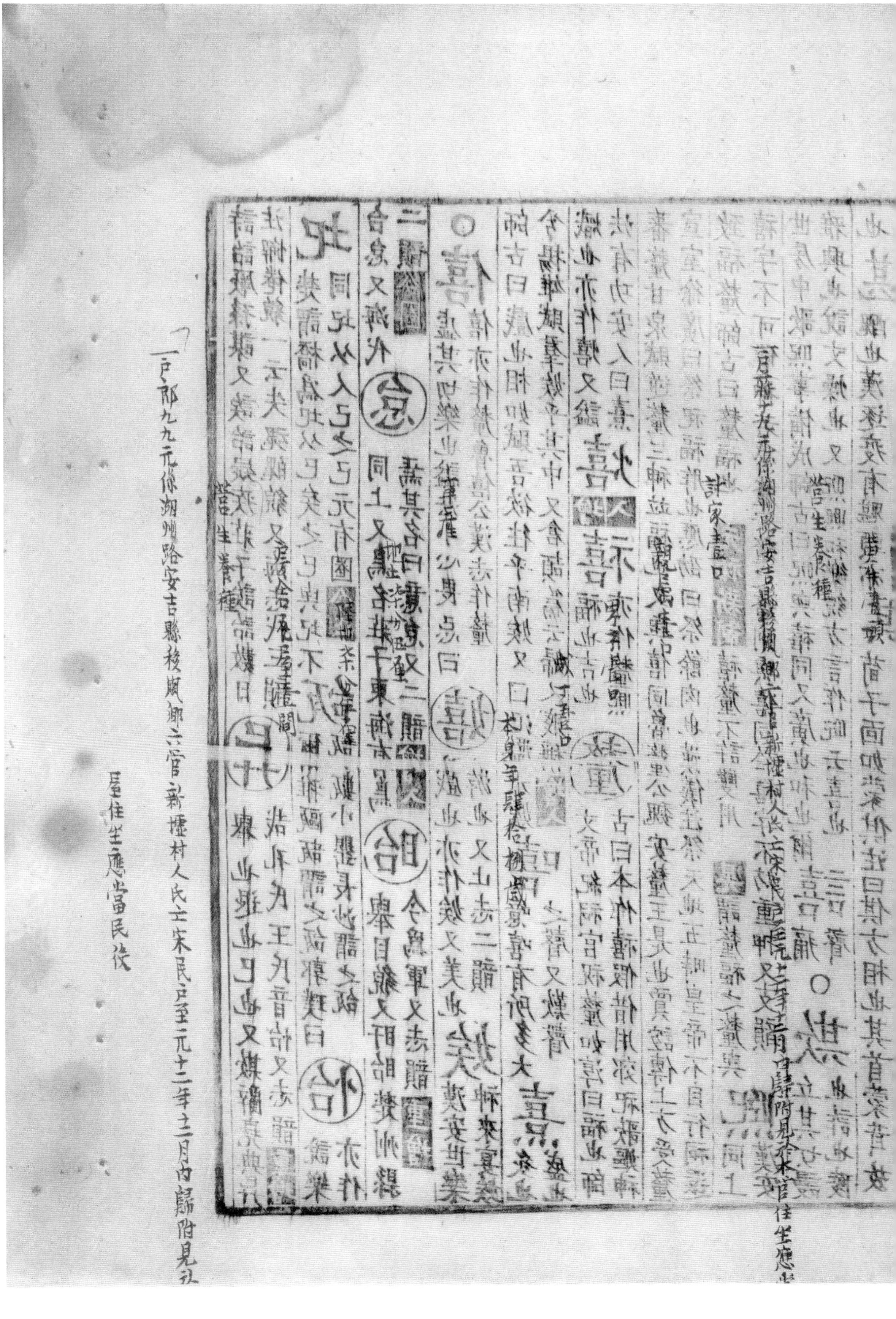
一戶郎九九元係湖州路安吉縣移風鄉六管新塘村人氏亡宋民戶至元十二年十二月内歸附見社
居住坐應當民役

水田叁畝伍分
陸地捌畝陸分叁厘

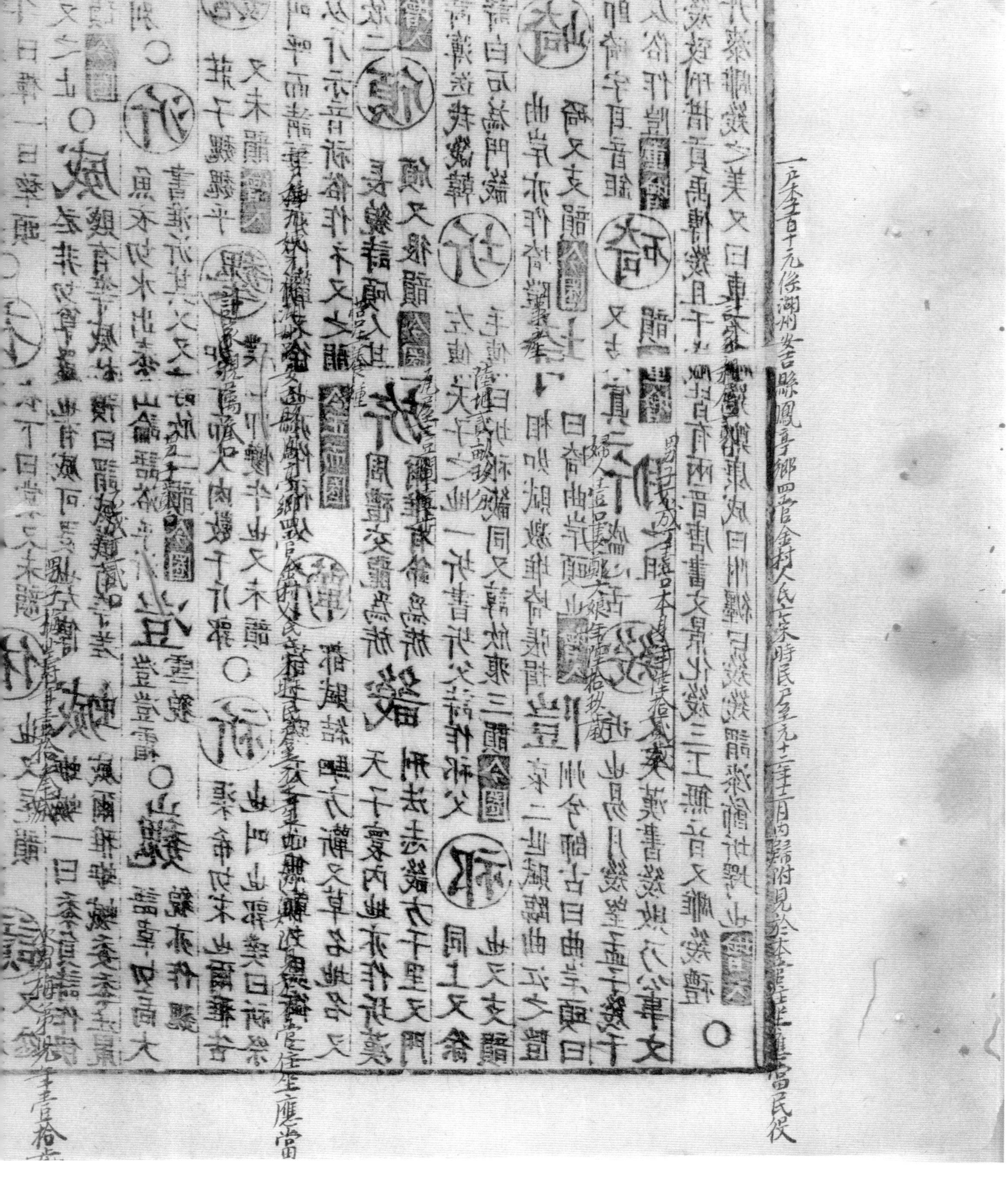
一户李百十元係湖州安吉縣鳳亭鄉四管金村人氏亡宋時民户至元十二年十二月内歸附見於本管住坐應當民役

一戶施小歸元係湖州路安吉縣鳳亭鄉四管金村人氏亡宋民戶至元十二年十二月內歸附見於本管賃房住坐應當

營生養種

壹歲

應當民戶

壹釐

先朝有司並當詩論通經[illegible]惜其未之盡顯難然未用之以難以遠更
者然則
氏詩書中見葉韻以前韻與今亦異今韻有倂音之獨用以爲通用
者不當據爲一韻耳臣觀故尚書謝諤作先臣增韻題跋云音協乃孔
知音即須輕重有異此謂聲同則可以通用但呼吸有輕重加之用處
則古[illegible]
歌而未其不合者其亦審矣雖[illegible]寬也若編以[illegible]
之樂章用於大師協於音律而後[illegible]以孔子之[illegible]詩也又[illegible]
字也書字會[illegible]十足切亦書字也推此可見且國風雅頌皆三代
字爲聲字爲韻[illegible]協則無有不通者與微字無非一切皆作無窮切亦微
所必計今若通行不[illegible]字其不然反切之法率用二字相
入讀其聲理字通行以[illegible]反切韻之法其理[illegible]
用章與成本同一韻或古人用[illegible]包今乃異韻推此則上去
通此何義也芊與一[illegible]今[illegible]
同音陸德明亦[illegible]今[illegible]在清韻內[illegible]韻內不得相
使合字音皆同後世[illegible]
音讀不殊說文[illegible]字以[illegible]
通用也[illegible]
亦相通[illegible]以前音韻亦[illegible]一韻是古人未嘗不

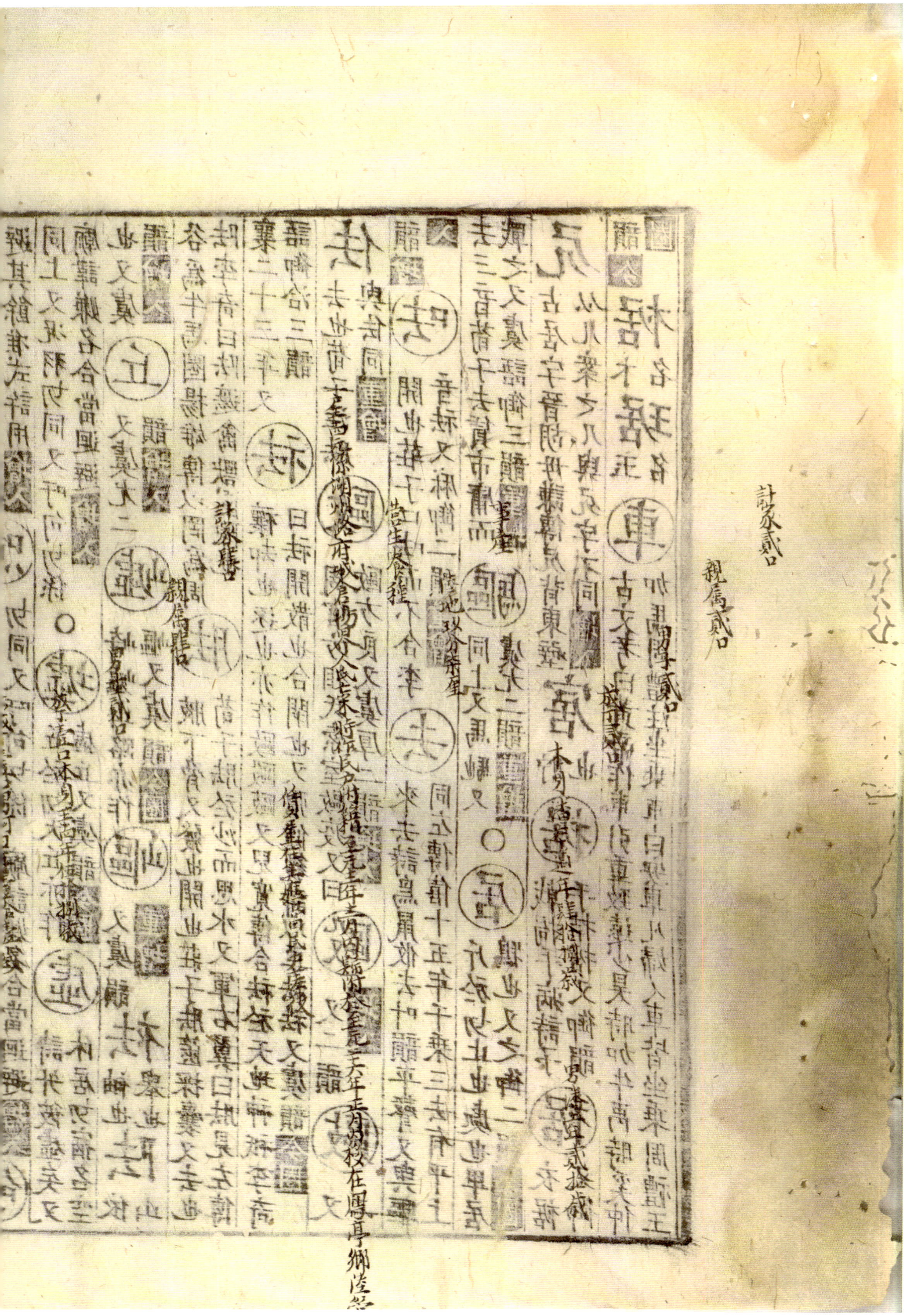
計家貳口
親屬貳口

母親阿十娘年伍拾柒歲
妻何万八娘年叁拾歲
保住坐應當民户差役

一户方屯元係湖州路安吉縣鳳亭鄉二管後澤村人氏亡宋民户附籍至元十二年十二月内在
住坐應當民役

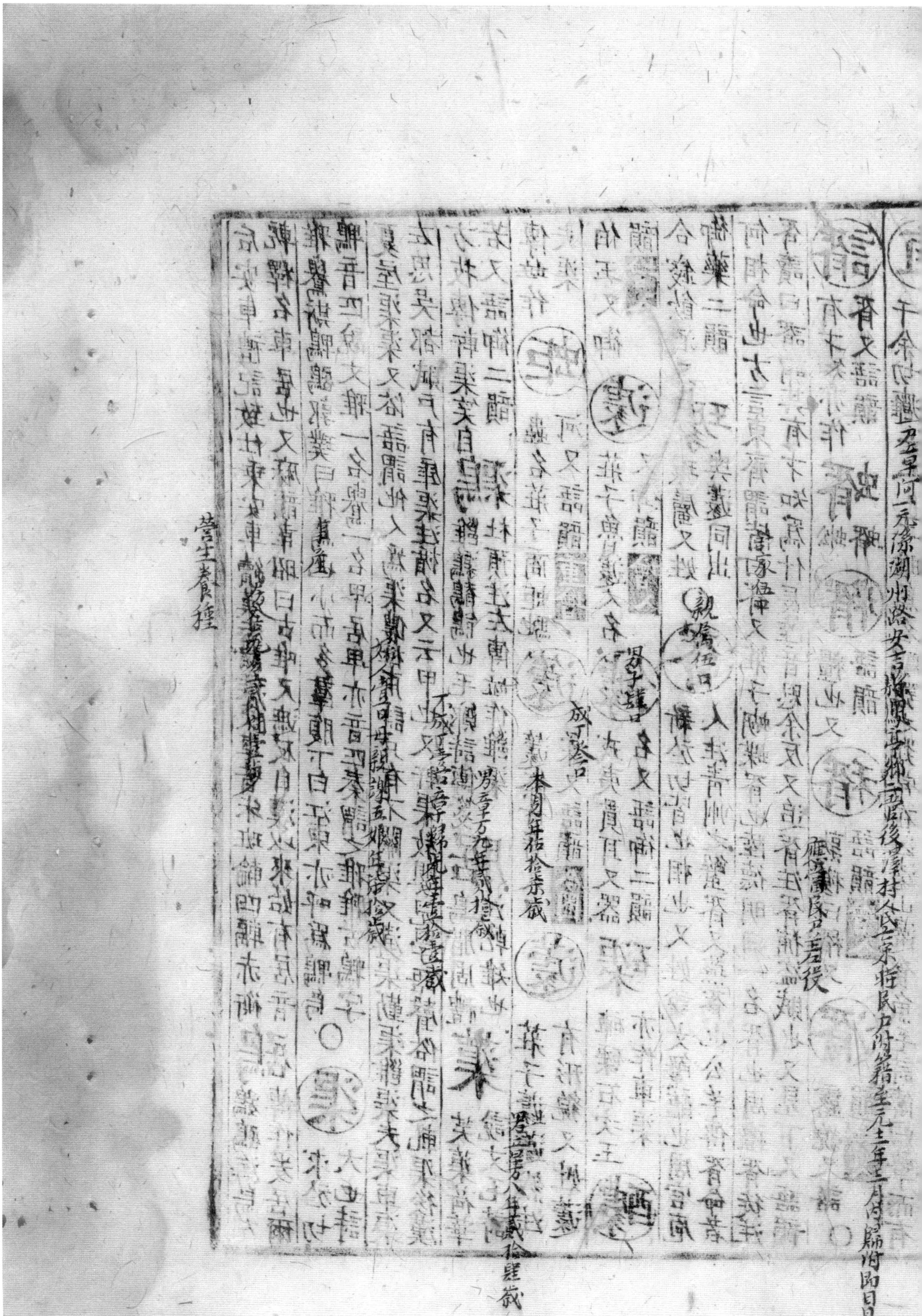

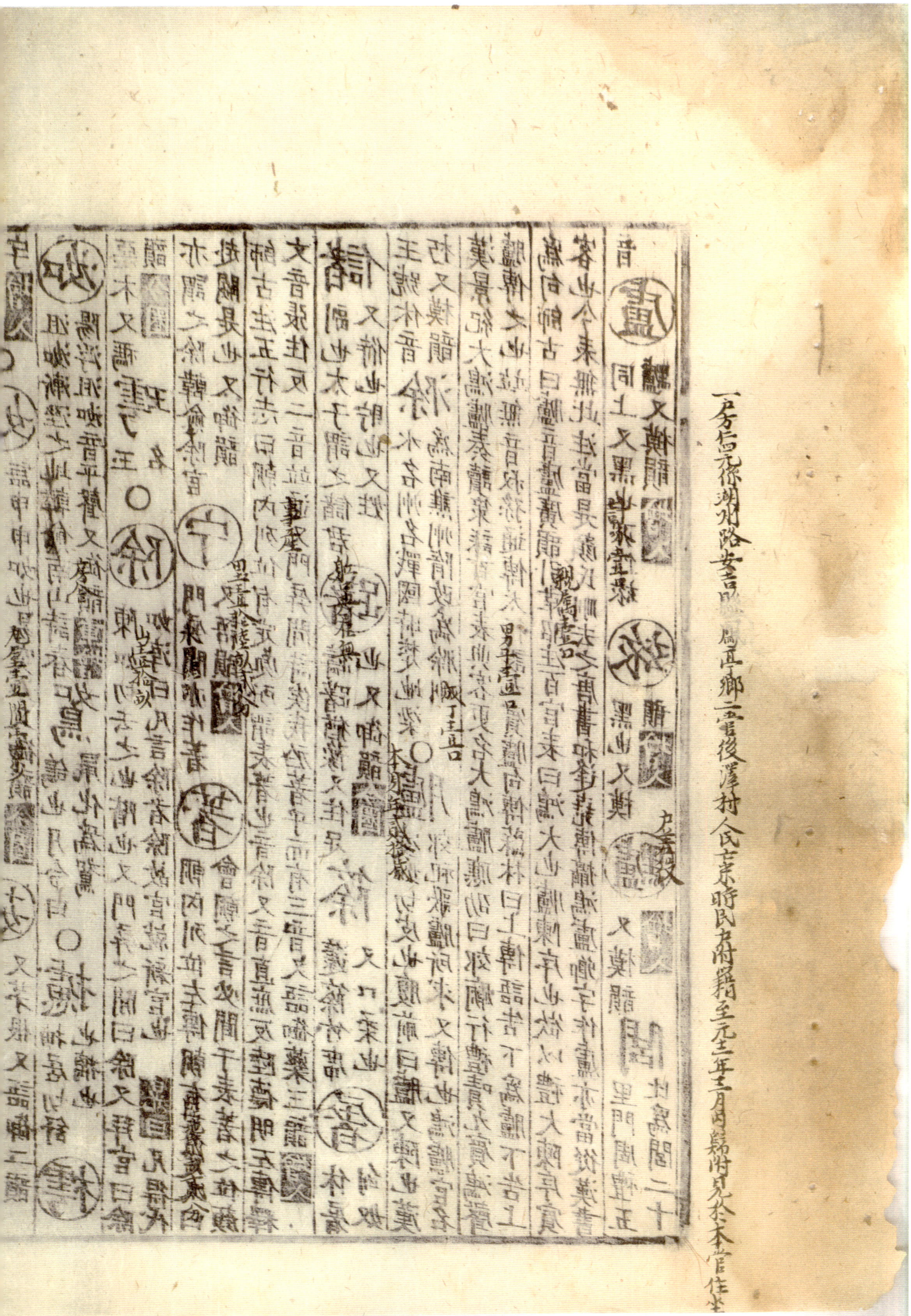
一户方四元係湖州路安吉縣鳳亭鄉二管後澤村人氏亡宋時民户附籍至元十三年十二月內歸附見於本管住坐

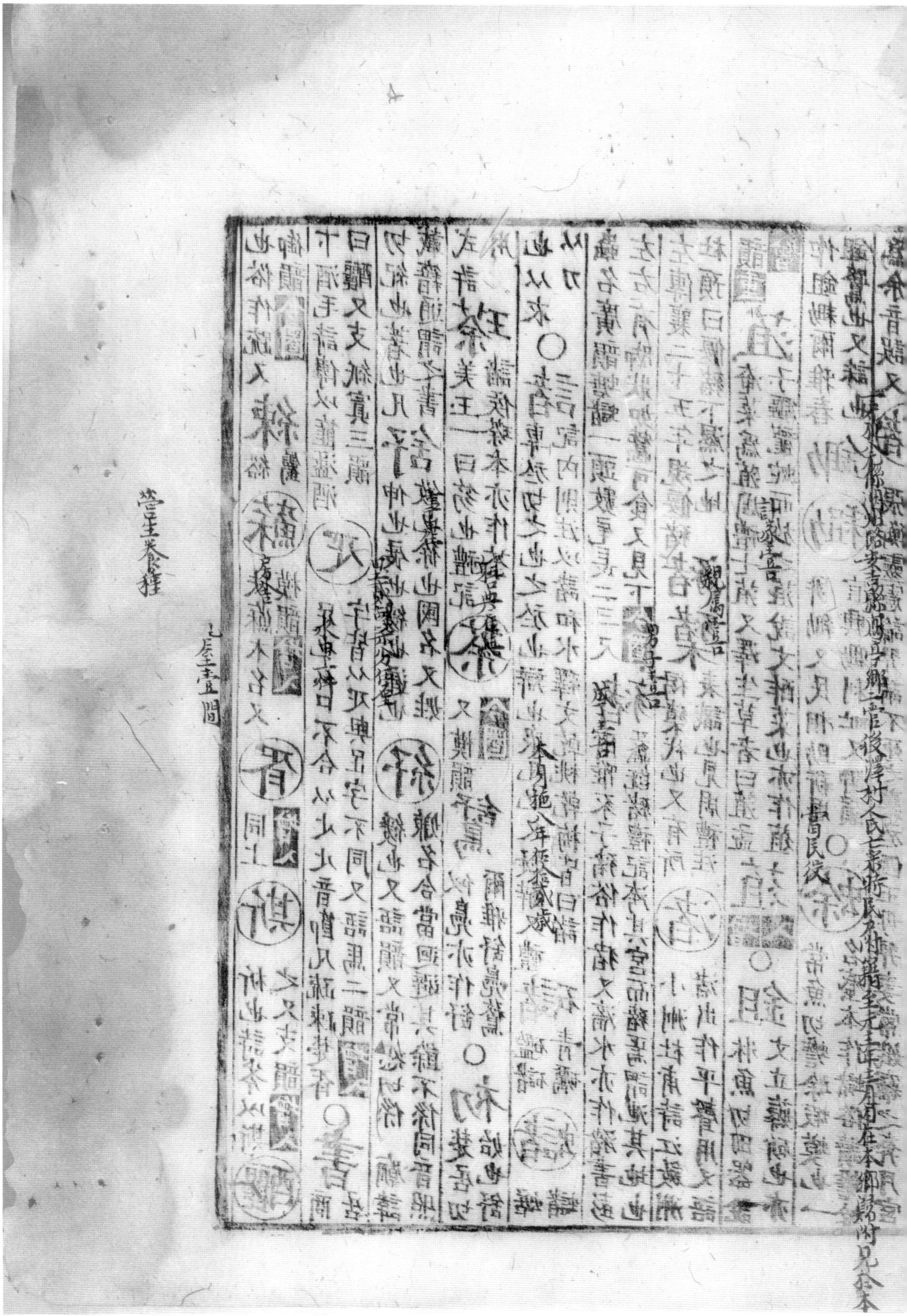

一戶胡觀見元係湖州路　都周吾鄉一管石界村人氏亡宋民戶至元十二年十一月內歸附見於本都

當民役

名
者豈可與兩不用故
秀之字曰茂唐制淵之字曰泉是亦全嫌名同當避若字同而音異
基民基爲君基則基嫌三亦諱也又漢唐文制生亦避如漢制非之字曰國
莫漢宣帝名詢改荀卿爲孫卿晉避帝諱改年爲周太一也若
帝名諱不改京兆郡爲京兆尹唐明皇名隆基改年隆爲周太一也臣
相於諱侯名或其大夫曰諱同云不非陸德明
不其二禮不諱嫌名不偏諱爲說文曰諱者鬼神之名也生者
相近若兩字相近一一諱也孔子之母名徵在言其一不
同音耶。去諱用
其宗廟諱音相近二音切與切准當切合當
音又許字爾雅無諱
世宗廟諱嫌名二音休切況切准
迴避外其餘不係同音又就字二字有三音一音切
欽宗廟諱嫌名三音況切五音切准
世宗廟諱嫌名二音古候切
右王音一音千切切係有
右字與內切字係有
右臣

男子不成丁壹口

本身年陸拾肆歲　見患雙目

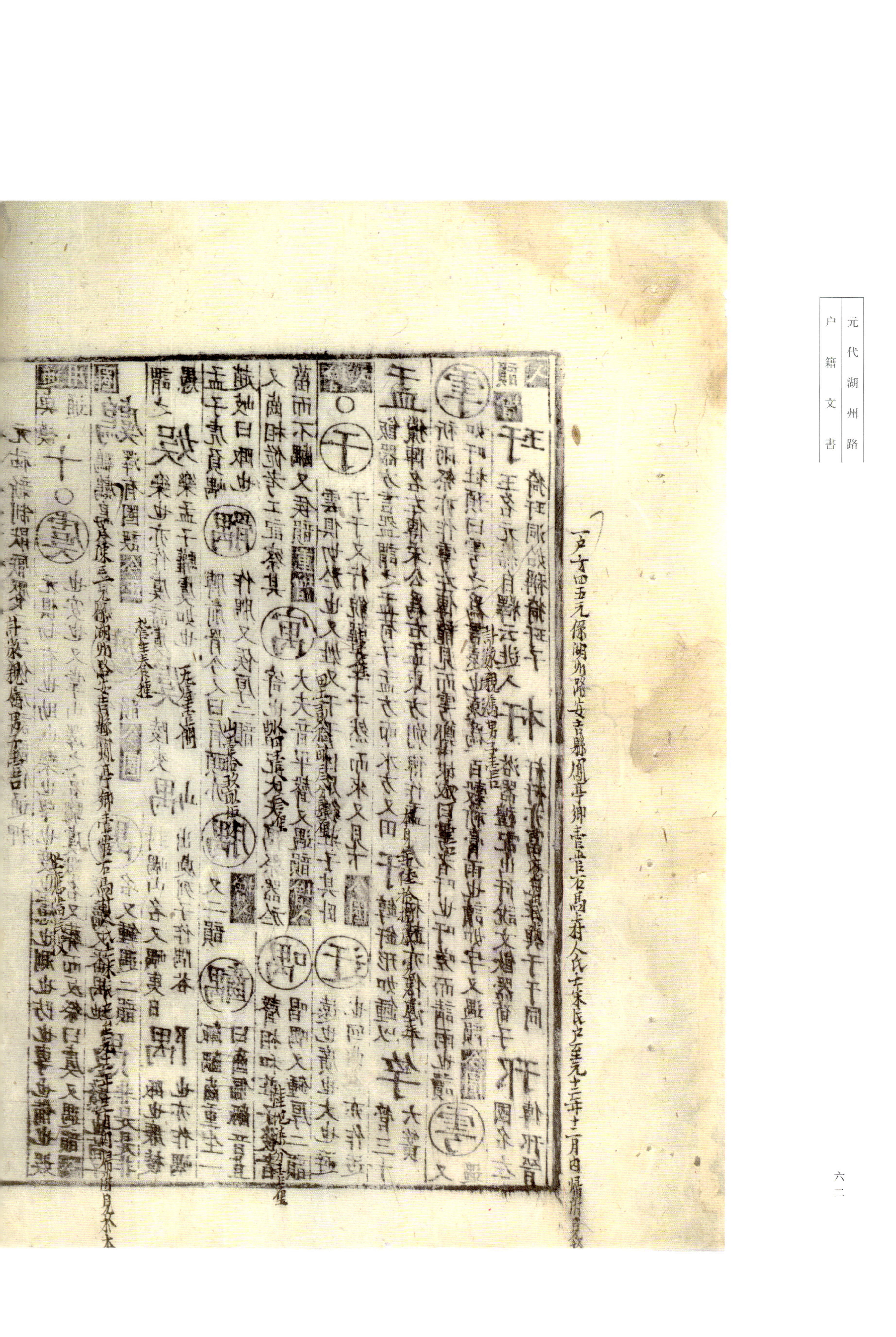

一户方四五元係湖州路安吉縣鳳亭鄉壹管石馬上村人氏亡宋民户至元十二年十二月内歸附見

一户唐康三元係湖州路安吉縣鳳亭鄉壹管石馬上村人氏亡宋民户至元十二年十二月内歸附見於本

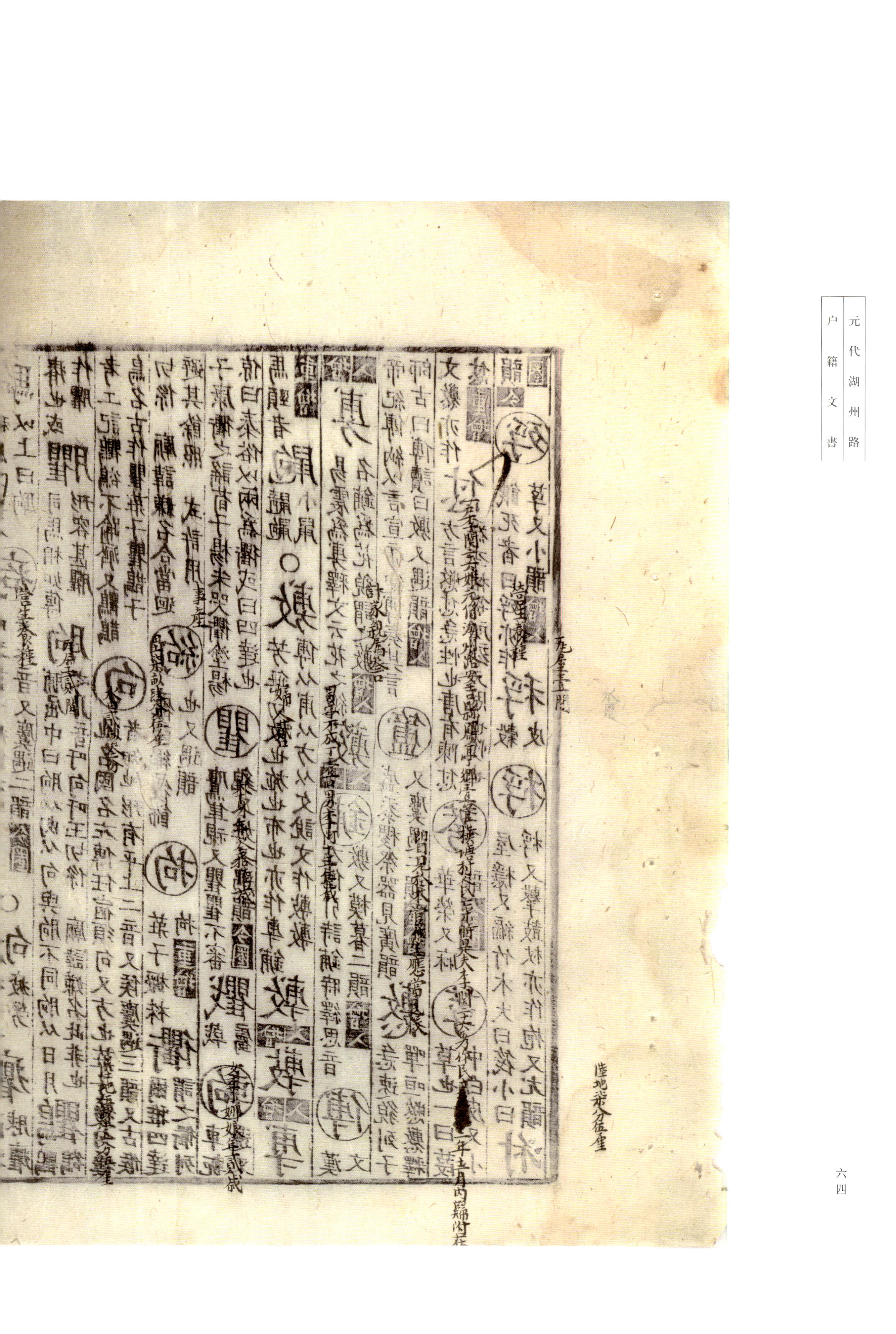

元管主戶

一戶[illegible]年十二月內歸附在

陸地柒畝八分伍釐

[illegible]

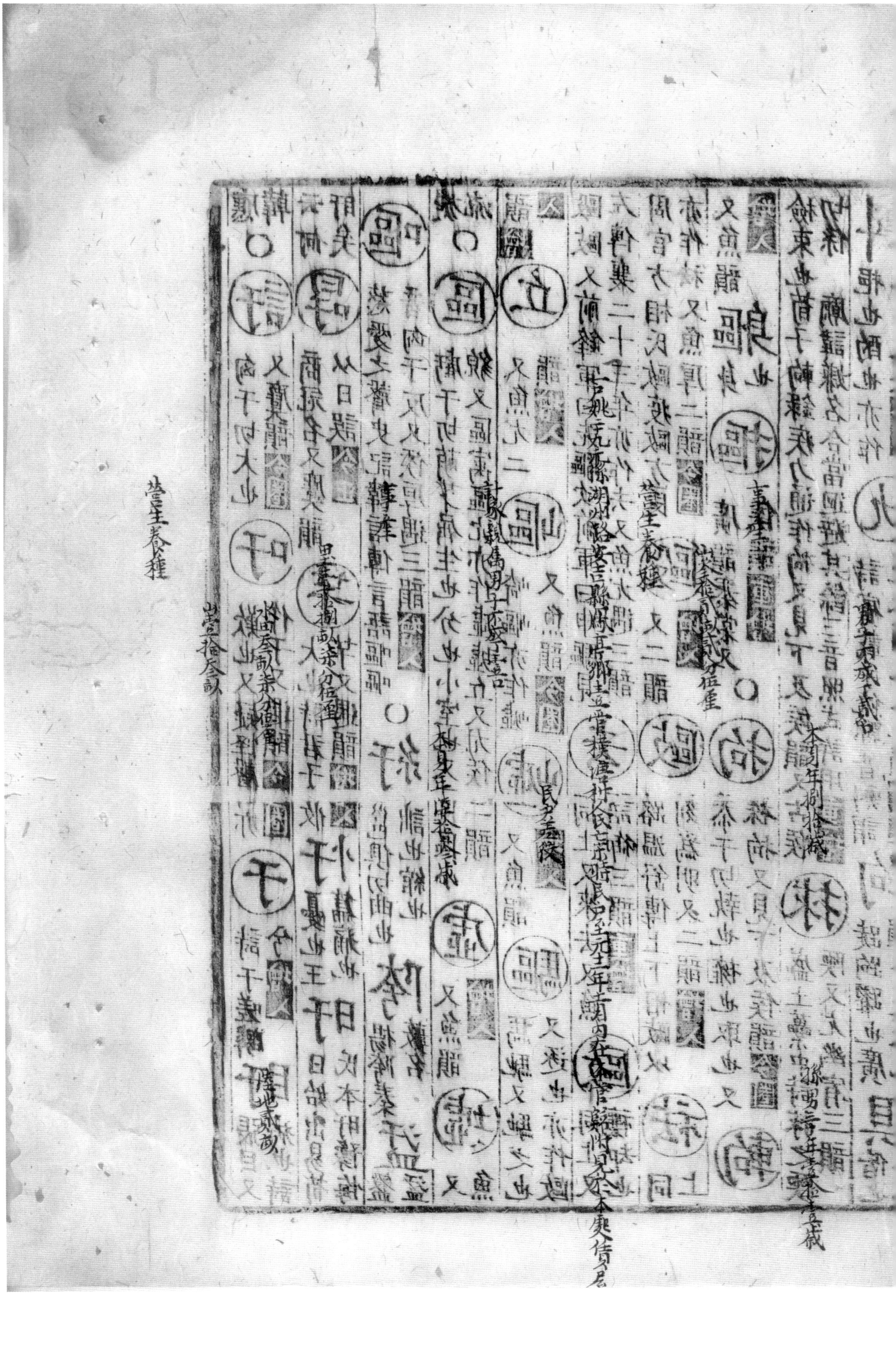

本身年陸拾伍歲
孫男成兒年捌歲

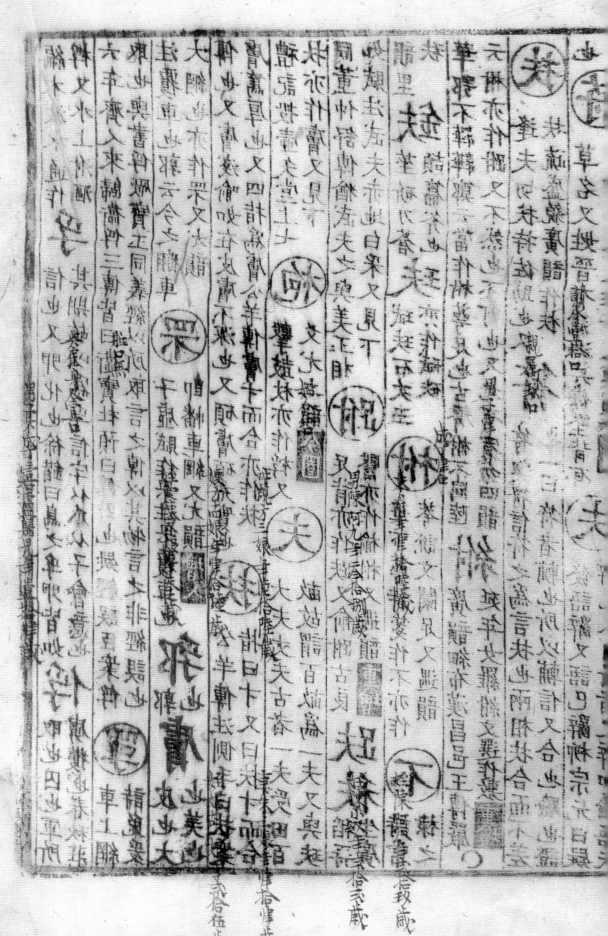

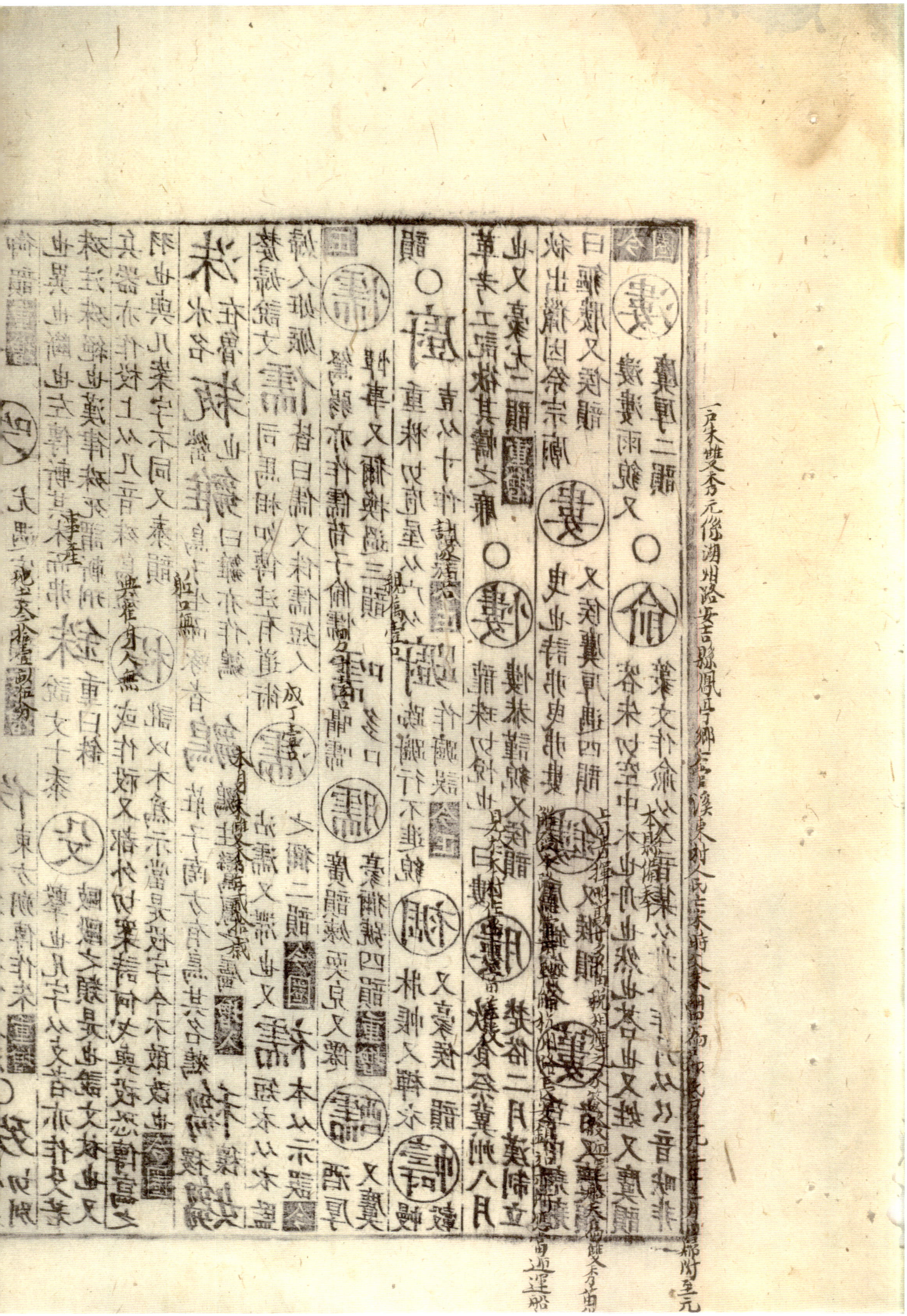

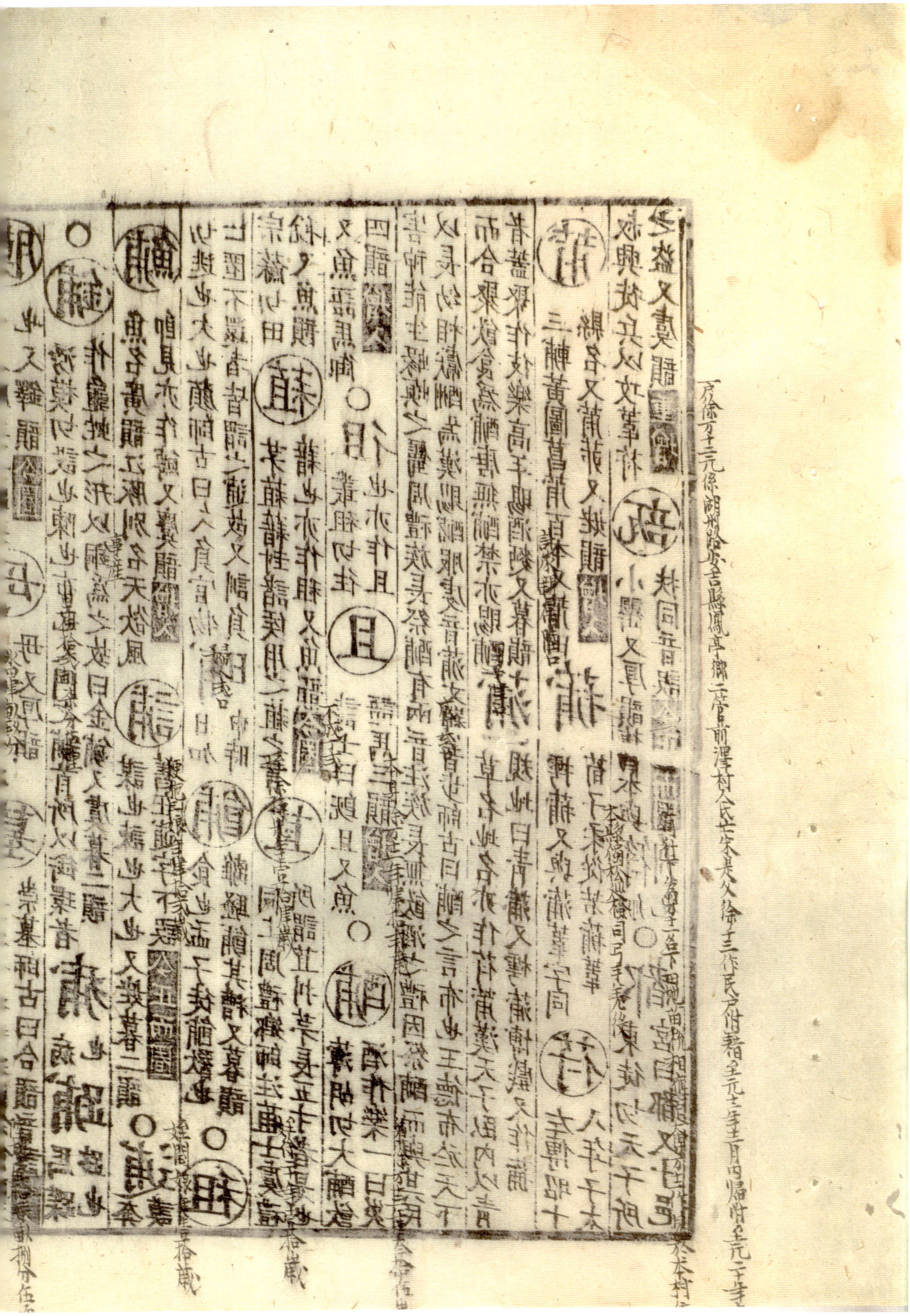
一户徐万十三元係湖州路安吉縣鳳亭鄉二管前澤村人氏亡宋是父徐十三作民户附籍至元十三年十二月内歸附至元二十年

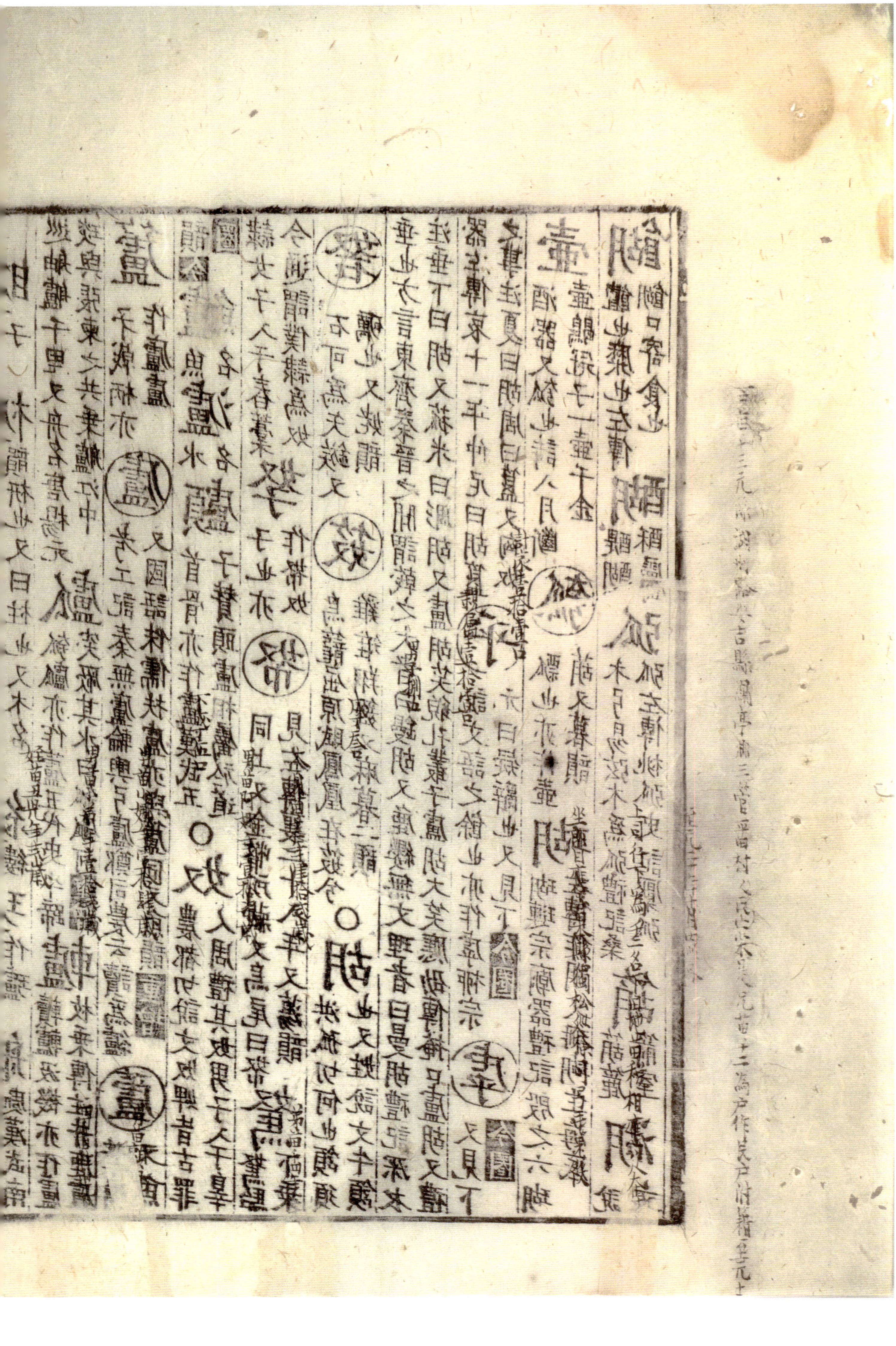

一戶鐵匠戚万七元係湖州路安吉縣鳳亭鄉一管横塘村人氏亡宋作鐵匠至元十二年十二月内歸附至元八年正月内有

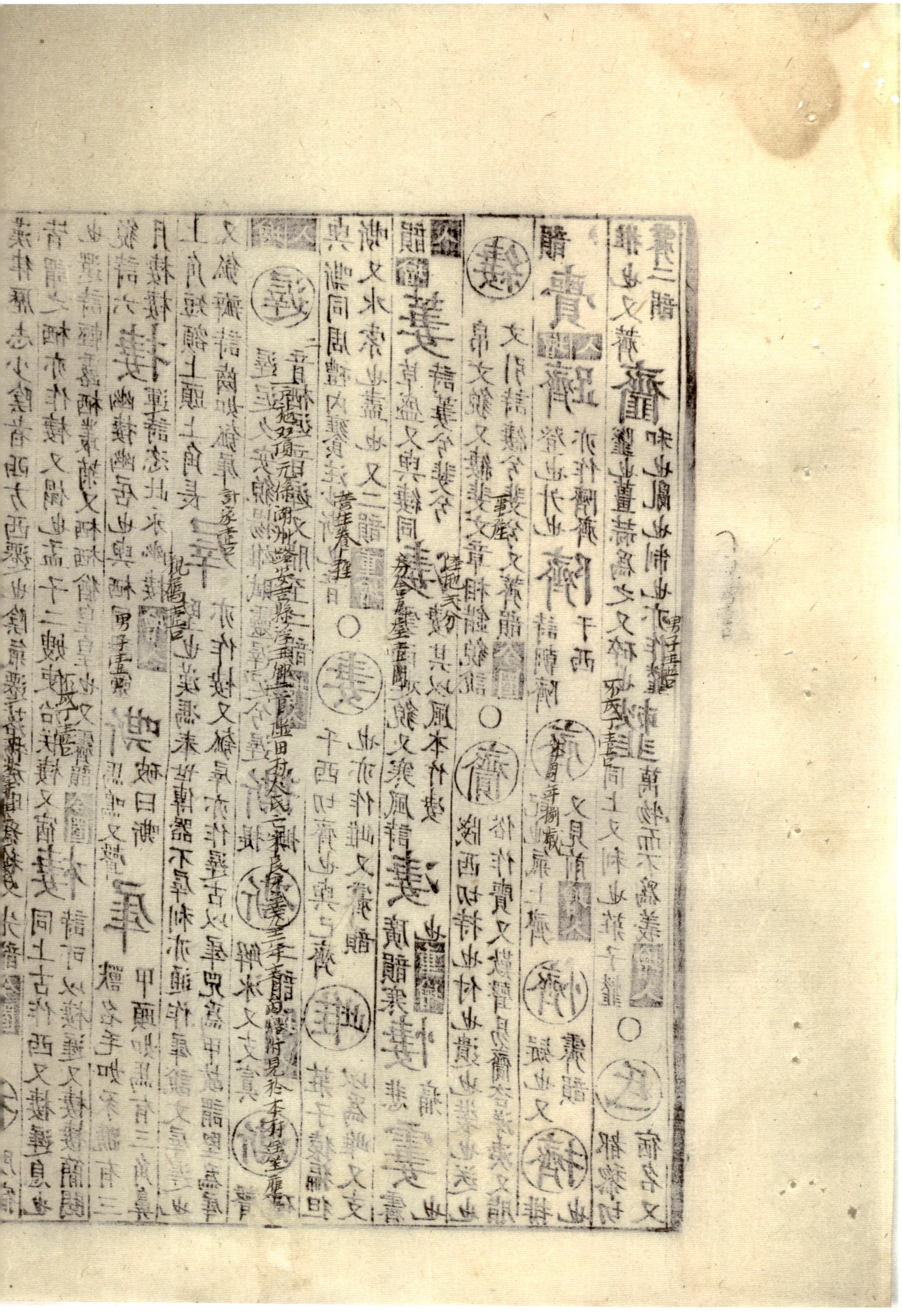

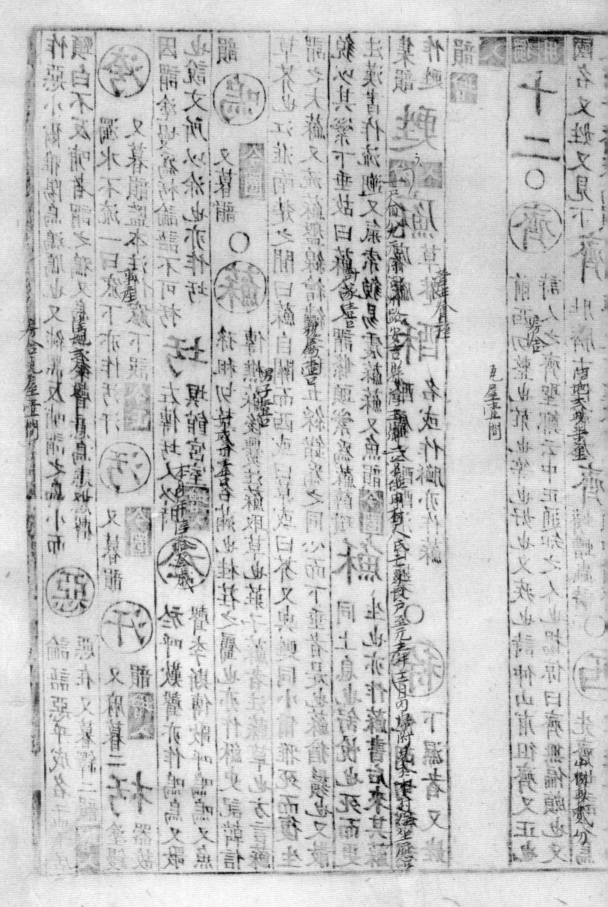

男子叁口

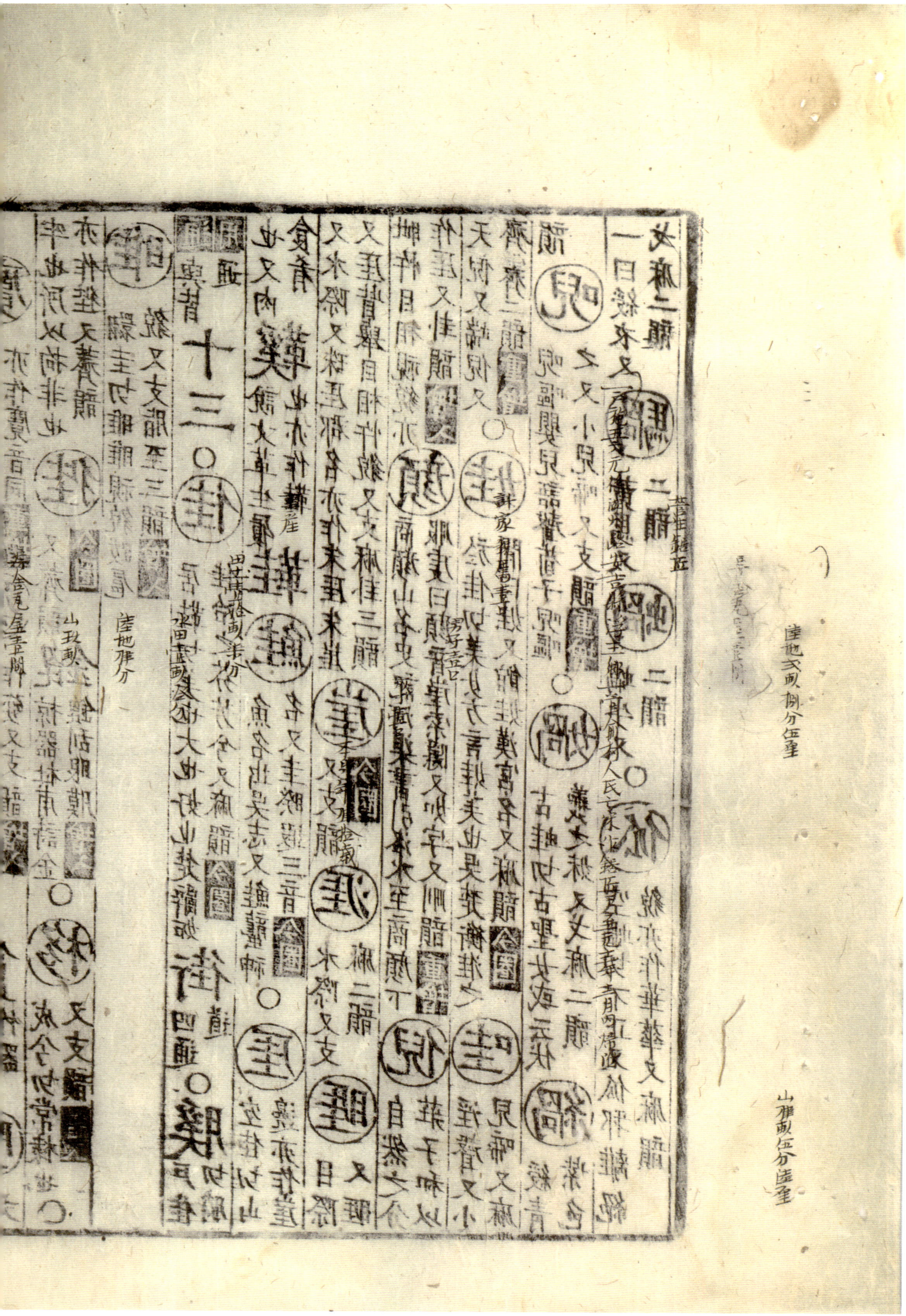

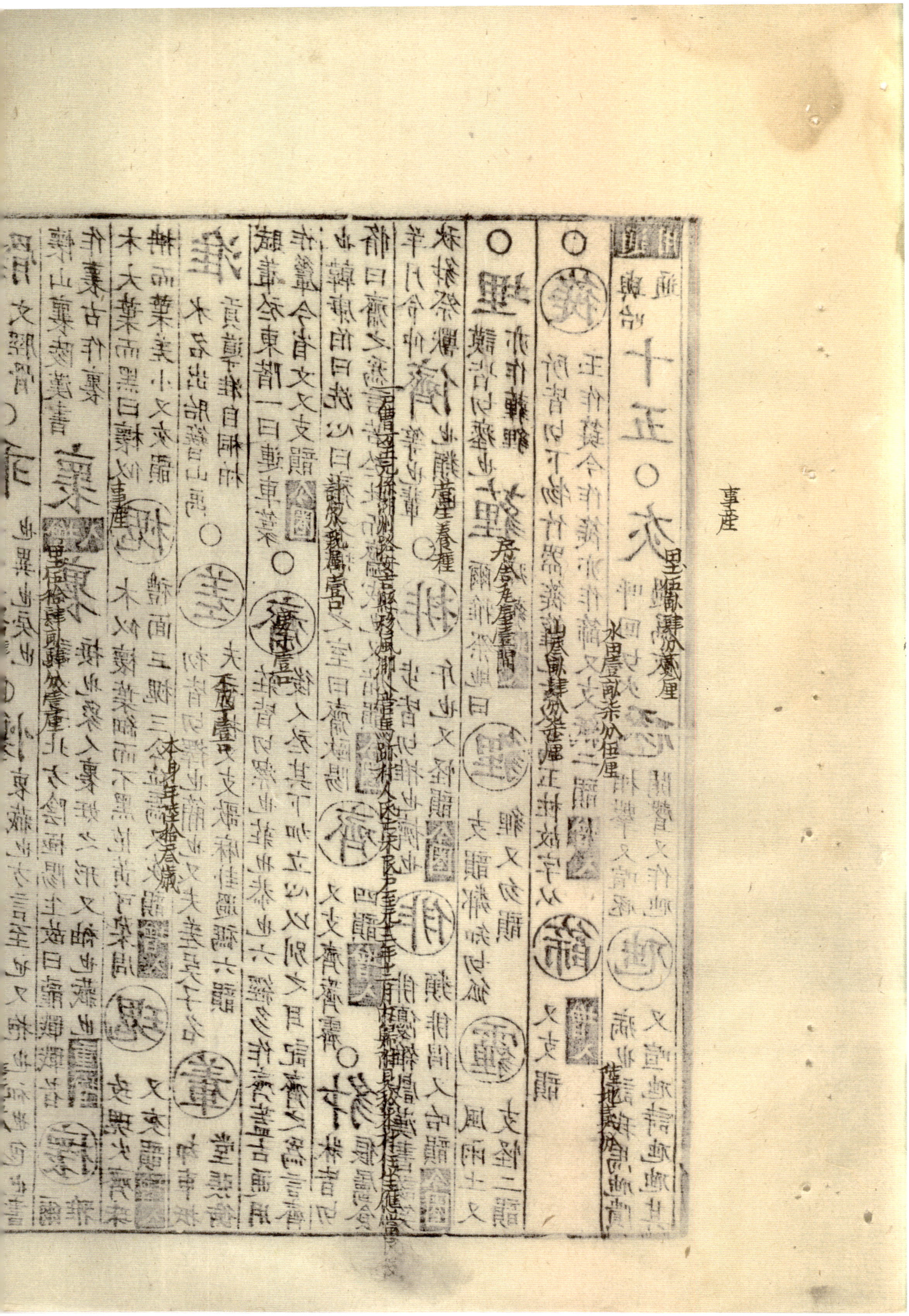
事產

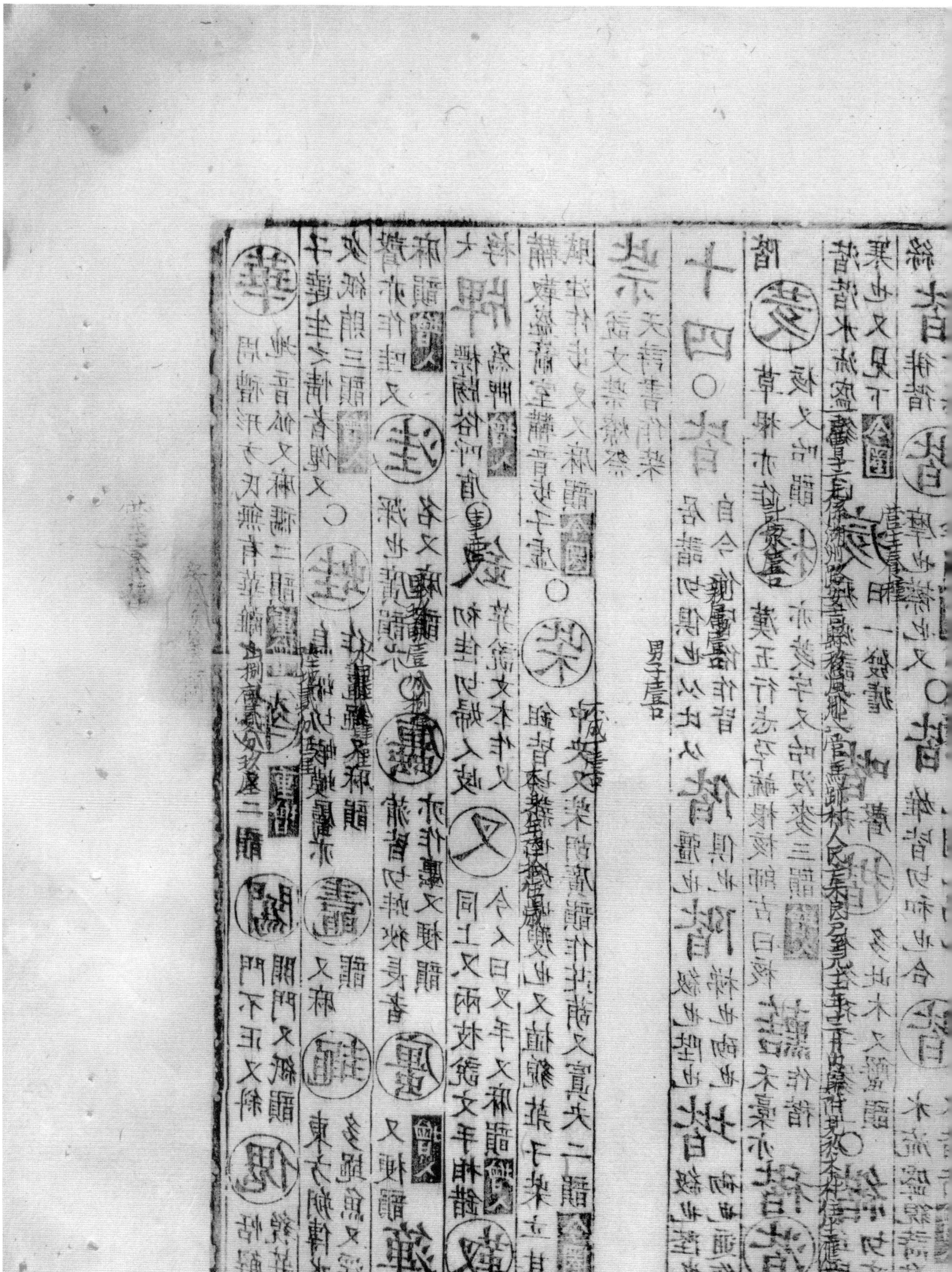

一戶俞十七元係湖州路安吉縣移風鄉人首戚春保人民亡宋民戶至元十二年十二月內歸附見本村住坐應當[illegible]

計家親屬男子成丁壹口本身年肆拾歲

事產

田[illegible]壹拾[illegible]畝[illegible]分叁釐

[illegible]產[illegible]畝肆角[illegible]分叁釐

陸地壹[illegible]壹角[illegible]分叁釐

房舍瓦屋貳間

營生養種

一戶[illegible]元係湖州路安吉縣移風鄉人首戚春保人民亡宋民戶至元十二年十二月內歸附見本村住坐應當[illegible]

計家親屬男子成丁壹口本身年貳拾捌歲

當民役

營生養種

一戶陳十四元係湖州路安吉縣移風鄉人首戚春保人民亡宋民戶至元十二年十二月內歸附見本村住坐應當[illegible]

一戶施甲六係湖州路安吉縣移風鄉弍管大宛村人氏亡宋作匠戶至元十二年十月內歸附

計家親屬陸口

男子叁口

成丁壹口 本身年肆拾伍歲

不成丁貳口

男施百年年壹拾叁歲

男施方三年伍歲

婦人叁口

母親方七六娘年柒拾貳歲

妻余七娘年肆[illegible]

男婦王一娘年壹拾歲

事産

田土壹拾玖畝伍分

水田肆畝伍分

陸地壹畝伍分

山壹拾叁畝伍分

十六咍

房舍瓦屋壹間

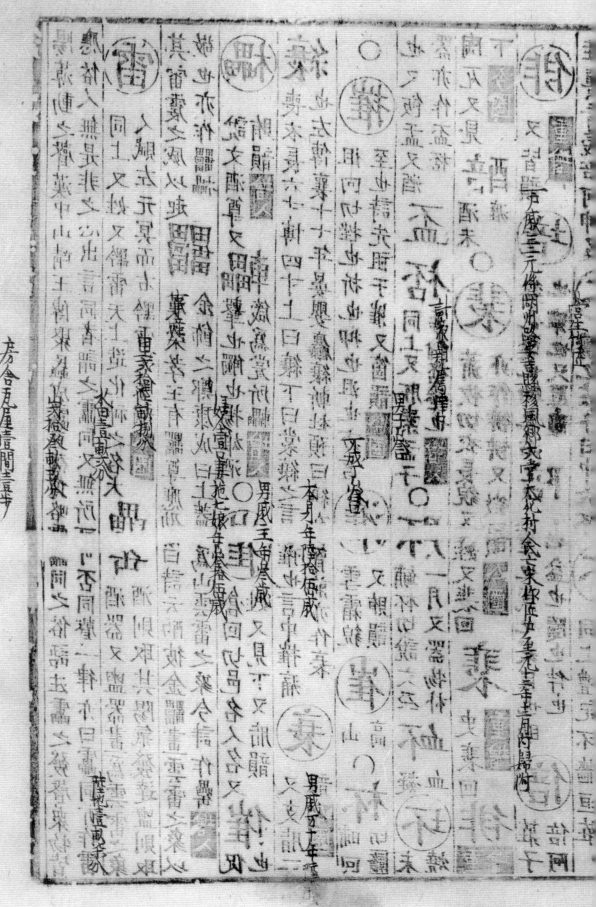

里壹拾貳畝伍分

水田叁畝捌分

山柒畝貳分

陸地壹畝伍分

房舍瓦屋壹間

竹匠

一戶余[illegible]元係湖州路安吉縣移風鄉太平管[illegible]至元十三年十二月內歸附

計家親屬男子貳口

成丁壹口本身年肆拾捌歲

不成丁壹口男[illegible]年壹拾[illegible]歲

事產

里壹拾捌畝

水田[illegible]

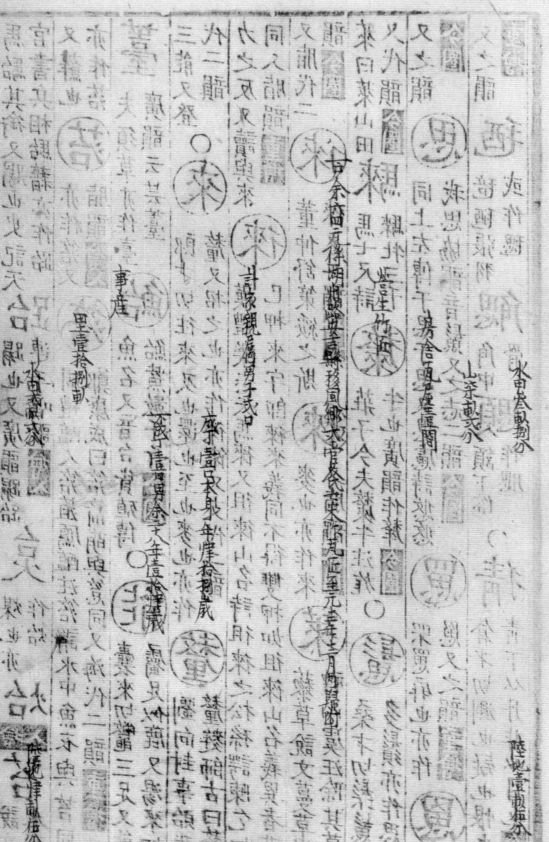

陸地[illegible]畝伍分

房舍瓦屋壹間壹步

山捌畝捌分

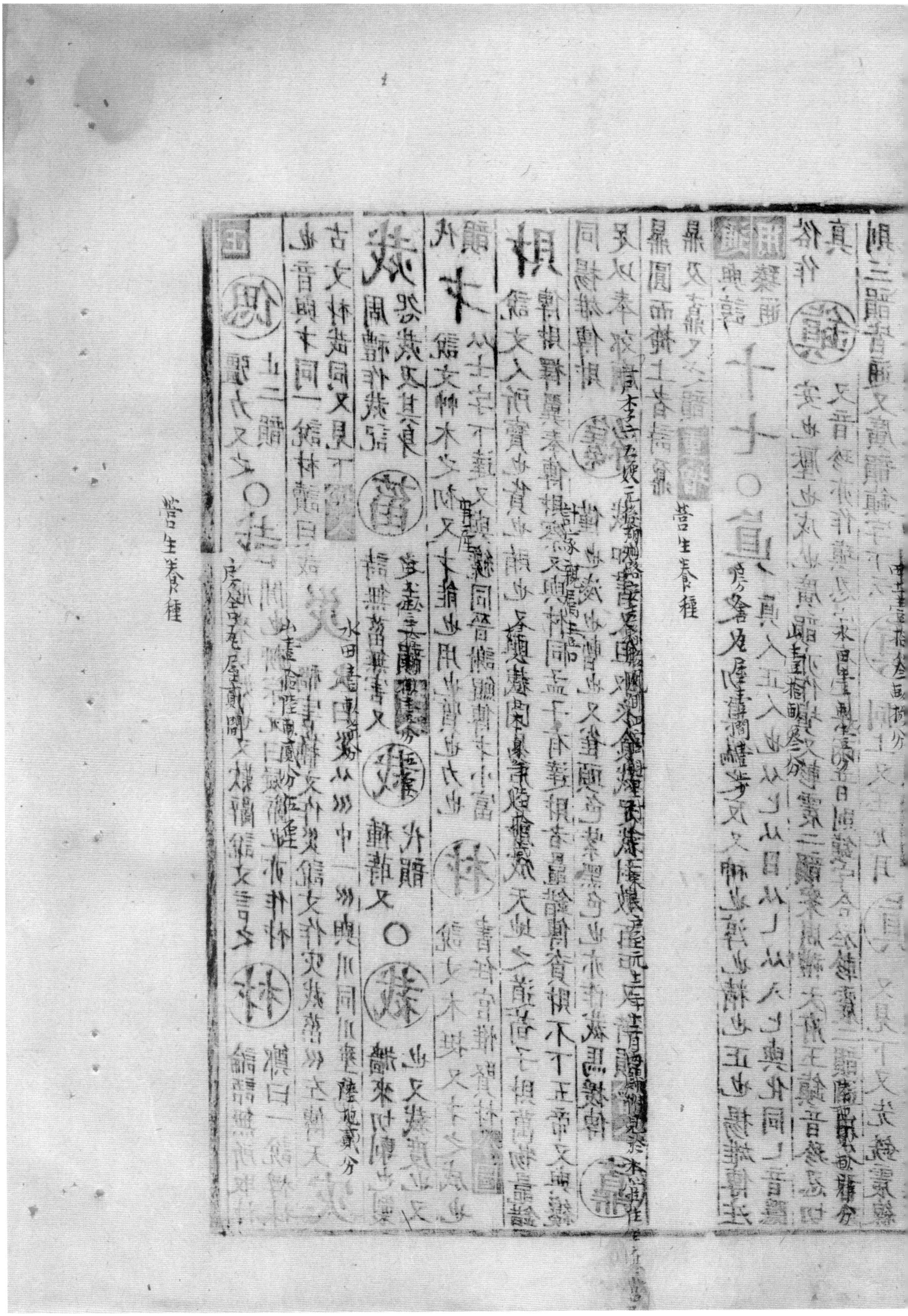
菅生養種
菅生養種

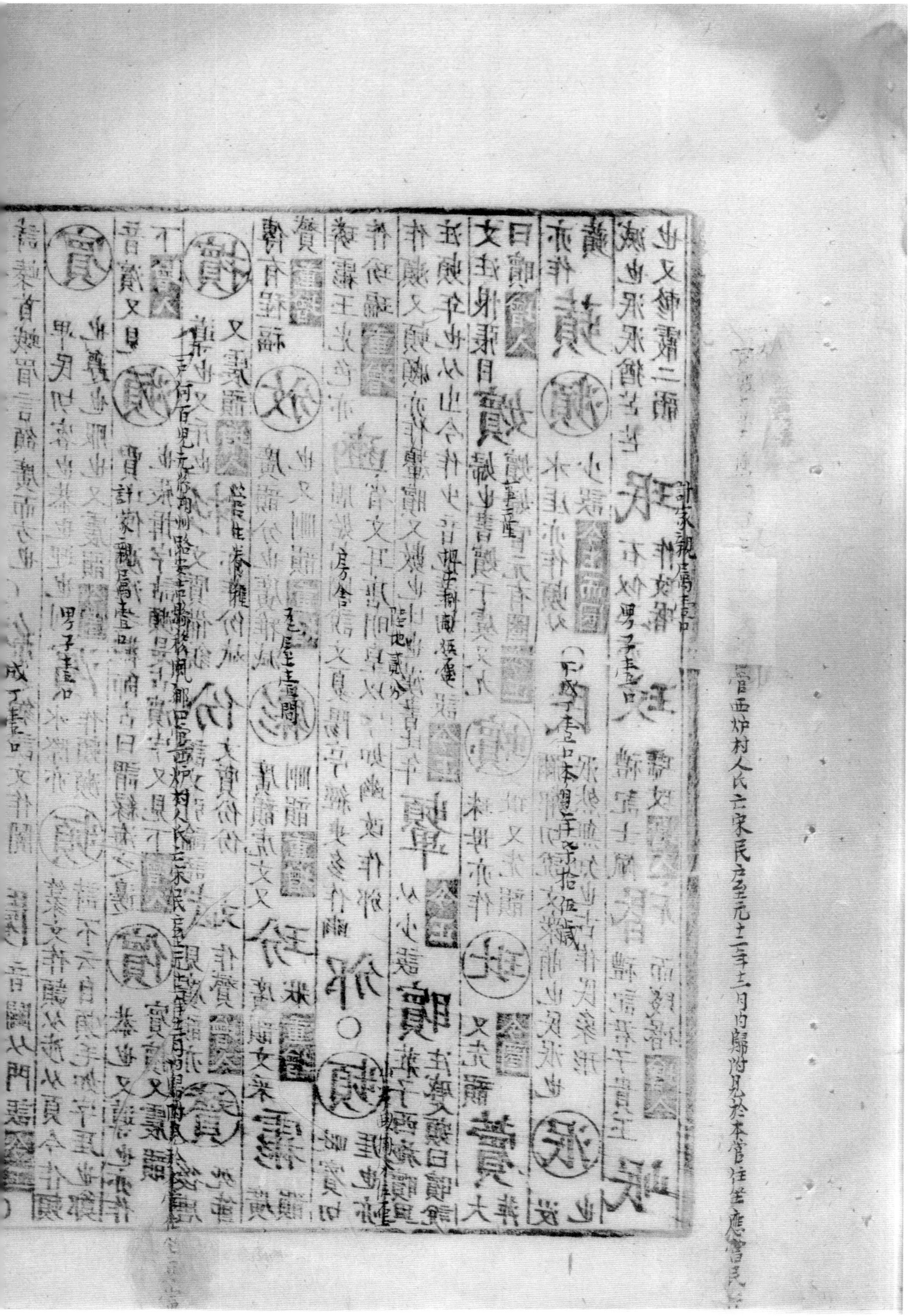
管西炉村人氏亡宋民户至元十二年十二月内歸附見於本管住坐應當民

營生養食種

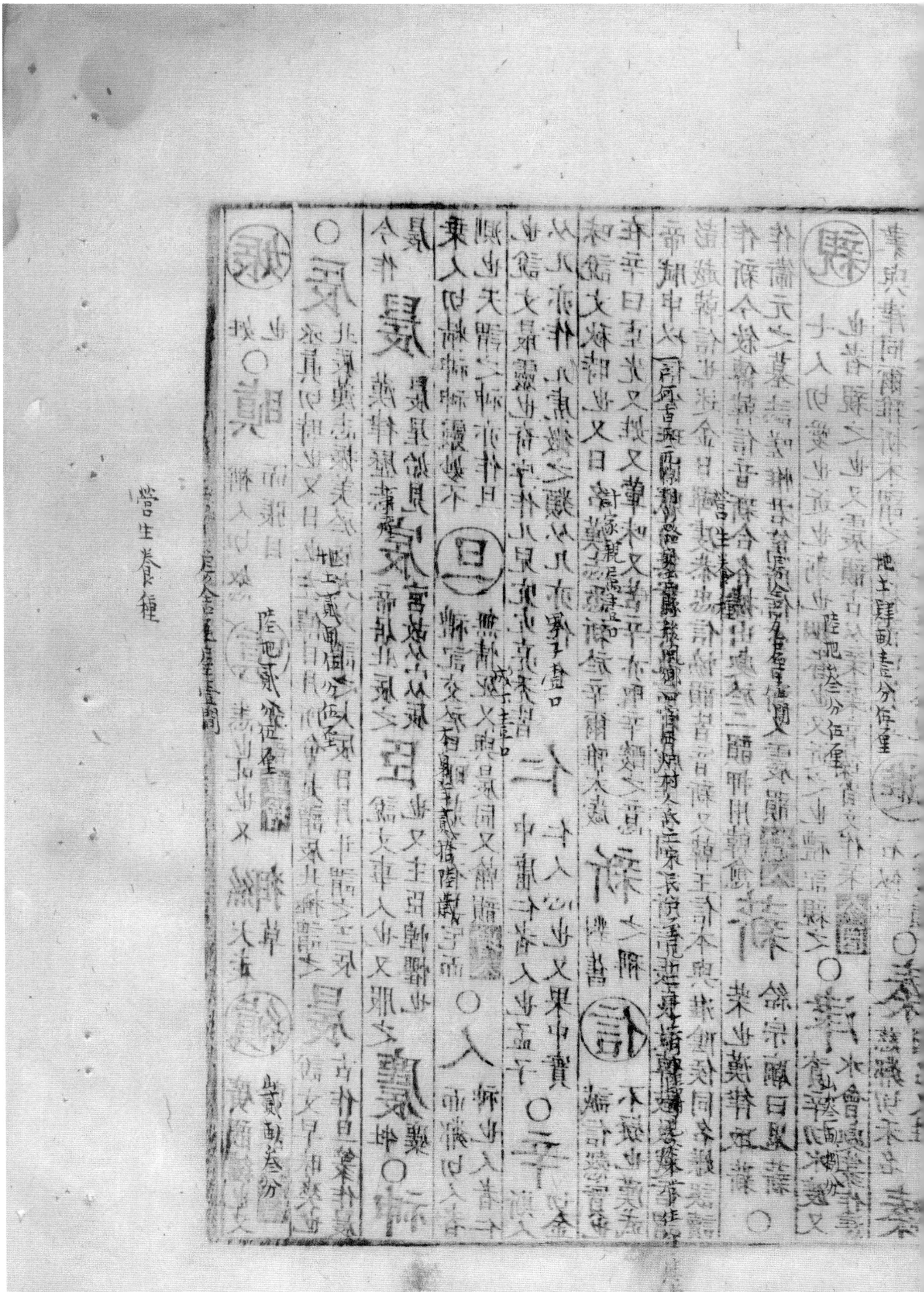

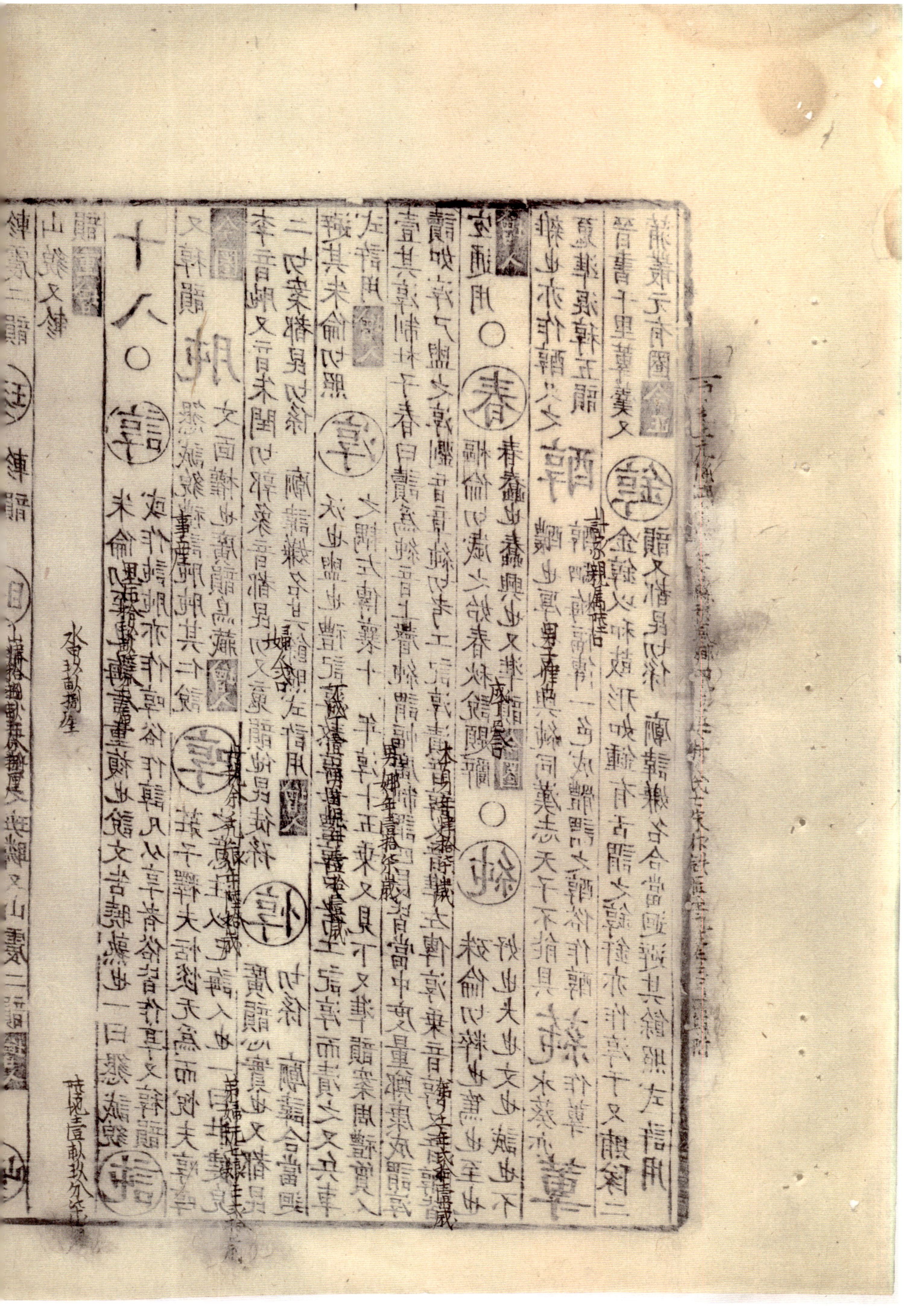

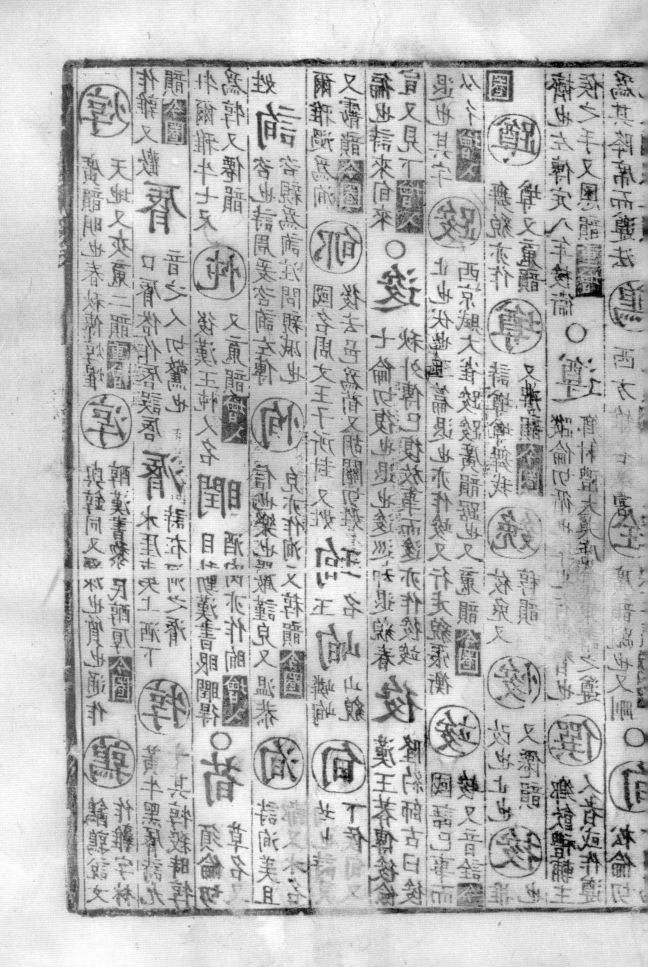

男子壹口

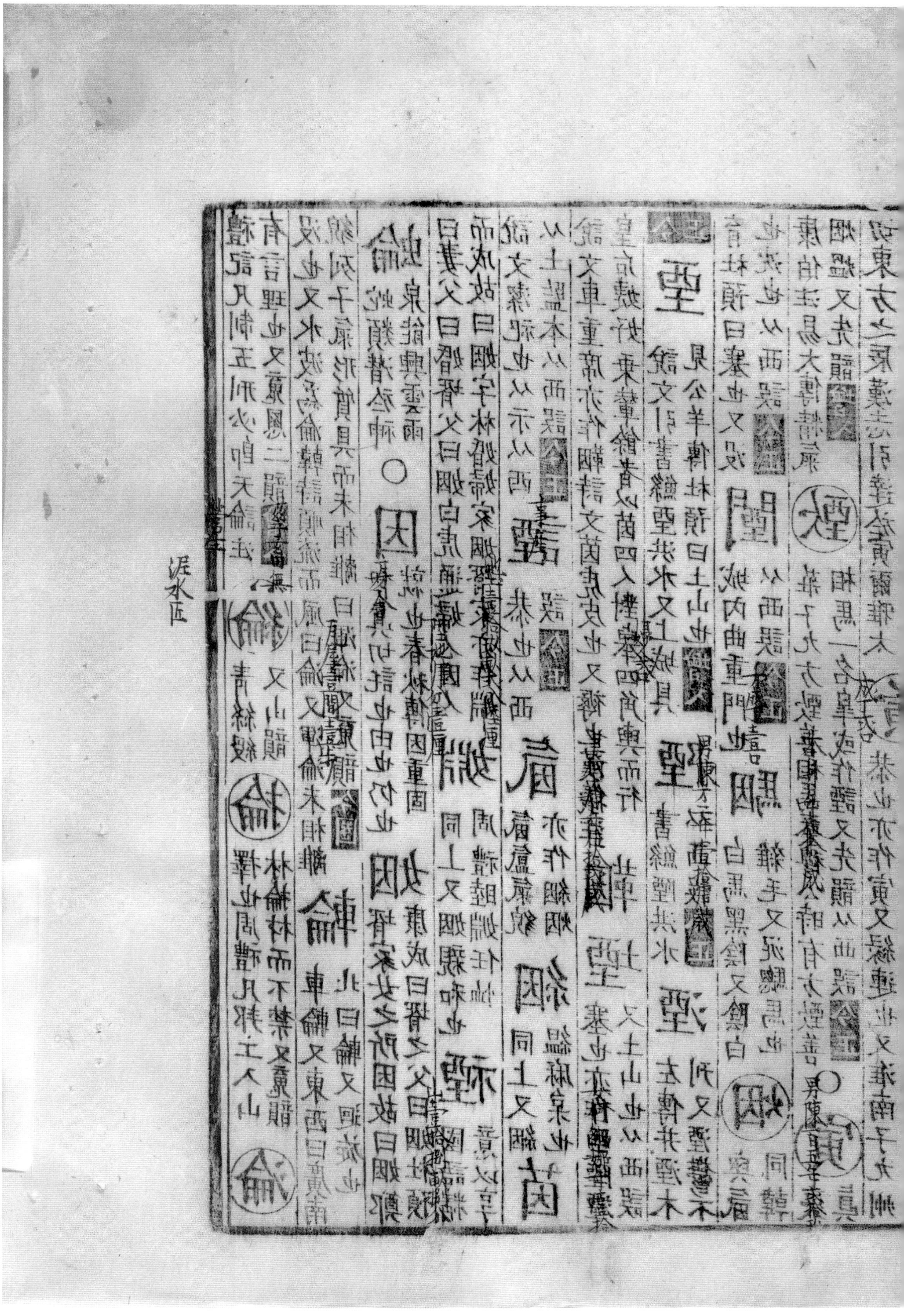

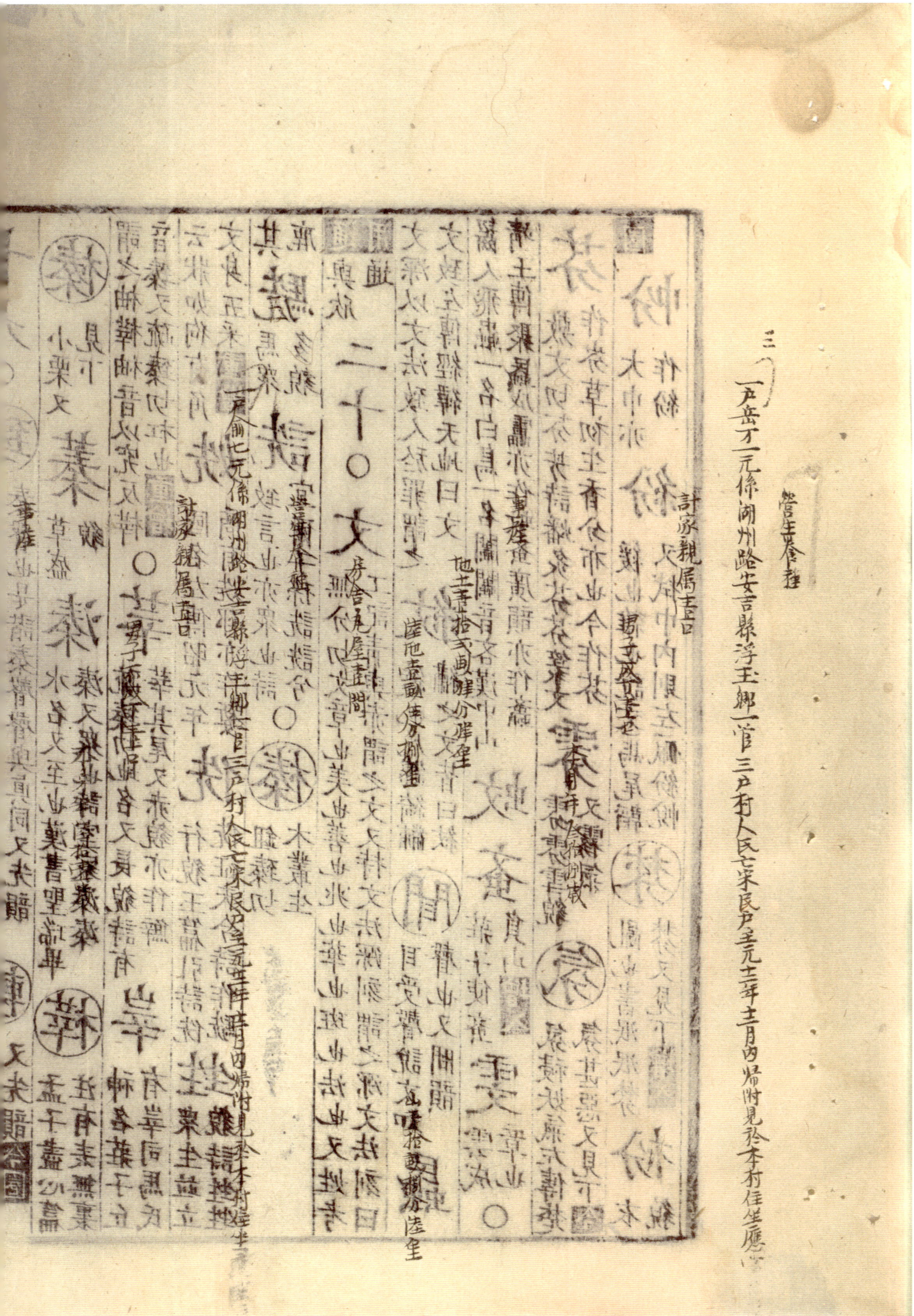
三
一户岳才一元係湖州路安吉縣浮玉鄉一管三户村人氏亡宋民户至元十三年十二月内歸附見於本村住坐應當

今亦以發貫針為[illegible]

[illegible]書動搖行[illegible]

大黄又[illegible]

[illegible]　○　[illegible]　廣又　[illegible]

頵　[illegible]　又　[illegible]　具倫切　[illegible]　又　[illegible]

䫖　文　[illegible]　三　頵　○　囷　[illegible]　圓　[illegible]　又　[illegible]

二　頵　[illegible]　又　欣　很　叩　[illegible]　又欣隱二　頵　[illegible]

閩　[illegible]

[illegible]　王　[illegible]　王　石　似　[illegible]　頵　[illegible]

[illegible]　又　頵　[illegible]　三頵　[illegible]　同上　又　[illegible]

言　[illegible]

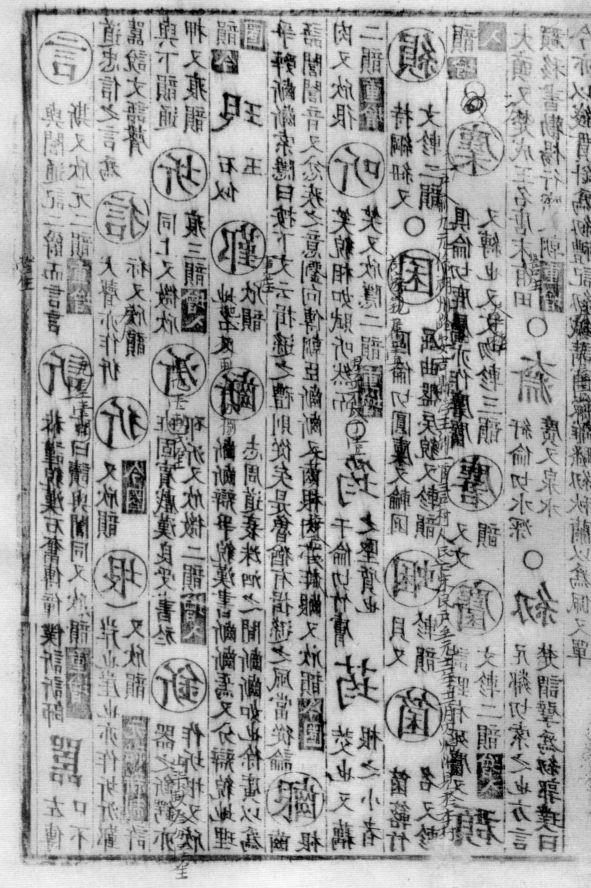

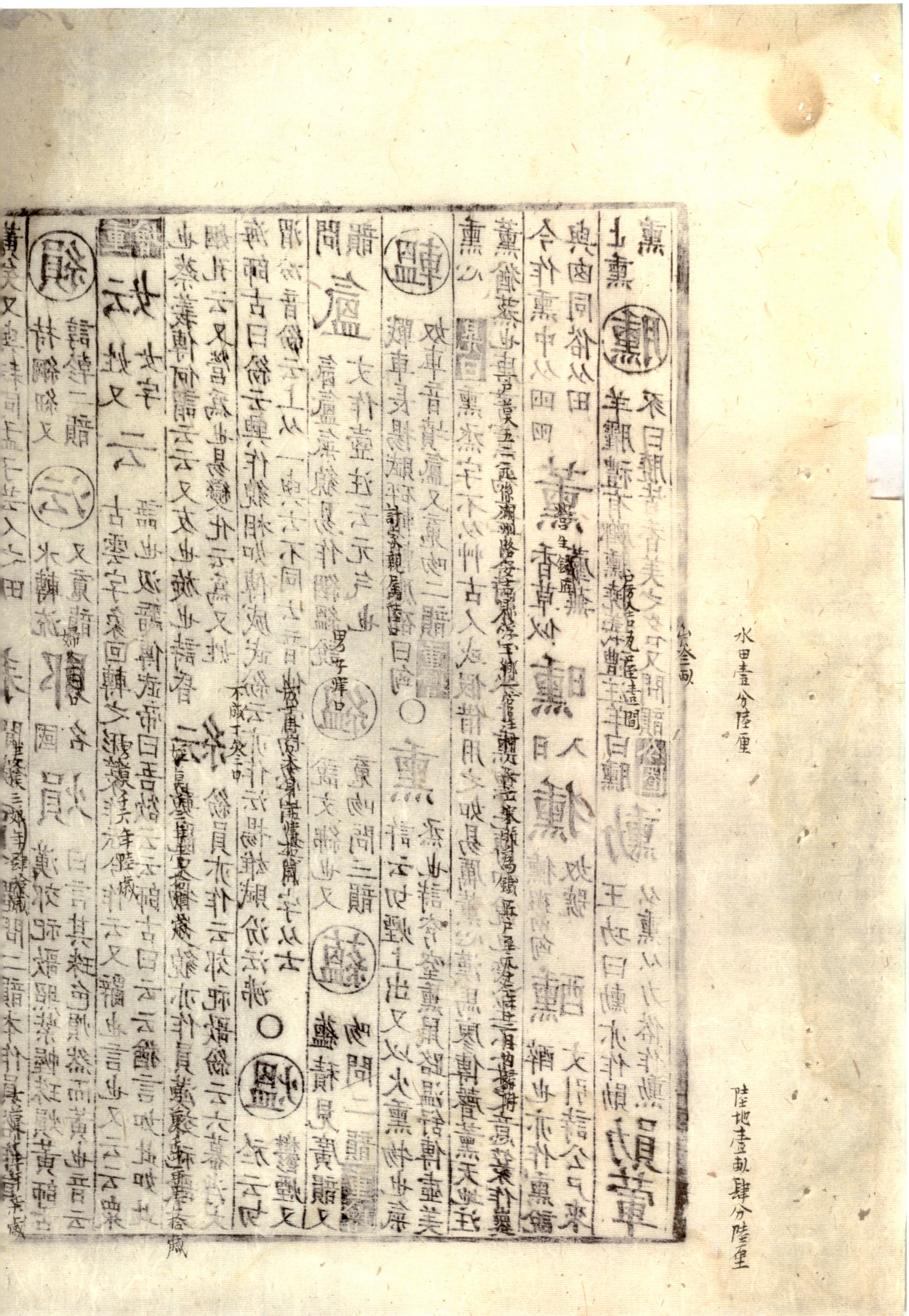
叁畝
水田壹分陸厘
陸地壹畝肆分陸厘

妻周三娘年伍拾歲
男婦沈二娘年貳拾歲

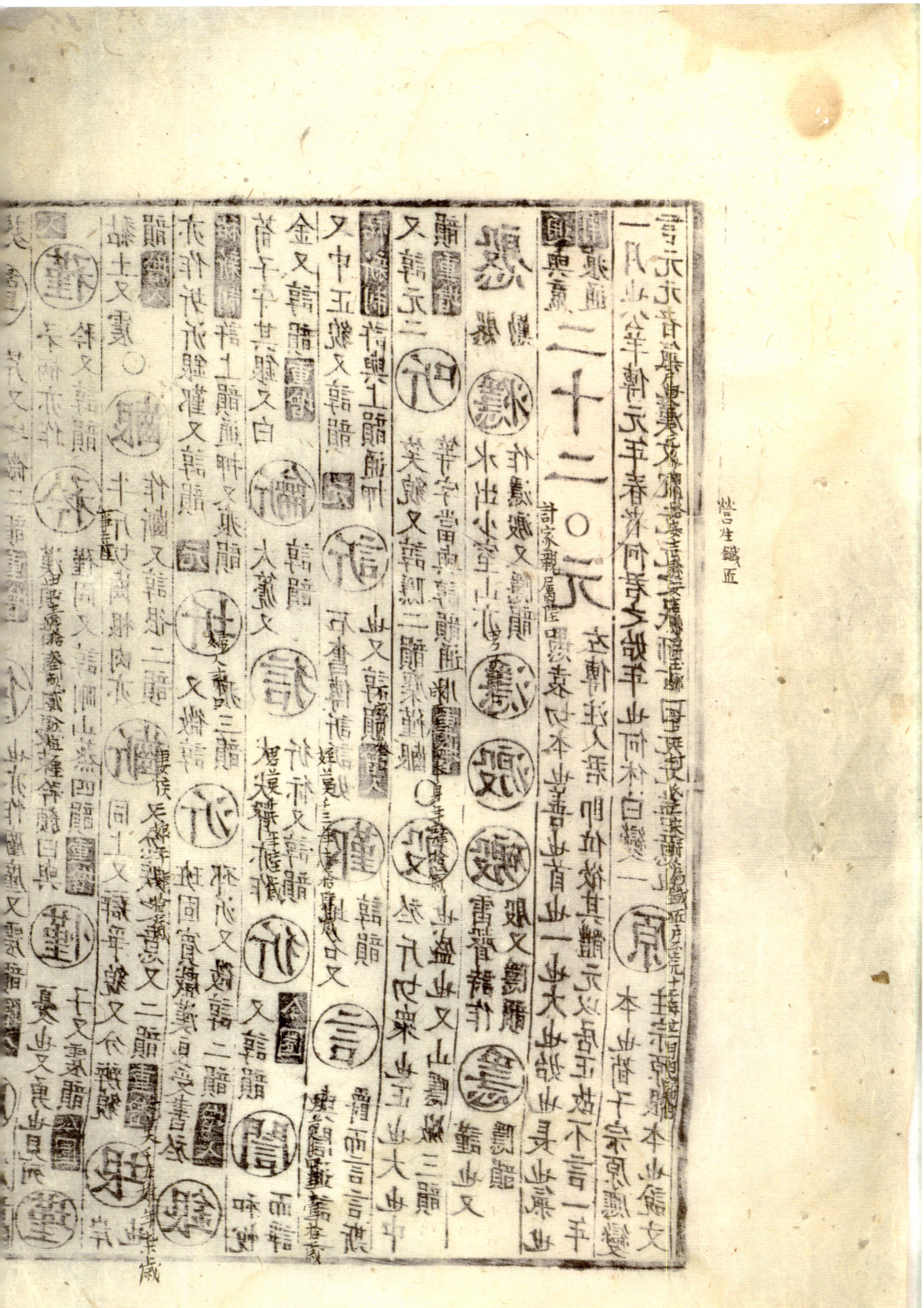
營生鐵匠

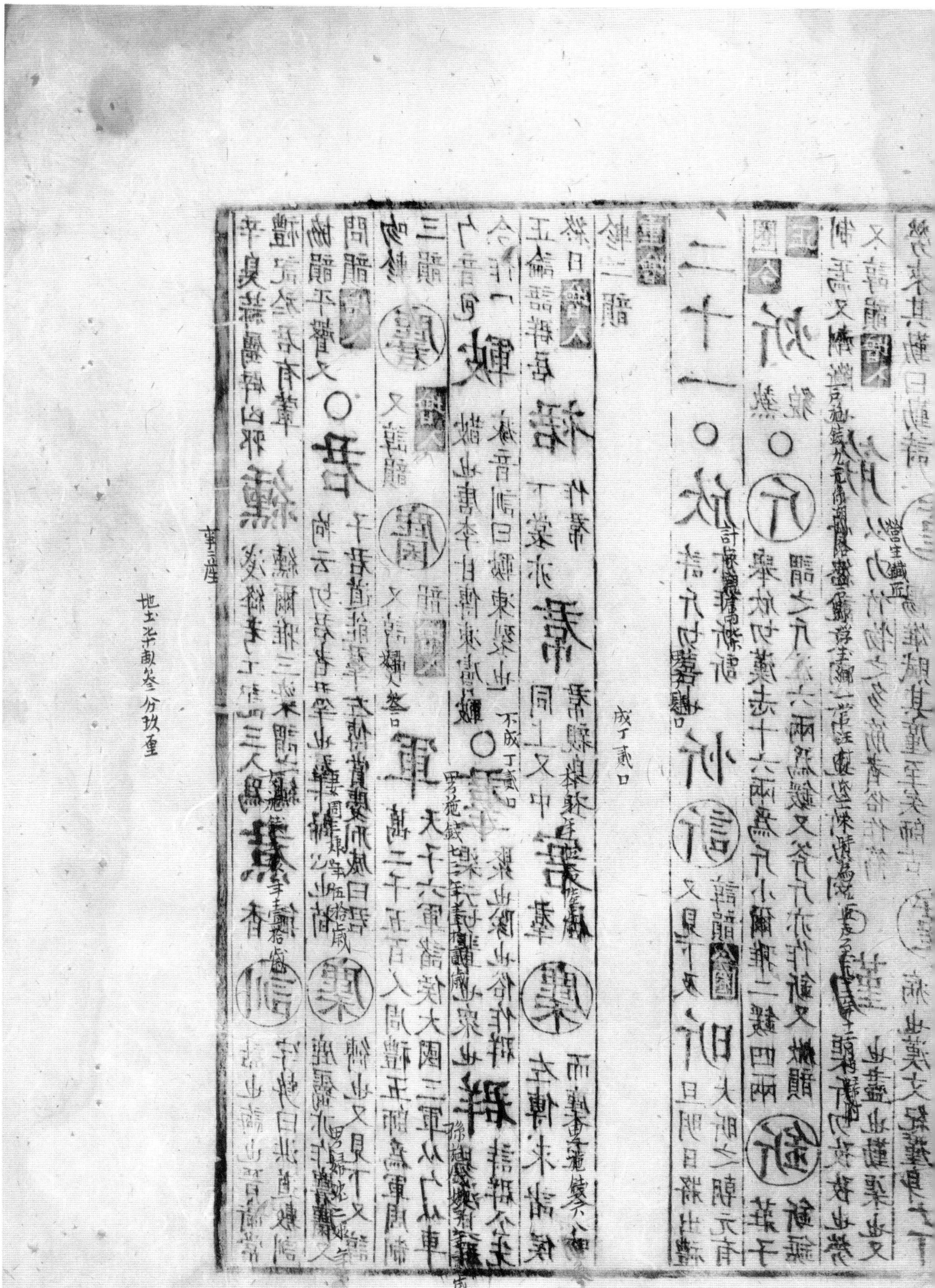
二十一○欣

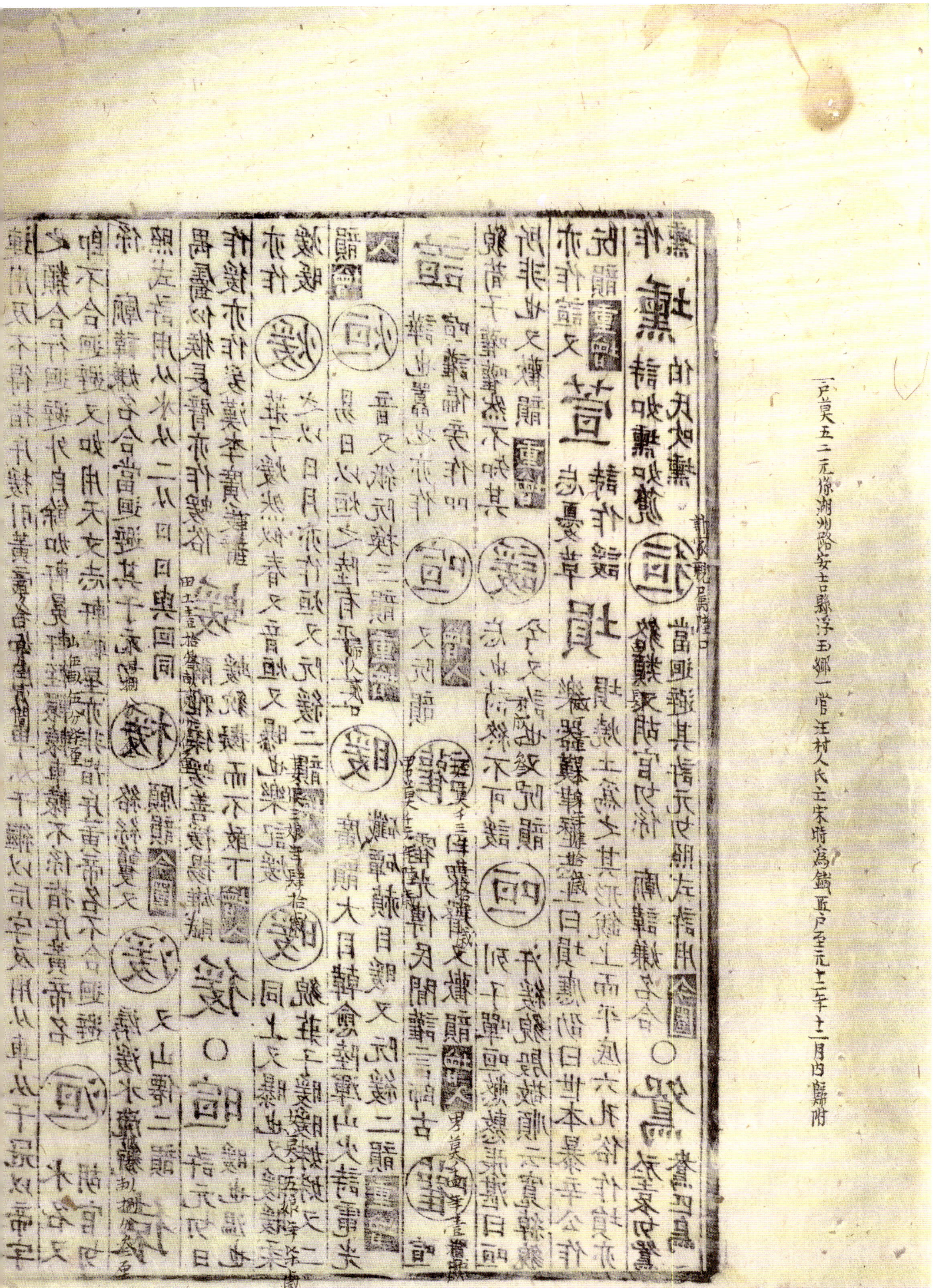

一戶莫天五二元係湖州路安吉縣浮玉鄉一管汪村人氏亡宋時爲鐵匠戶至元十二年十二月内歸附

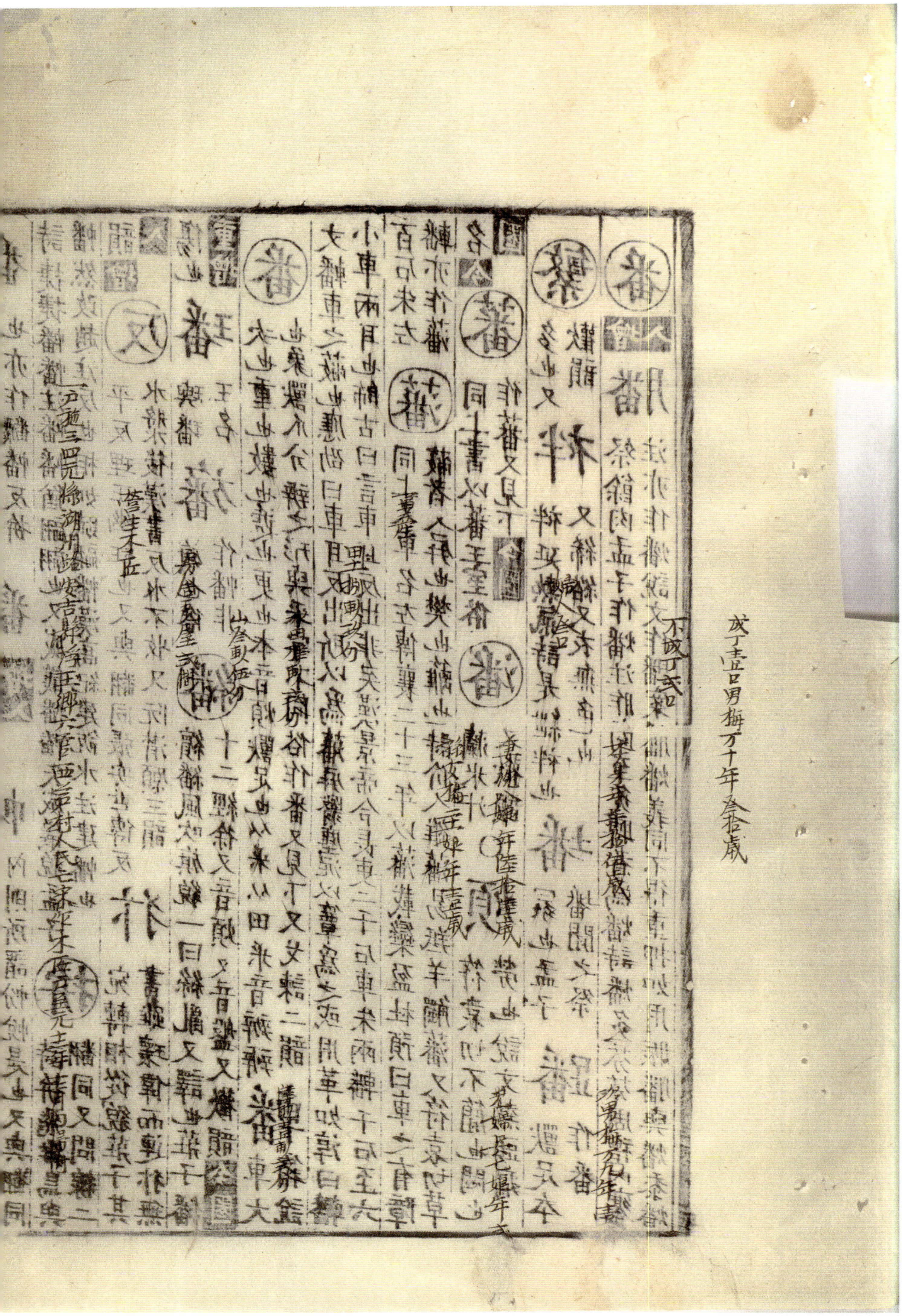
成丁壹口男梅万十年叁拾歲

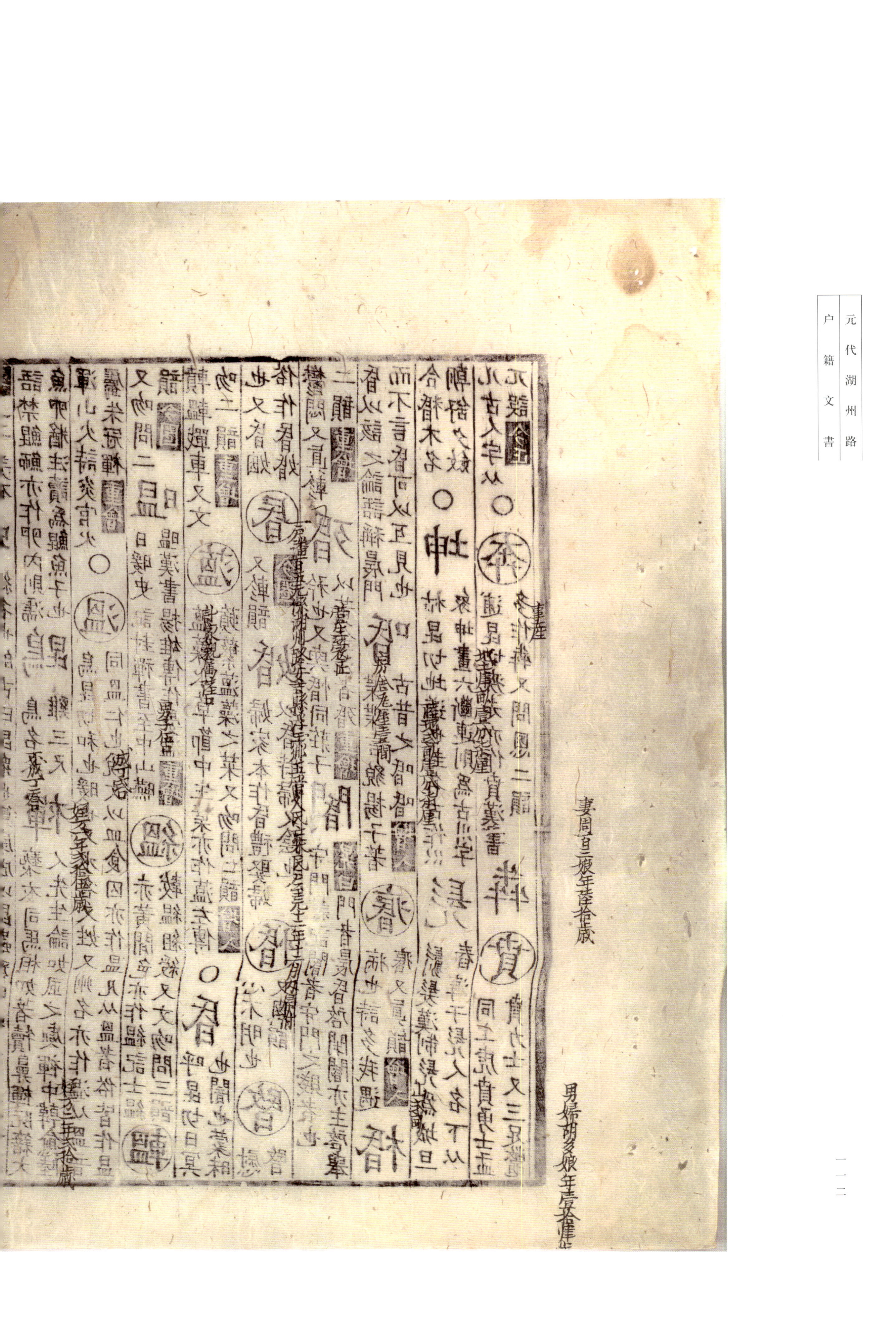

妻周百三娘年陸拾歲

男婦胡多娘年叁拾肆

崘又作崑 混 混夷[illegible]孟子文王事混夷皇矣注混夷串 崑

又崑蟲 崑崘山名西夷名亦作混夷[illegible] 作 混也 通 崐 山 伯注崐崘山名亦作[illegible]宗

命于元龜又明也莊子音義[illegible] 崐 也 兄 又後也 兄也 昆

讀 又崑 昆 昆邪漢人名[illegible]讀[illegible]又公孫 ○ 昆 公 渾 也 同 兄也 并

讀 魂又 昆 昆侖天形又昆邪[illegible]王[illegible] 緷 禪 注 [illegible]

樂 祁于又圓 讀[illegible] [illegible]又文讀 緷 又混讀 緄 [illegible]

杜 溷 羅 又樂 [illegible] 六年韓厥從韓 伯其御

渾 緄 水流聲又濁也一曰洿下亦作溷又渾天圓 溷 同 上 又人名左傳成十

渾 流 全也 列于渾 淪 言未相離也又混讀

二十三 ○ 元 魂 [illegible] 胡昆切 神 靈 亦 作 䰟 左 傳 人 云 䰟 人 陽 曰 魂 蕩 為 魂 地 氣 為 [illegible] 天

魂 魄 為 遊 魂 為 變 淮 南 子 天

石 礬 嬏 好 嫙 閉 藩 草 茂 亦 作 蕃 漢 [illegible] 藩 蕃 [illegible] 上 [illegible] 班

番 讀 [illegible] 也 又 蕃 旛 白 讀 又非 亦 作 蕃 [illegible] 也 又 轓 讀 蕃 [illegible] 也 又 姓 [illegible]

文 不 杯 也 又 蘩 白 蒿 [illegible] 皁 [illegible] 一 曰 [illegible] 番 [illegible] 廣 讀 蘩 蕃 [illegible]

文 用 墦 與 燔 同 膰 䉒 笲 竹 器 所 以 盛 棗 [illegible] 青 蘋 草 似 大 蘋 [illegible]

肉 子 墦 與 燔 同 膰 肉 用 內 [illegible] 又 曰 蕃 [illegible] 也 又 多 [illegible]

重 押 不 好 燔 火 用 [illegible] 也 [illegible] 曰 [illegible] 其 肉 又 曰 或 燔 [illegible]

車産

婦人[illegible]

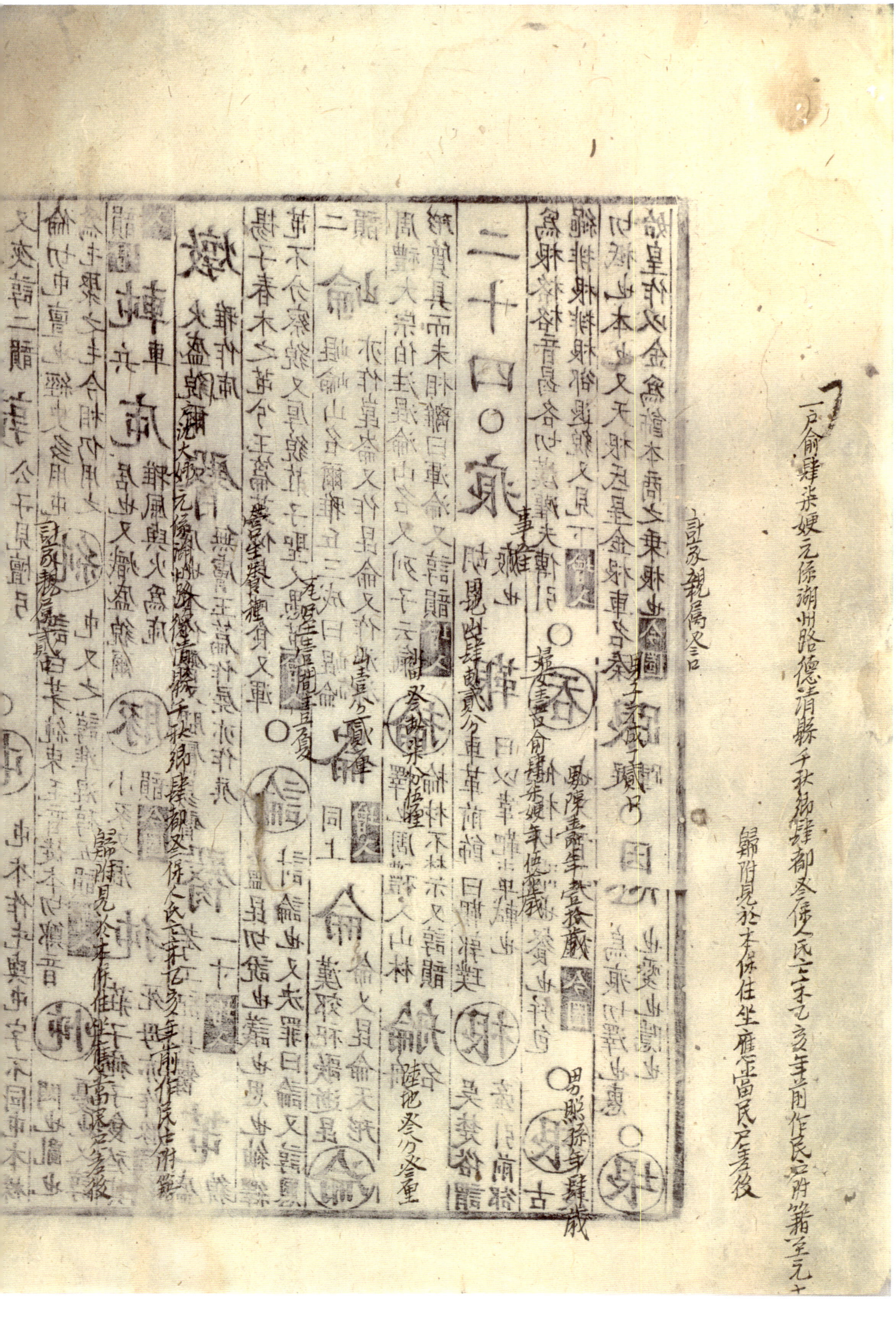

一户俞肆柒嫂元係湖州路德清縣千秋鄉肆都叁保人氏亡宋乙亥年前作民户附籍至元十
歸附見於本保住坐係當民户差役
計家親屬叁口
男子不成丁貳口
男陳壽年壹拾歲
男照孫年肆歲
婦女壹口
俞肆柒嫂年伍拾歲
事產
田土肆畝貳分
田叁畝柒分伍釐
地壹分貳釐
蕩壹畝壹分伍釐
營生
養種

俞況大嫂元係湖州路德清縣千秋鄉肆都叁保人氏亡宋乙亥年前作民户附籍
歸附見於本保住坐係當民户差役

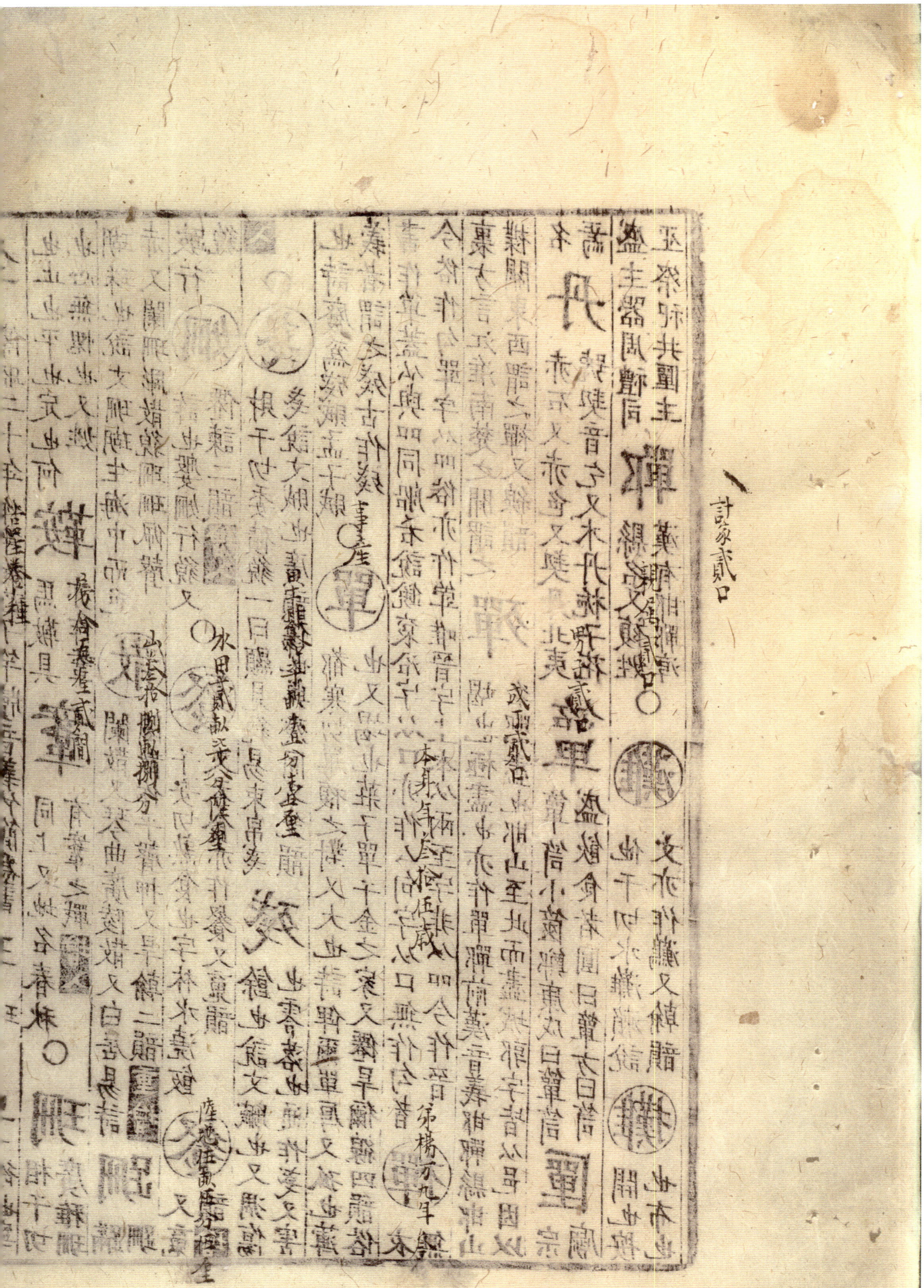
計家貳口

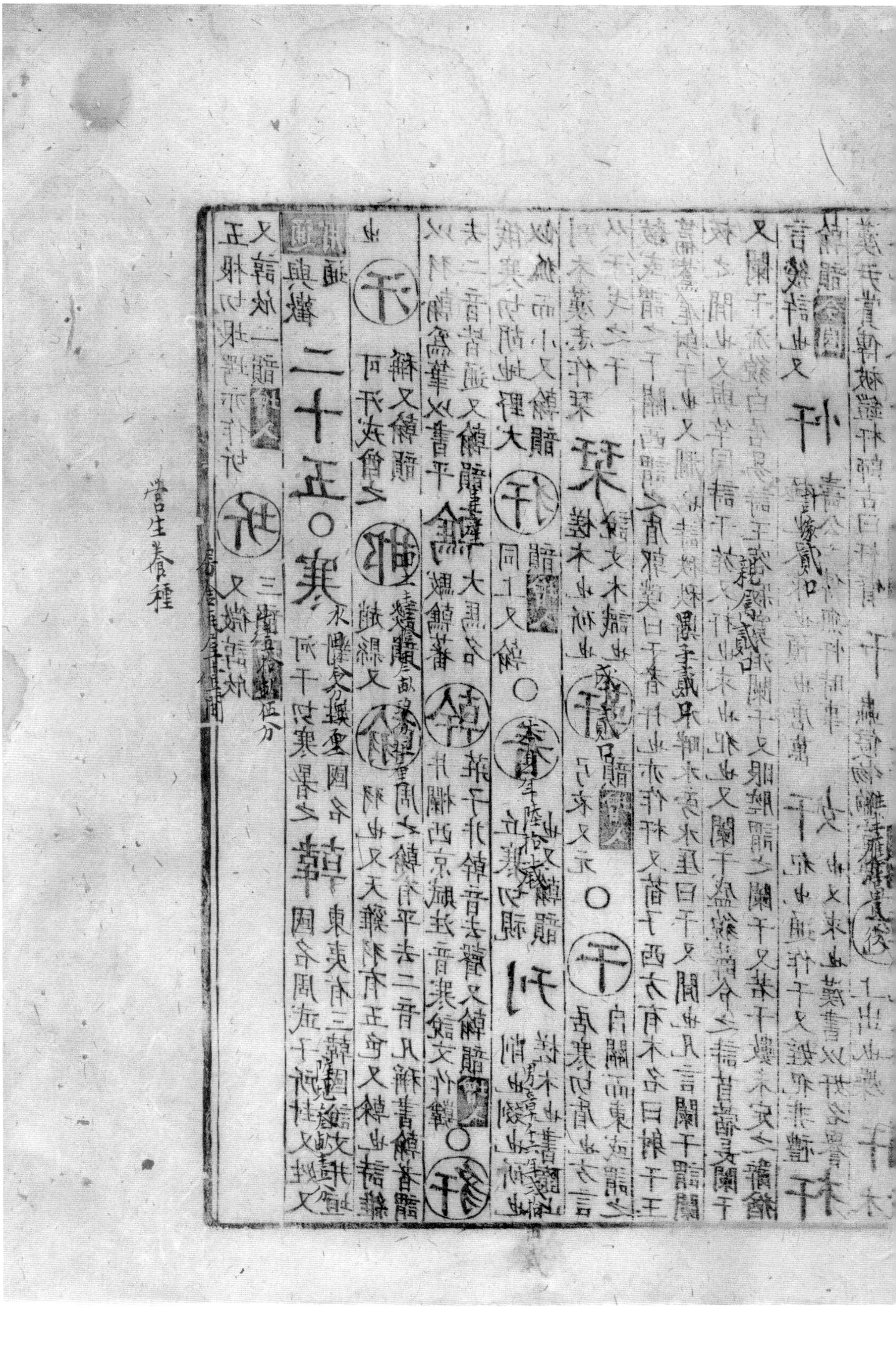

一户鄧九二娘，于元係湖州路安吉縣移風鄉七管景村人氏，亡宋民户，至元十三年十二月内歸附，見於本村住坐

計家肆口

親屬肆口

男子叁口

不成丁叁口

孫鄧五兒年壹拾叁歲

孫鄧十年陸歲

孫鄧九年玖歲

婦人壹口

本身年伍拾捌歲

事產

田土貳拾伍畝貳分

水田貳畝柒分伍釐

陸地叁畝貳分伍釐

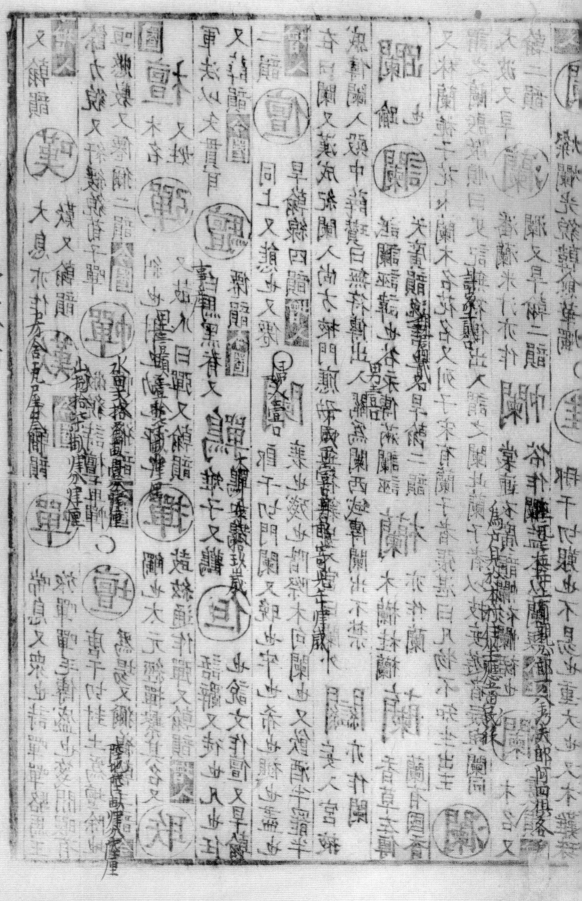

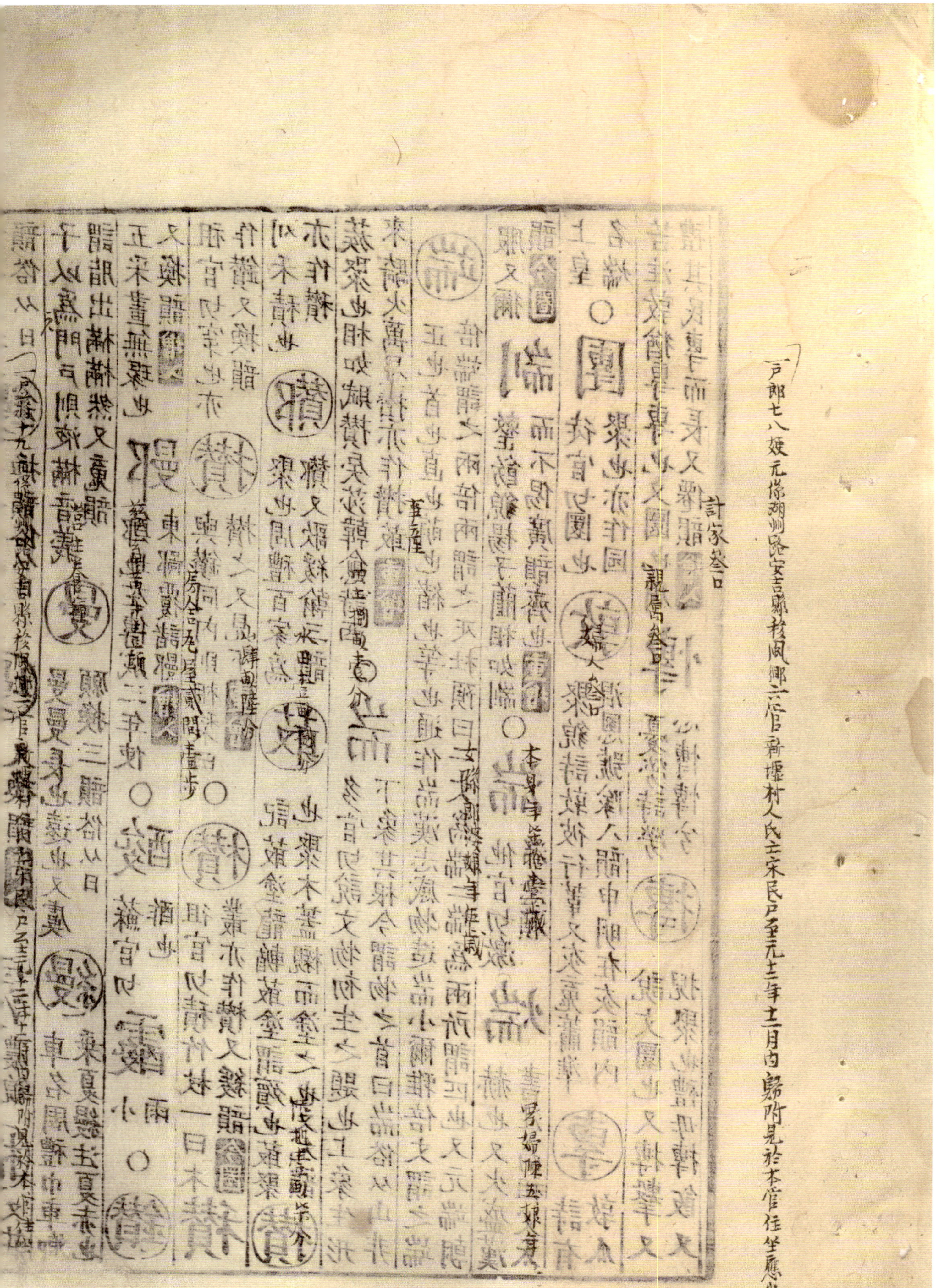
計家參口
一戶郎七八娘元係湖州路安吉縣移風鄉二管新塘村人氏亡宋民戶至元十二年十二月內歸附見於本管住坐應當民役

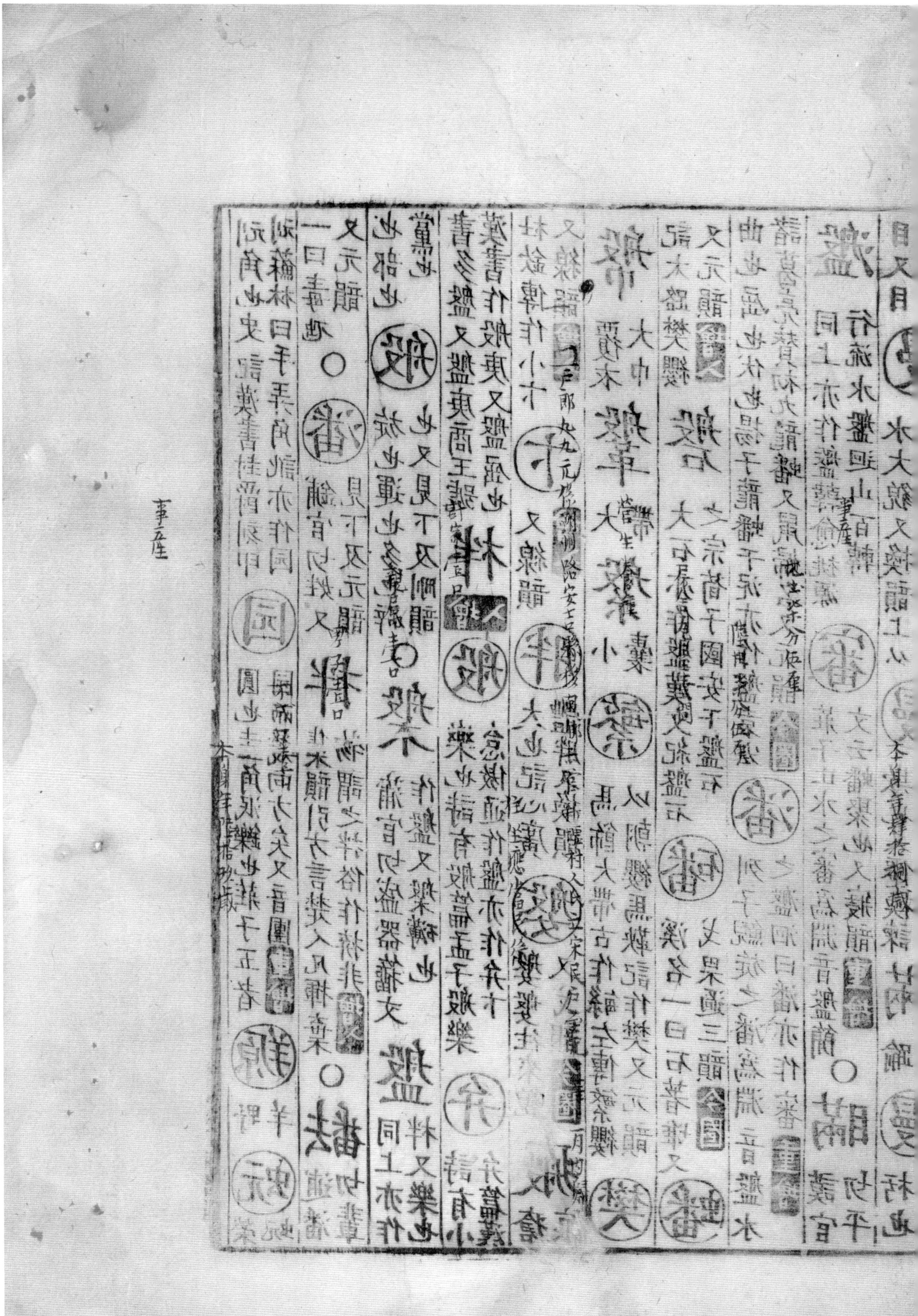

事五産

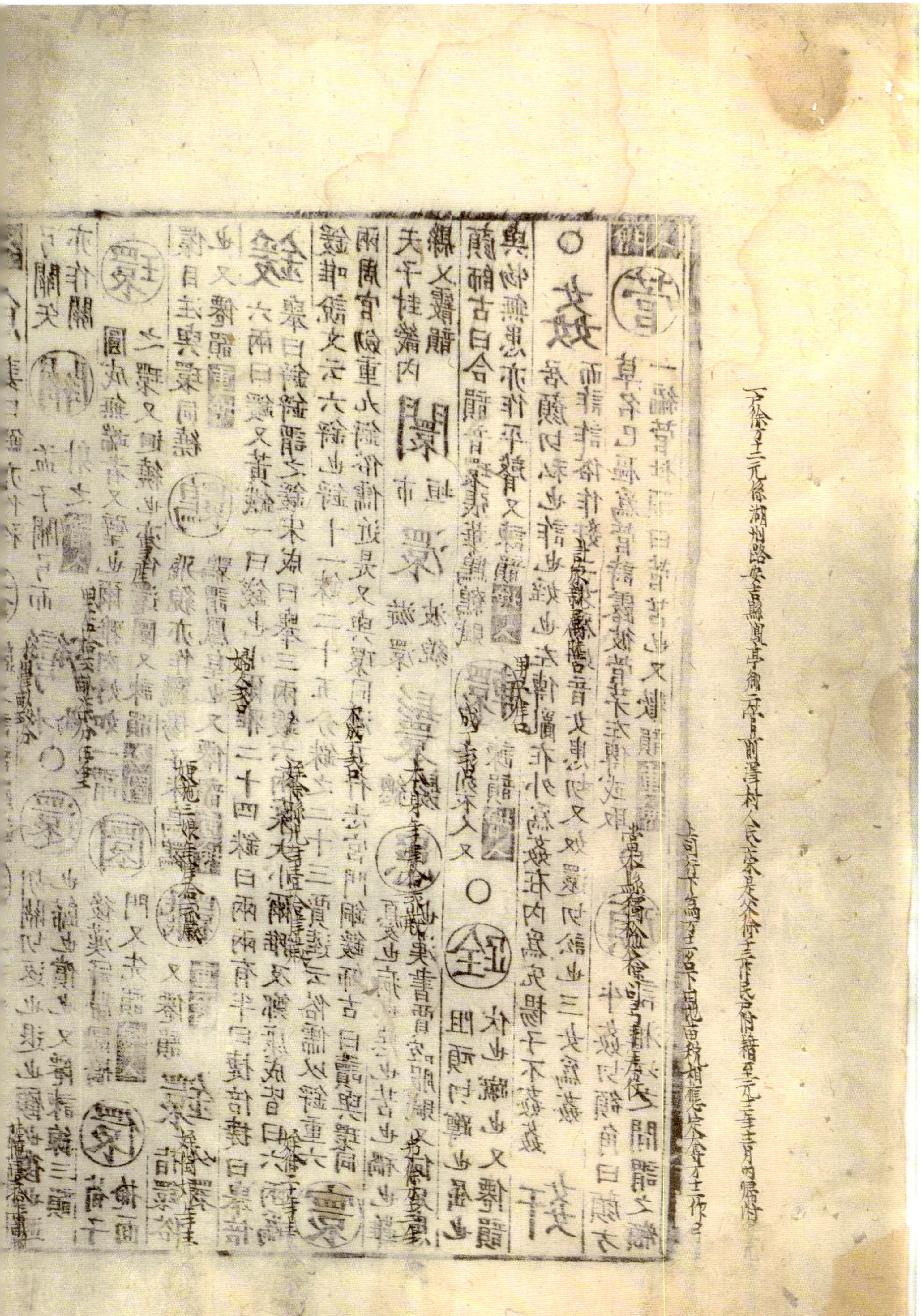
一戶徐万十三元係湖州路安吉縣鳳亭鄉二管上前澤村人氏亡宋是父徐千三作民戶附籍至元十三年十二月內歸附

一户王六六元係湖州路安吉縣鳳亭鄉六管江渚溪人氏亡宋民户至元十三年十二月内歸附見於

計家親屬男子不成丁壹口

本身年柒拾歲

一户徐六一元係湖州路安吉縣鳳亭鄉六管周湖村人氏亡宋[illegible]至元十三年十二月内歸附

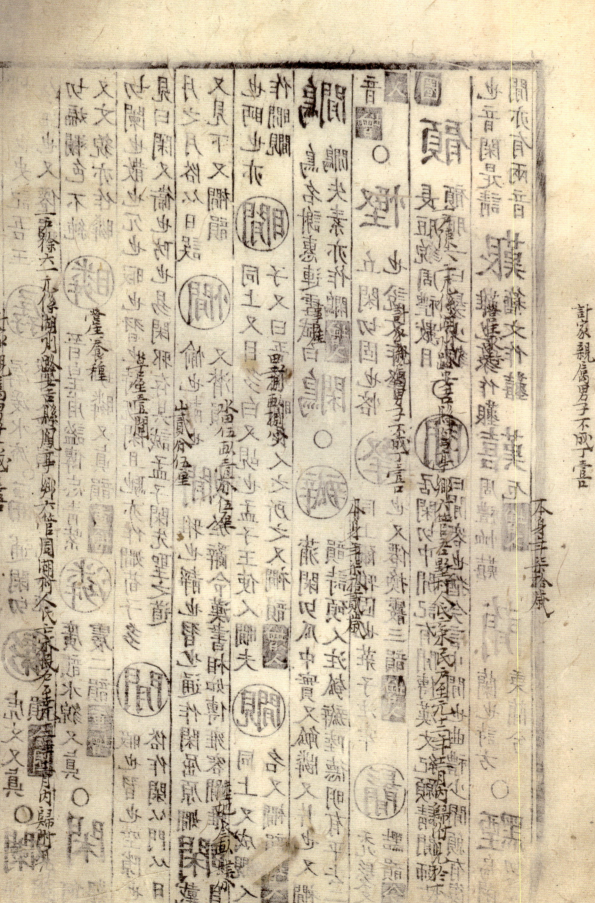

計家親屬男子不成丁壹口

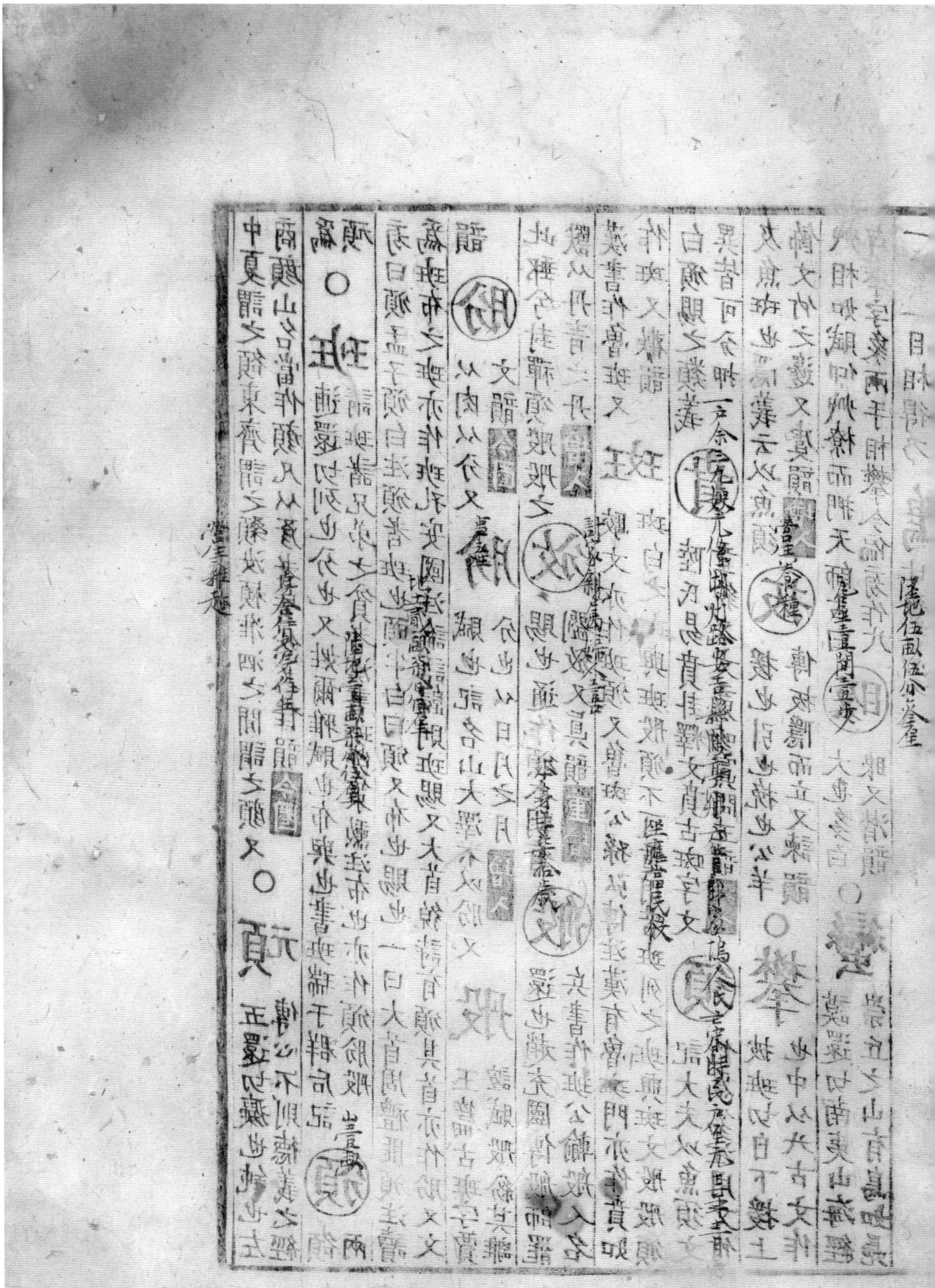

計家親屬伍口

男子叁口

成丁壹口　本身年肆拾叁歲

不成丁貳口

男郎歸兒年壹拾歲　次男郎小娜年陸歲

婦人貳口

妻戚三娘年伍拾叁歲　女郎娜娘年捌歲

事產

地土叁拾捌畝叁分伍釐

陸地捌畝叁分伍釐　山叁拾陸畝

房舍瓦屋貳間

營生木匠

一戶朱千元係湖州路安吉縣浮玉鄉三管人民亡宋匠戶至元十三年十二月內歸附

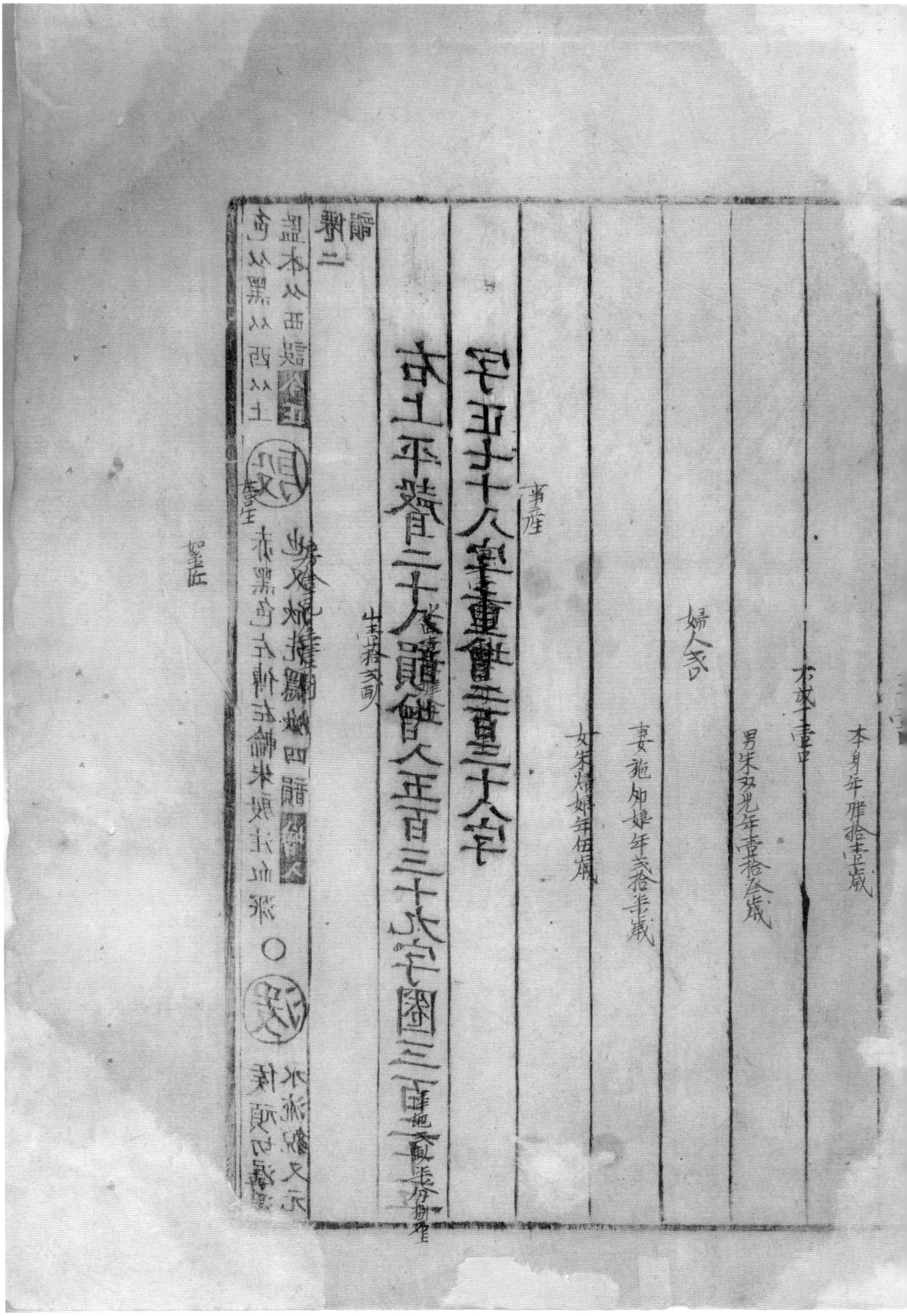

册二　下平聲第二

一戶潘友五元係湖州路安吉縣鳳亭鄉三管上戴村人氏亡宋時民戶附籍至元十三年十二月內歸附因見於本管住坐應當

計家貳口

本身年柒拾伍歲

妻李一娘年陸拾陸歲

事產

[illegible]無

陸地上件

草屋壹間

營生

[illegible]

二十九凡

二十七咸　二十八銜

二十五添　二十六嚴

二十三談　二十四鹽

二十一侵　二十二覃

十九侯　二十幽

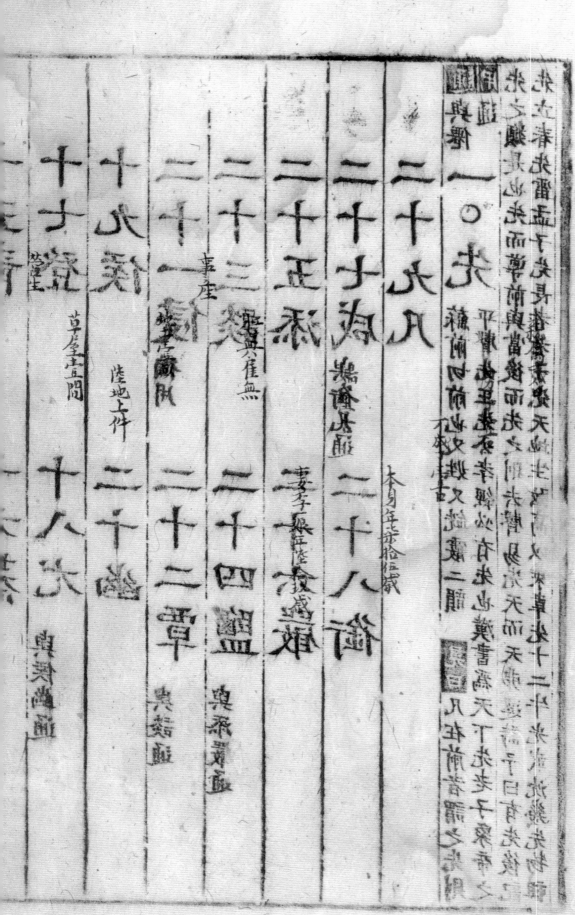

十七登　十八尤

十一唐　　十二庚與耕清通
九麻獨用　　十陽與唐通
七歌與戈通　　八戈
五爻獨用　　六豪獨用
三蕭與宵通　　四宵
一先與仙通　　二仙

吉州免解進士毛居正校勘重增
衢州免解進士毛　晃　增註
增修互註禮部韻略下平聲第二

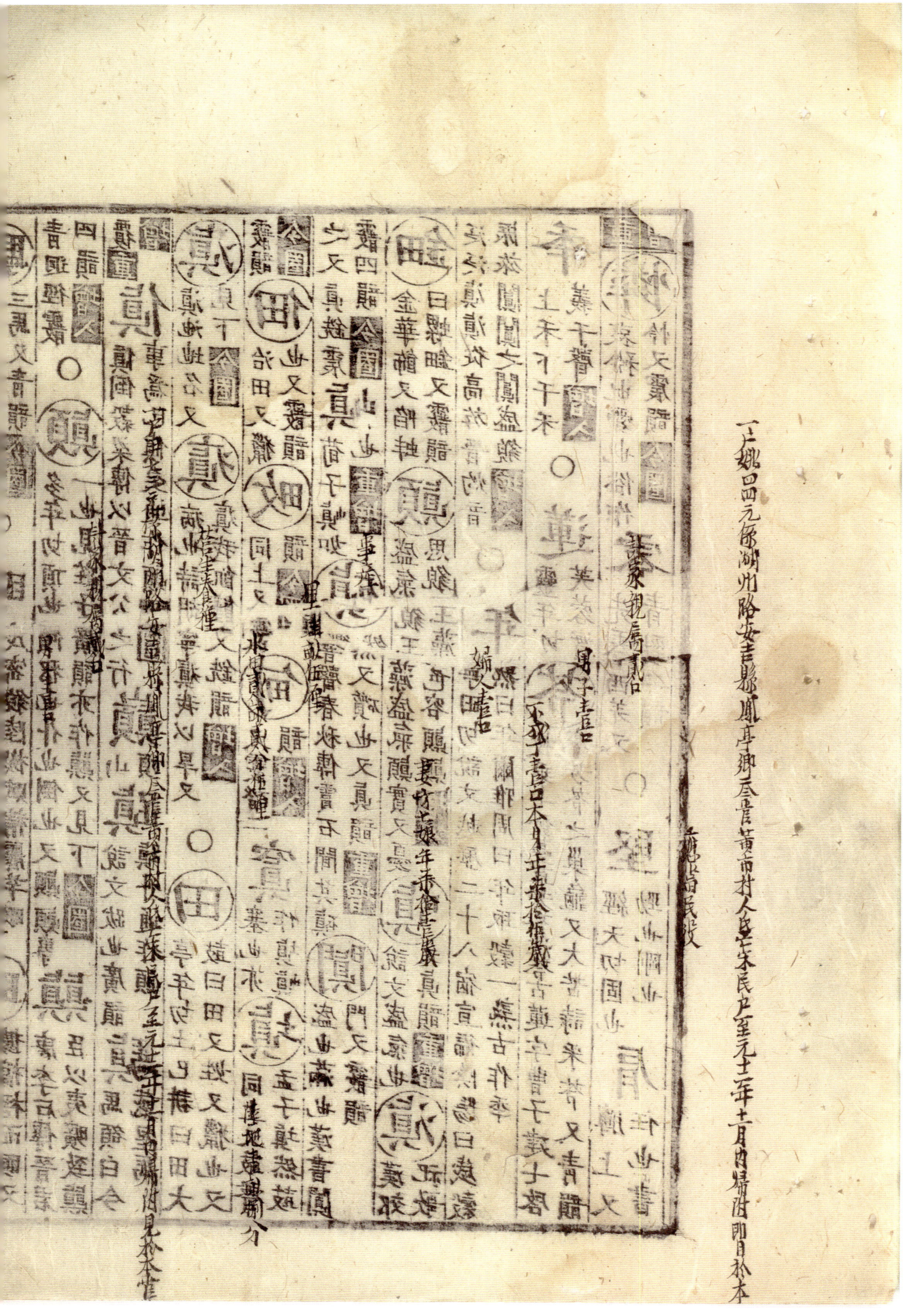
一戶姚四四元係湖州路安吉縣鳳亭鄉五管黄甫村人氏亡宋民戶至元十二年十月内歸附即目於本
應當民役
計家親屬貳口
男子壹口
不成丁壹口本身年壹拾柒歲
婦人壹口

一戶吳万三元係湖州路安吉縣鳳亭鄉五管前東村人氏亡宋是父吳万一作民戶至元十二年十月
即目吳万三本管住坐應當民役

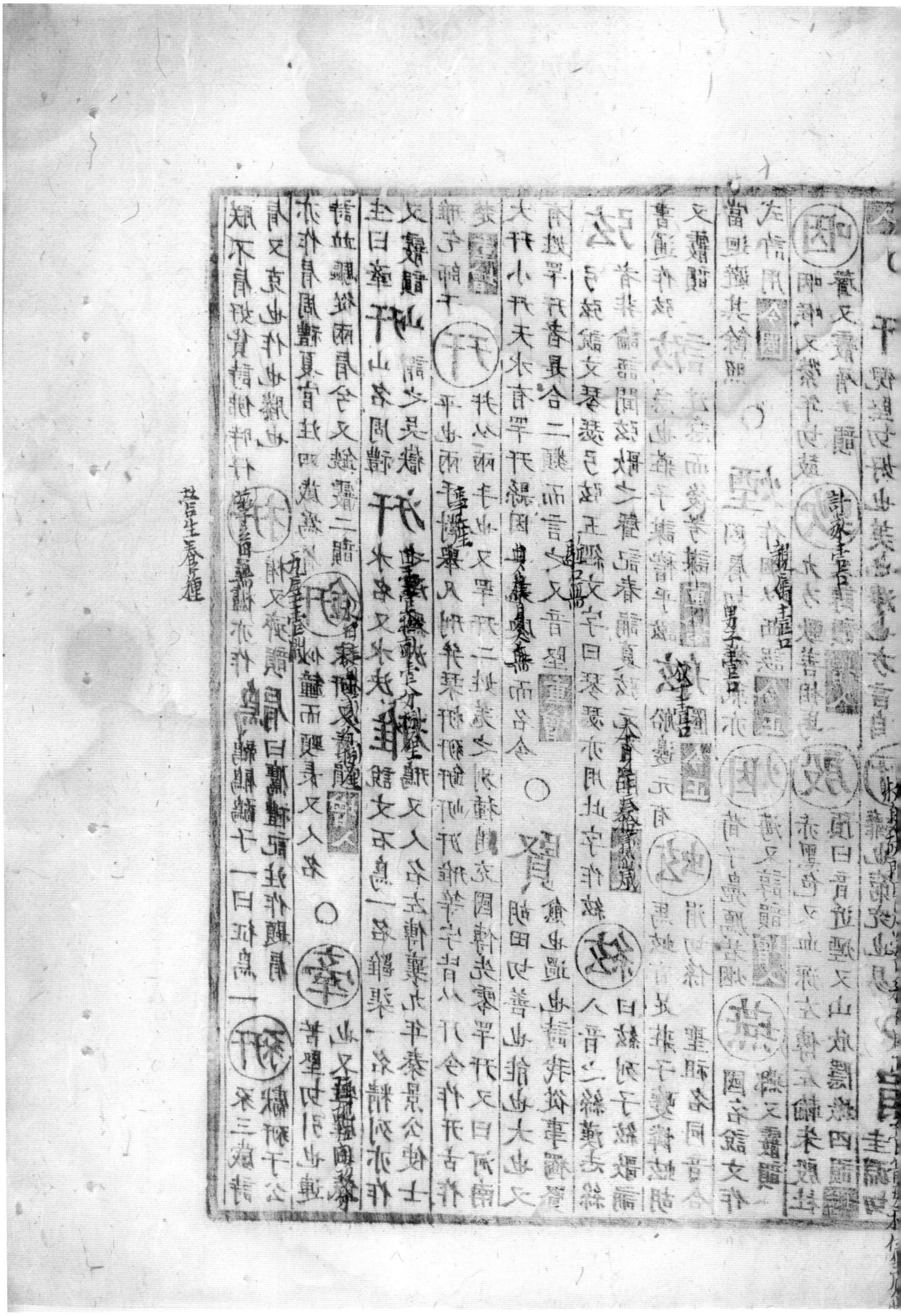

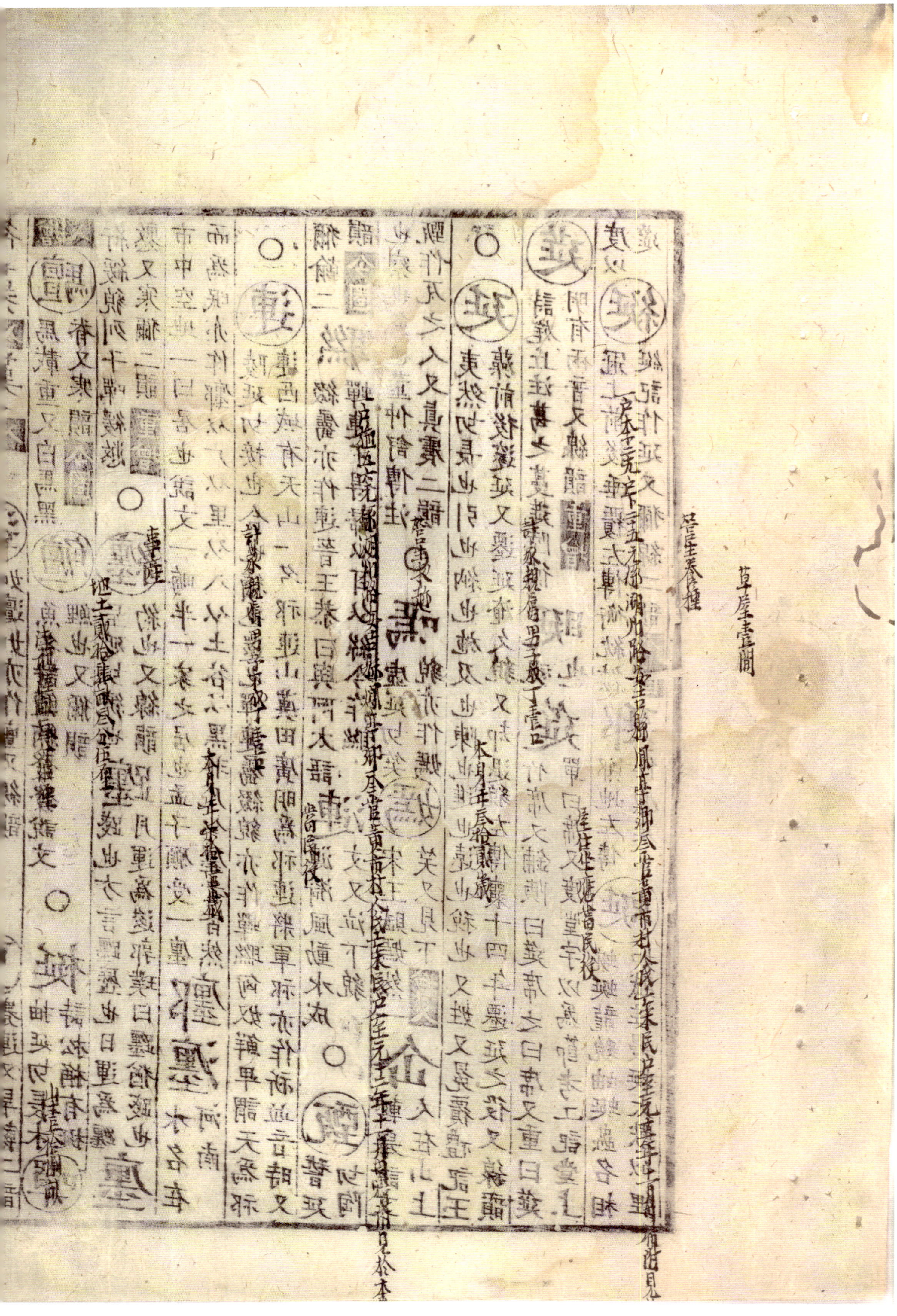

草屋壹間

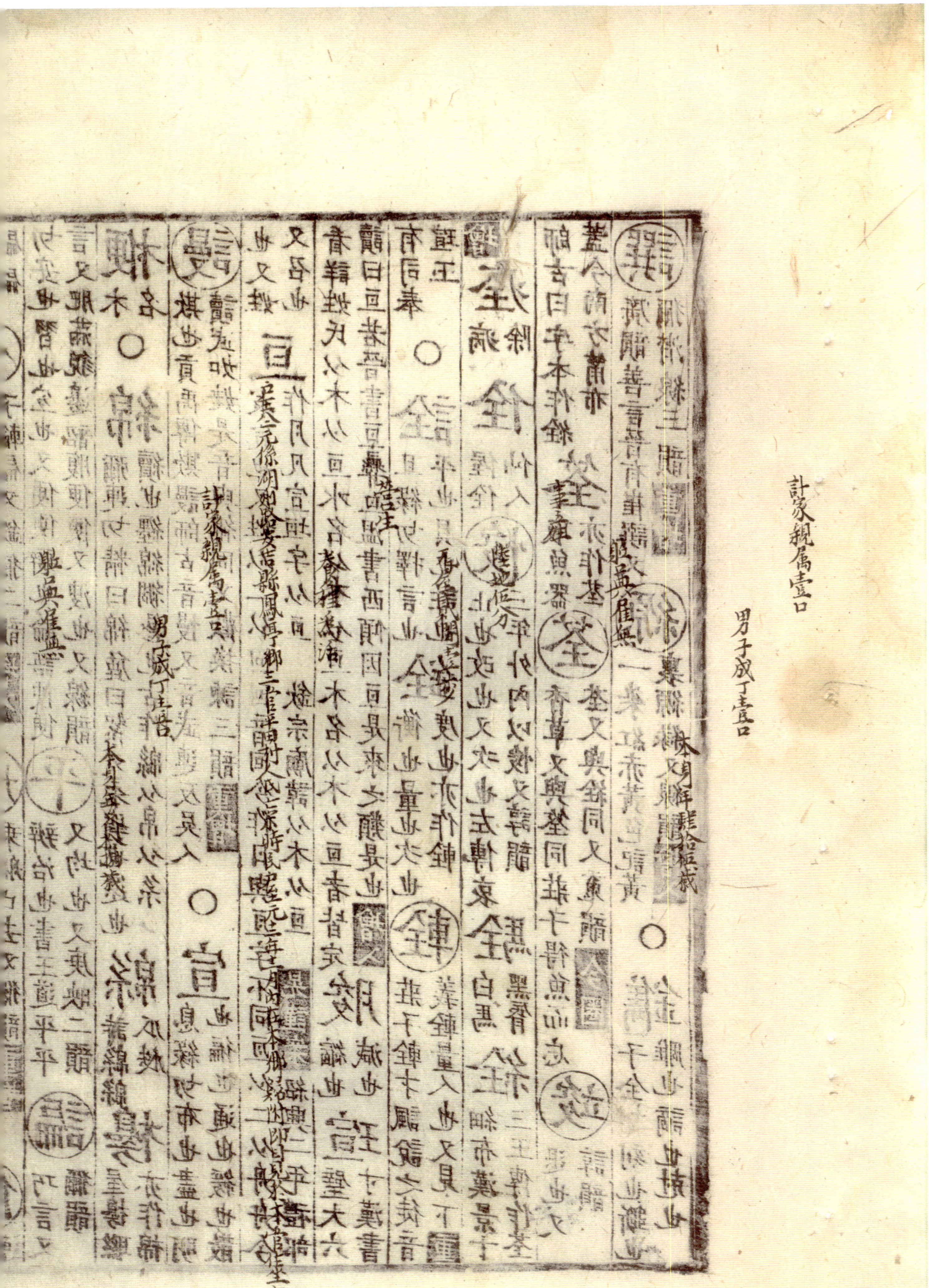
計家親屬壹口
男子成丁壹口

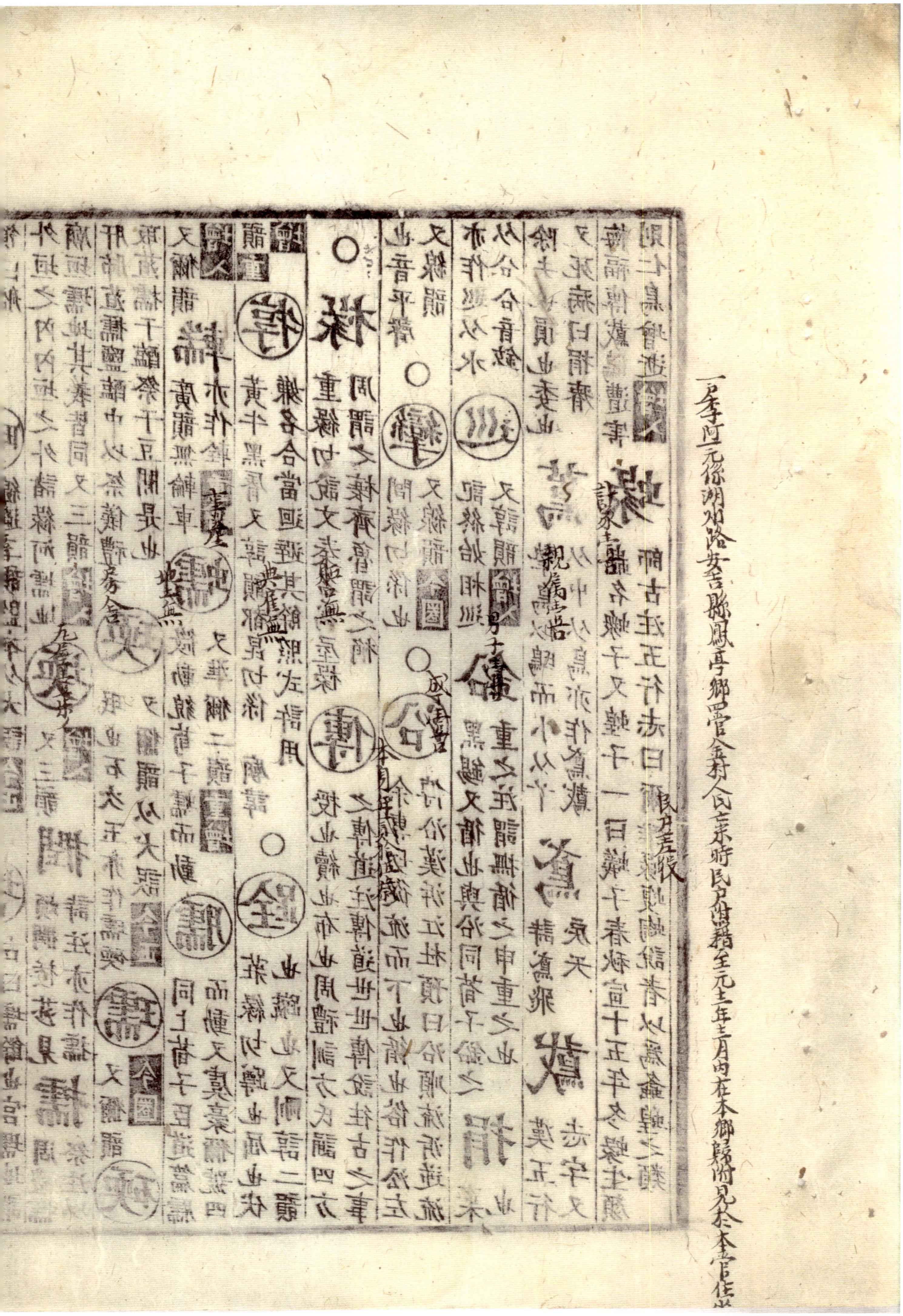

一戶李百一元係湖州路安吉縣鳳亭鄉四管金村人氏亡宋時民戶附籍至元十二年十二月內在本鄉歸附見於本管住坐

營土養種

九虚毒互間

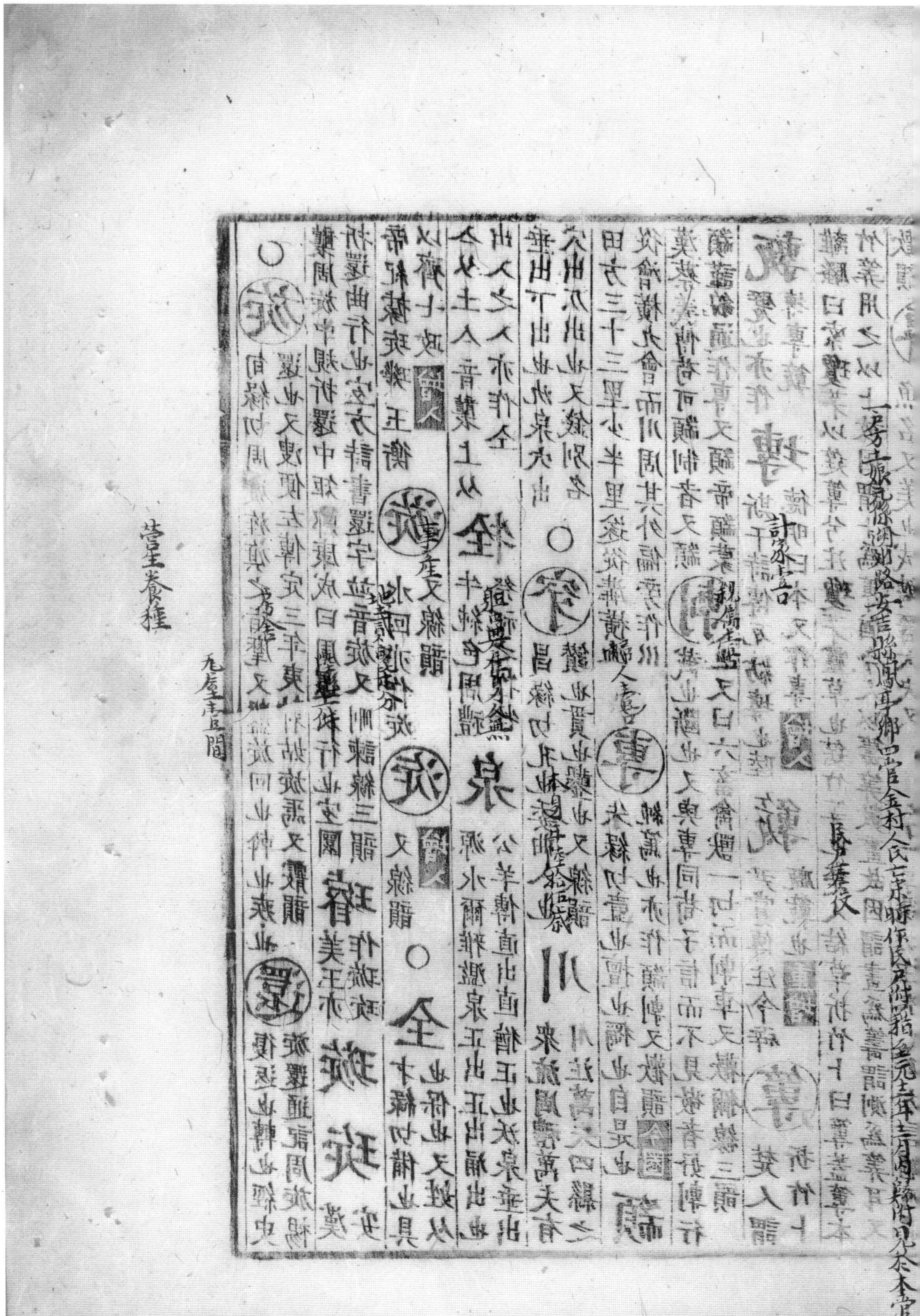

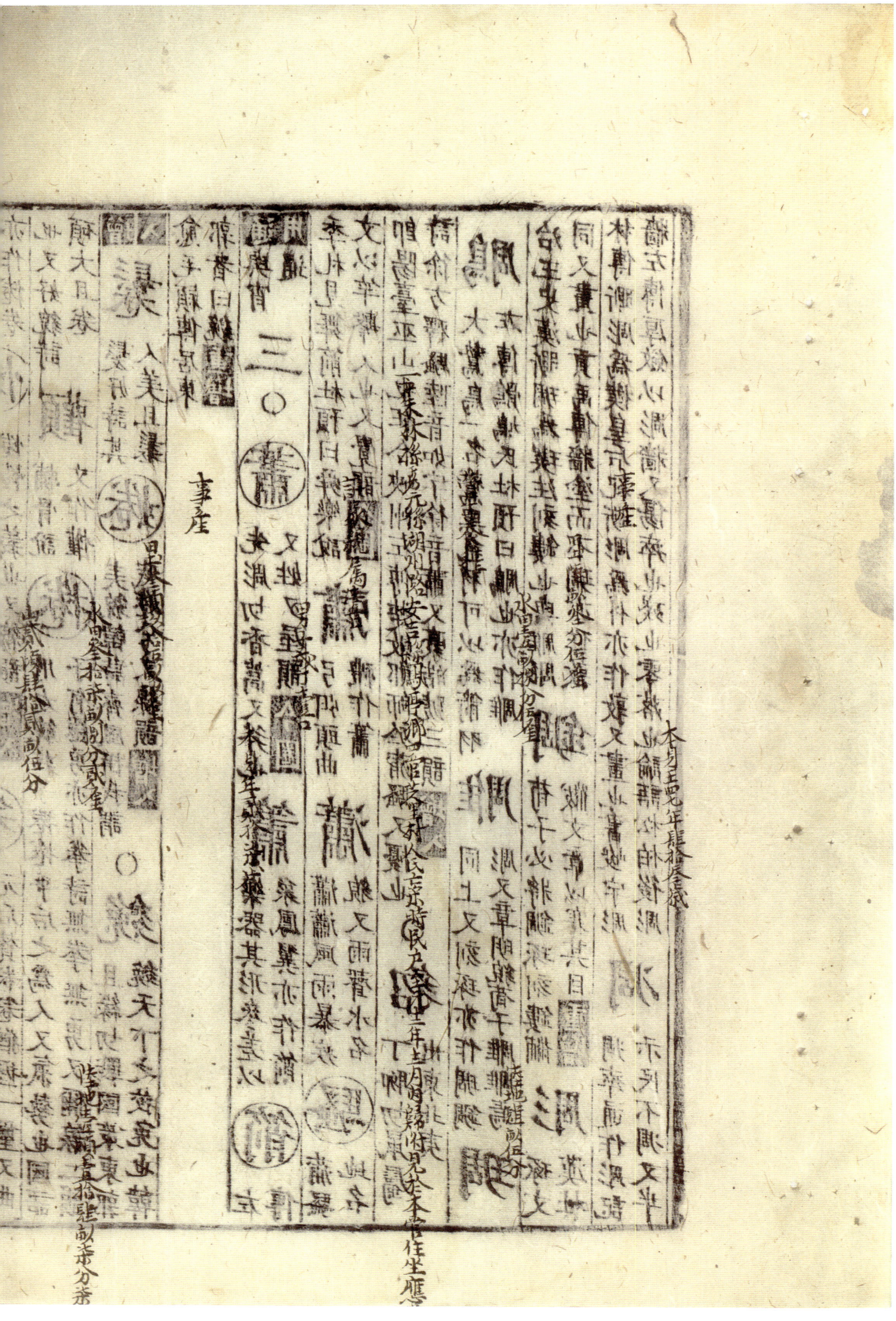

男子成丁壹口
本身吳三德年叁拾伍歲

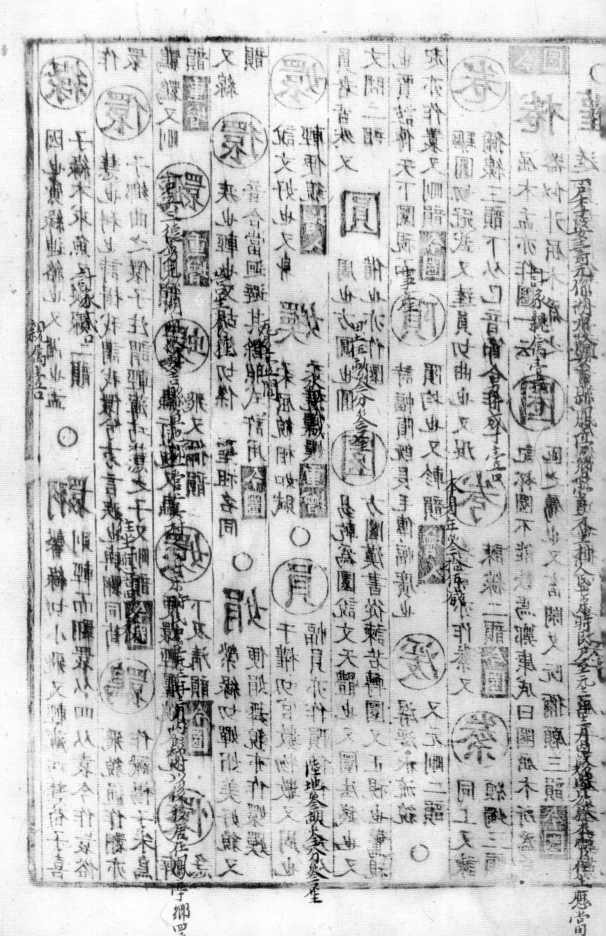

男子不成丁壹口

本身[illegible]年[illegible]歲

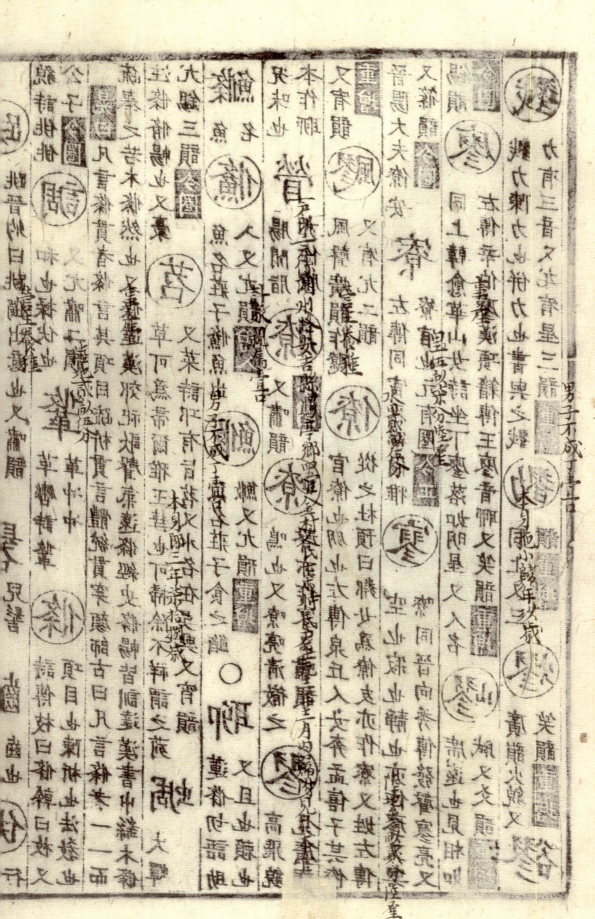

許家親屬壹口

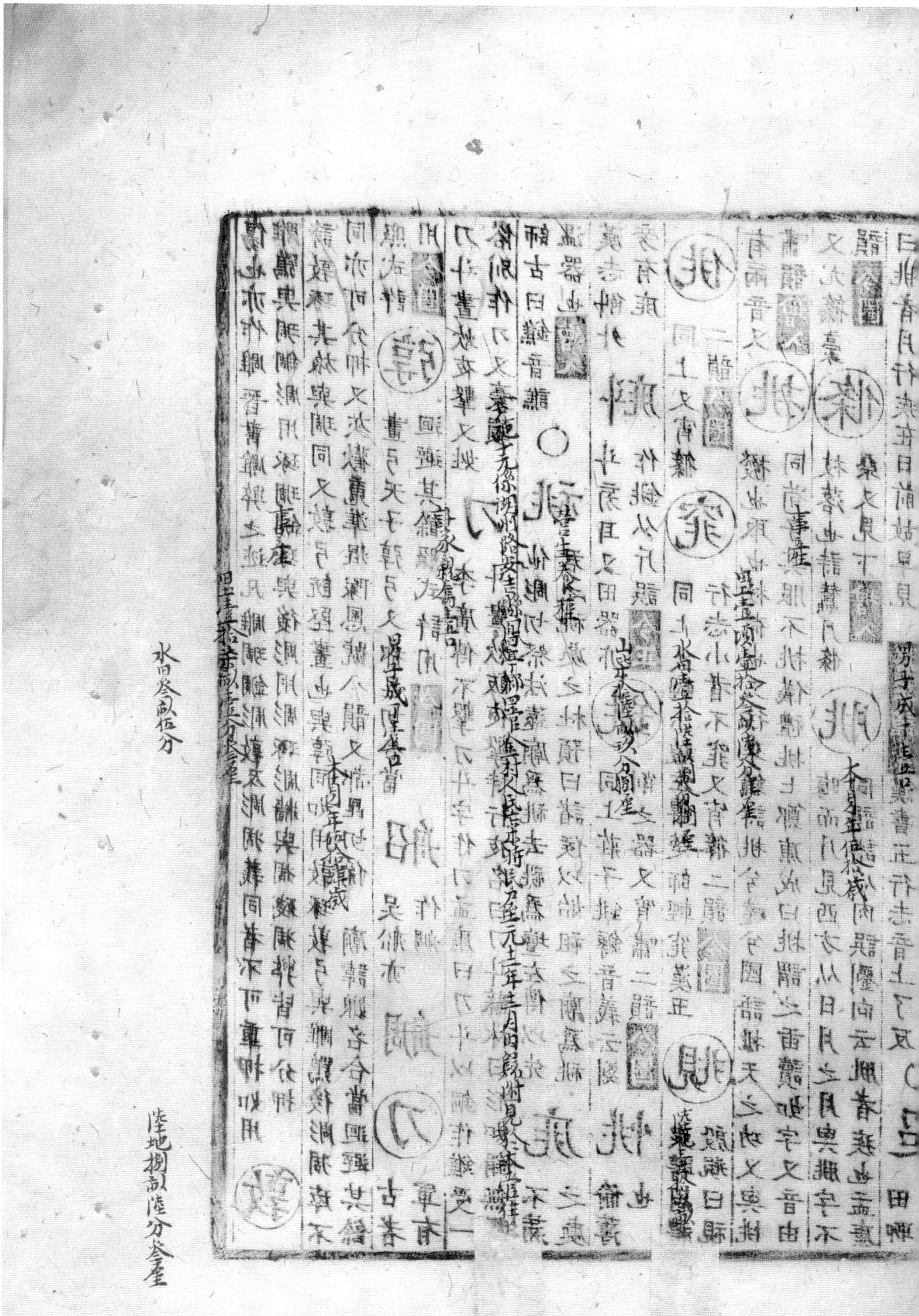
水田叁畝伍分
陸地捌畝陸分叁厘

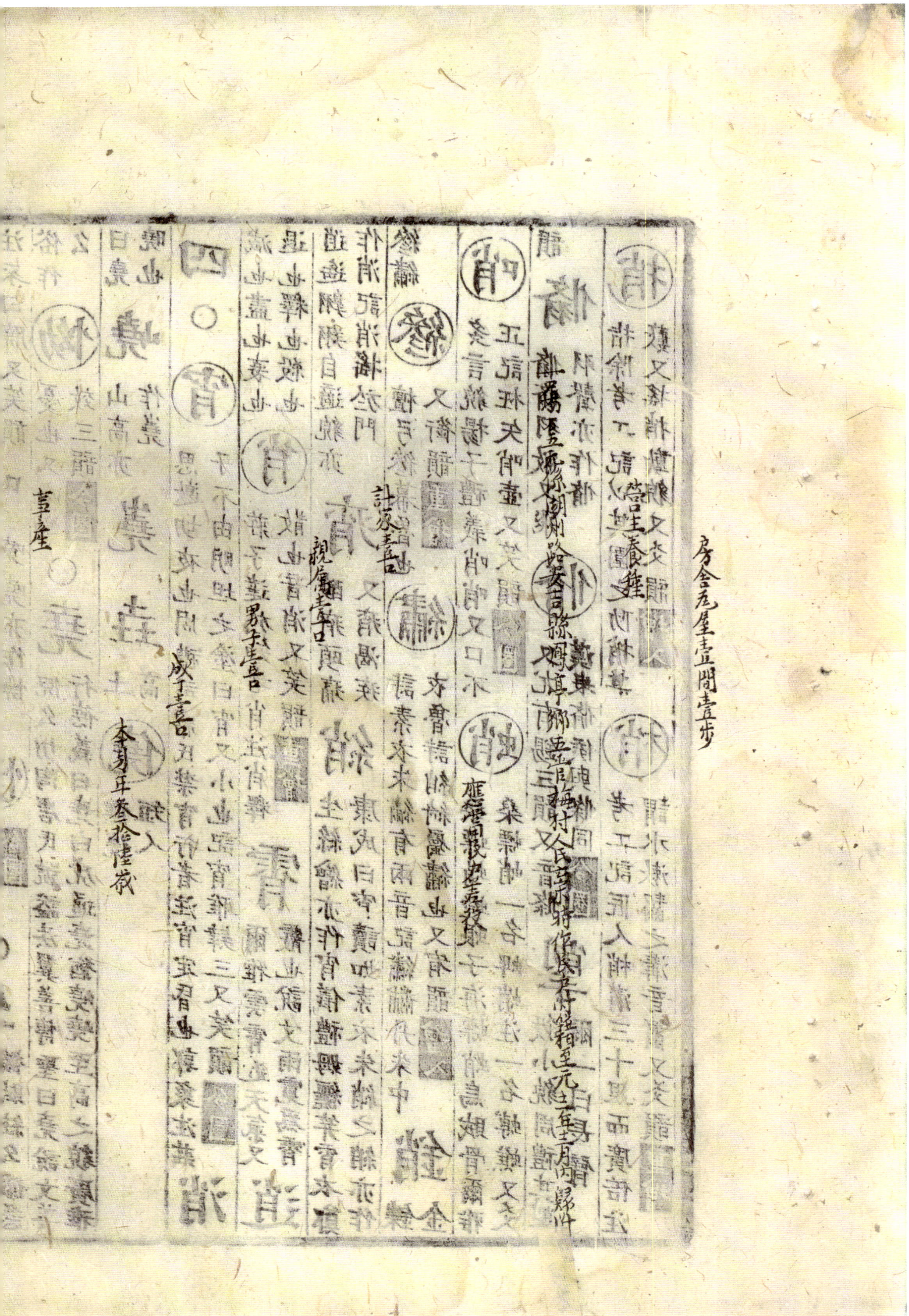

房舍瓦屋壹間壹步

營生養蠶

一戶潘阿王元係湖州路安吉縣鳳亭鄉五都梅村人氏亡宋時作民戶附籍至元十三年十二月內歸附

應當民戶差役

計家壹口

親屬壹口

男子壹口

成丁壹口

本身年叁拾陸歲

入

事產

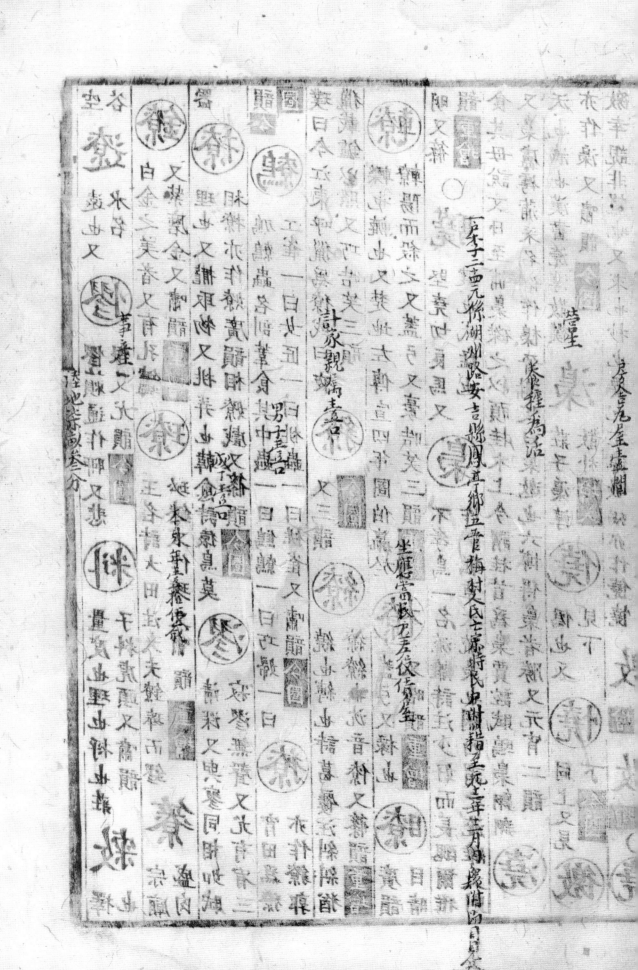

一戶方九二嫂元係湖州路安吉縣鳳亭鄉五管下陂村人氏亡宋本是故祖方七四作民戶

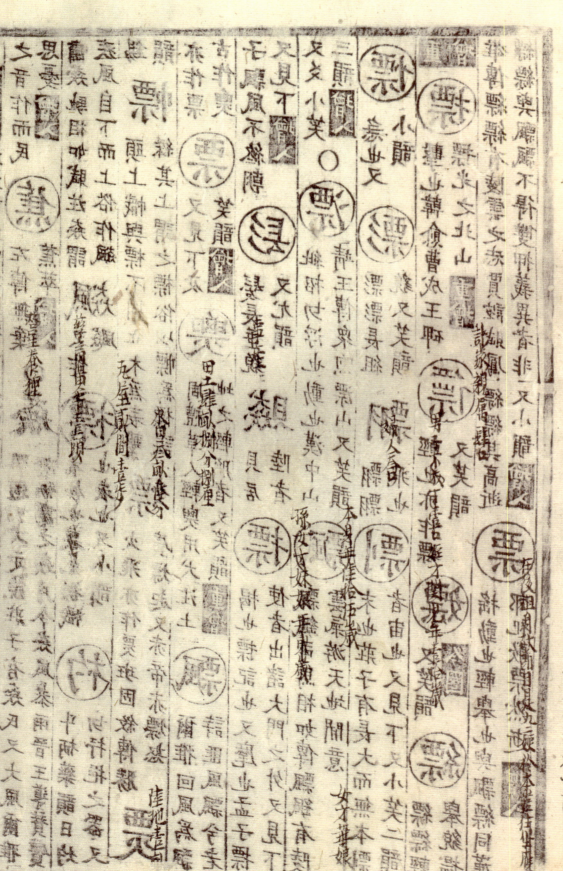

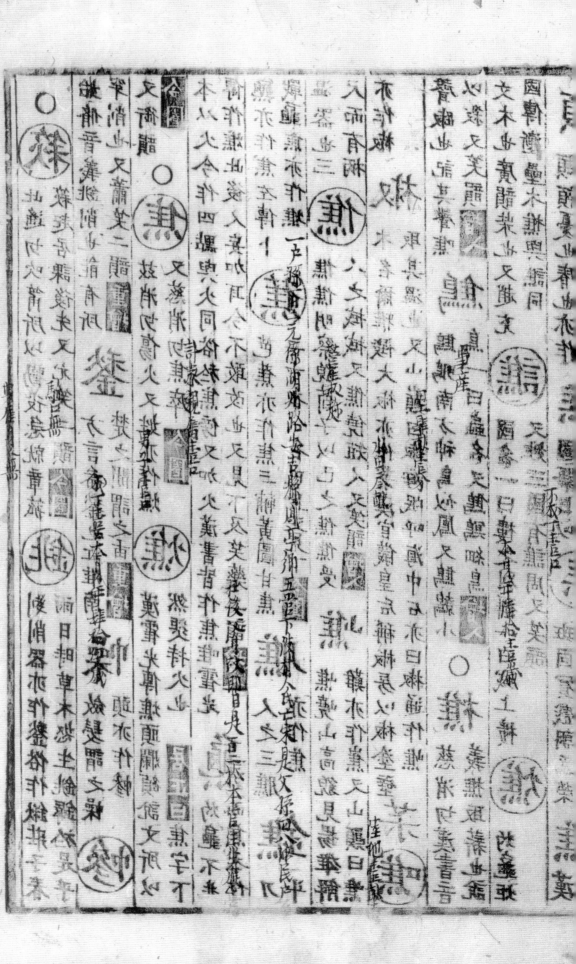

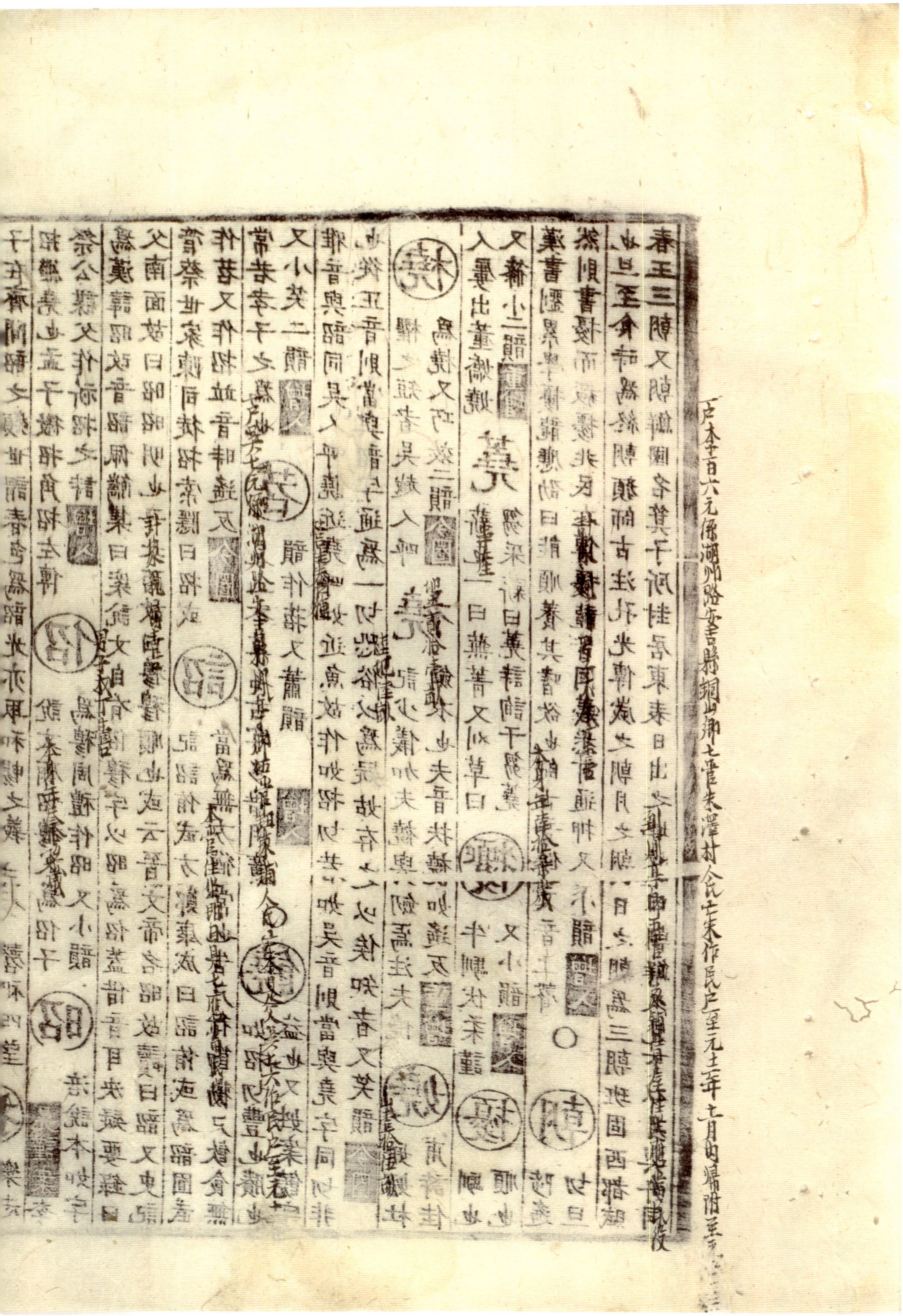
一户李十百六元係湖州路安吉縣銅山鄉七管朱潭村人氏亡宋作民户至元十三年七月内歸附至元

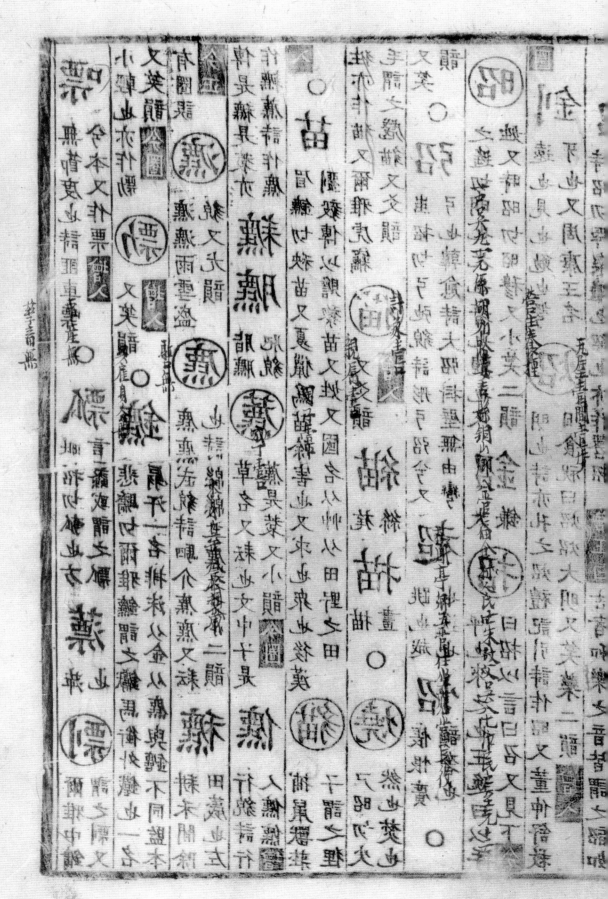

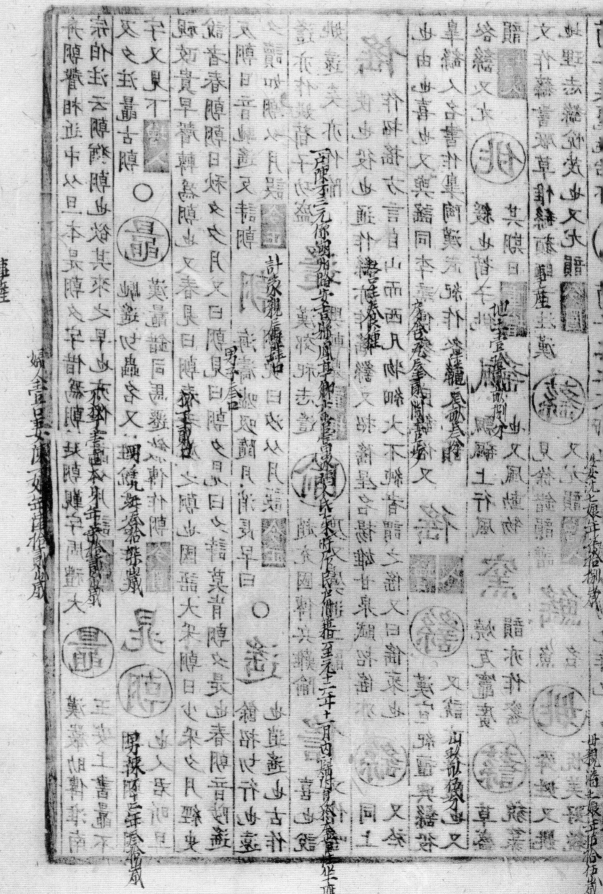

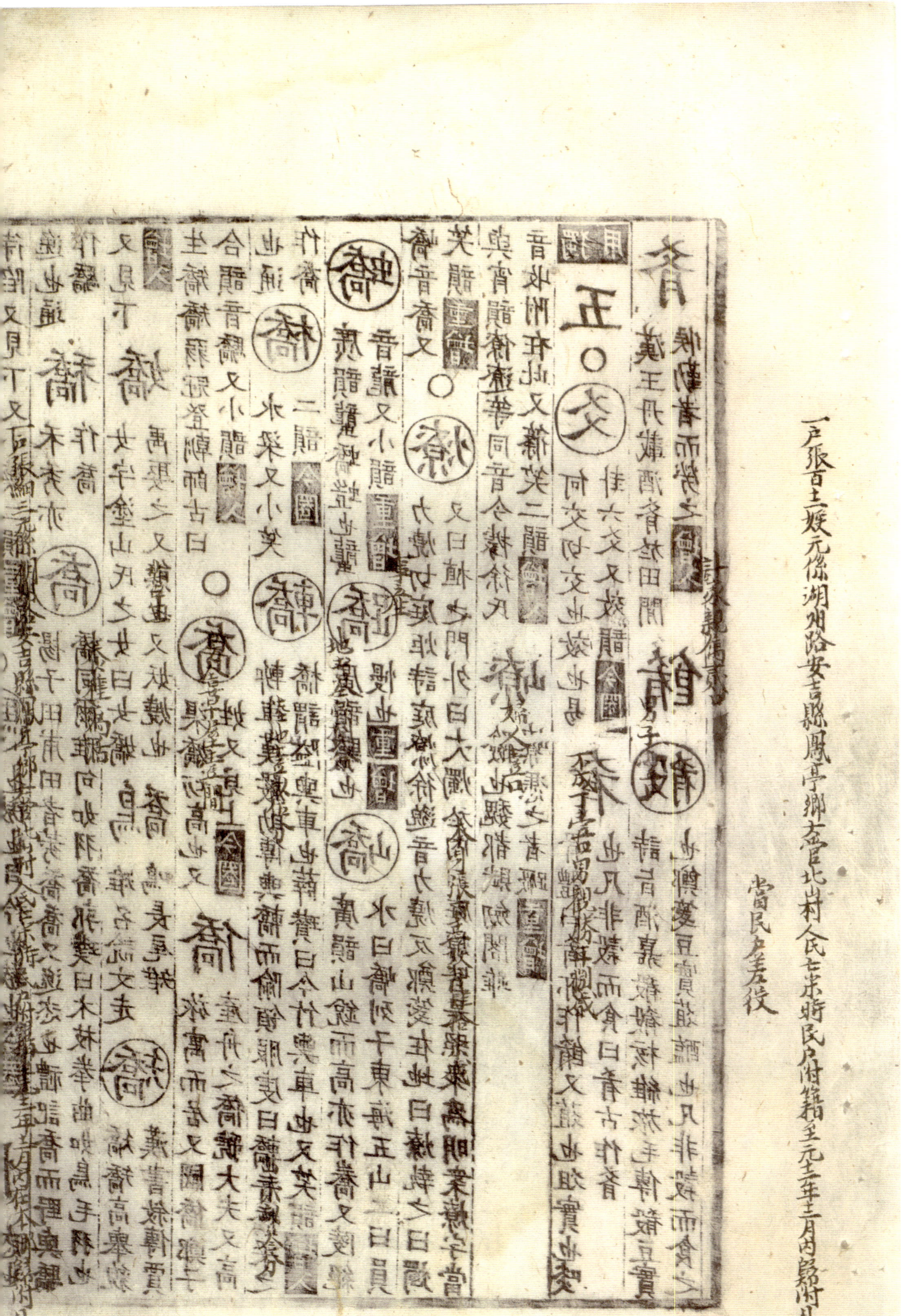

一戶張百十一娘元係湖州路安吉縣鳳亭鄉左官北山村人氏亡宋時民戶附籍至元十二年十二月内歸附見於本
當民戶差役

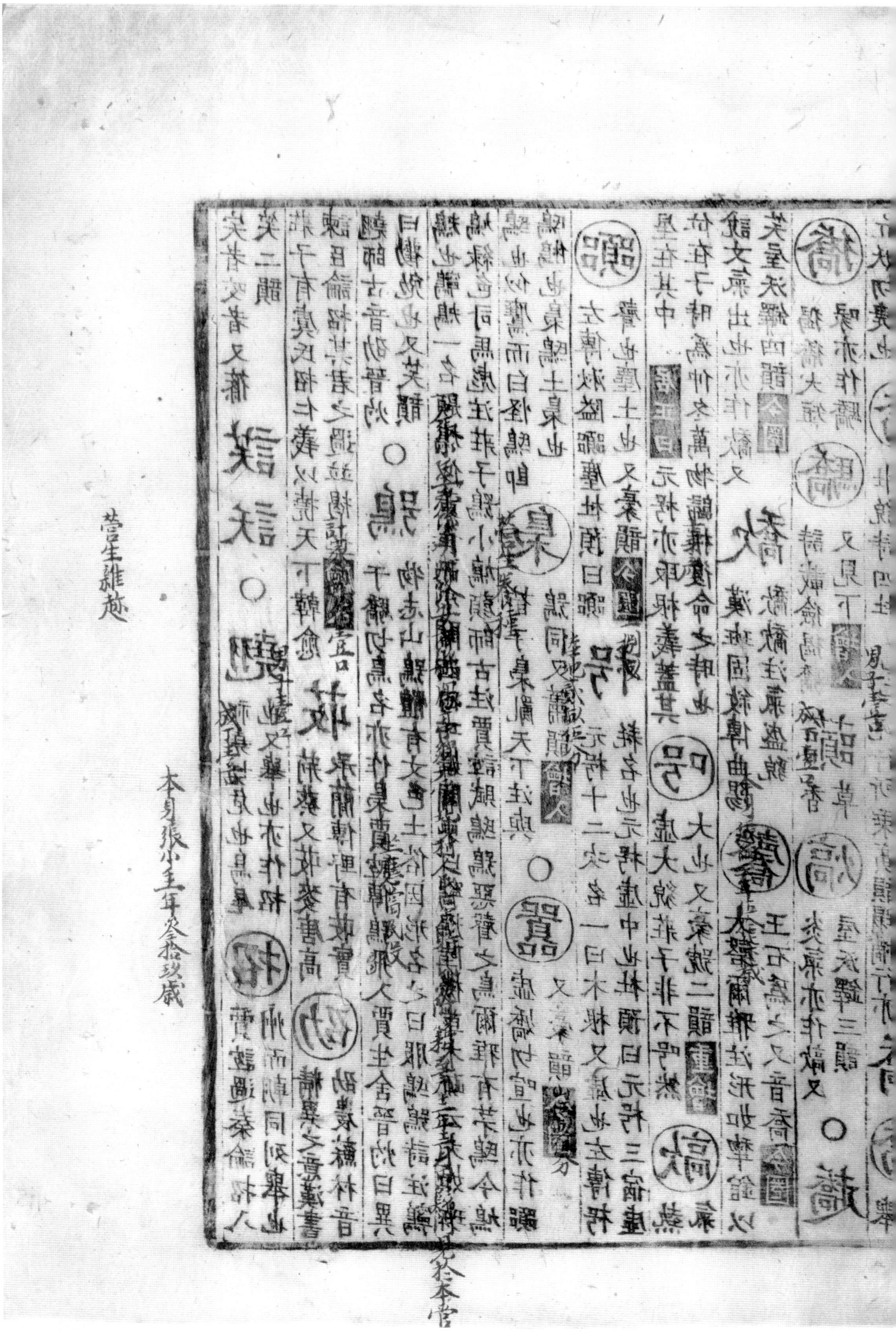
營生雜迹
本身張小壬年叁拾玖歲
於本宮

水田玖分

陸地壹畝陸分

山叁拾肆畝

營生

[illegible]三月[illegible]於[illegible]慶亨鄉

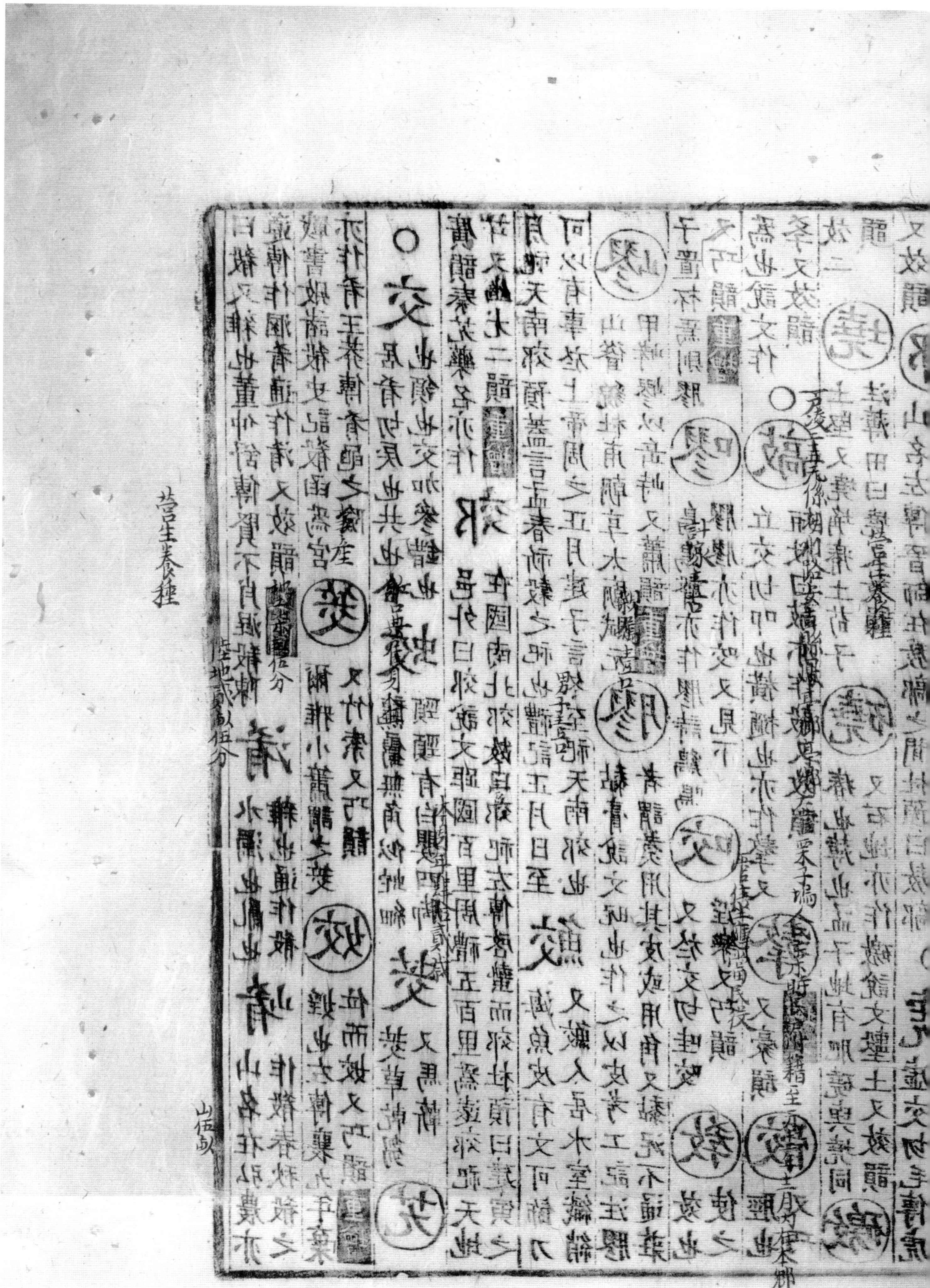

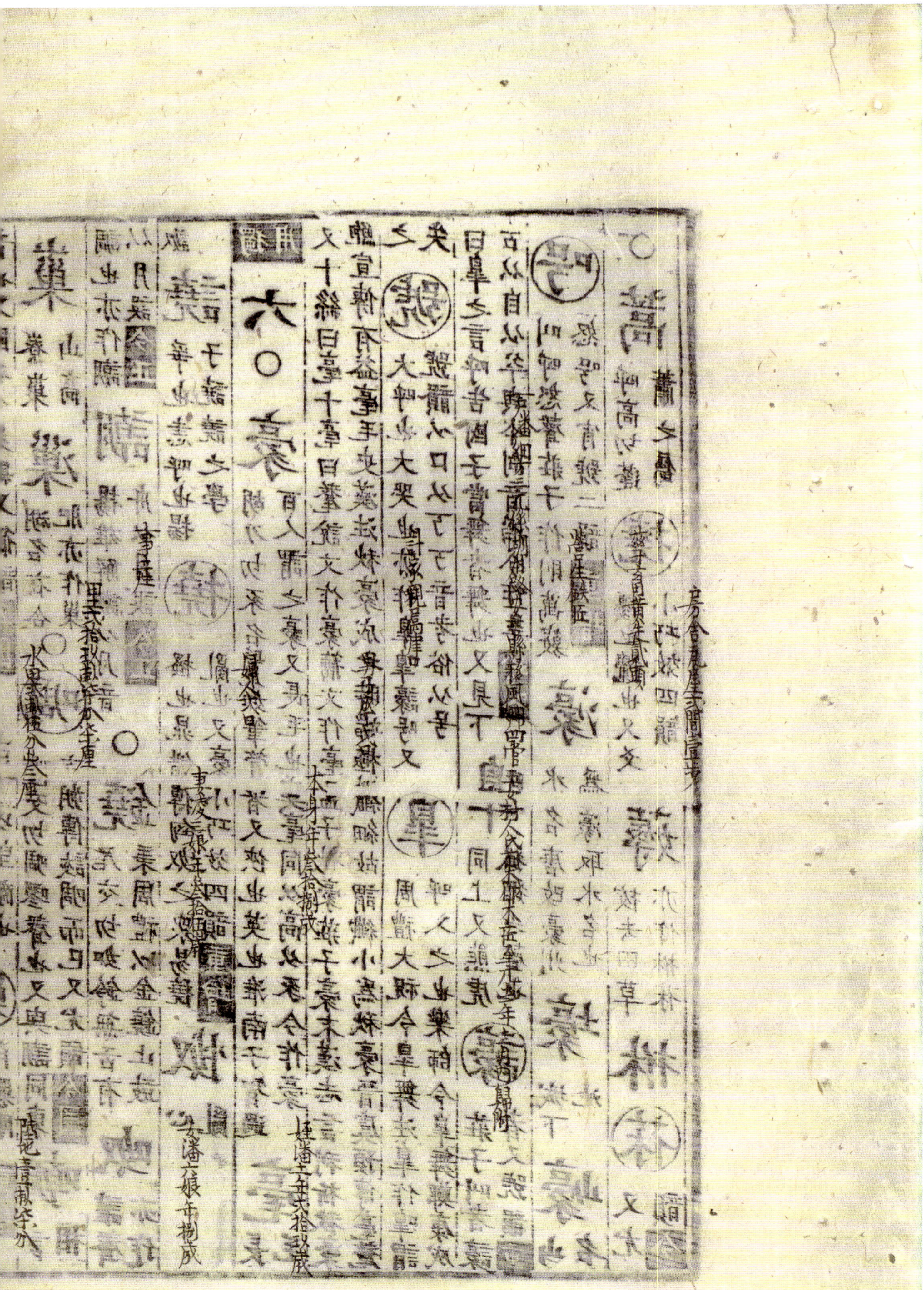

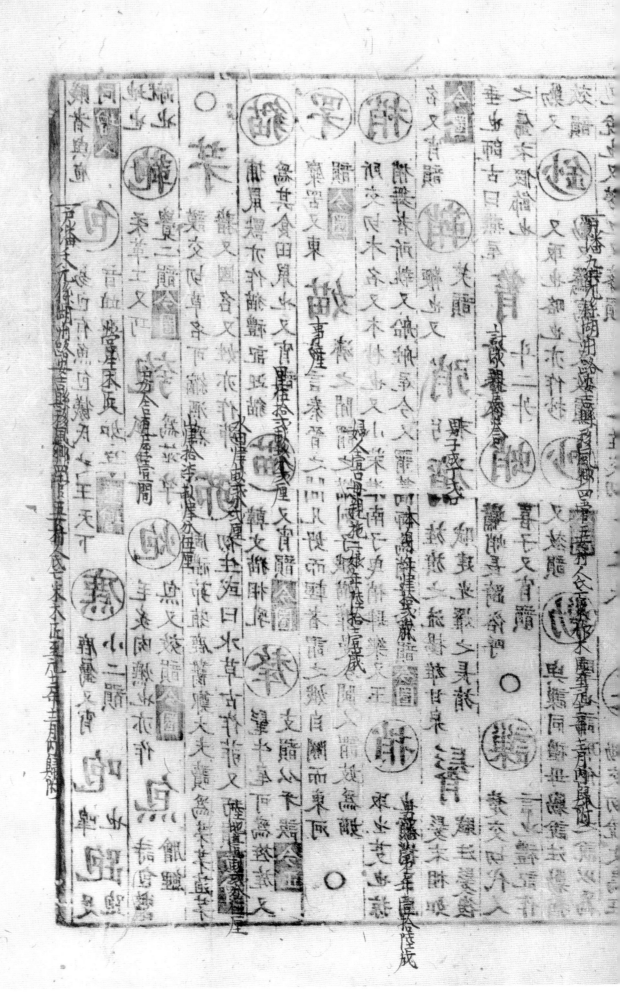

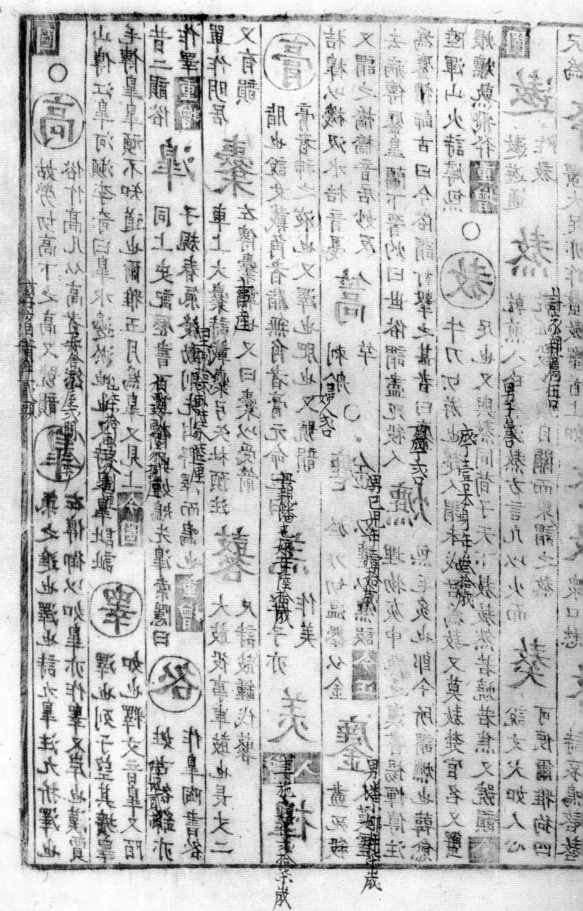

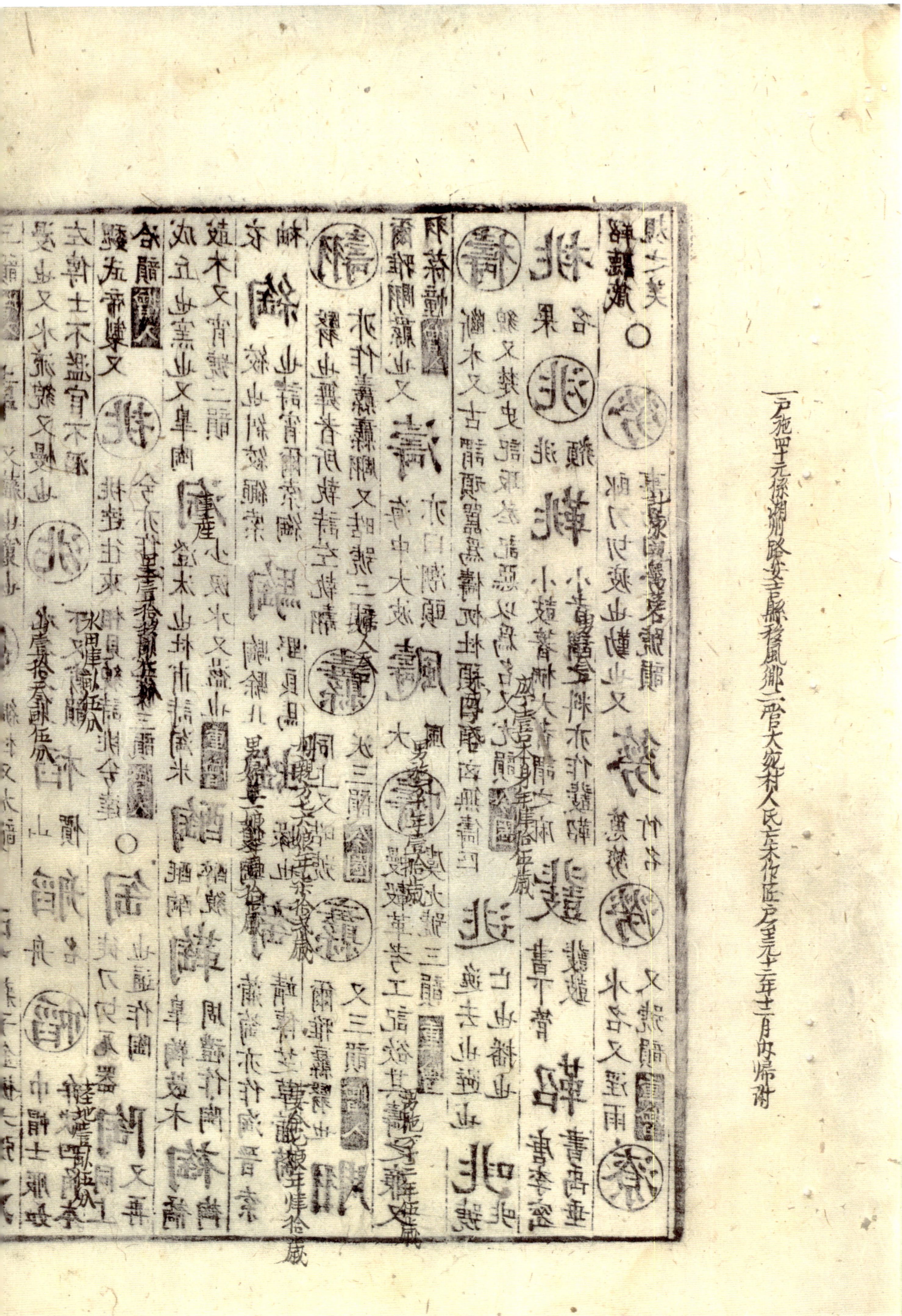
一户施四十元係湖州路安吉縣移風鄉二管大宛村人氏亡宋作匠户至元十二年十二月内歸附

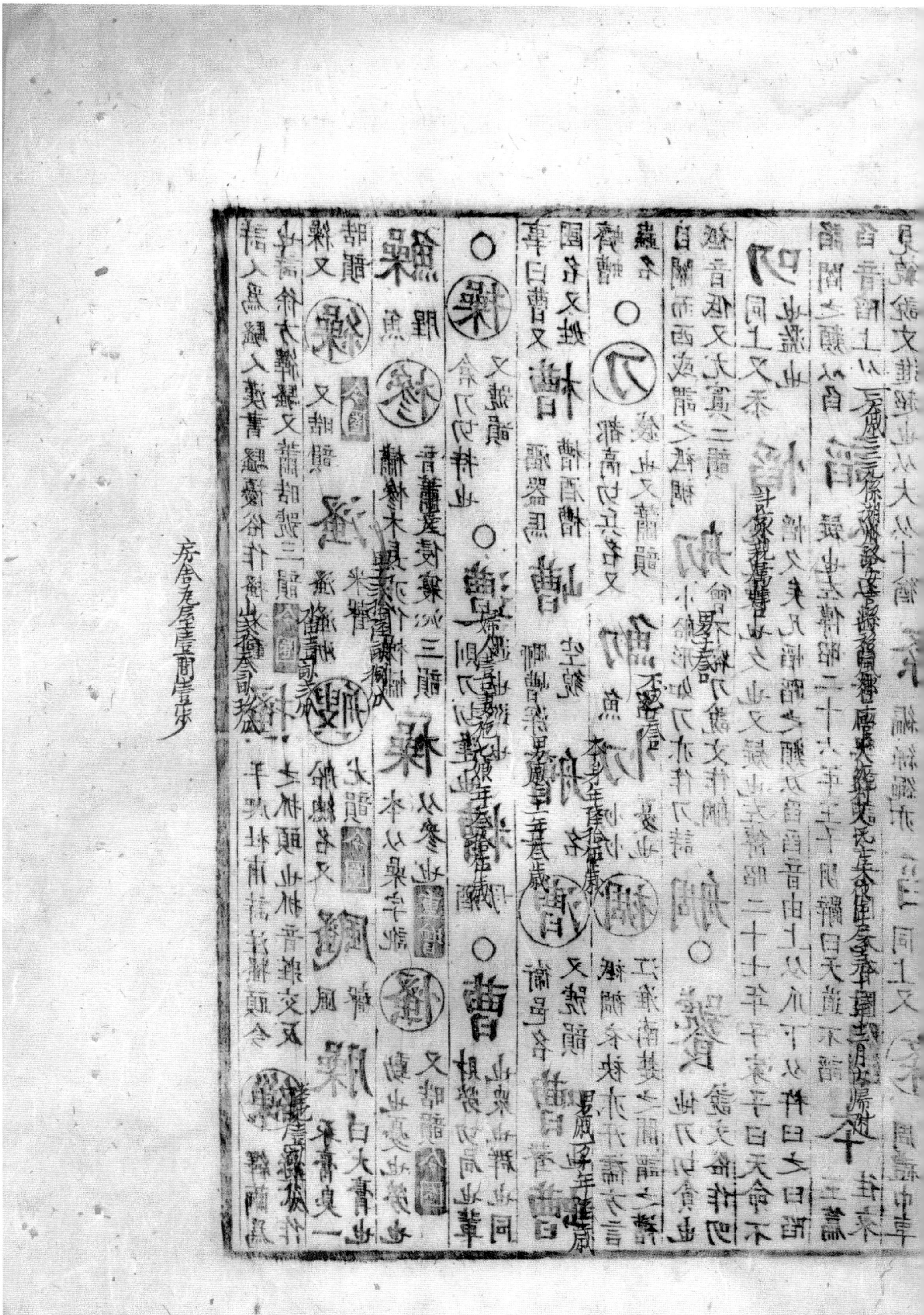

一
一户李千六元係湖州路安吉縣移風鄉七管人氏亡宋民户至元十二年十二月内歸附見於本村住坐應當民役

男子威壹本身年肆拾伍歲

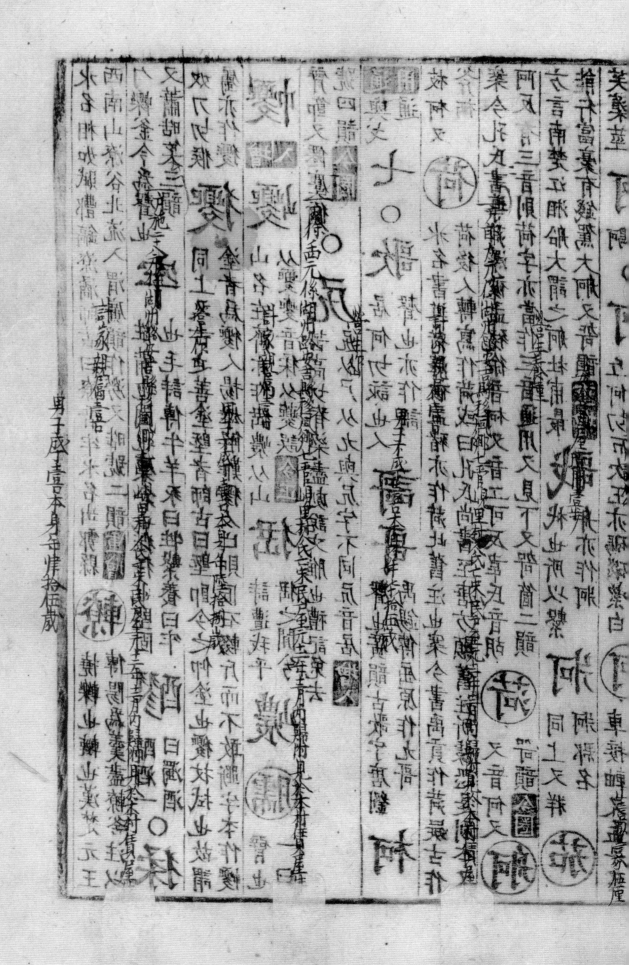

一

一戶俞重三元係湖州路安吉縣移風鄉八管右門保人氏亡宋民戶至元十三年十二月內歸附見於本村住坐應當民役

計家親屬貳口

男子成丁壹口本身年肆拾貳歲

婦人壹口妻蔡壹娘年肆拾貳歲

事產

田土貳畝伍分壹釐

水田貳畝伍分陸釐

山肆畝壹分

房舍瓦屋貳間

孳畜黃牛壹頭

一戶俞□□元係湖州路安吉縣移風鄉八管右門保人氏亡宋民戶至元十三年十二月內歸附見於本村住坐應當民役

計家親屬壹口

男子成丁壹口本身年肆拾壹歲

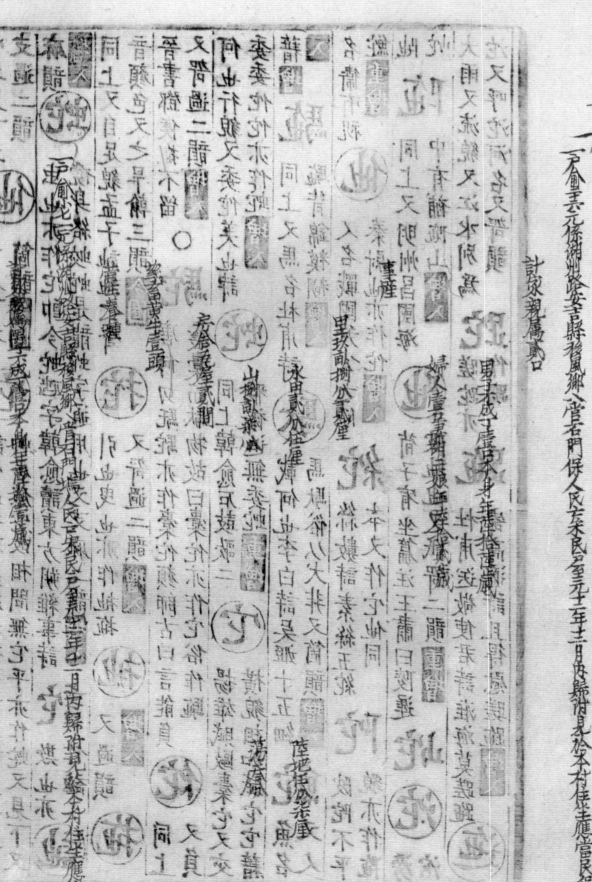

事產

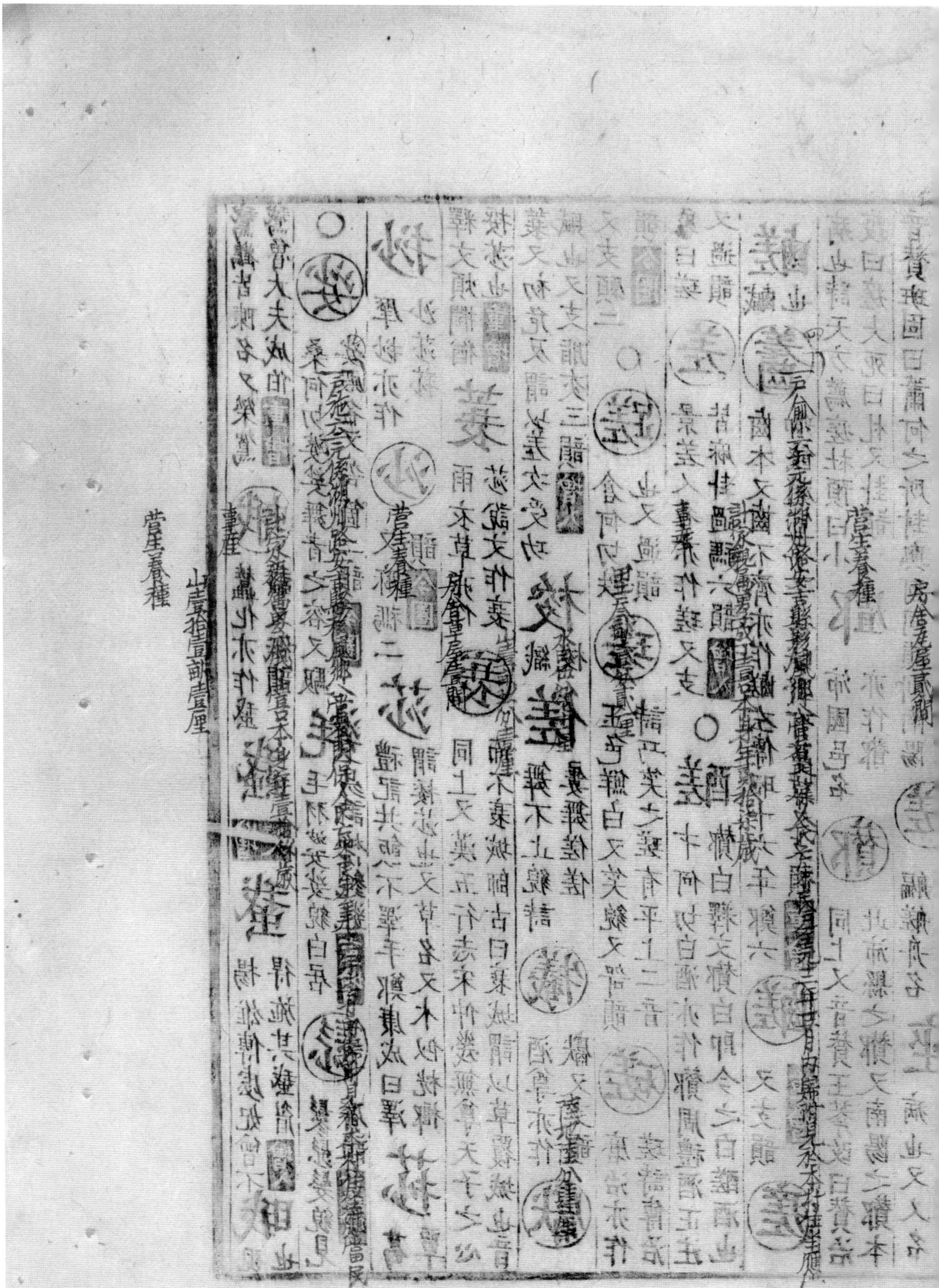

房舍瓦屋貳間

營生春種

一户施三五元係湖州路安吉縣梅溪鄉三管烏山村人氏亡宋民户至元十三年十二月内歸附見於本村住坐應當民役

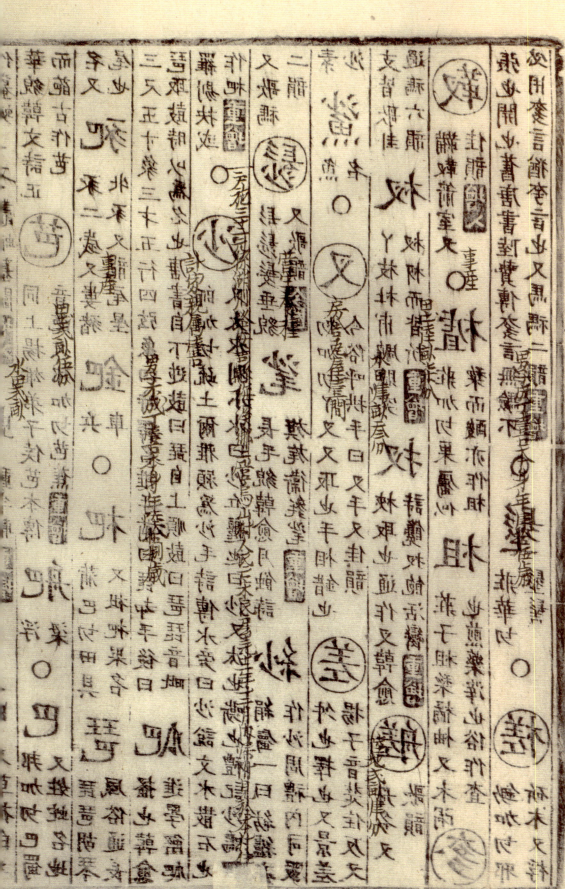

計家親屬壹口

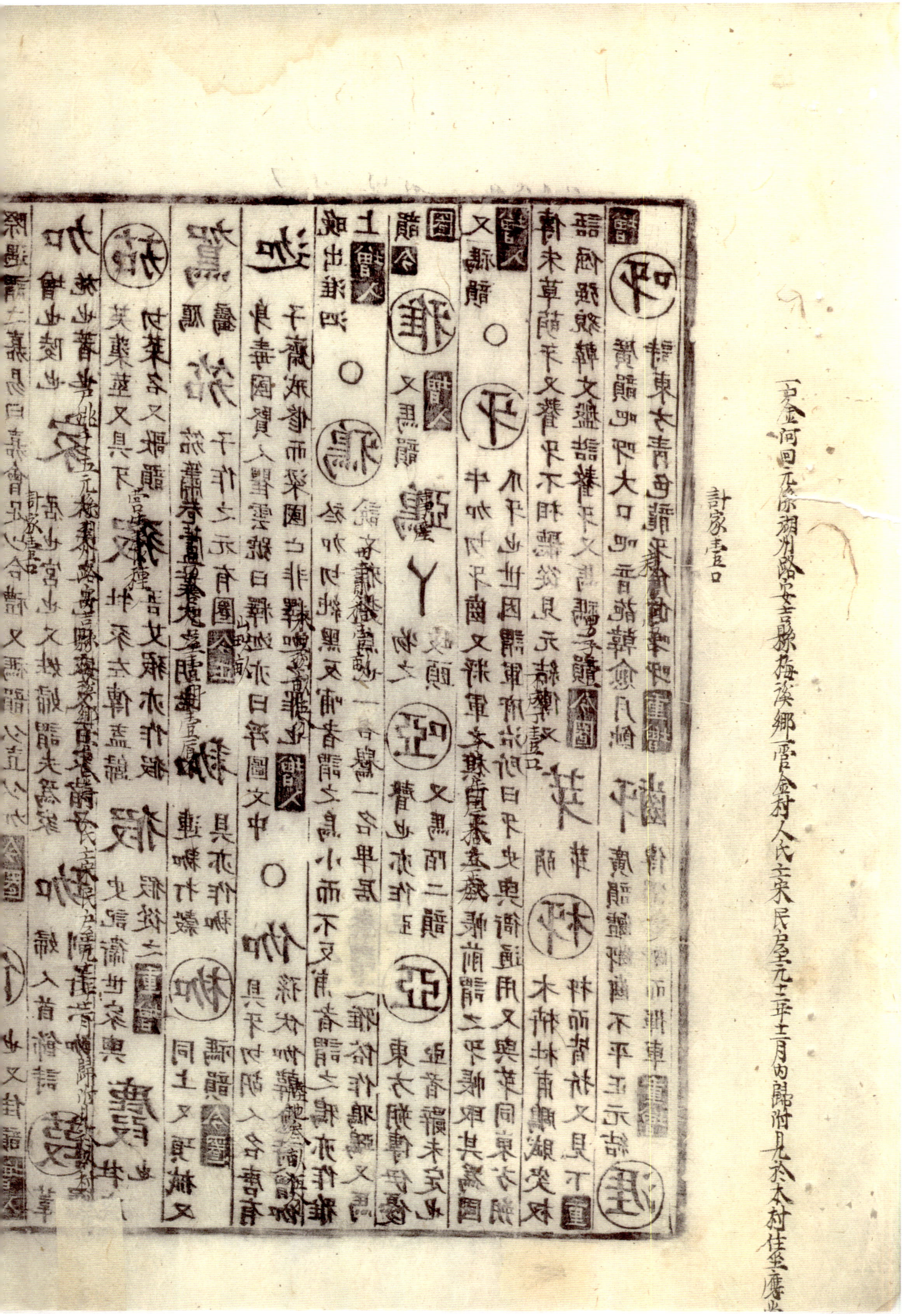
一戶金阿回元係湖州路安吉縣梅溪鄉一管金村人氏亡宋民戶至元十三年十二月内歸附見於本村住坐應
計家壹口

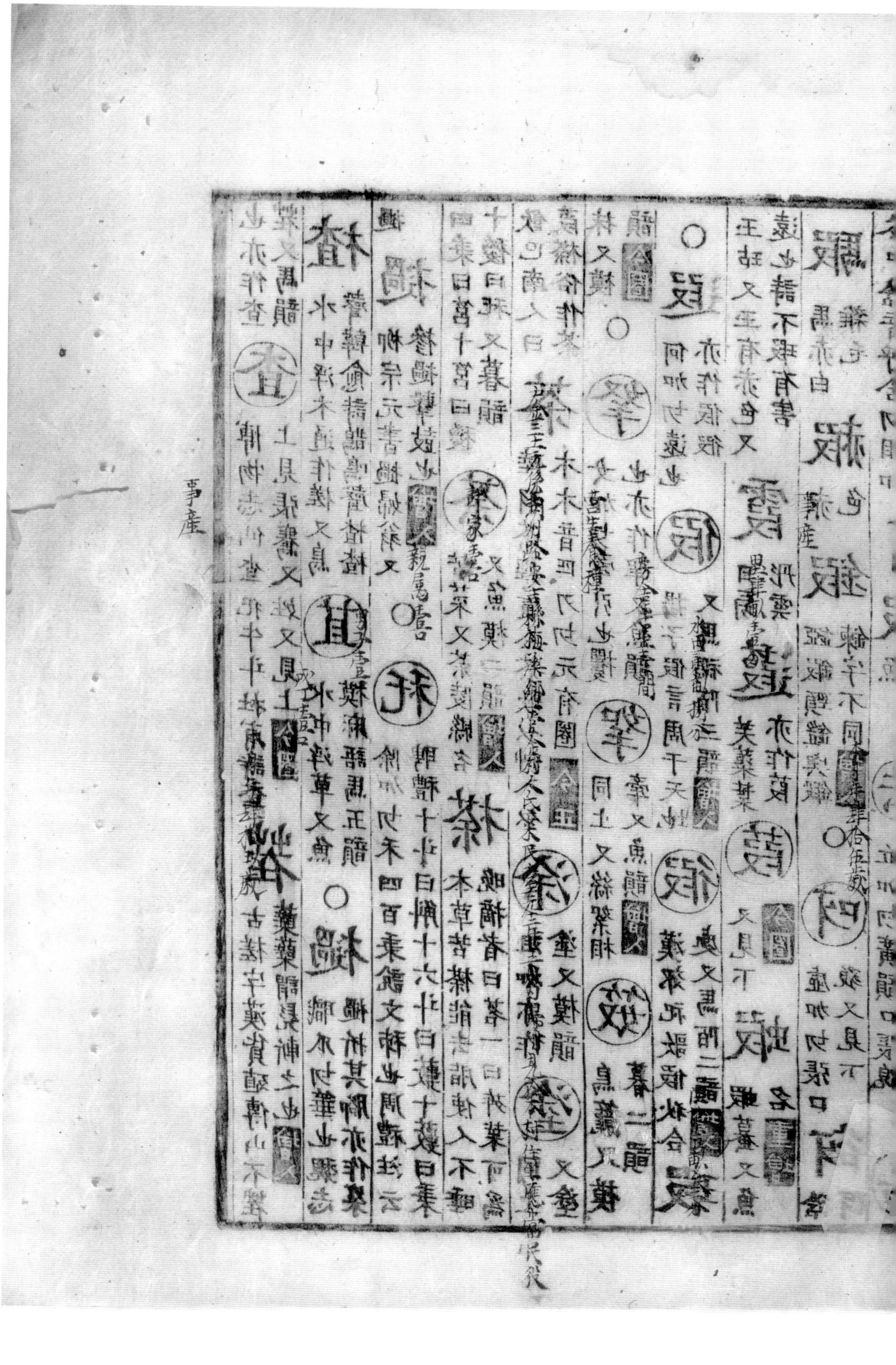

一戶施四五元係湖州路安吉縣移風鄉二管人氏亡宋時本名爲學作民戶附籍至元十二年十二月內在本鄉

坐應當民戶差役

計家叁口

親屬叁口

男子貳口

成丁貳口

本身年肆拾壹歲

男施全一年叁拾壹歲

婦人壹口

妻張二娘年肆拾捌歲

事產無

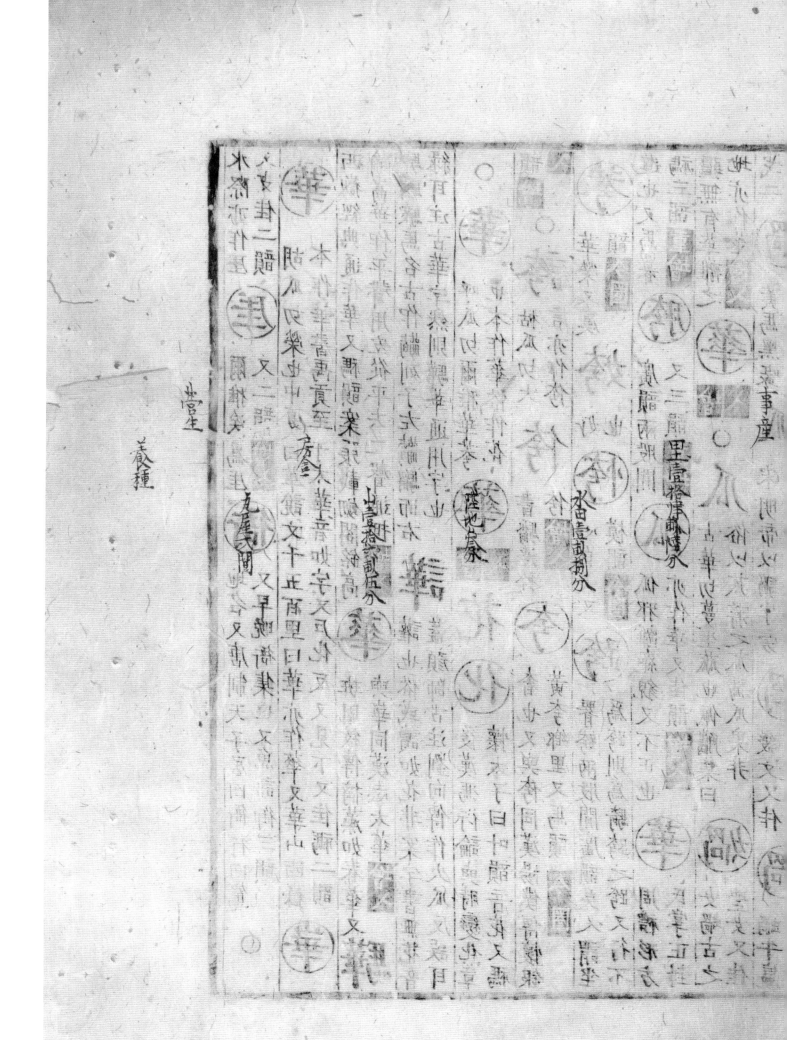

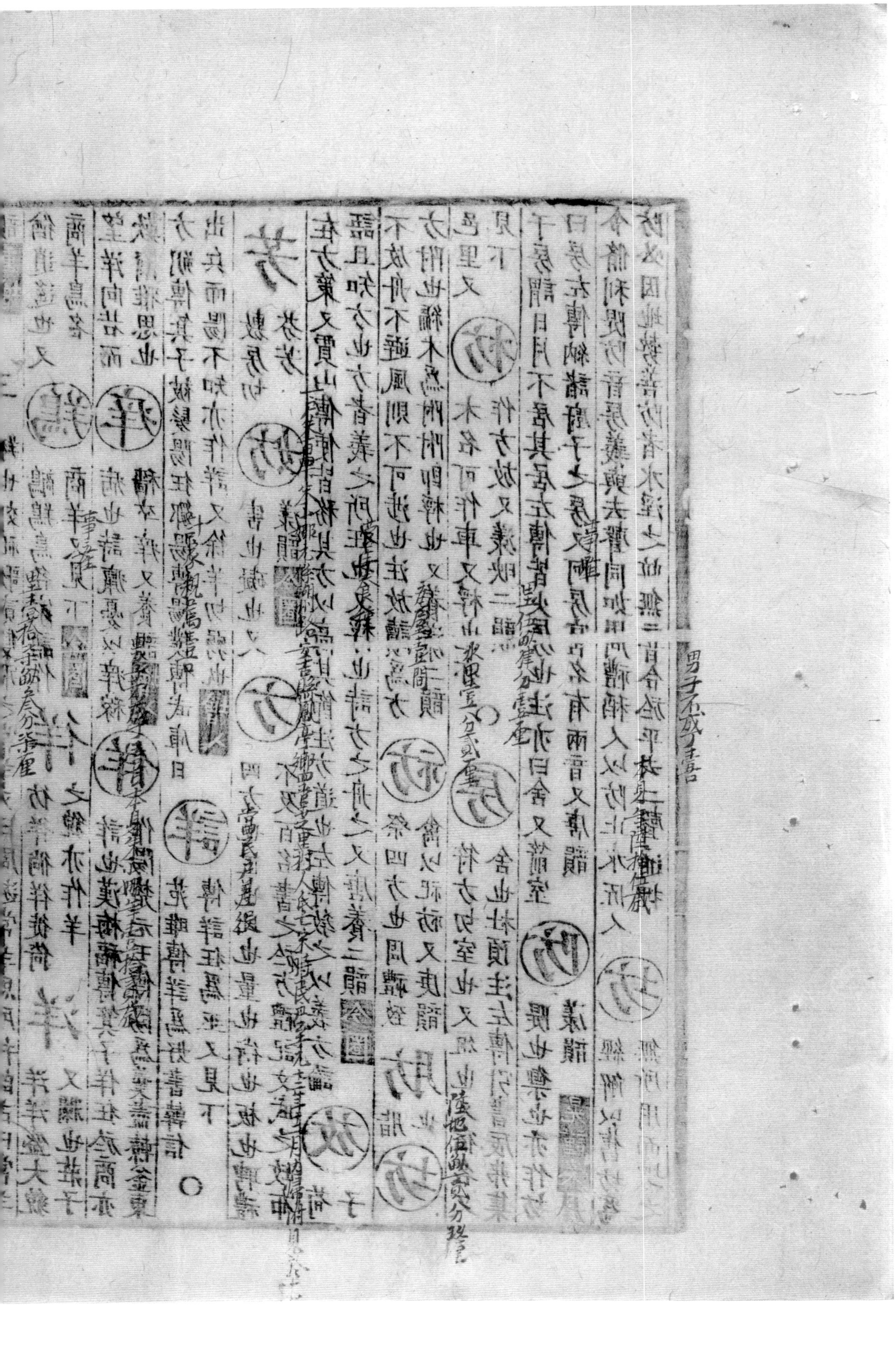

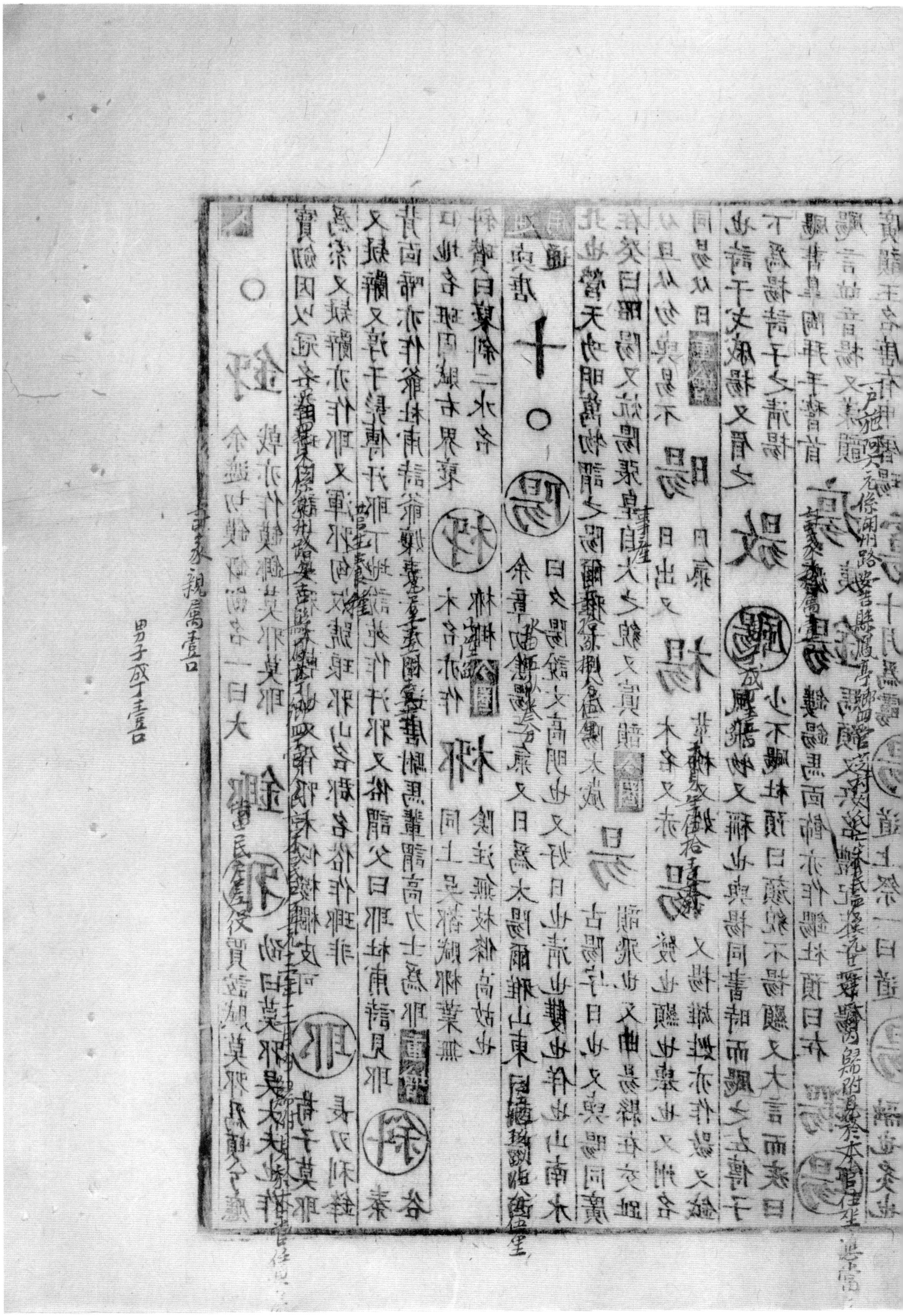

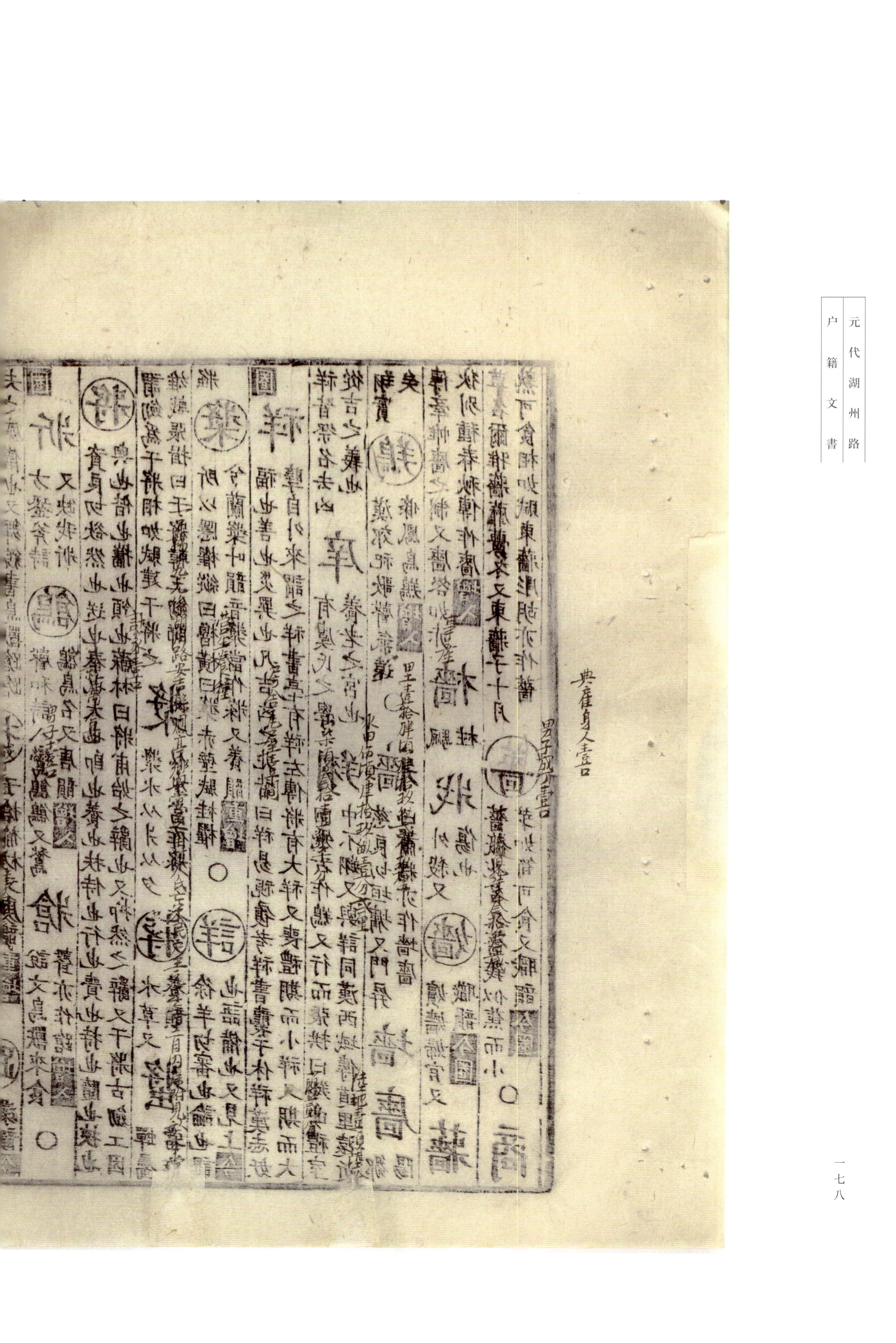

典雇身人壹口

男子成丁壹口

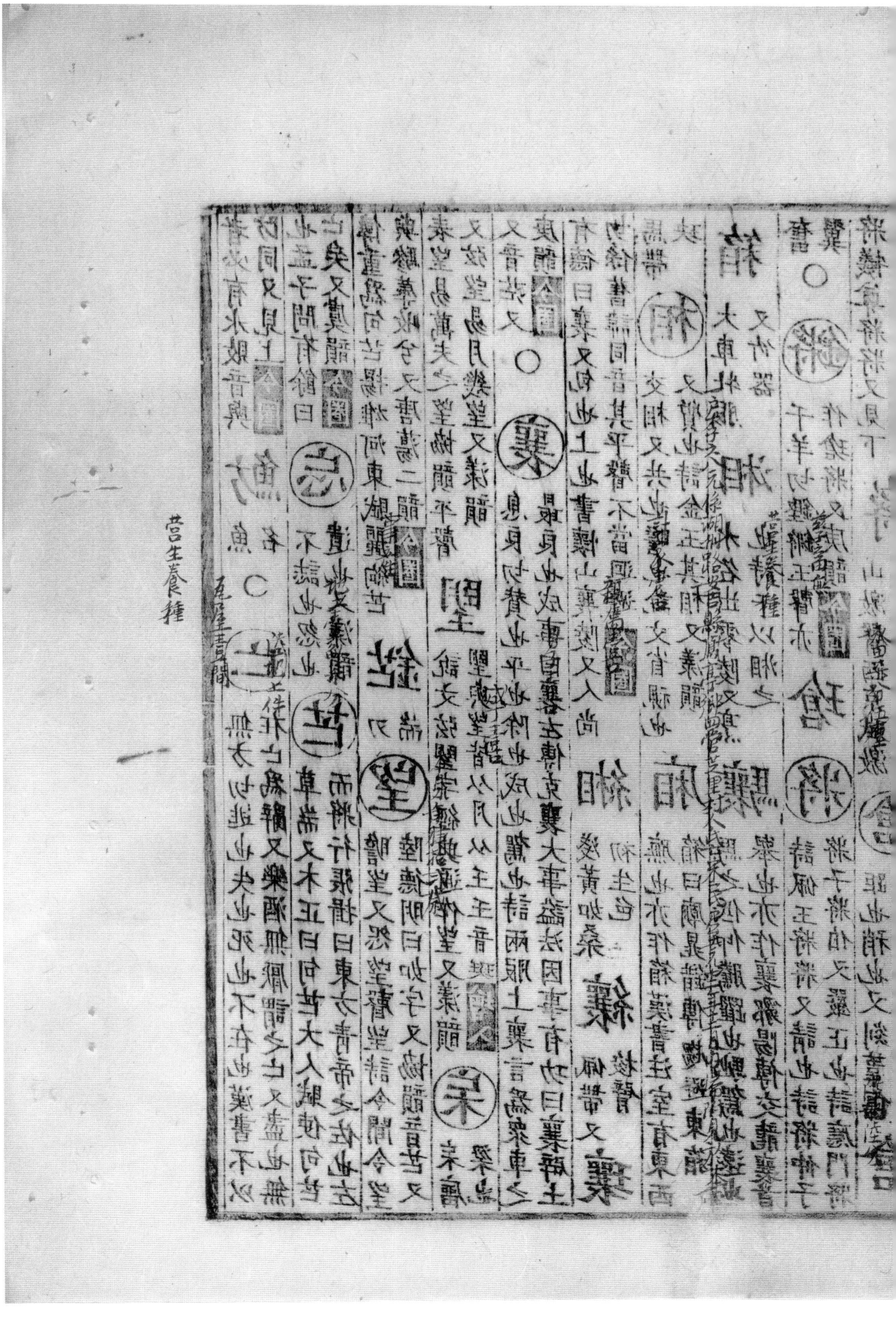

营生養種

田土陸畝玖分伍釐
水田叁畝玖分
陸地叁畝伍釐
房舍瓦屋貳間

一戶沈[illegible]七元係湖州路安吉縣浮玉鄉五管上市村人氏，亡宋民戶，至元十二年十二月內歸附，見於本村住[illegible]
[illegible]親屬[illegible]口
男子不成丁壹口 本身年陸拾伍歲
事產
田土[illegible]畝[illegible]分伍釐
水田[illegible]畝[illegible]分
山[illegible]畝[illegible]分伍釐
陸地叁畝陸分
房舍瓦屋貳間 租賃[illegible]房屋
[illegible]營生[illegible]
一戶[illegible]係湖州路安吉縣浮玉鄉五管上市村人氏，亡宋民戶，至元[illegible]年[illegible]月內歸附，見於本村住坐

一計家親屬叁口

男子不成丁壹口本身年柒拾陸歲

一户[illegible]係湖州路安吉縣浦源鄉[illegible]村住民亡宋民户至元十三年[illegible]

不成丁壹口男施凌兒年壹拾壹歲
婦人壹口母親董八娘年陸拾伍歲

房舍瓦屋貳間

營生[illegible]業匠

一戶施六三元係湖州路安吉縣浮玉鄉一管汪村人氏亡宋時為五面戶至元十二年十二月內歸附

計家親屬伍口

男子叁口
成丁貳口
本身年陸拾捌歲　男施必一年壹拾玖歲

不成丁壹口男施乜四年捌歲

房舍瓦屋貳間
孳畜黄牛壹頭
妻余十三娘年伍拾歲
女戌四八娘年柒歲

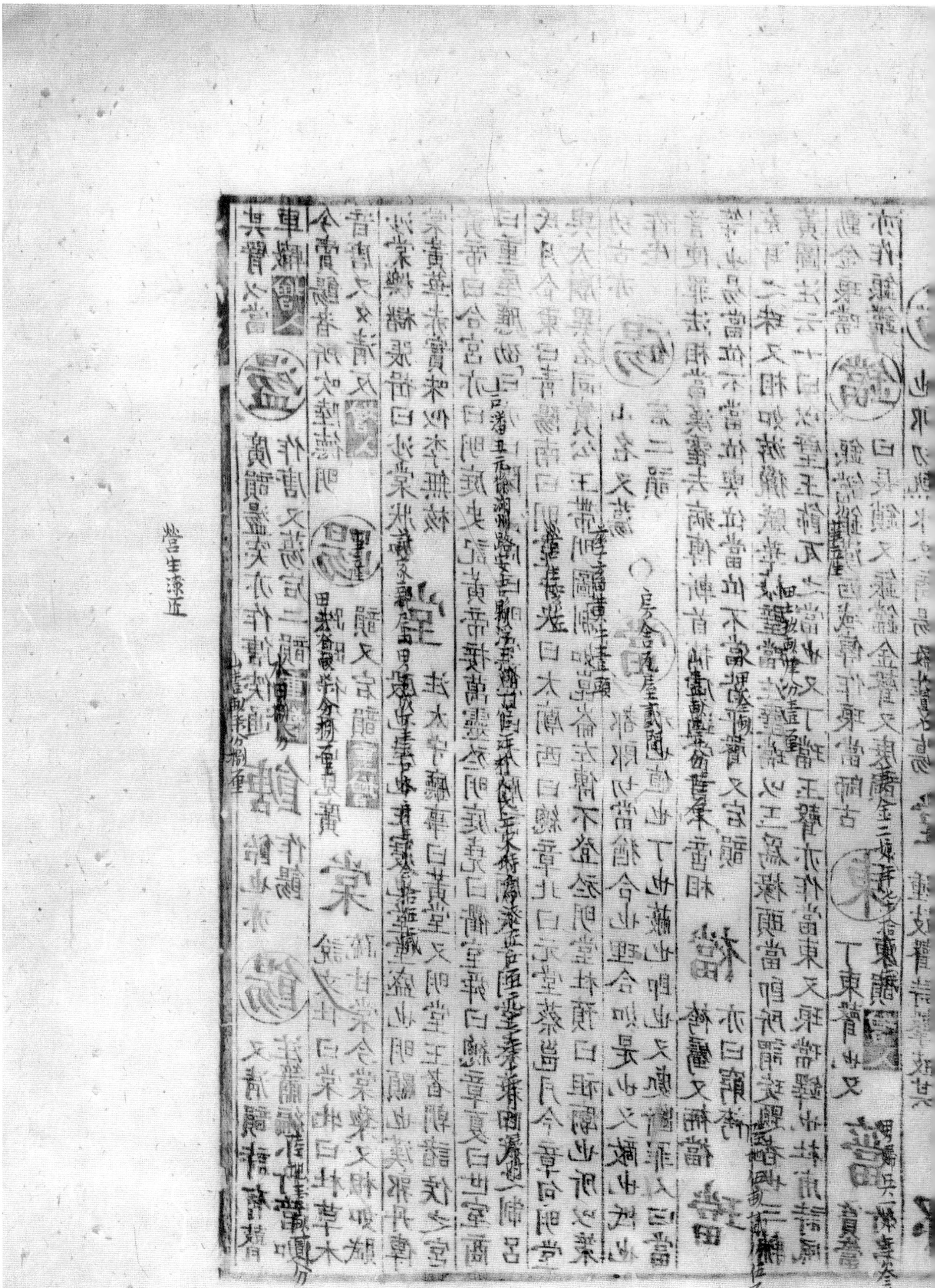

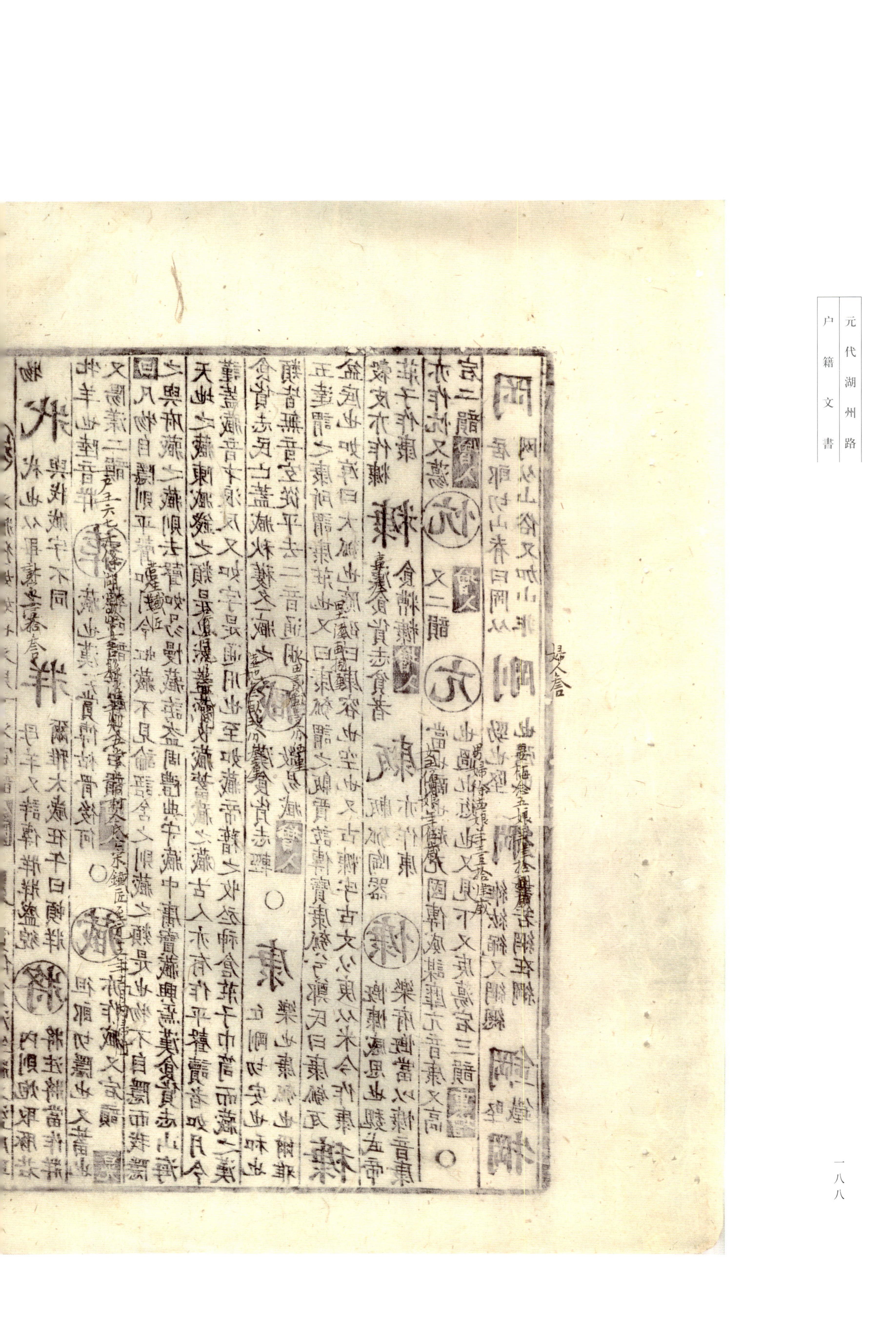

婦人叁

計家親屬肆口
男子叁口

一户湯志榮元係湖州路安吉縣浮玉鄉六管湯村人氏亡宋民户至元十二年十二月内歸附見於本管住坐應當民役

計家壹口

進學所大木爲 上 非于坂 貝母草 亦 ○
也丘陶庚切亦作坑塹 坑 孔也 ○ 盲 于又 目無童 宋 也韓
泰太古之羹也俗讀大小之大說文从羔从美 羹 俗作 作庚 亦 ○ 阬
非內謂之羹又肉汁不致五味曰大羹 亦作 五味
貨也又敬也 稻之不粘者 秔 也 五味
日更又償也 又作庚 亦 更 也 改也 更 也 以更之草
作更又償也遞作庚亦 埂 改也 史記 平準書 庚 又代也 更 也
歲在庚日上章 月在庚日 又 同上 亢 于作庚 賡 續也 書
庚取更變之義 漢志 庚 同上 亢 又十 ○ 續也
庚 通 十二 ○ 庚 續 古 衡 更 作 賡 又 請 又 詩 西 有 長庚
又庚 三 韻 作 榜 同 上 盲 人
又書 作 庚 王 韻 又 遑 又 小 見 ○ 榜 打 又 作 切
湟 同 皇 又 湟 又作 湟 惶 同上 相
又遑 二 韻 湟 城 池 也 惶 亦 作 湟 偟 同

營生養種

山捌畝叁

房舍瓦屋壹間壹厦

孳畜黃牛壹頭

營生養種

一户施九元係湖州路安吉縣移風鄉太平管□□村人氏亡宋時□□年間□□□民户附籍至元十□

居住本鄉□□□□於本村住坐□當民役又

計家親屬伍口

男子肆口

成丁叁口

不成丁壹口 男子施□□年□□

本身年□□□□□□□年叁拾歲

婦人叁口

妻馮五娘年肆拾陸歲

□婦施四娘年壹拾玖歲

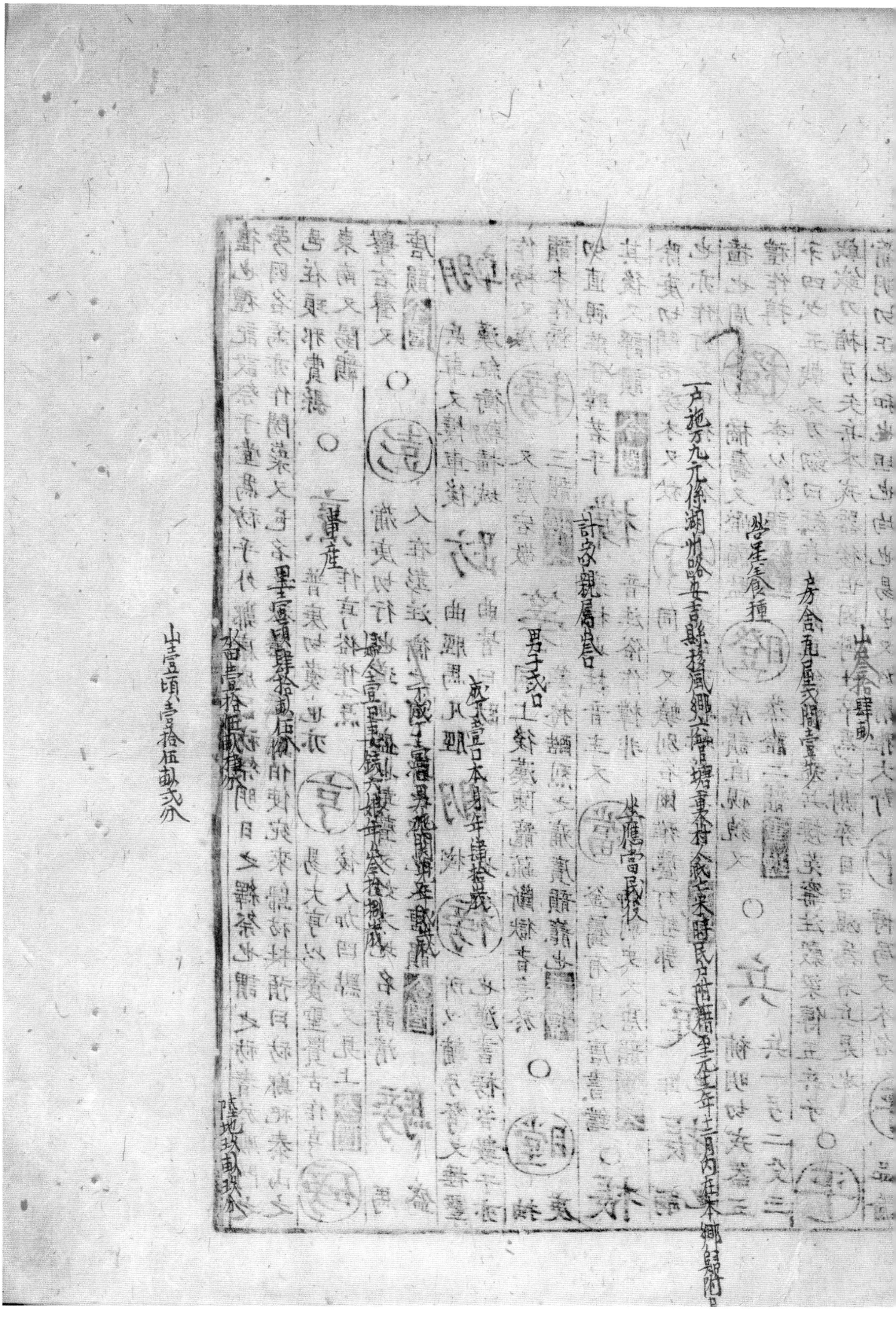

山叁拾肆畝
房舍瓦屋弍間壹厦
營生養種
一户施万九元係湖州路安吉縣移風鄉上管塘東村人氏亡宋時民户附籍至元十二年十二月内在本鄉歸附
計家親屬叁口
營生應當民役
男子弍口
成丁壹口本身年肆拾歲
不成丁壹口男施閏孫年壹歲
婦人壹口妻[illegible]娘年叁拾捌歲
事產
田土壹頃肆拾畝伍分
水田壹拾伍畝伍分
山壹頃壹拾伍畝貳分
陸地玖畝捌分

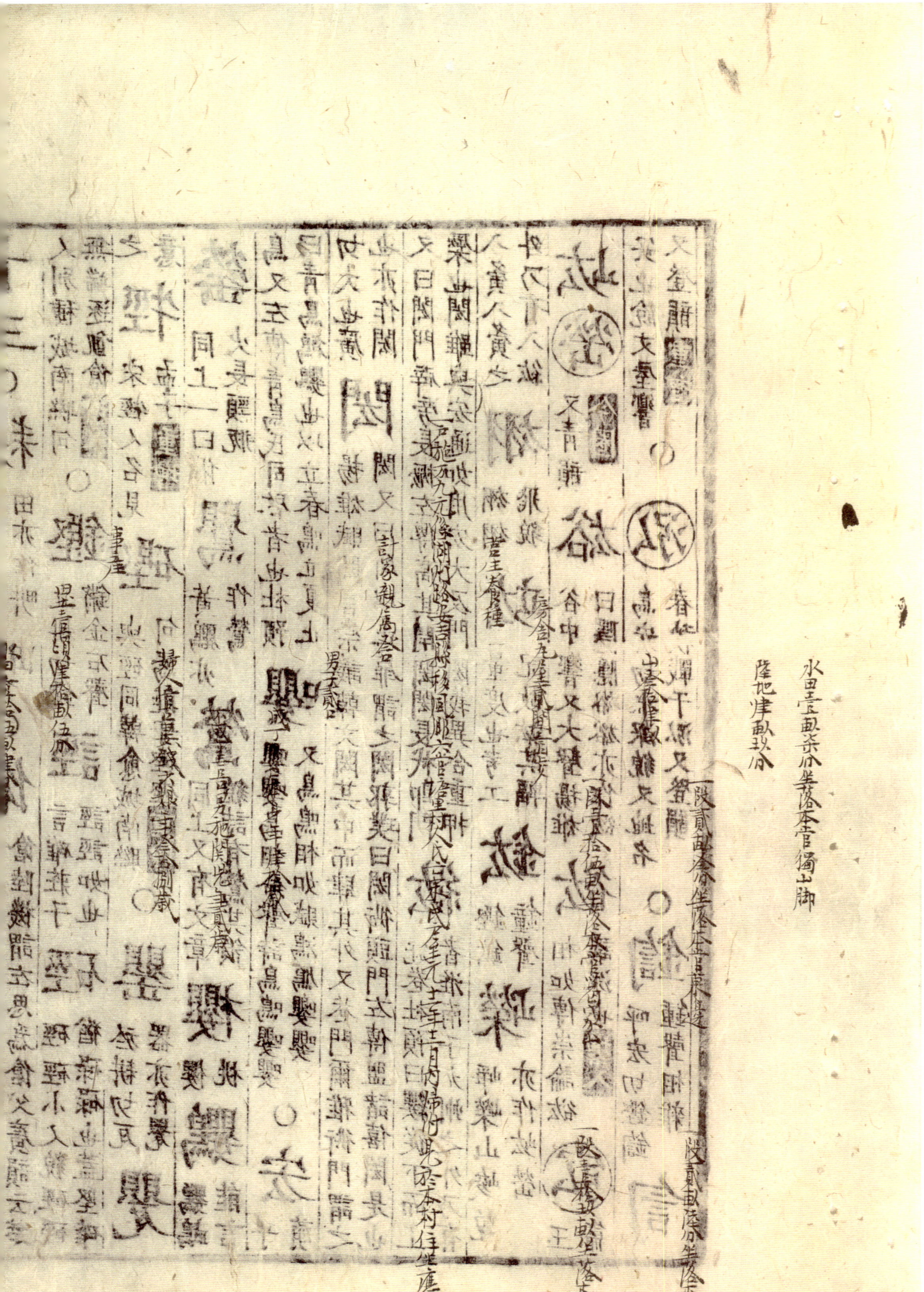
水田壹畝柒分　坐落本管獨山脚
陸地肆畝玖分

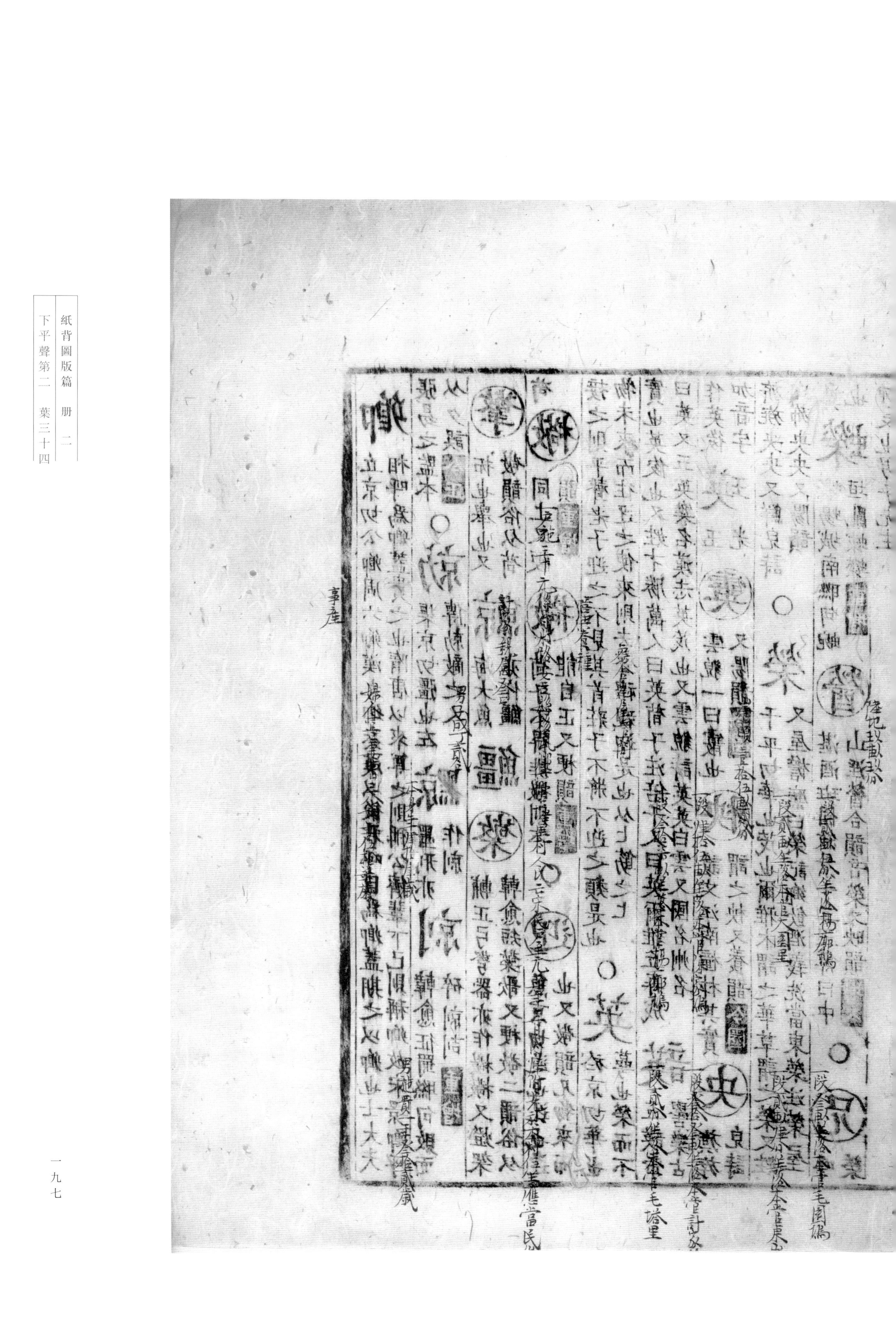

事産

一户姜[illegible]新莊村人氏亡宋民户[illegible]當民役

房舍瓦屋貳間

山壹拾叁畝貳分柒厘柒毫坐落本宮袁景塢

不成丁叁口

[illegible]歲

弟婦徐九娘[illegible]

[illegible]貳拾歲

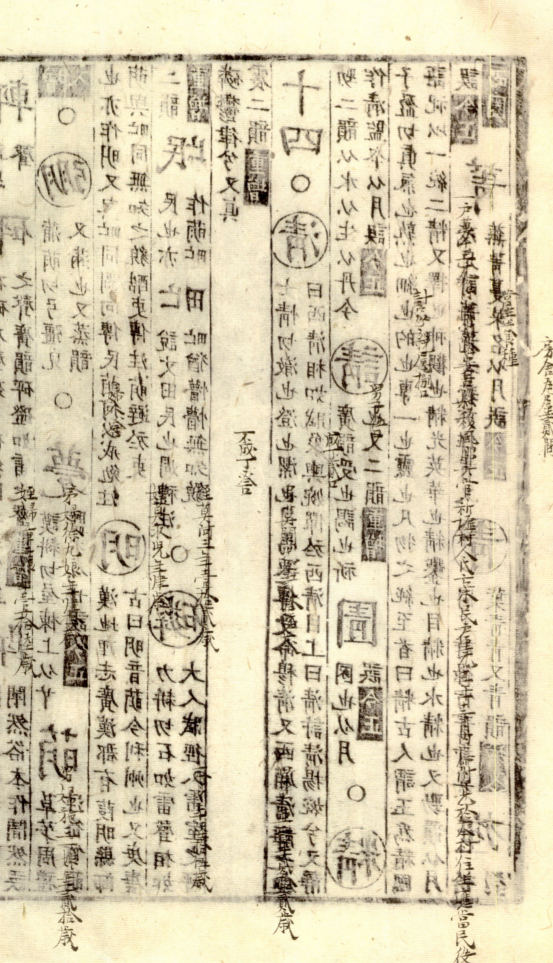

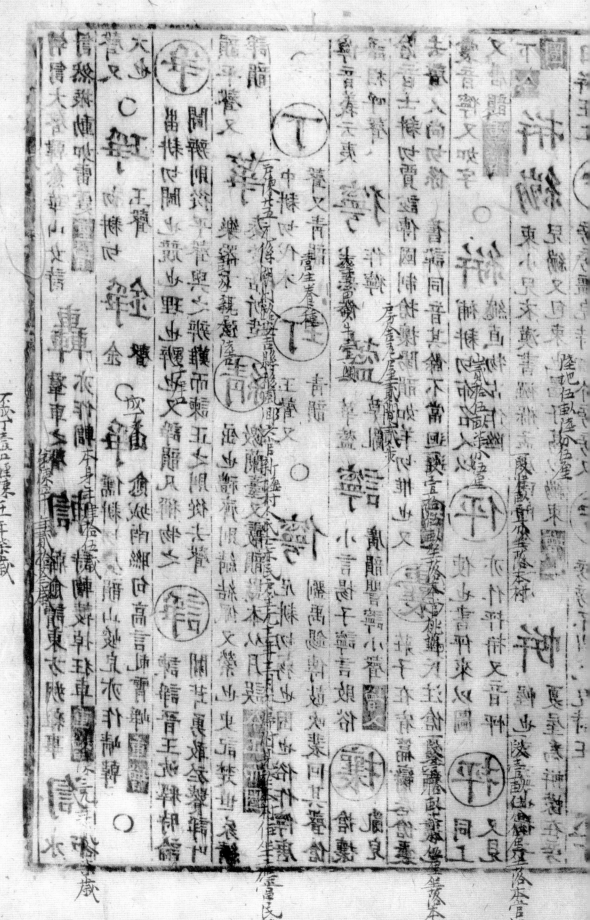

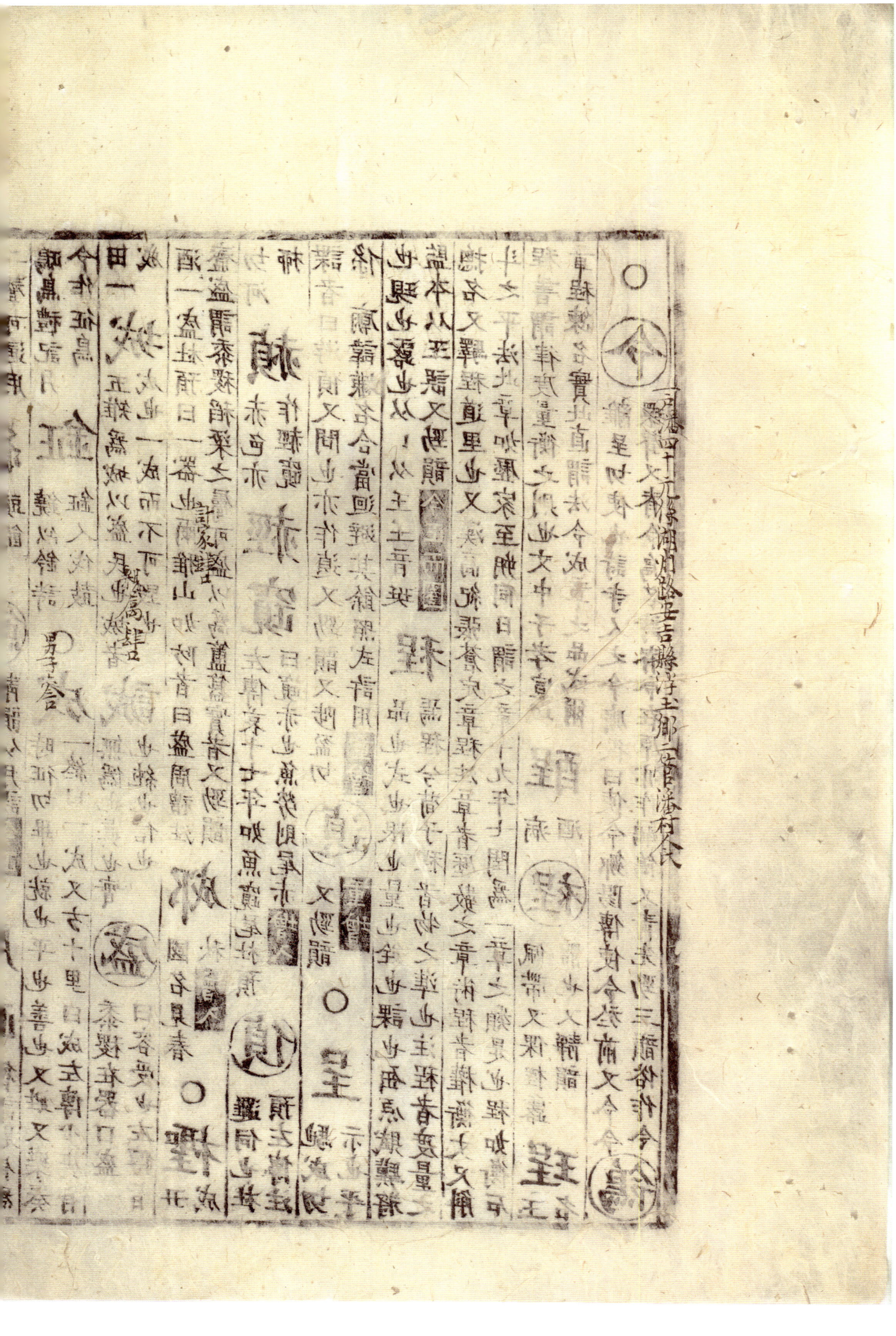

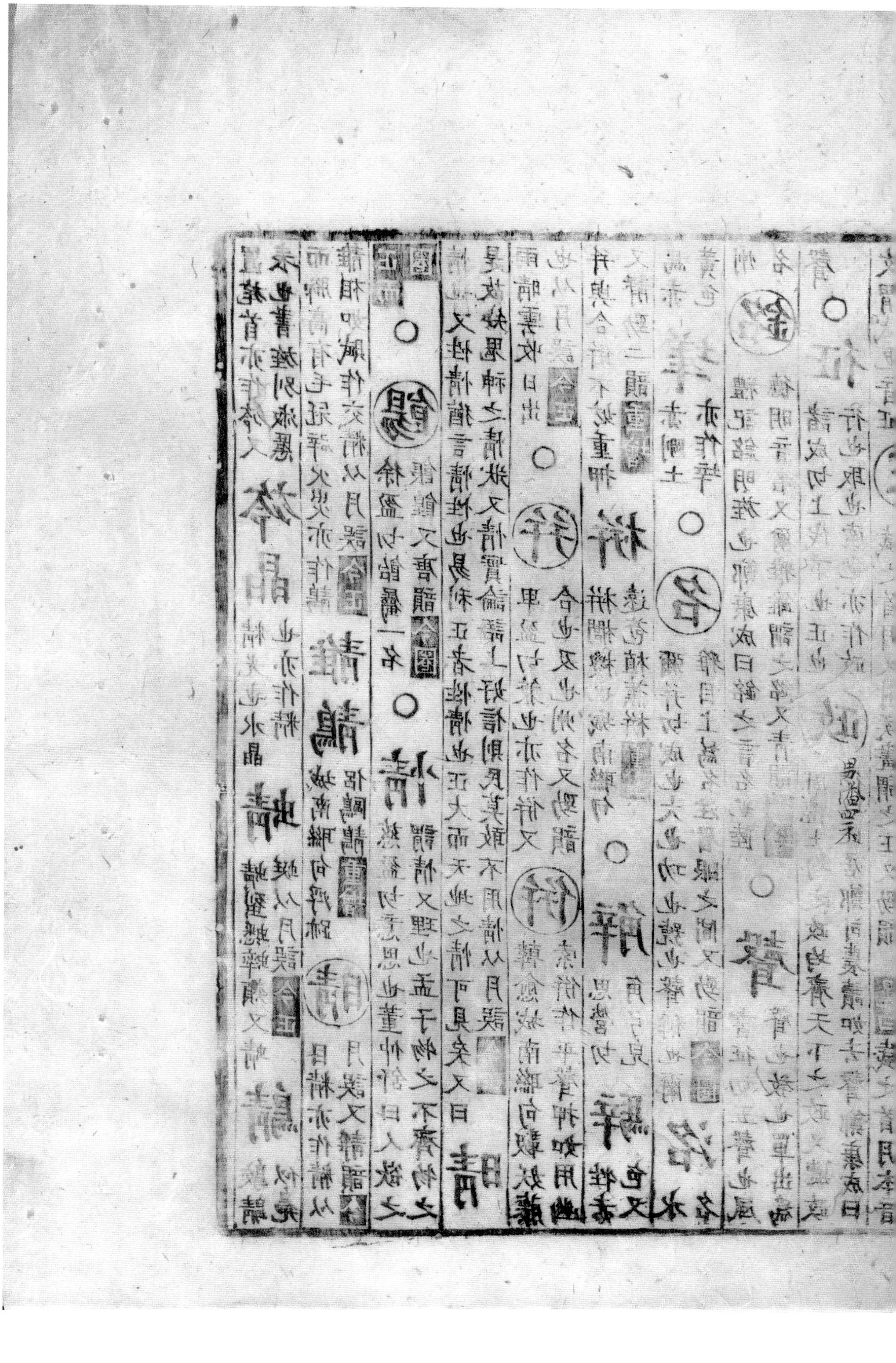

一户商拾肆元係湖州路德清縣金鵝鄉拾伍都△保南⿱?莊村人氏亡宋乙亥年前作民户附籍至

正月內於本村歸附見於本保住坐應當民役

計家親屬壹拾貳口

孫正壹年貳拾玖歲

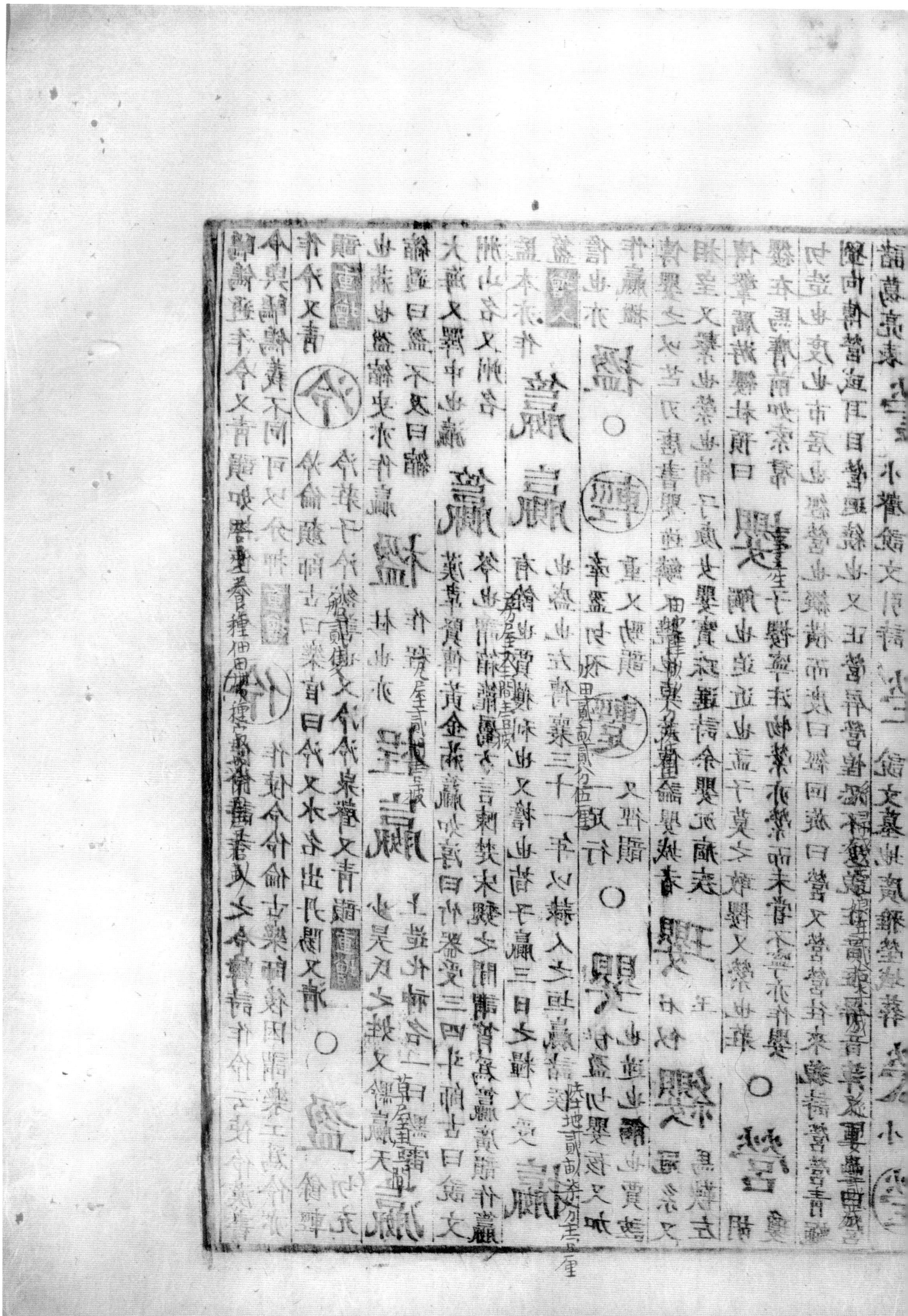

不擴曰靈亦作靈 靈同大戴禮陽之精氣曰神陰之精氣曰靈 醽酒 櫺闌

曰曜靈謚法亂而不損曰靈 廣雅曰靈龍也 與車也 醽酒

萃亭文靈從二韻 婷 亭 嫇婷 靈 盧 龗龍也 福也 神也 巫也 善也 日也

行寘水藥析以參 ○

竟兄又亭毒化育也 列 亭 作亭 真 凡

榭又亭亭山名在太山下又亭亭 停 止也 古 渟 水止也 亭 民所安定也 說文亭有樓

寘之若處曰非 亭 亭 說文 亭

諫為難方有獲異鳳者 皆 廣 大如 拳 治 以 為

廳 次亭 東又迴韻 庭 廣韻 以 為 漢 光 武 得 此 鳳

亦谷 三韻通用 娗 蜓 霆

靈 亭 停 婷 庭 廷

帶 打 灵 作 門 丁 唐

汀 庭 莛

一戶張永拾叁元係湖州路德清縣永和鄉十一都高山村人氏亡宋乙亥年前作民戶附籍至元十三

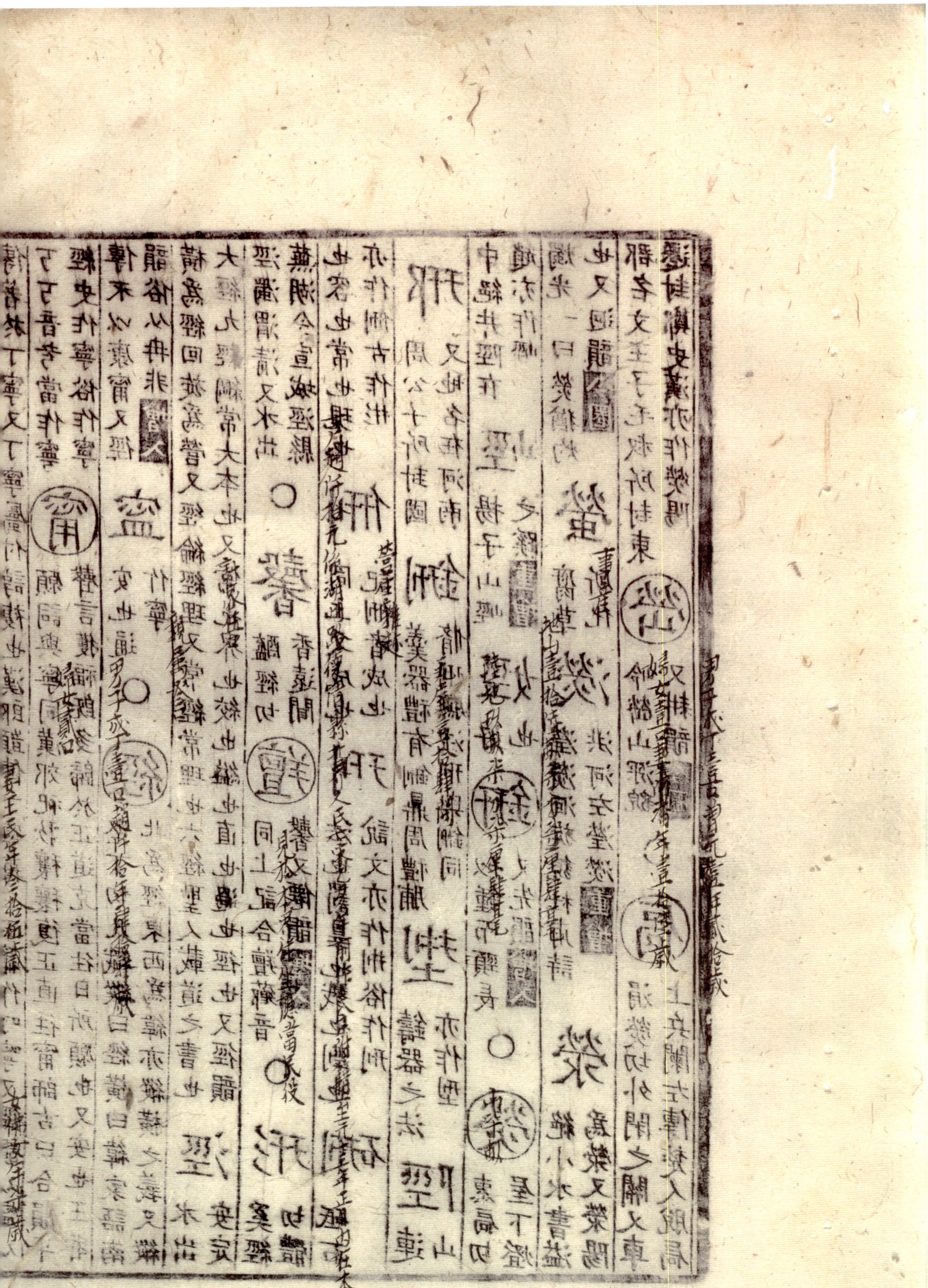

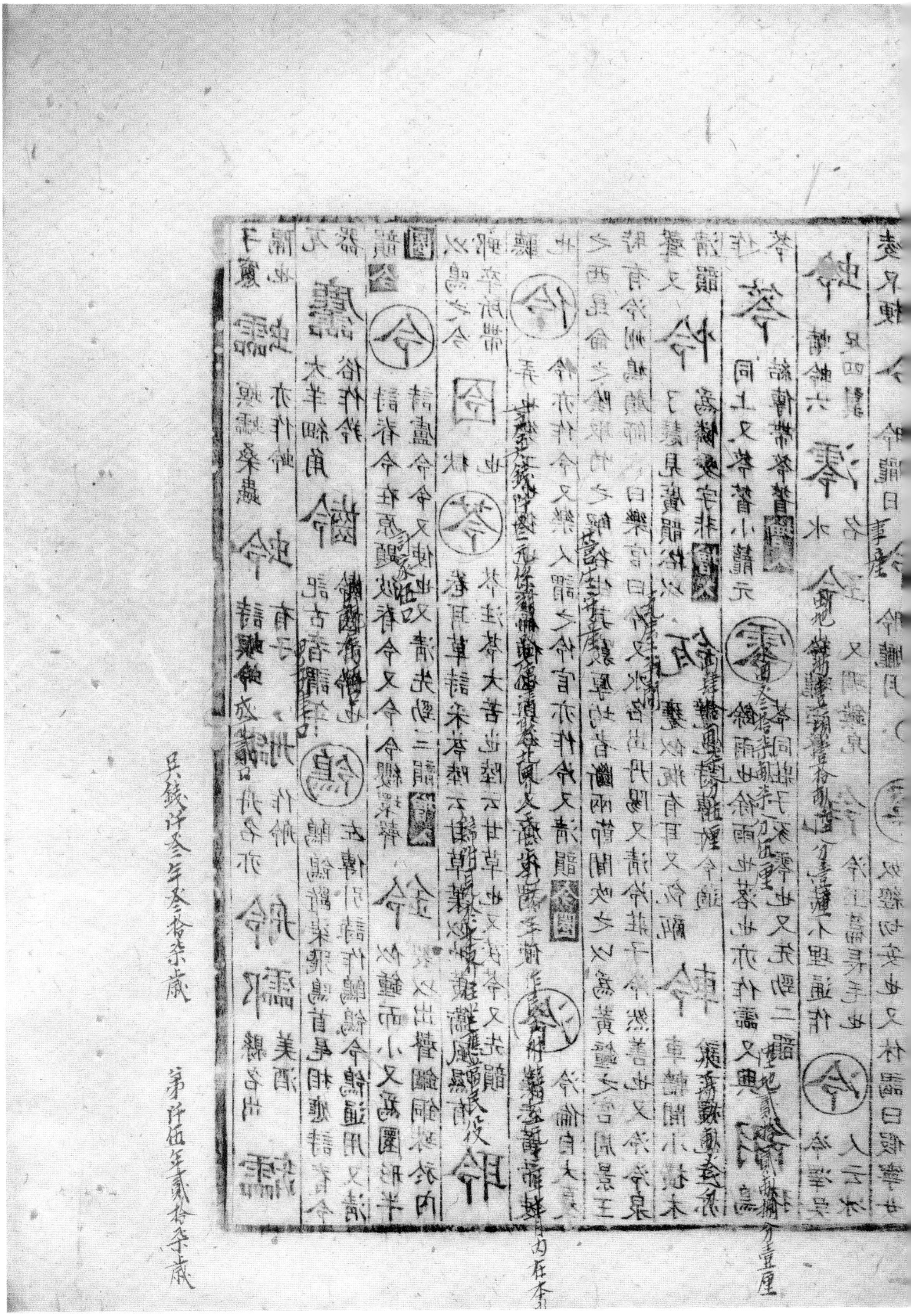

陸地壹角柒分伍厘
賃房住坐
山壹角柒分伍厘

男子叁口
計家親屬叁口
男子叁口
不成丁壹口男壹年玖歲
婦女貳口妻陳叁娘年肆拾陸歲
一戶袁耕祖居湘州路湘陰德清鄉北界人氏亡宋乙亥年前作民戶附籍至元十二年正月內
隨衆歸附見於本鄉住坐應當民户差役
袁耕年伍拾伍歲
男謙年貳拾玖歲
婦女壹口妻鮑行叁娘年伍拾伍歲

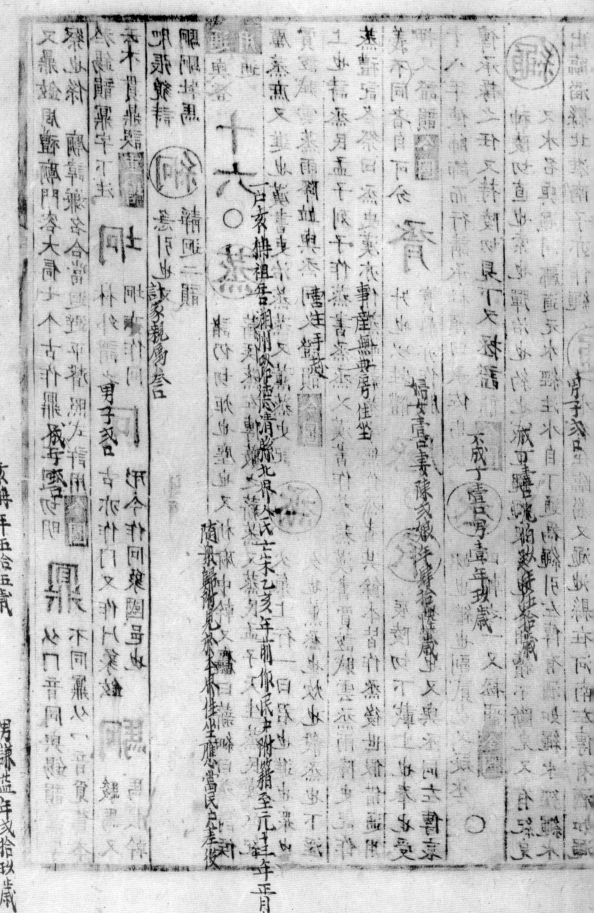

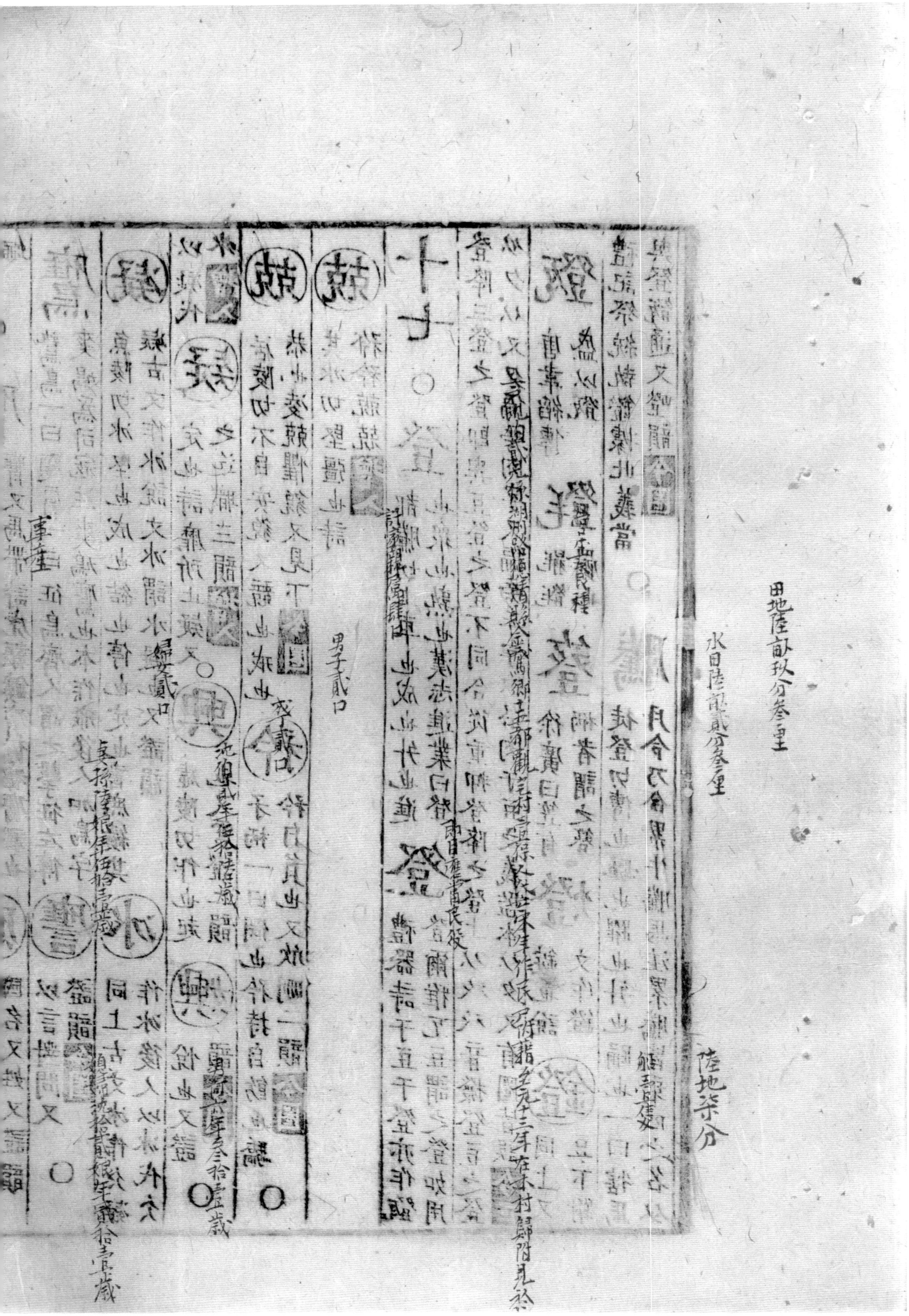
田地陸畝玖分參厘
水田陸畝貳分參厘
陸地柒分
男子貳口
事產

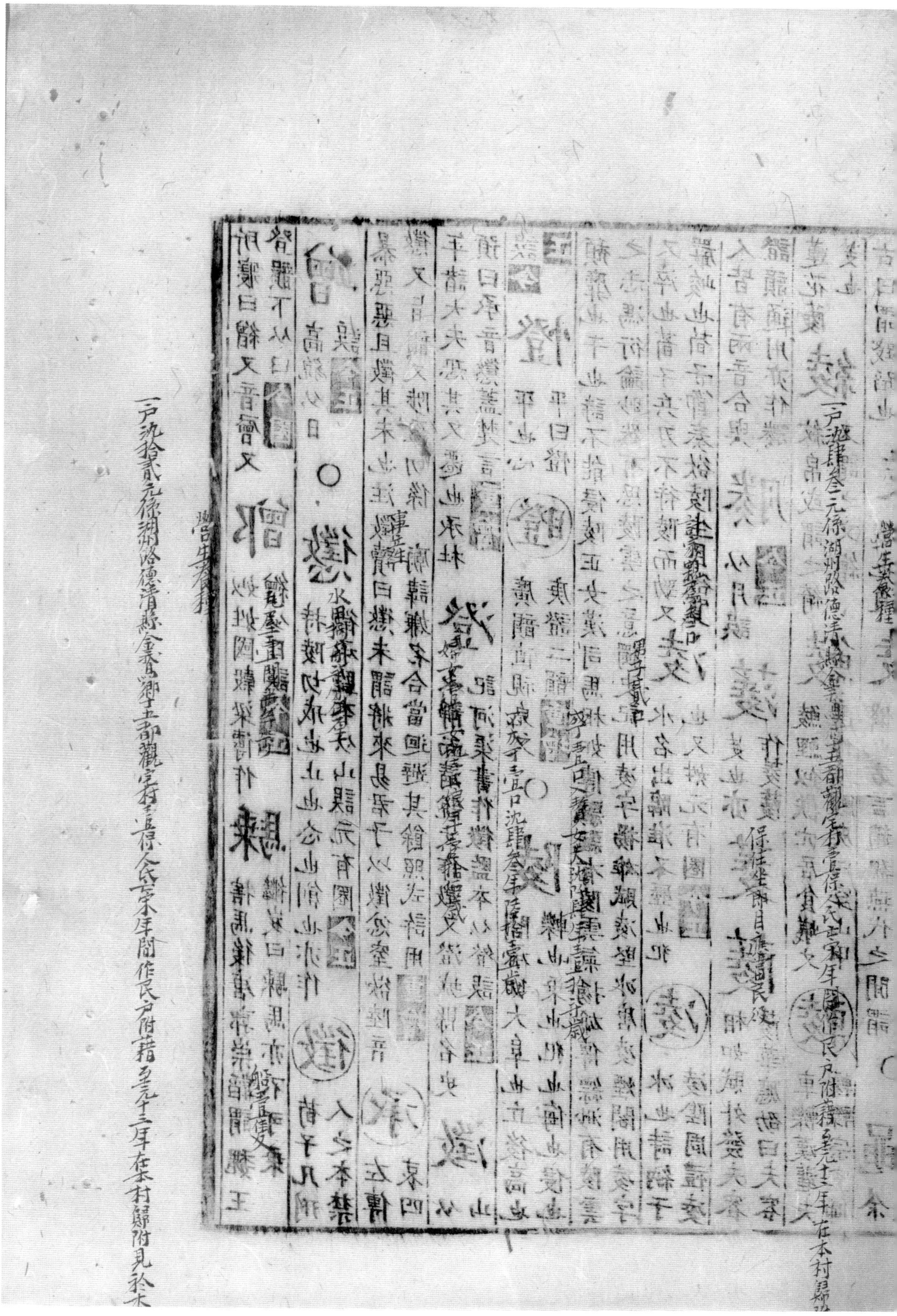

不成丁貳口

孫拾貳年陸拾柒歲

孫男阿孫年玖歲

息婦沈拾柒娘年肆拾叁歲

孫女阿肆年壹拾壹歲

……元係湖州路德清縣金鵝鄉……村……

……民户附籍至元十三年在本……

瓦屋壹間壹步

營生　養種

一戶沈[illegible]元係湖州路德清縣金鵝鄉拾伍都鵝宅村居住人氏亡宋乙亥年前作民戶附籍

[illegible]年肆拾歲

成丁叁口

男本得年叁拾叁歲

男[illegible]年壹拾歲

男[illegible]年[illegible]歲

婦女貳口

母[illegible]娘年陸拾肆歲

妻[illegible]娘年叁拾肆歲

男子壹口

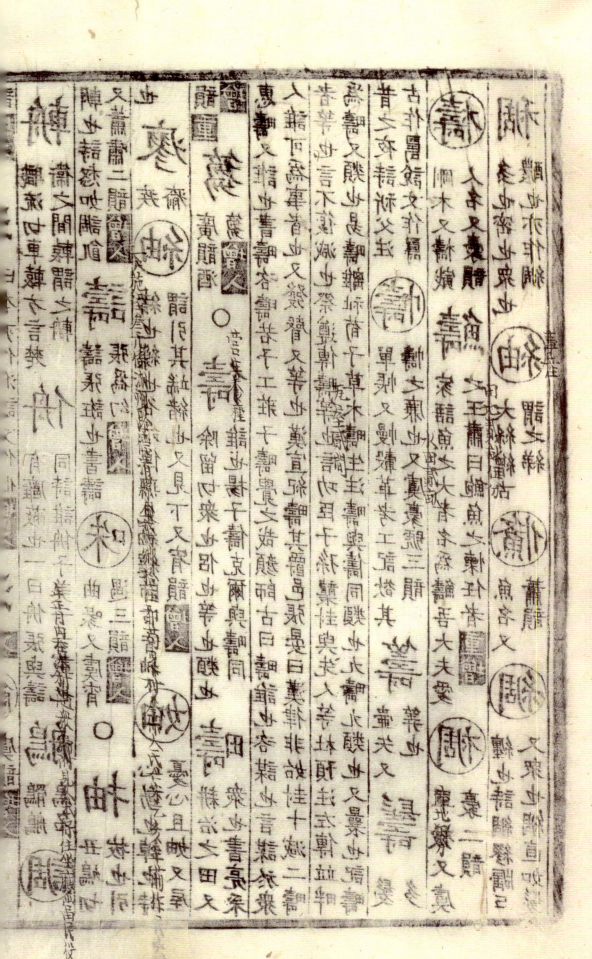

成丁壹口吴伯隆年肆拾歲

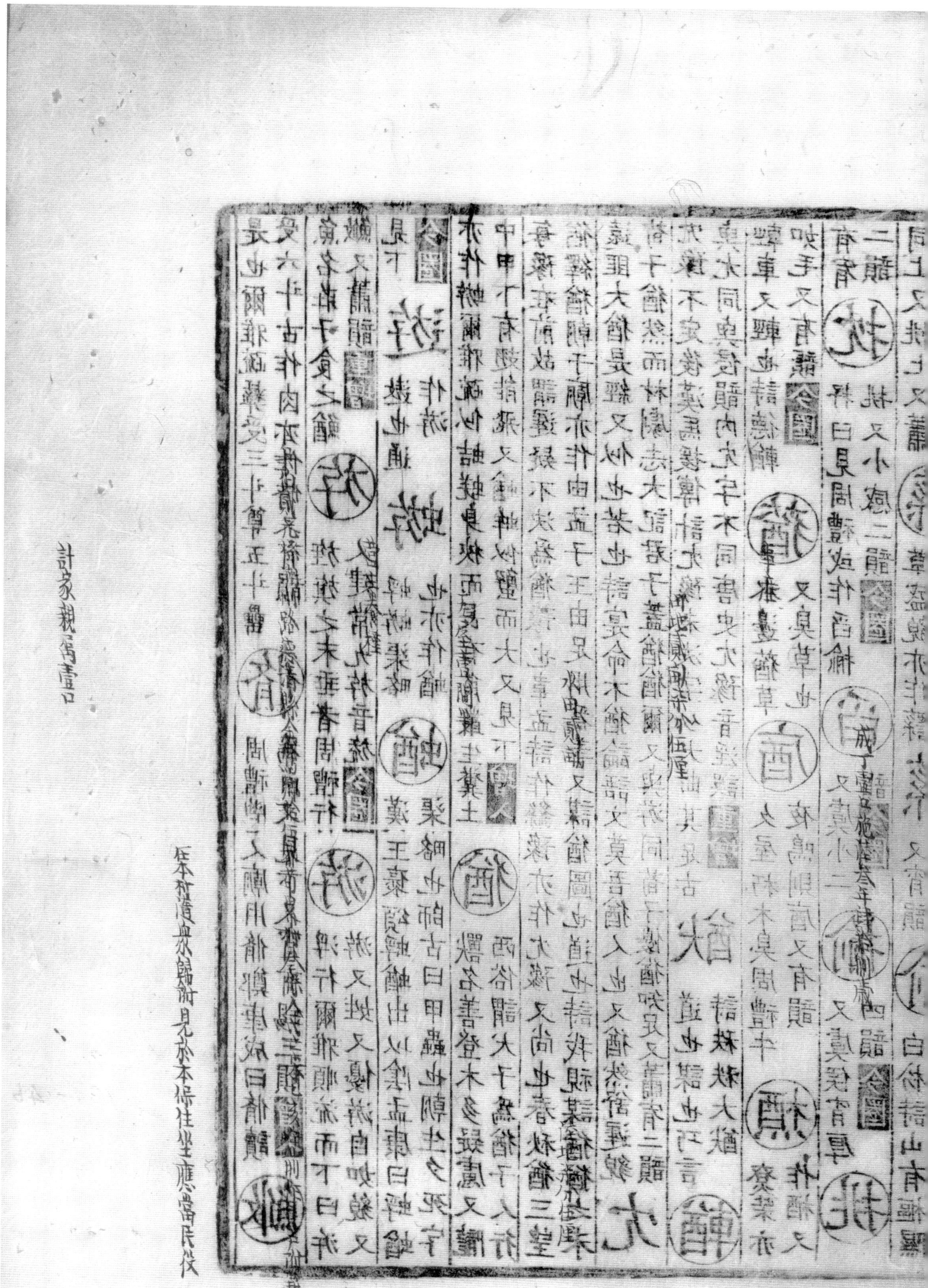

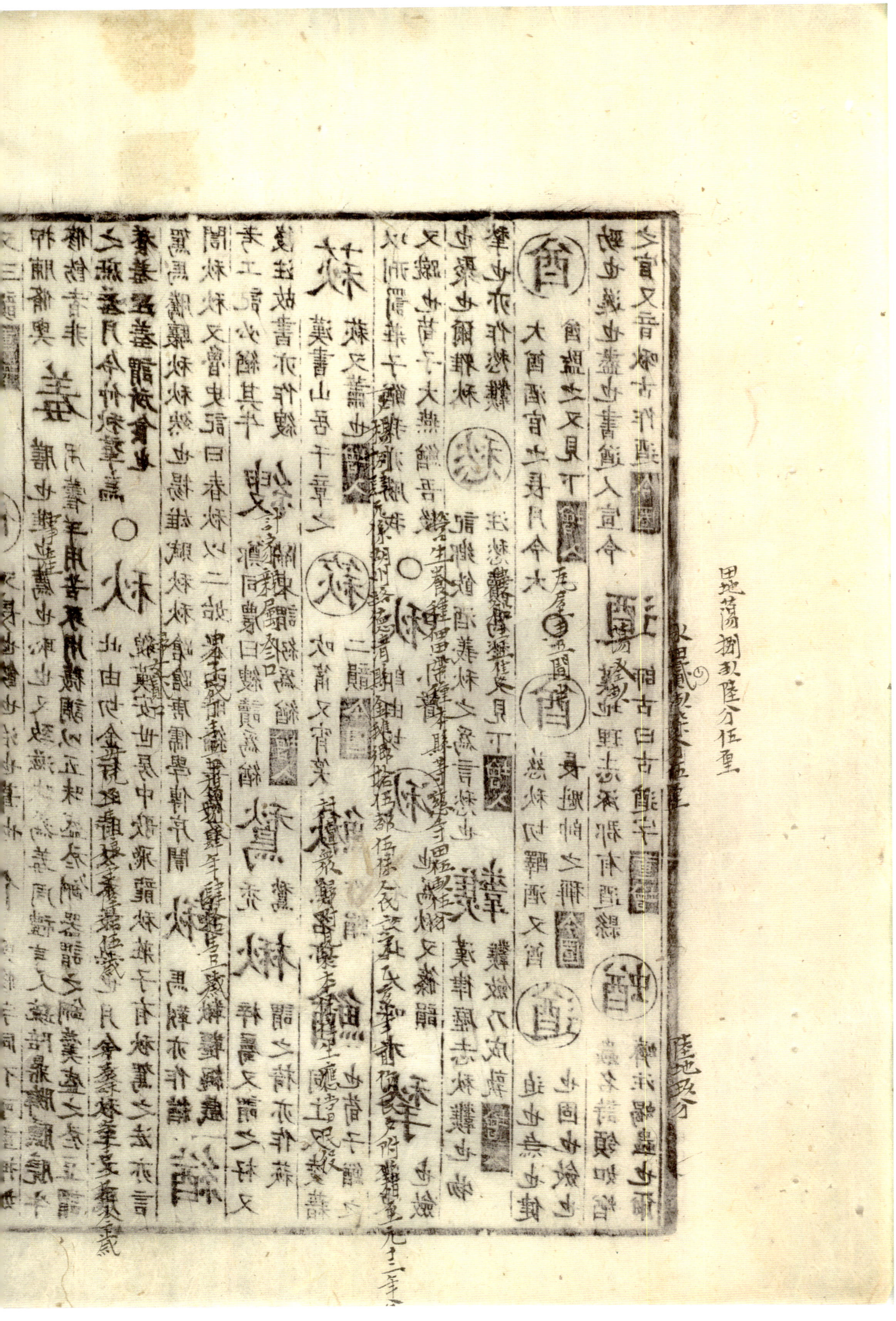

又音韻　○　留　力求切住也止也[illegible]从田丣音酉[illegible]京本[illegible]書及[illegible]本作畱从[illegible]非

說盞入傳寫　騮　亦馬黑鬣尾[illegible]作騮凡　騮同[illegible]　瘤　也疣　榴　安石榴

就也[illegible]从丣者皆从亦作駵[illegible]見中[illegible]

居賦石榴蒲桃李善曰石榴即　鶹　鳥少美長醜[illegible]詩流離之子[illegible]

若榴也張衡[illegible]使大夏得石榴　鶹　草本旒云梟也大則食其母張奐曰鶹鷅

食母又鵂鶹一名角鴟一名鴟一　留[illegible]不進[illegible]　流　水行也放也演也[illegible]

名鶹又栗鶹黃鳥詩傳作栗留[illegible]又[illegible]韻[illegible]

流離王鳥名又鶹鷅[illegible]又[illegible]其[illegible]　流　[illegible]演九流[illegible]

流轉陶潛詩流觀山海圖亦作流又[illegible]　旒　流至也[illegible]廣雅天子十二

大夫士至[illegible]十二至有[illegible]

旒采旂旒與[illegible]同不可[illegible]

說文垂王廣[illegible]爾雅[illegible]謂之[illegible]

韻美王[illegible]王廣　旒　[illegible]

高反又韻[illegible]云[illegible]金

有二韻[illegible]詩[illegible]其劉當作劉本作瀏又有韻[illegible]

劉字偏旁有之疑止卯劉字也从丣从[illegible]水清貌又[illegible]見[illegible]說文

金从刀刀字函由傳寫誤作卯[illegible]有二韻又有[illegible]

與劉同又譜[illegible]悲根又譜[illegible]毀力書與文毀力有兩[illegible]同上見廣韻

計家親屬男子成丁壹口 王小貳年肆拾伍歲

事產

陸地貳分 屋壹間

一戶沈桐元係湖州路德清縣金鵝鄉拾肆都下管北塔村拾保人氏亡宋乙亥年前民户附籍至元十三年

本村歸附見於本保住坐應當民役

計家親屬男子成丁壹口沈桐年伍拾壹歲

事產

田地壹畝柒分伍厘

水田壹畝伍分 陸地貳分伍厘

屋壹間壹厦

一戶周阿松元係湖州路德清縣金鵝鄉拾肆都周宇村拾保人氏亡宋乙亥年前民户附籍至元

正月内本村

歸附[illegible]應當民役

一戶周捌壹元係湖州路德清縣金鵝鄉拾肆都下五管周莊村拾保人氏亡宋乙亥年前作民戶附

至元十三年正月內在本村歸附見於本保住坐應當民

男周……年伍拾伍歲

男……年叁拾伍歲

妻……年伍拾……歲

見婦……娘年二十貳

事產

田地……分……厘

……分捌厘

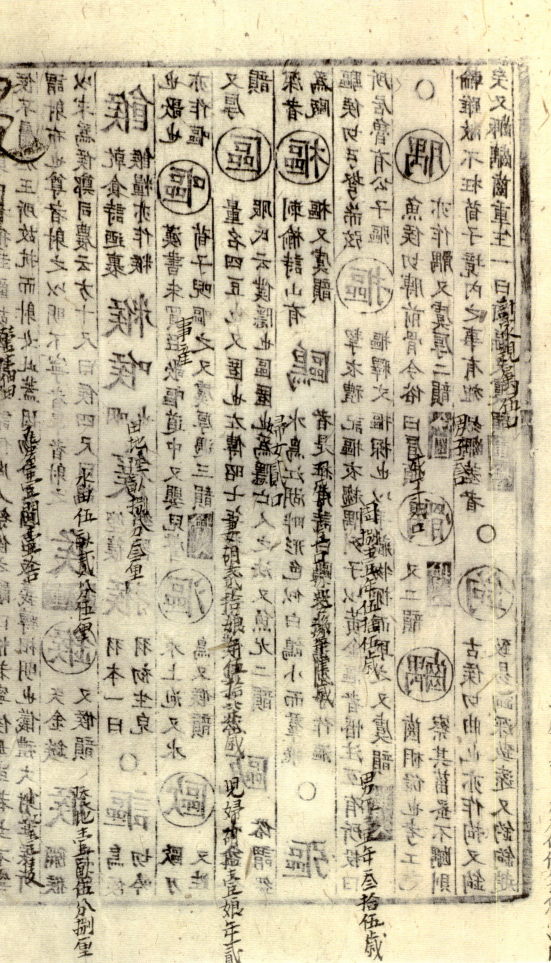

一戶沈阿李元係湖州路德清縣金鵝鄉拾肆都下五管周莊村……作民戶附籍至元……

成丁壹口罔阿孫年叁拾貳歲

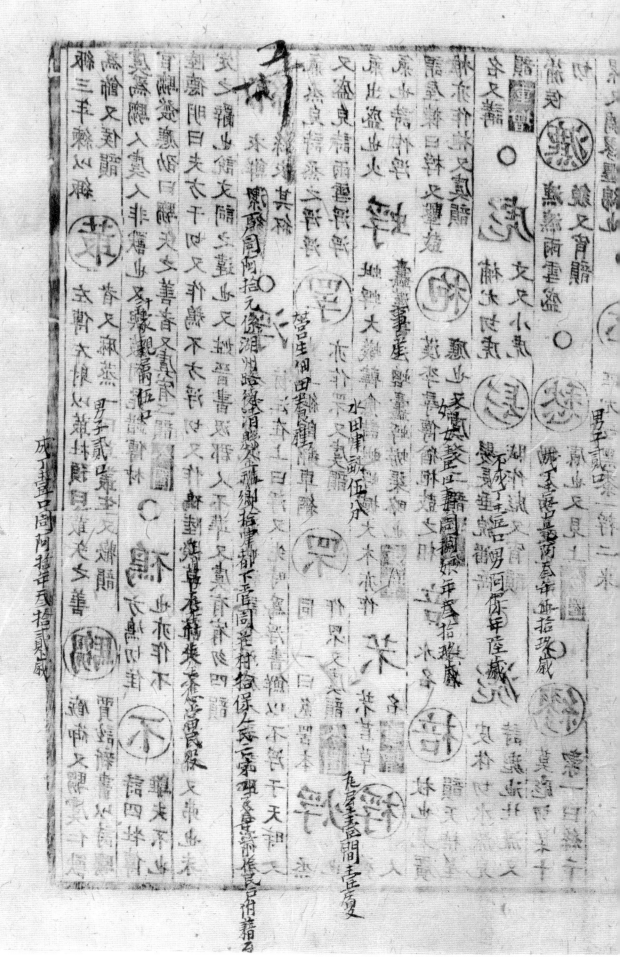

不成丁壹口男觀壽年肆歲

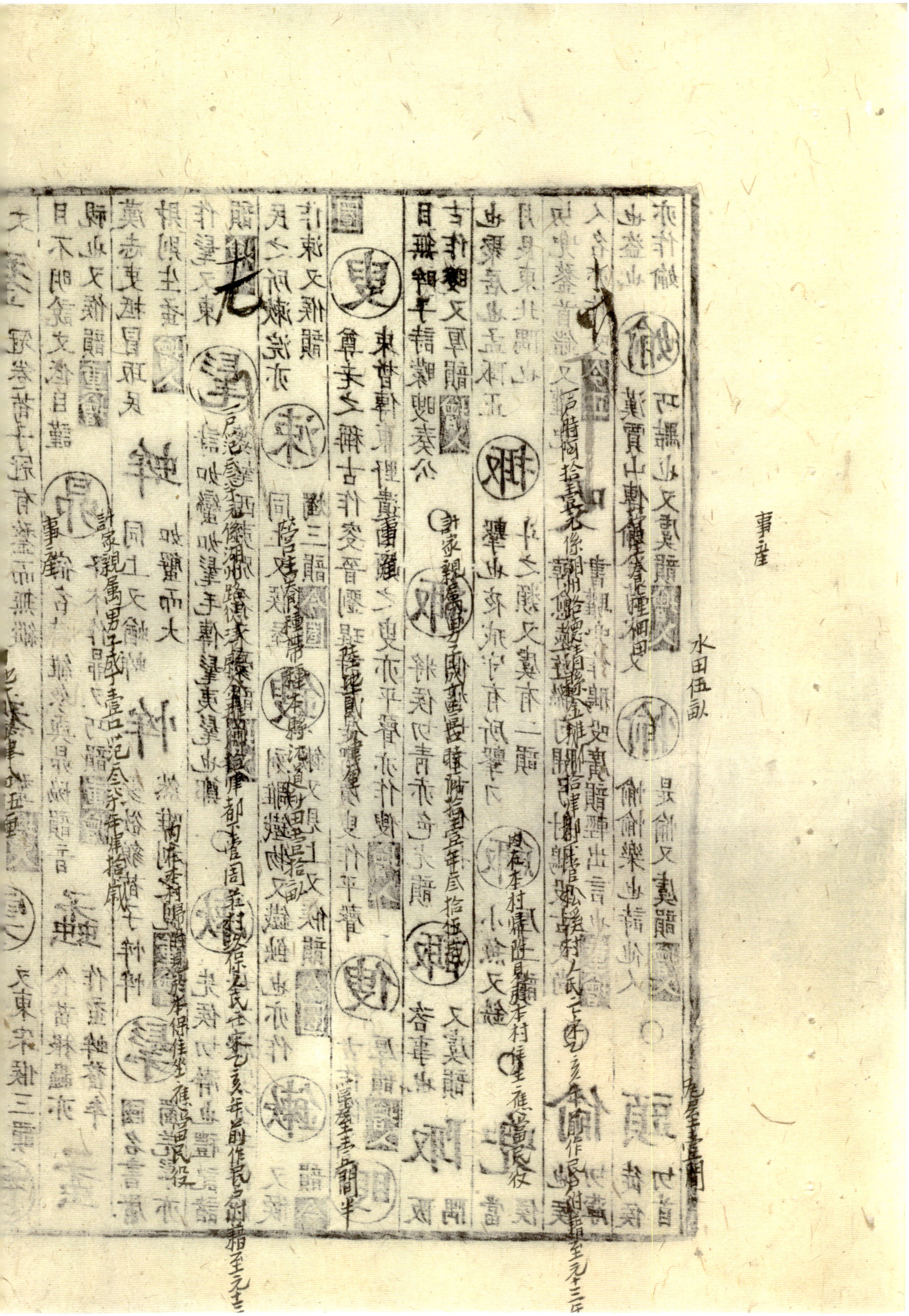
事產
水田伍畝

計家親屬男子成丁壹口范玖貳年貳拾叁歲
事產

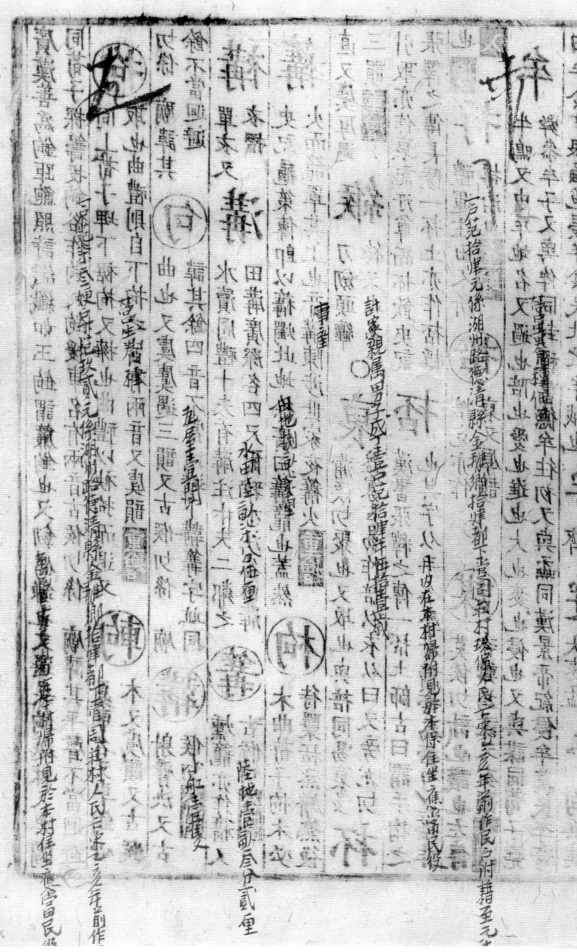

男子不成丁壹口男阿叁年叁歲

婦女叁口

女伍娘年叁拾歲

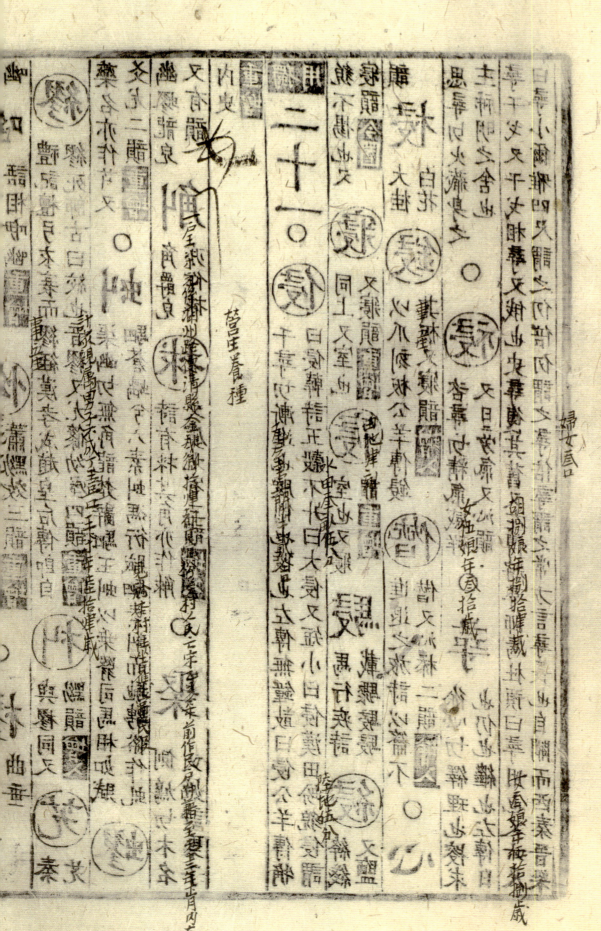

營生養種

一戶沈叁伍元係湖州路德清縣金鵝鄉拾肆都下管松溪村人氏亡宋乙亥年前作民戶附籍至元十三年正月四

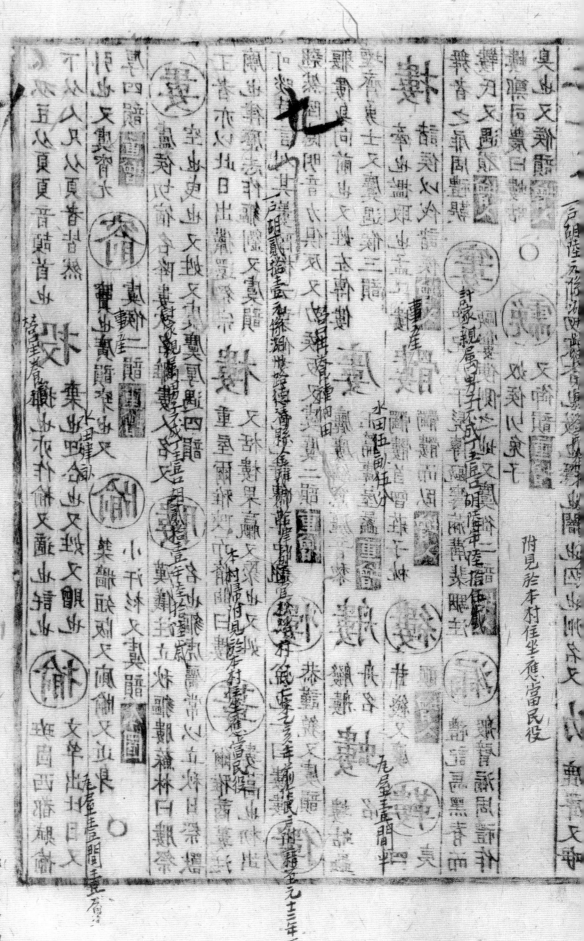

歸附見於本村日趙為主住坐應當民役

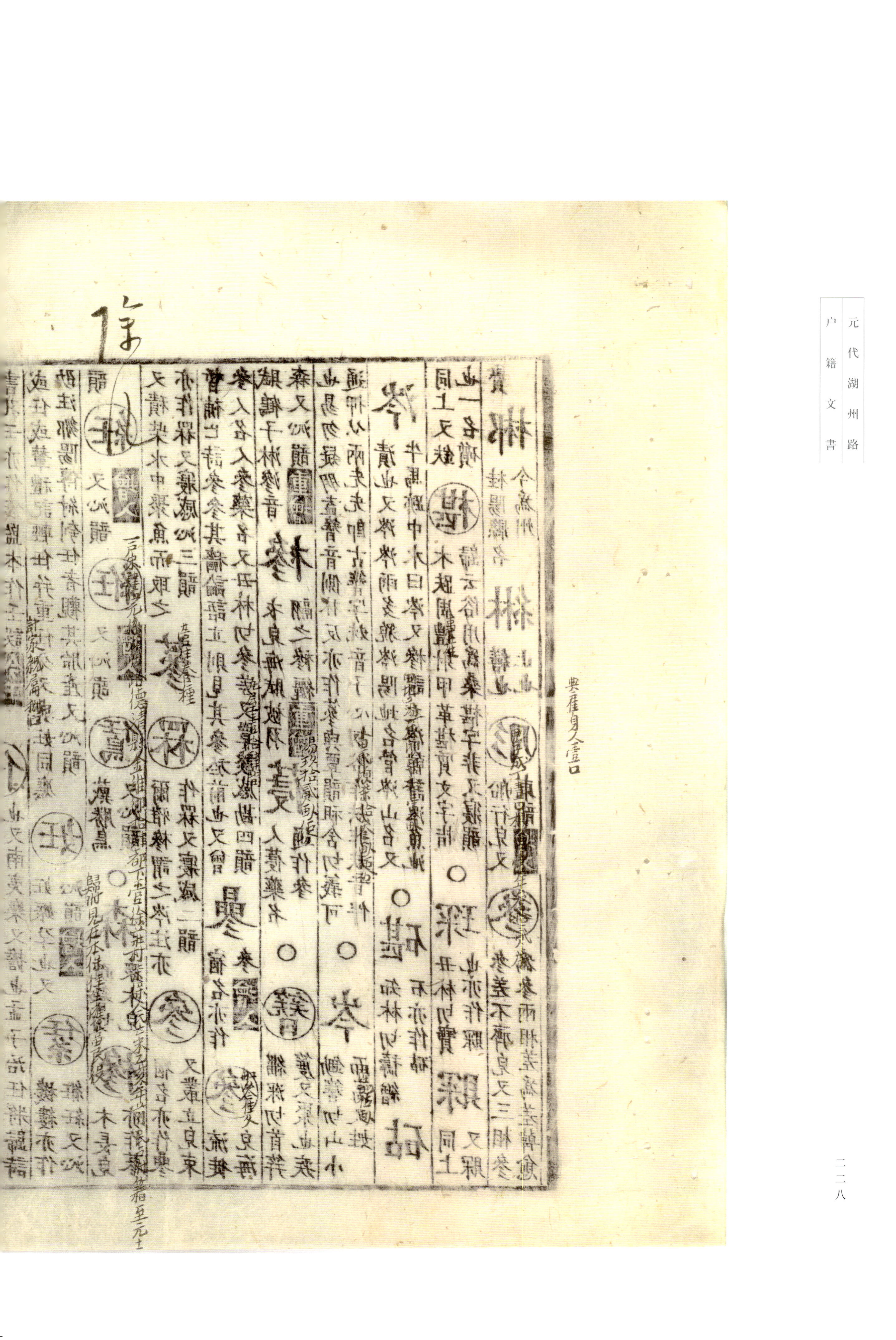

與雇身人壹口

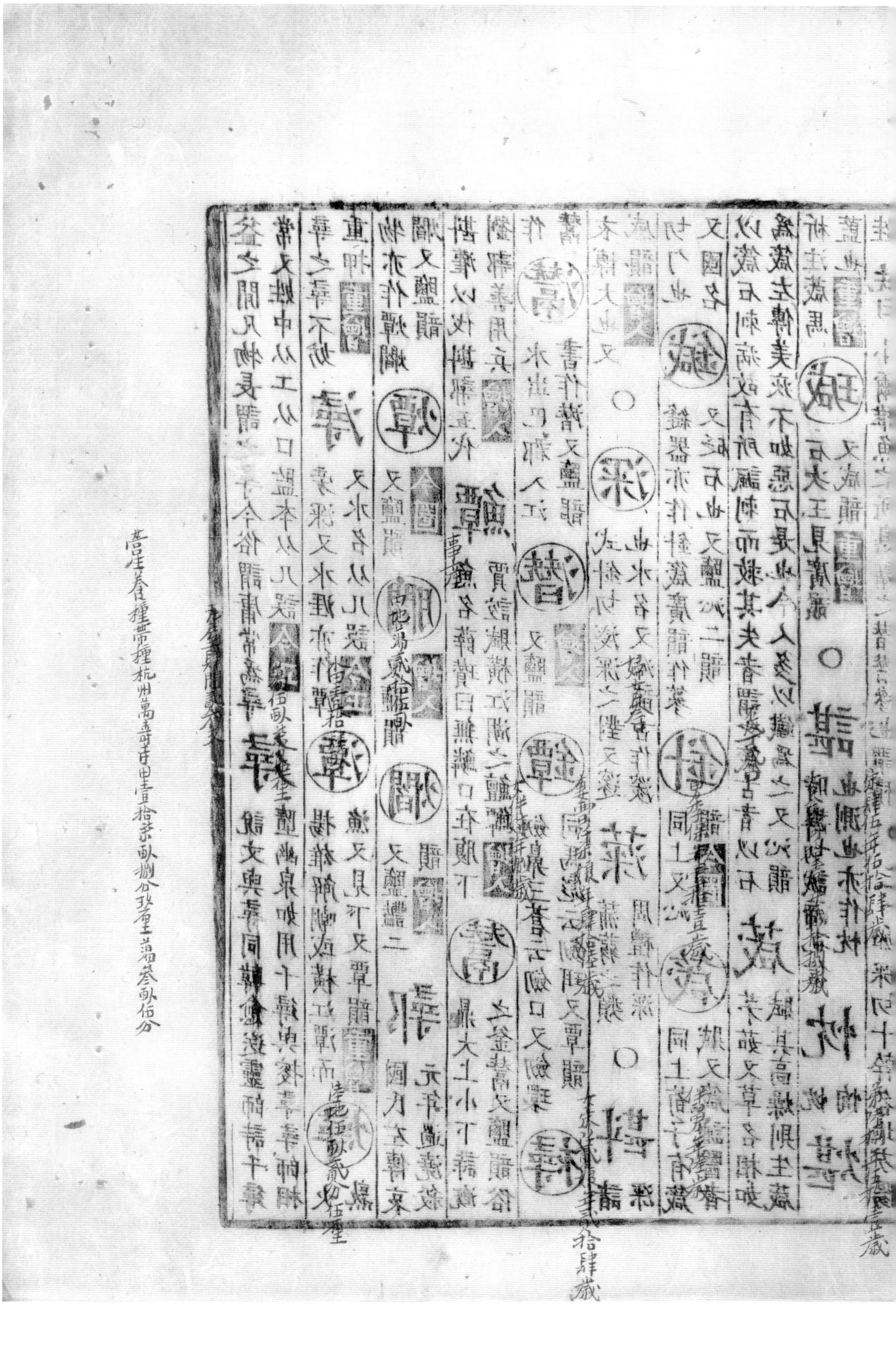

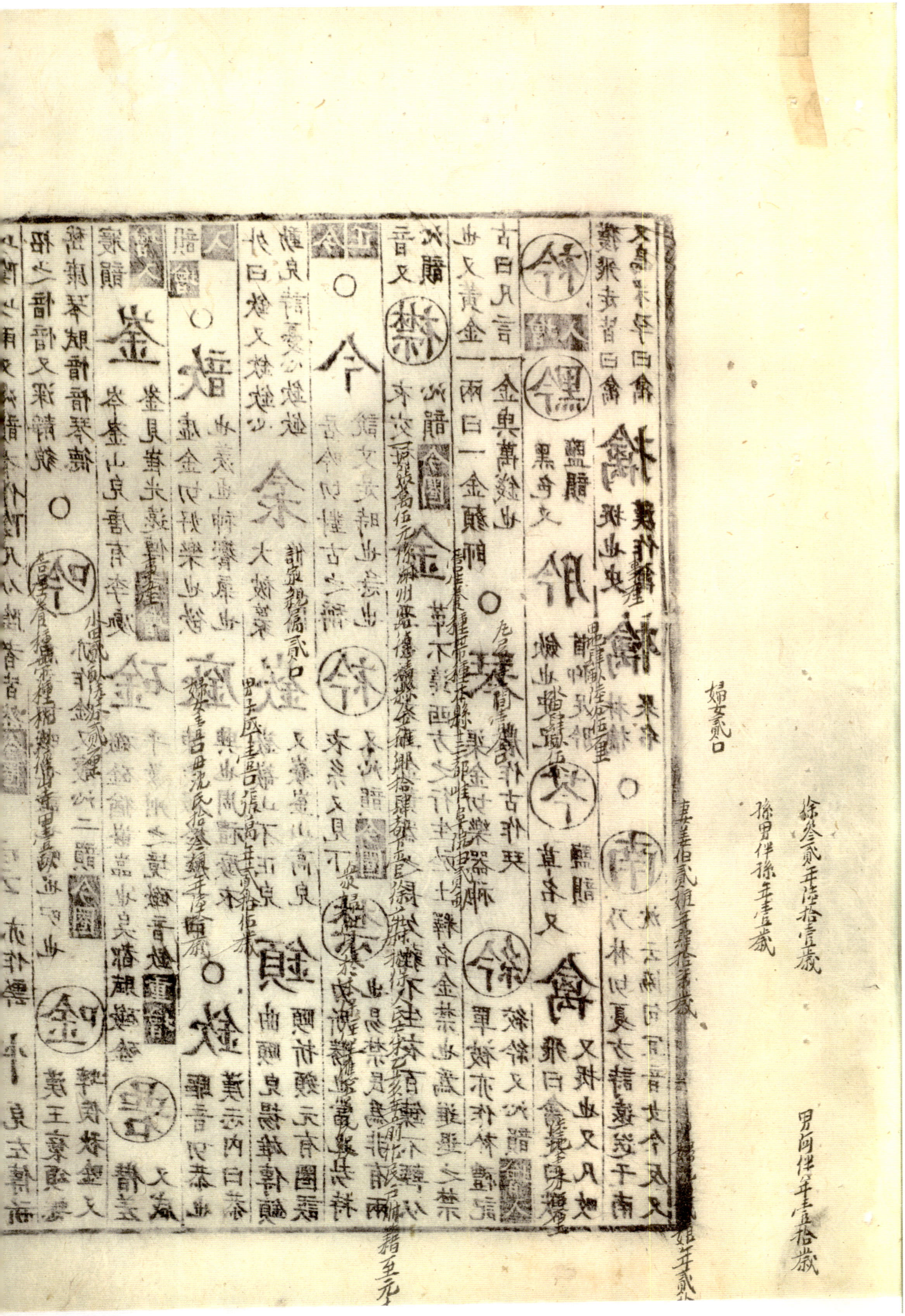
徐叁貳年陸拾壹歲
孫男伴孫年壹歲
婦女貳口
妻姜伍貳姐年肆拾柒歲

不至是止爲韻音字宜[illegible]不止有韻疏帝無貴[illegible]之

林蘩之應有[illegible]兩音並于[illegible]不[illegible]同[illegible]之前地意[illegible]

變宮變徵調琴有五絃至周加文武二絃[illegible]不律音杜預注所

收斜日午及子凡十日王因此以數合[illegible]其數以律和其聲加

外謂之音宮商角徵羽金石絲竹匏土[illegible]音五六十者[illegible]王

撢　覃撢二韻　又[illegible]　與淫同[illegible]　○　[illegible]　文書注云[illegible]

廣韻探也　又　[illegible]

[illegible]　霪　久雨　又作[illegible]　[illegible]　本書中白魚一名蟫　○　淫　[illegible]

求以至　至同音分　[illegible]　[illegible]又平[illegible]　婬　[illegible]

傳天作淫雨分　[illegible]　也[illegible]也又[illegible]同[illegible]作左

作林雞　本高也又[illegible]　[illegible]　霖　雨自三日以往爲霖左傳　淋　[illegible]又

兒相如賦　[illegible]也[illegible]也自上[illegible]下也大也丘　[illegible]

亦作[illegible]　蓋[illegible]　[illegible]　林　[illegible]

韓奕詩[illegible]文琳　琴　[illegible]　[illegible]　琳　美玉亦作玪

䕩　陰又　○　林　又[illegible]外曰林又君也詩有壬有林又姓　[illegible]

[illegible]　[illegible]　[illegible]　[illegible]　[illegible]

頁也　亦以水以沈沉音[illegible]行[illegible]兒　沈　入同[illegible]　[illegible]　同上又[illegible]

也亦作沉湛又[illegible]　[illegible]　[illegible]

詩應對參差[illegible]　[illegible]　明音參差文參又[illegible]　○　[illegible]　[illegible]　沈　[illegible]

詩[illegible]旁光參差又[illegible]　[illegible]　史記天官書三月生天欃章　[illegible]　汲也林切

謹寫親屬伍口

男子參口

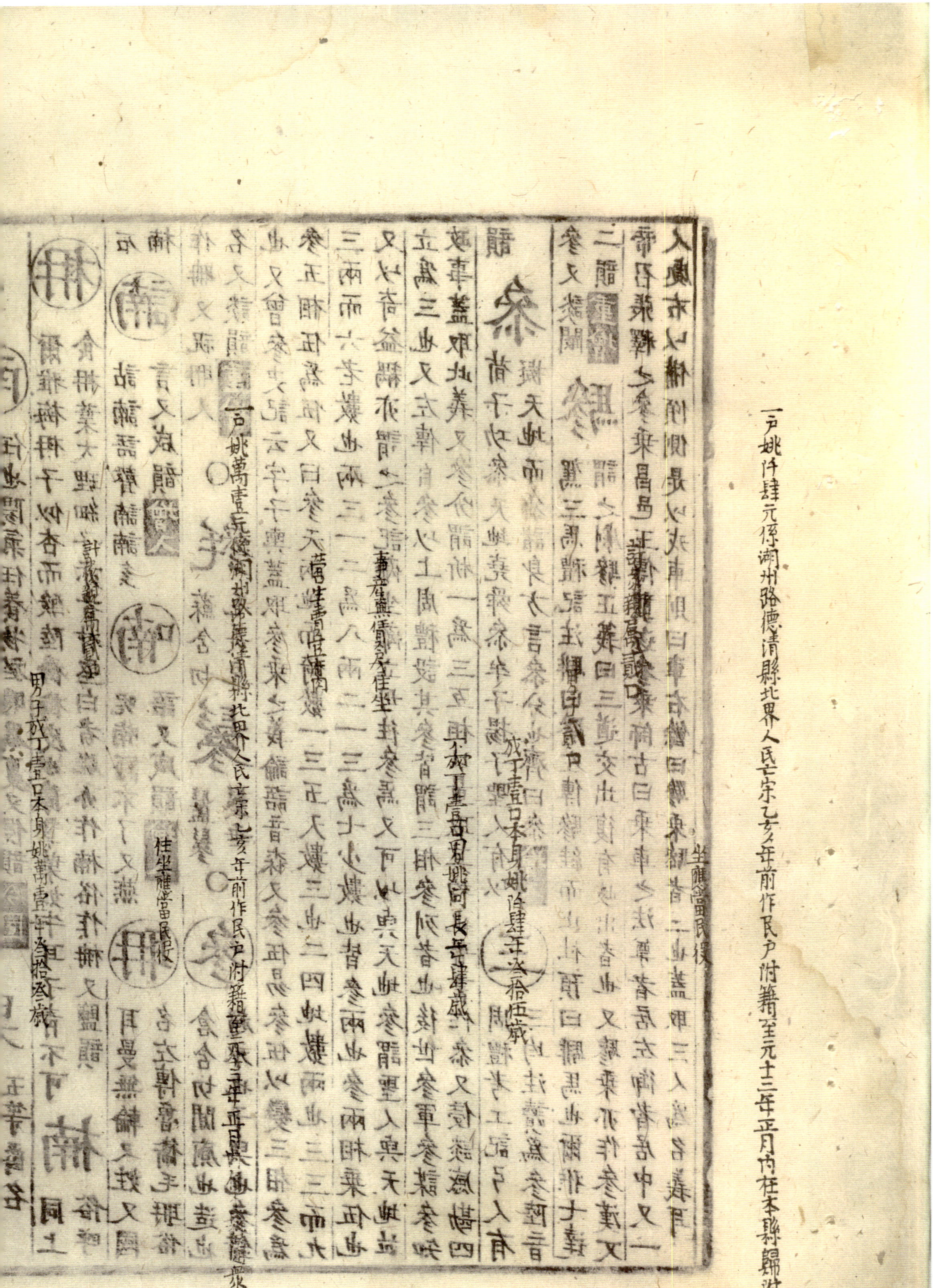
一戶姚仟肆元係湖州路德清縣北界人氏亡宋乙亥年前作民戶附籍至元十二年正月內在本縣歸附見於
坐應當民役
一戶姚萬壹元係湖州路德清縣北界人氏亡宋乙亥年前作民戶附籍至元十二年正月內在本縣歸附見於
住坐應當民役

一戶茅得貳元係湖州路德清縣北界人氏亡宋乙亥年前作民戶附籍至元十三年十二月内在本縣歸附見在

二十二○覃

男伴奴年肆歲

男鼎年[illegible]歲

男閏[illegible]年壹歲

婦女貳口

妻沈貳娘年肆拾柒歲

女安安年壹拾叁歲

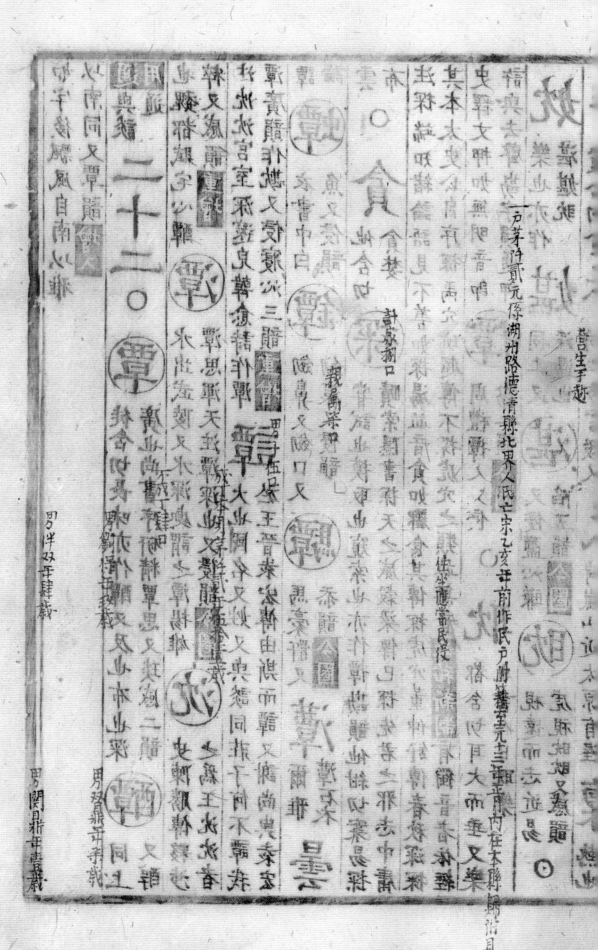

典雇身人婦女壹口何喜年貳拾叁歲係十五都桑育村徐千十女

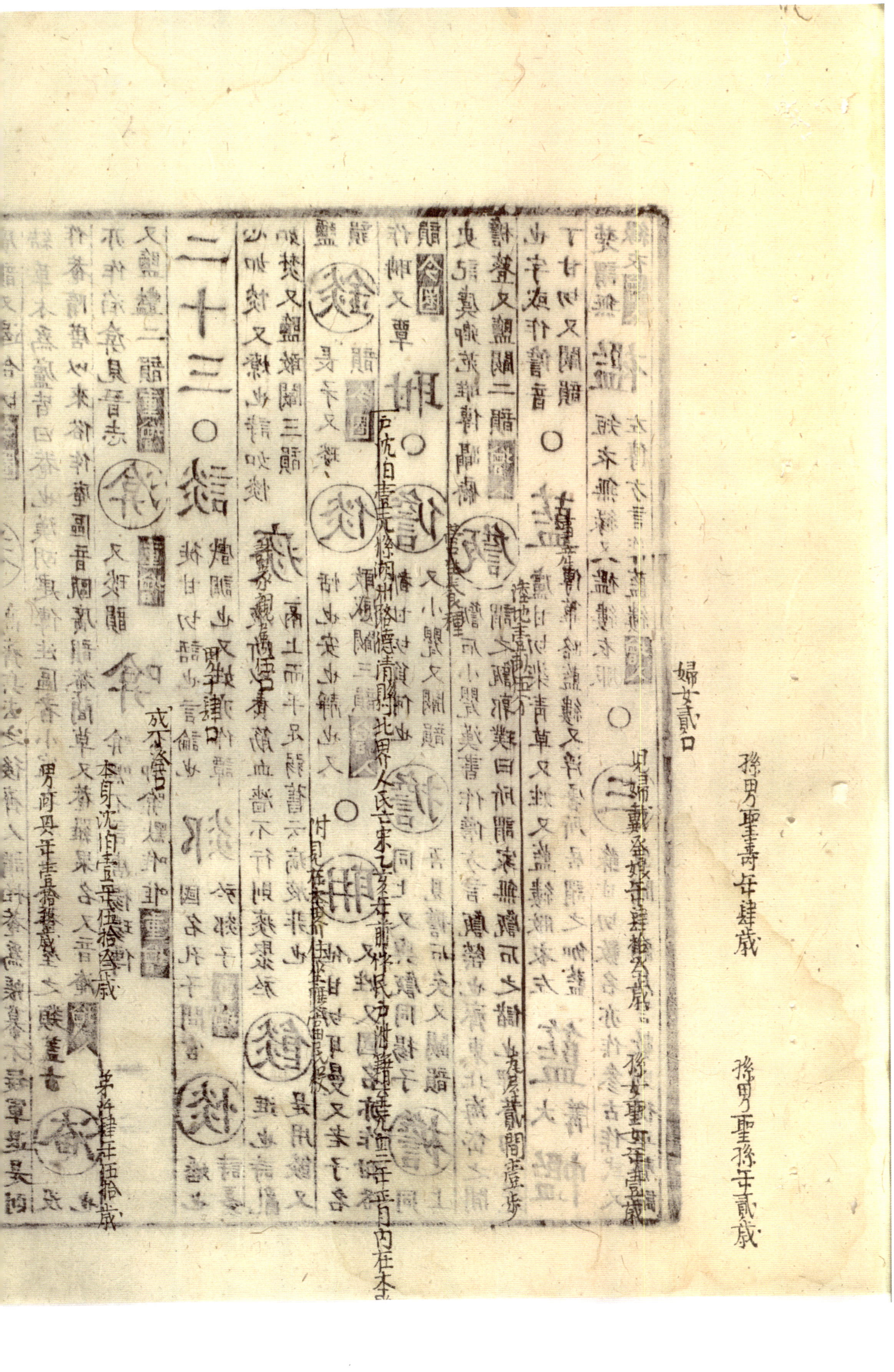

孫男聖壽年肆歲

孫男聖孫年貳歲

婦女貳口

兒婦戴丞娘年[illegible]歲　孫女聖奴年壹歲

……屋壹間壹步

右沈伯壹元係湖州路德清縣北界人氏亡宋乙亥年前作民戶附籍至元拾貳年十月內在本

附見在本[illegible]

成丁壹口

本身沈伯壹年伍拾叁歲

男阿興年壹拾肆歲

妻徐肆娘年伍拾歲

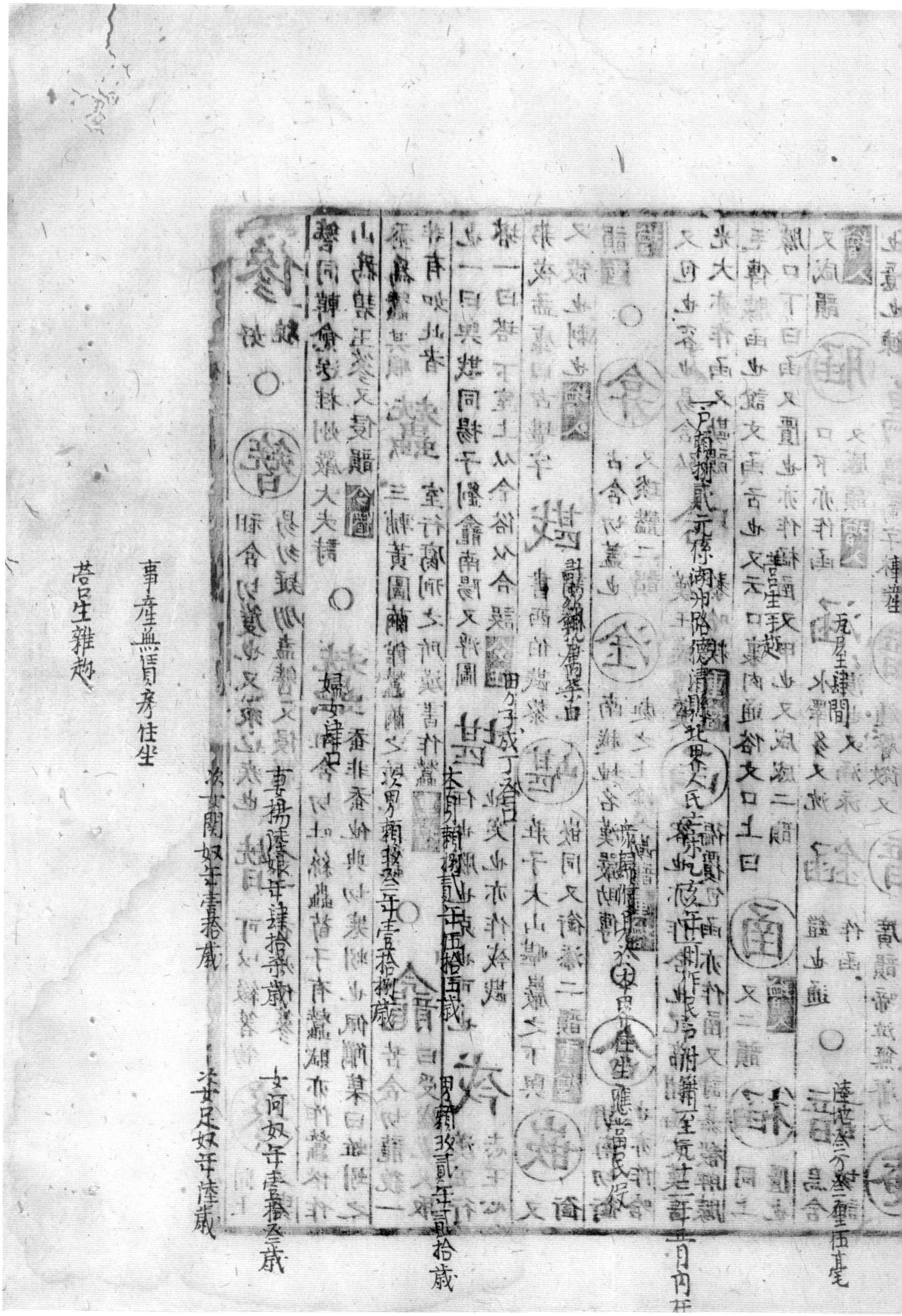
次女閔奴年壹拾歲
次女足奴年陸歲
女阿奴年壹拾叁歲
婦女肆口

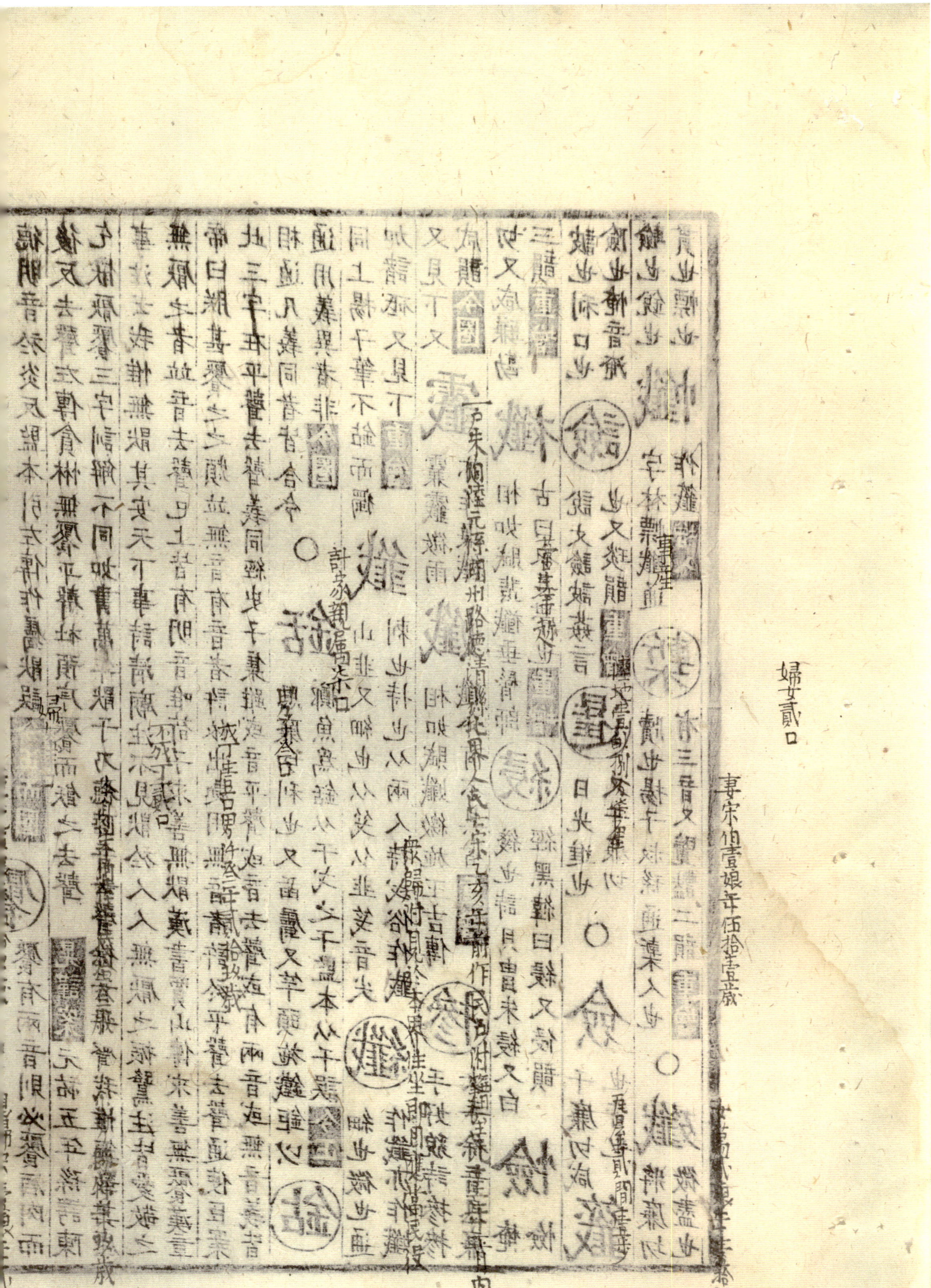
妇女貳口
事宋伯壹娘年伍拾壹歲

婦女壹口　男婦聞肆娘年貳拾歲

事産

陸地伍分

賃房住坐

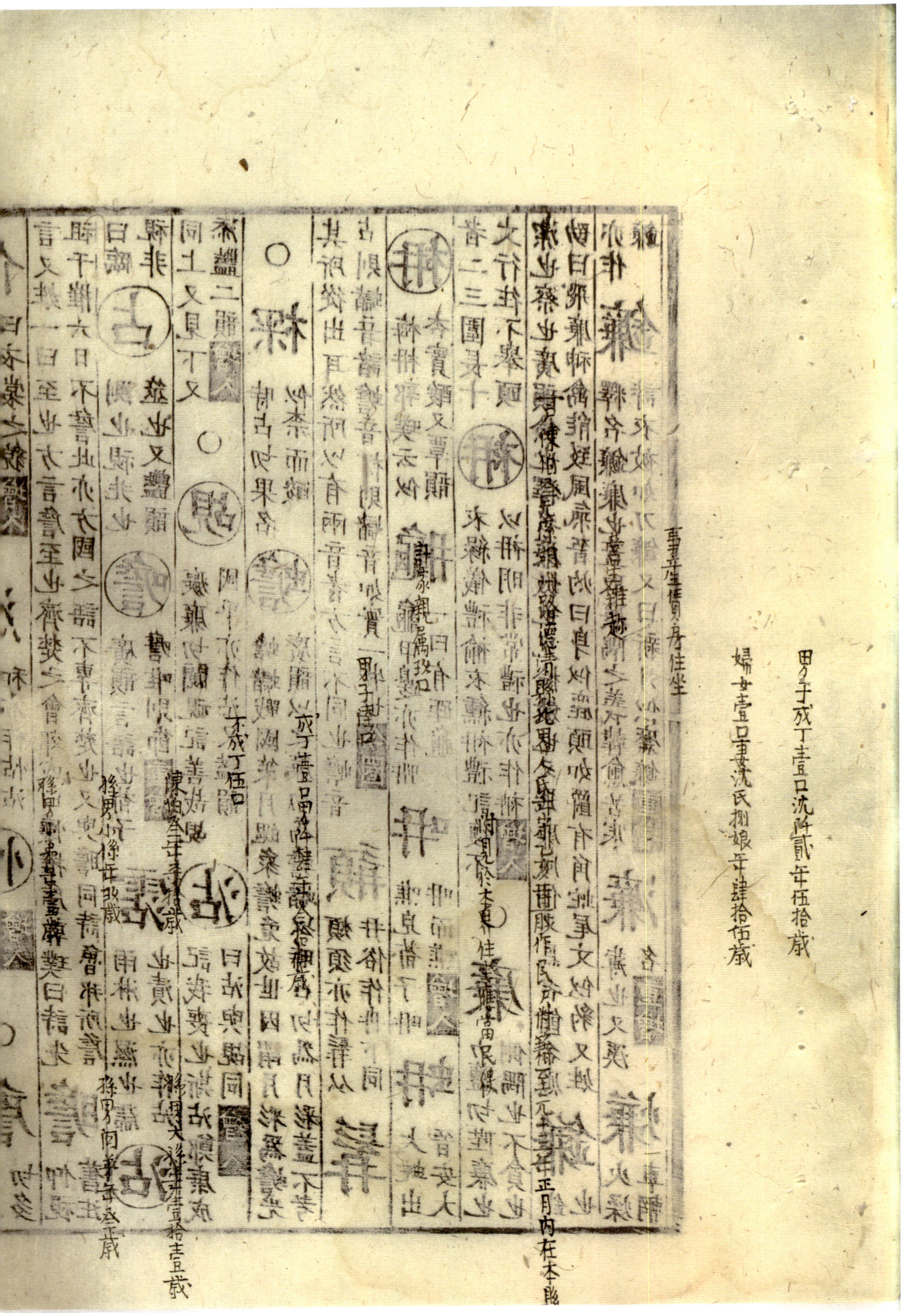
男子成丁壹口沈阿貳年伍拾歲
婦女壹口妻沈氏捌娘年肆拾伍歲
事産賃房住坐

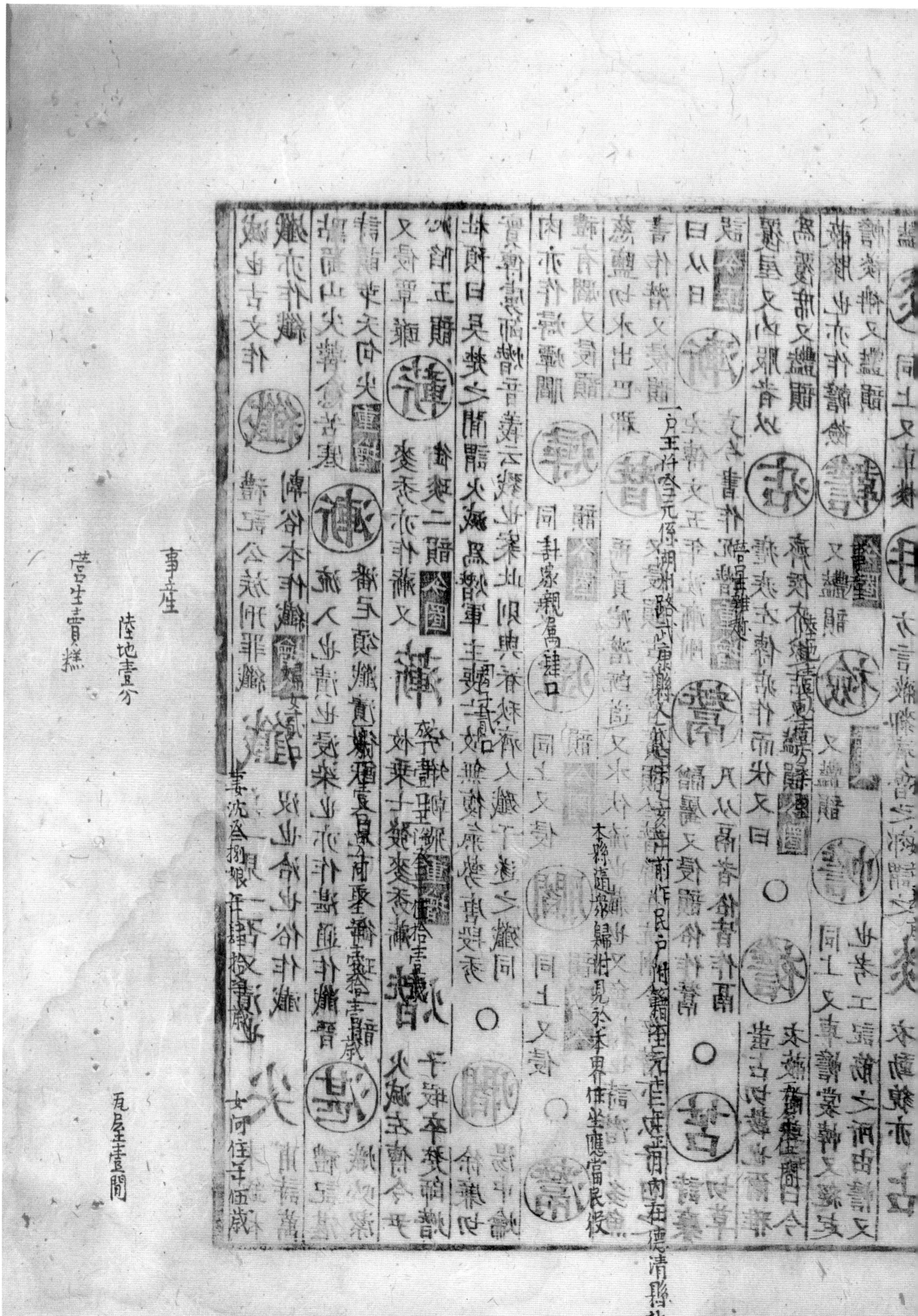
事産
陸地壹分
瓦屋壹間

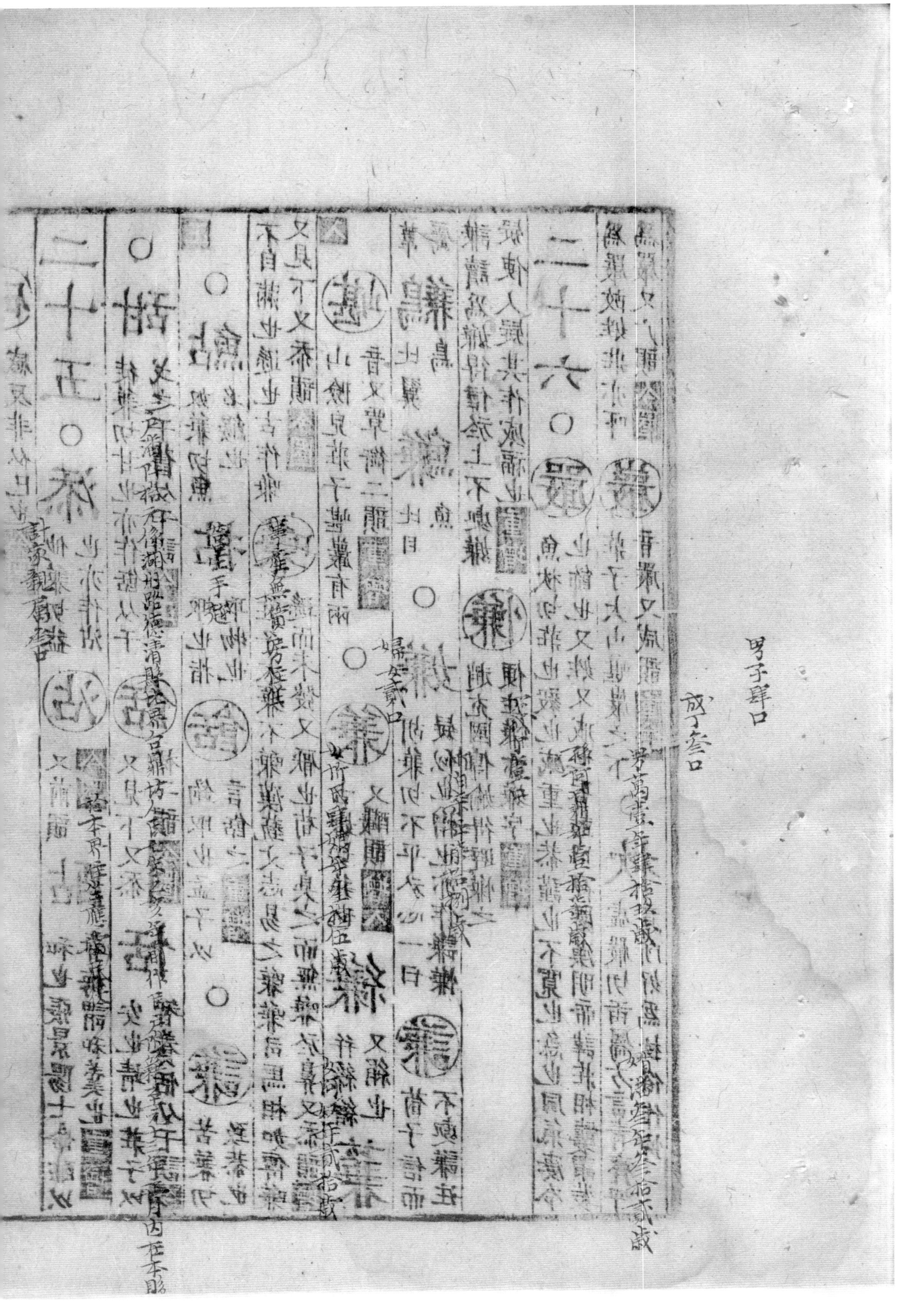
男子肆口
成丁叁口

男子參口
戍丁壹口周喜年伍拾貳歲

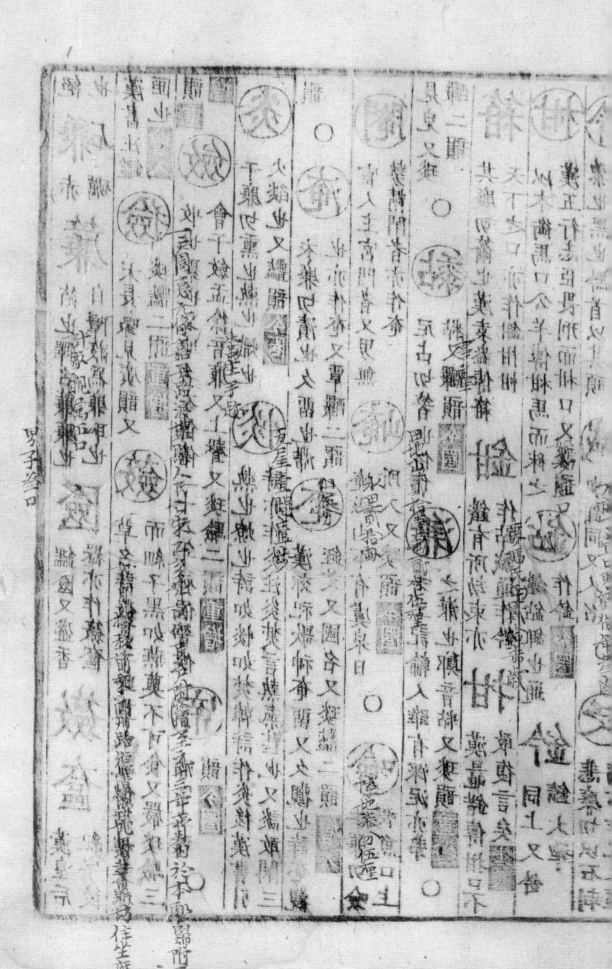

徐叁贰年陆拾壹岁

男何伴年壹拾叁岁

孙男伴孙年壹岁

妇女贰口

妻姜贰娘年肆拾柒岁

男妇沈贰娘年叁拾伍岁

[illegible]营生养种[illegible]本县十五都[illegible]

[illegible]湖州路德清县[illegible]村[illegible]人氏亡宋乙亥年[illegible]

[illegible]男子成丁[illegible]年叁拾叁岁

在家[illegible]

事产[illegible]

[illegible]壹分

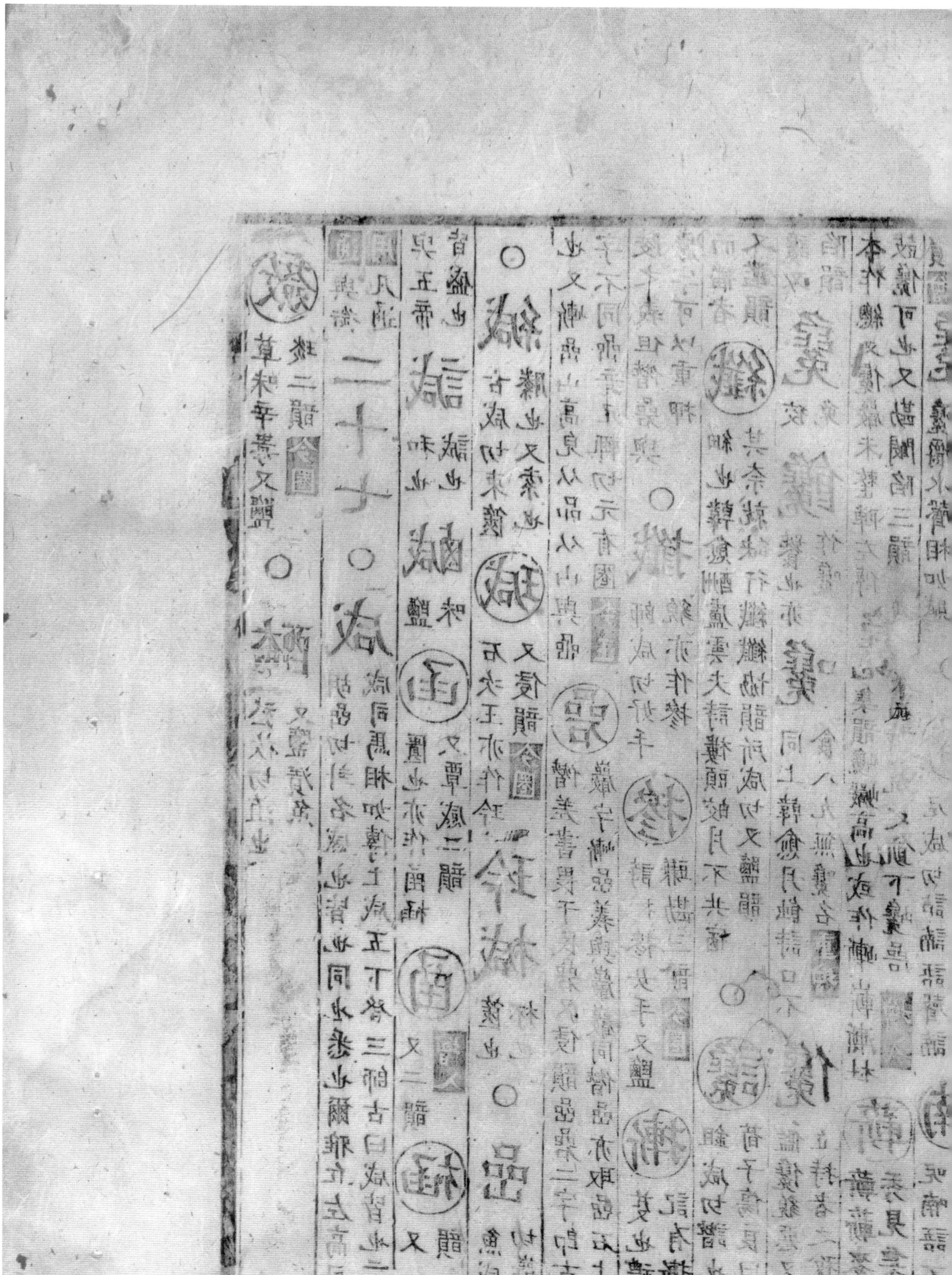

男子叁口

成丁貳口

蔡拾貳年伍拾柒歲　弟拾叁二年肆拾壹歲

不成丁壹口

姪阿魁年壹拾肆歲

婦女叁口

弟婦沈拾娘年肆拾壹歲　姪女蔡玖娘年叁壹歲

姪女阿奴年壹五歲

事產

田地蕩壹拾畝壹分伍釐

水田陸畝伍分

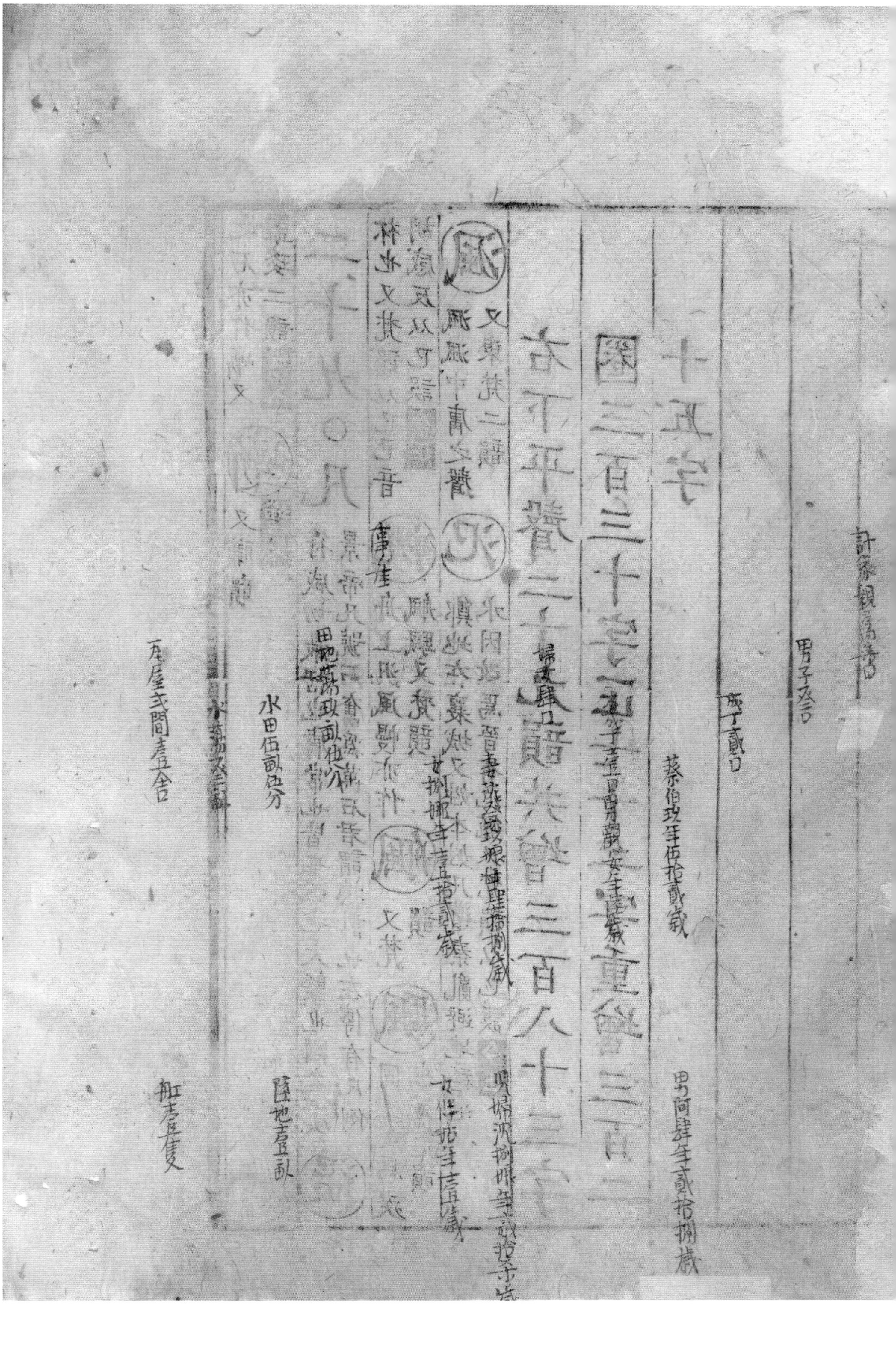
十五字
水田伍畝伍分

册三　上聲第三

不成丁貳口

男佛保年玖歲

男伴哥年叁歲

三十四果

妻沈拾壹娘年叁拾歲

三十二晧

女伴娘年壹歲

三十小

二十八獮

船壹隻

二十五

[illegible]通

二十六産

二十三旱

與緩通

二十四緩

[illegible]係人民亡宋乙亥年前民户附籍至

二十一混

二十二

[illegible]本係[illegible]生[illegible]當民役

十九隱

二十阮

十七準

十八吻

[illegible]通

民亡宋乙亥年正前民户附籍至元

拾歲

男伴哥年陸歲

妻徐肆娘年叁拾捌歲

蕩壹畝伍分

船壹隻

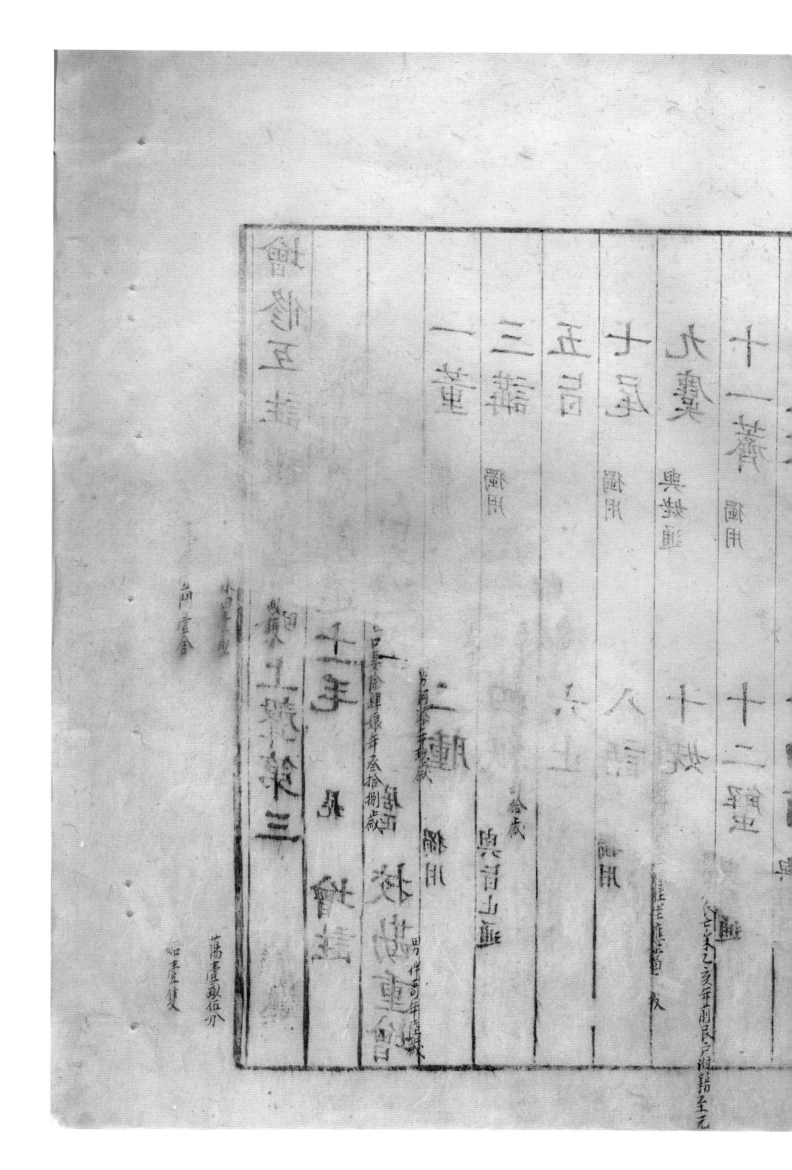

壹舍

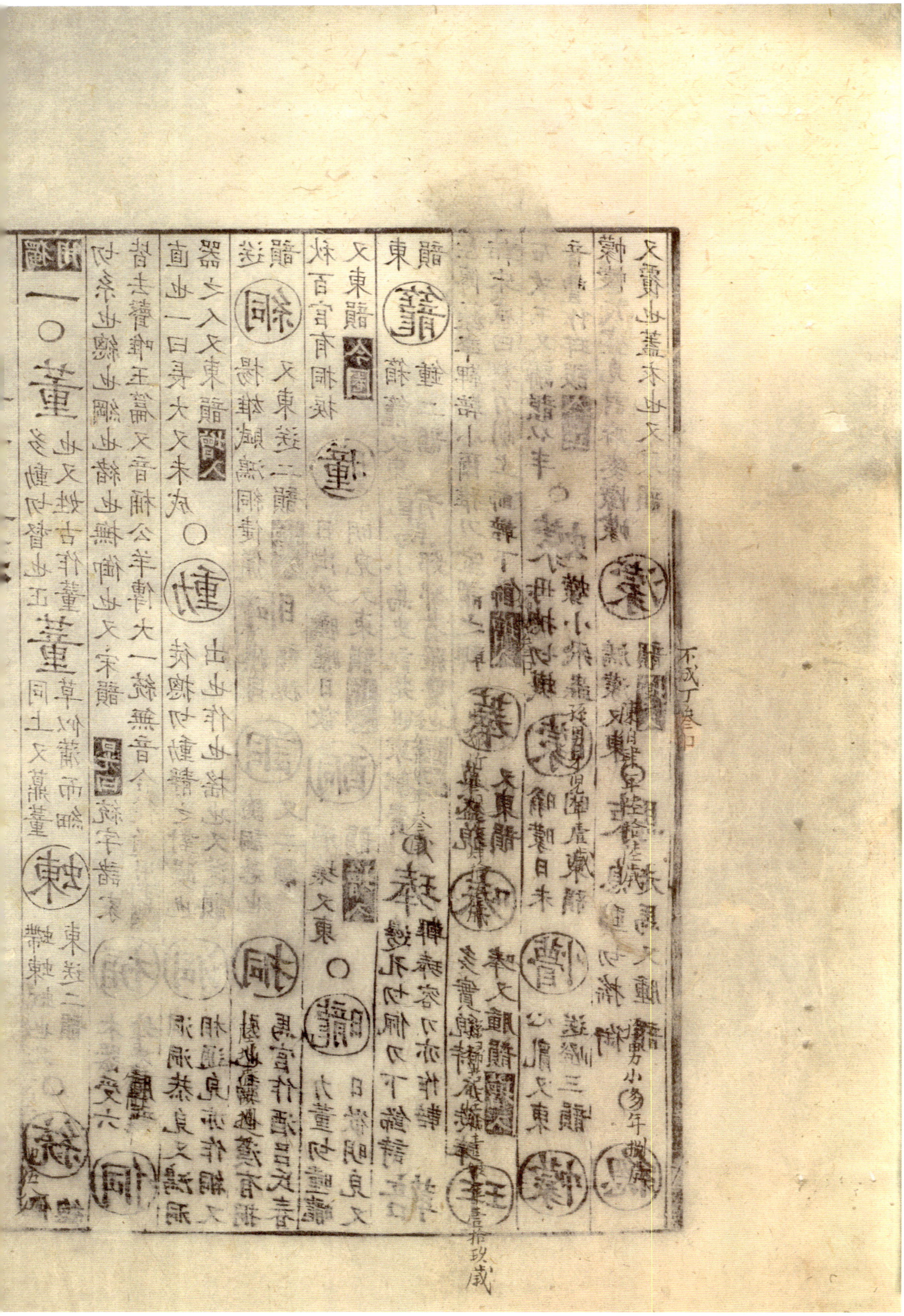

不成丁叁口
壹拾玖歲

五十一忝
與檻范通
五十二广
四十九敢
五十琰
四十七寢
獨用
四十八感
四十四有
與厚黝通
四十三拯

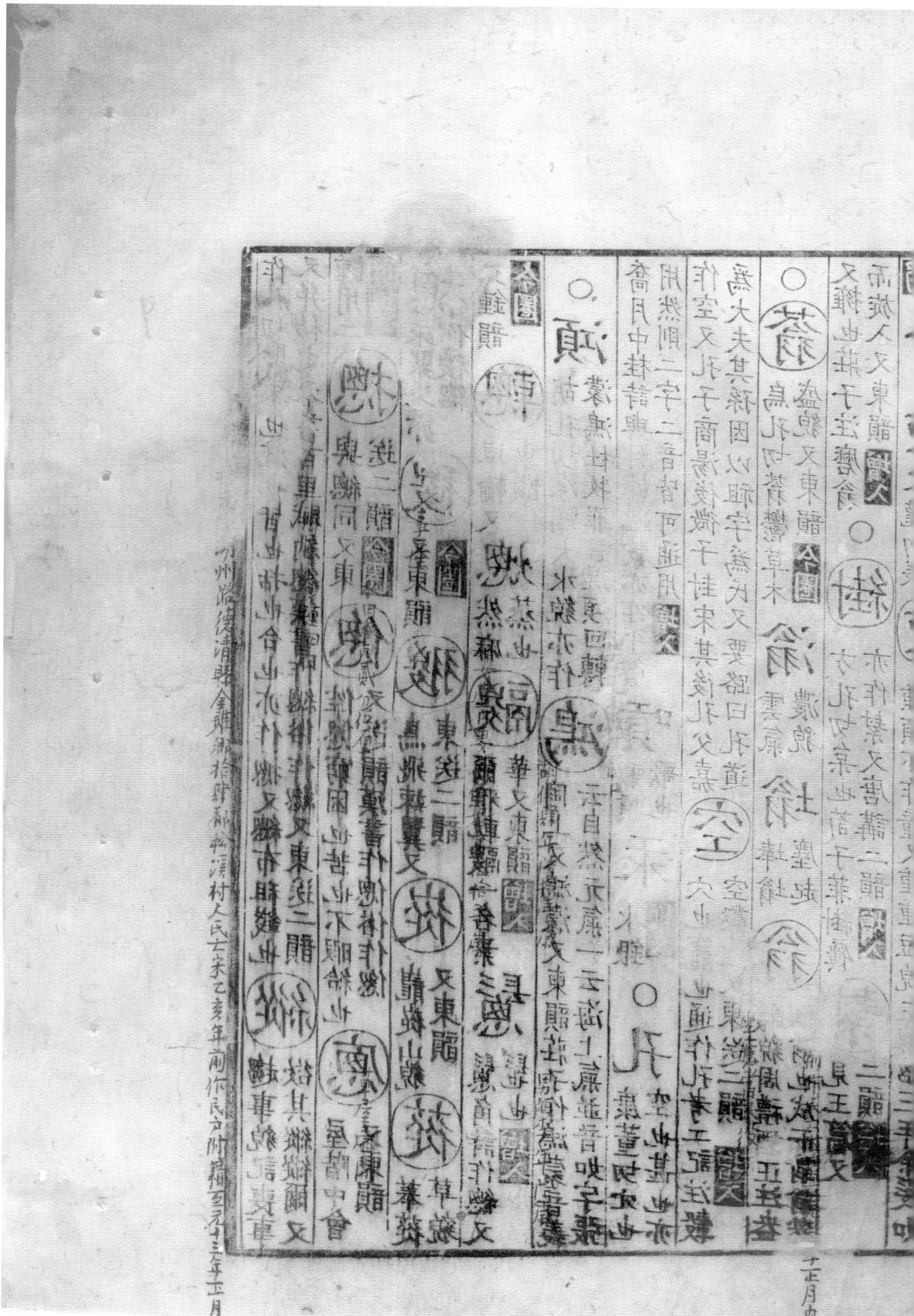

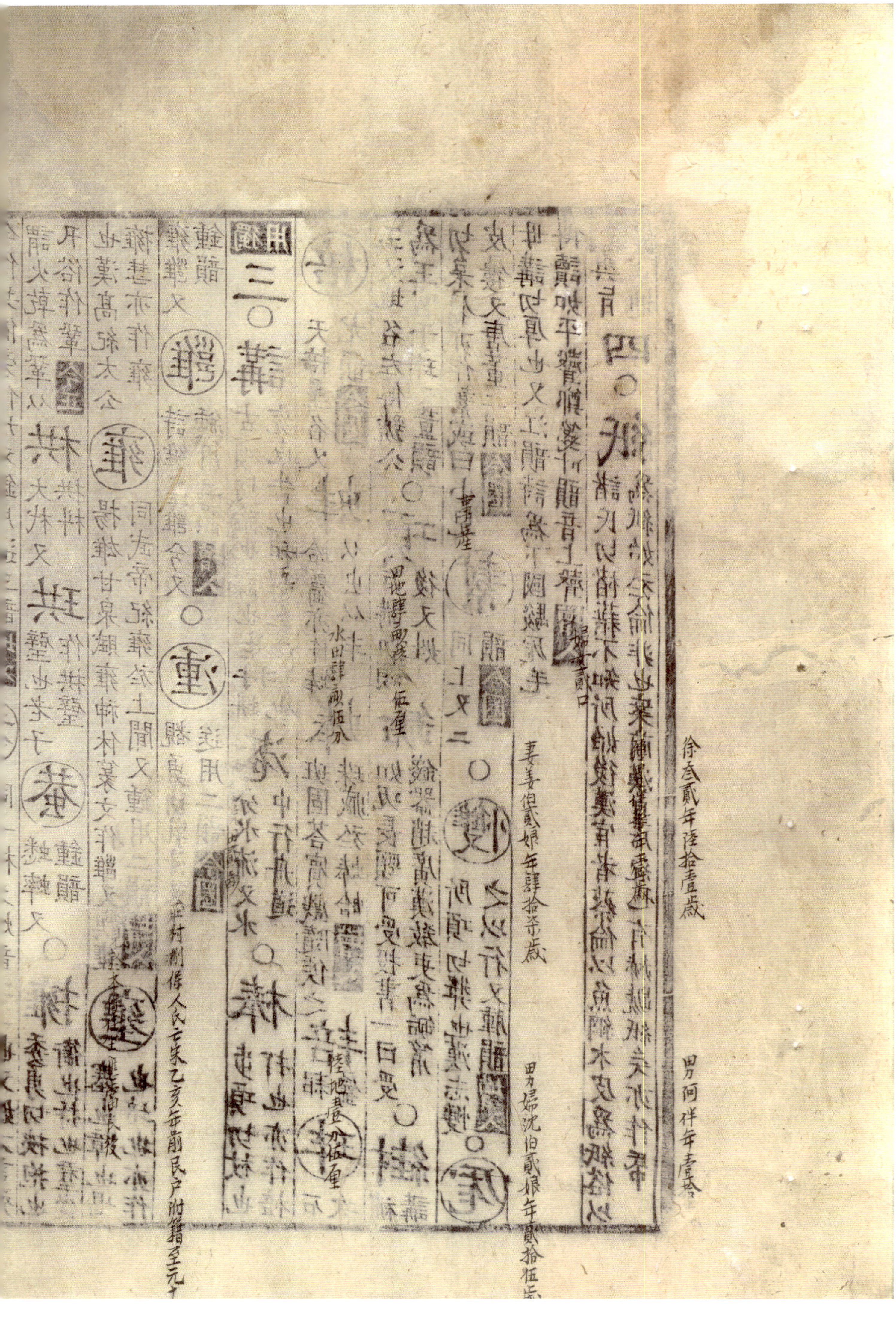

徐叁貳年陸拾壹歲
男阿伴年壹拾
妻姜伯貳娘年肆拾柒歲
男婦沈伯貳娘年貳拾伍歲
村刑保人氏亡宋乙亥年前民户附籍至元十

陸地壹畝貳分陸厘
船壹隻

肆叁几係湖州路

縣金雅鄉拾肆都徐壯村杀保人氏亡宋乙亥年作民户

附籍於本村住坐應當民役也

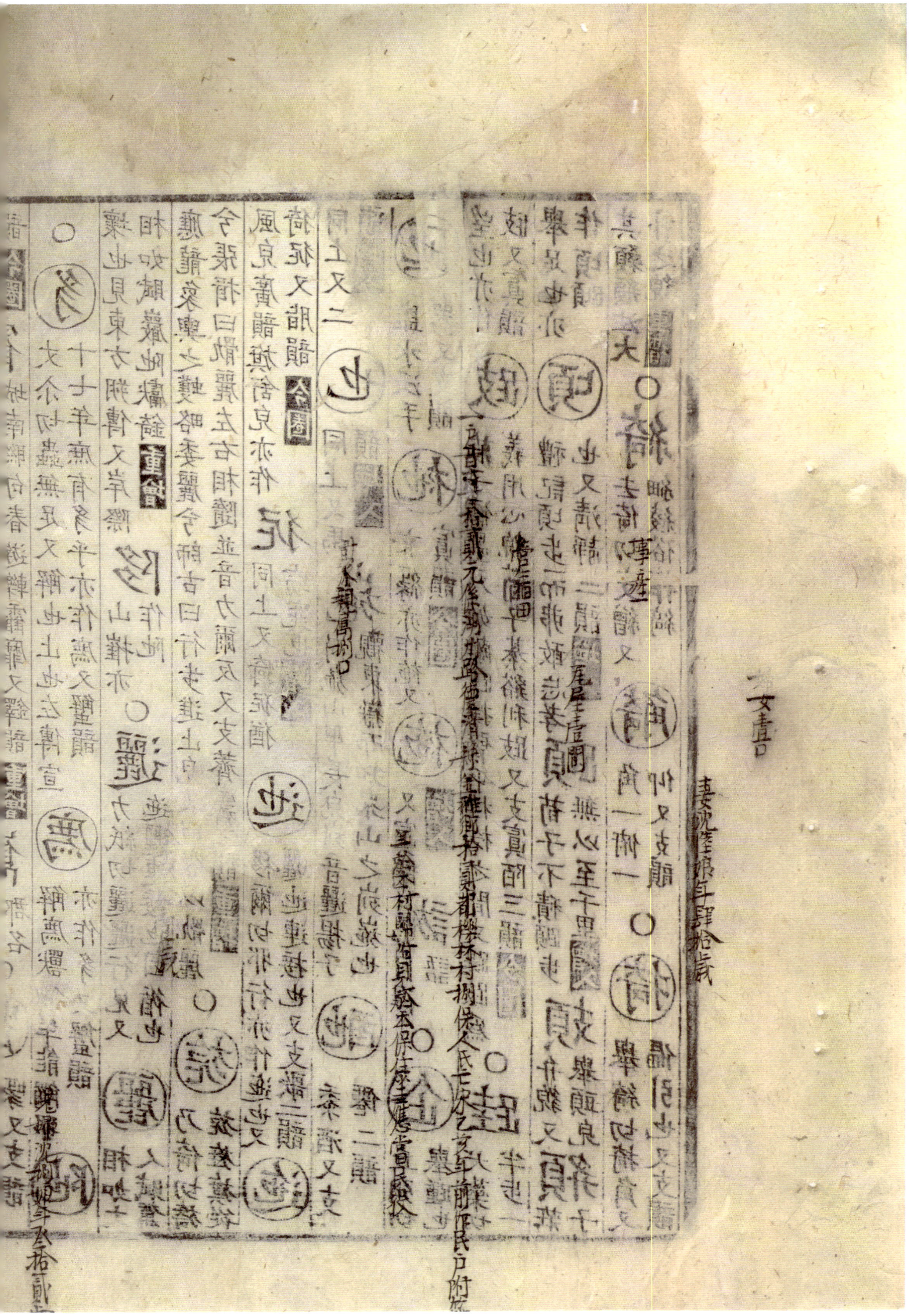
妻沈娃娘年肆拾歲

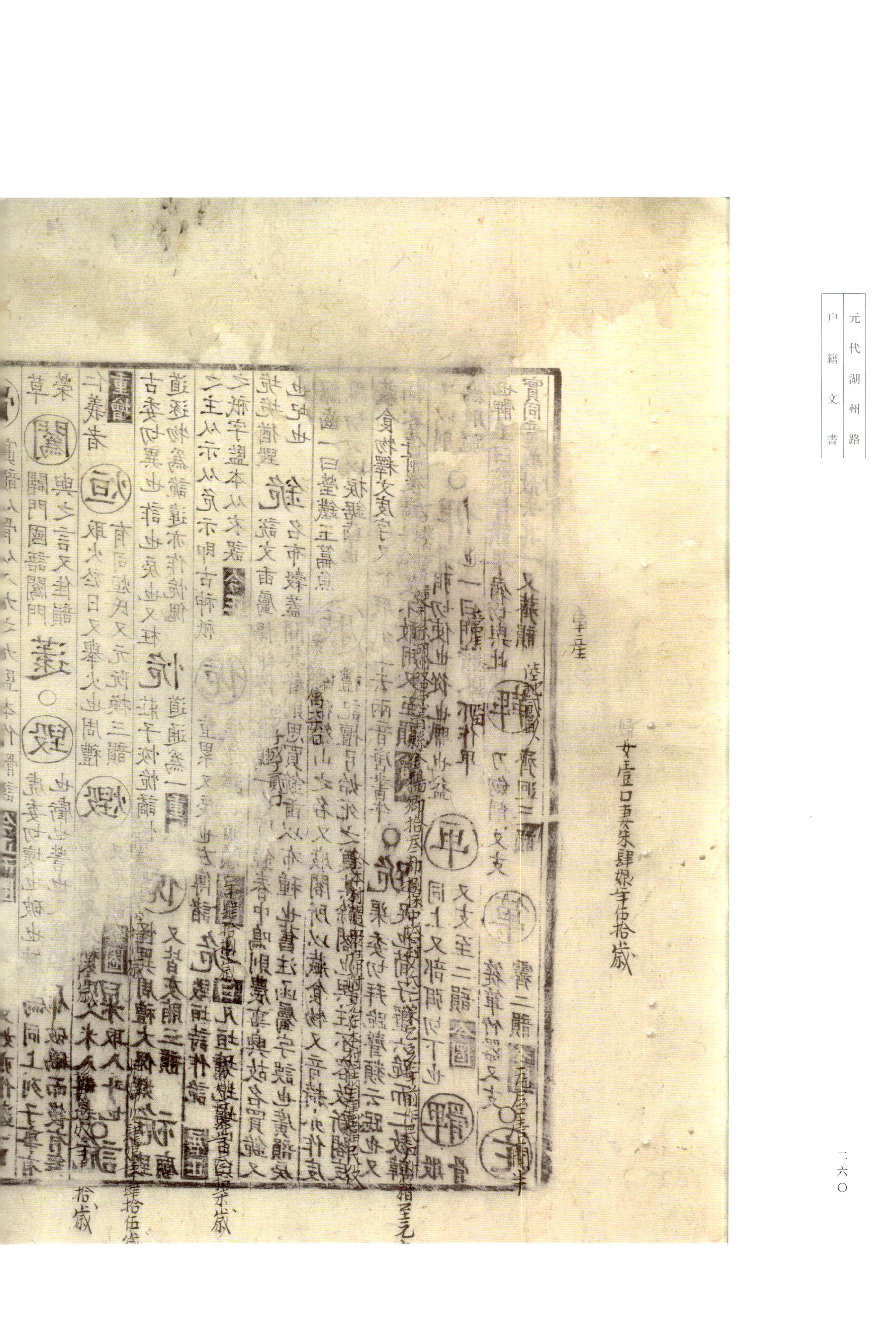

事産

婦女壹口妻朱肆娘年伍拾歳

拾歳

肆拾伍歳

柒歳

沈伯壹娘年伍拾叁歲
兒婦沈貳娘年貳拾玖歲
兒婦陳貳姐年　拾歲
孫女阿女年六歲
孫男阿回年伍歲
孫男阿丑年肆歲

成丁壹口屠伯肆年叁拾伍歲

不成丁貳口

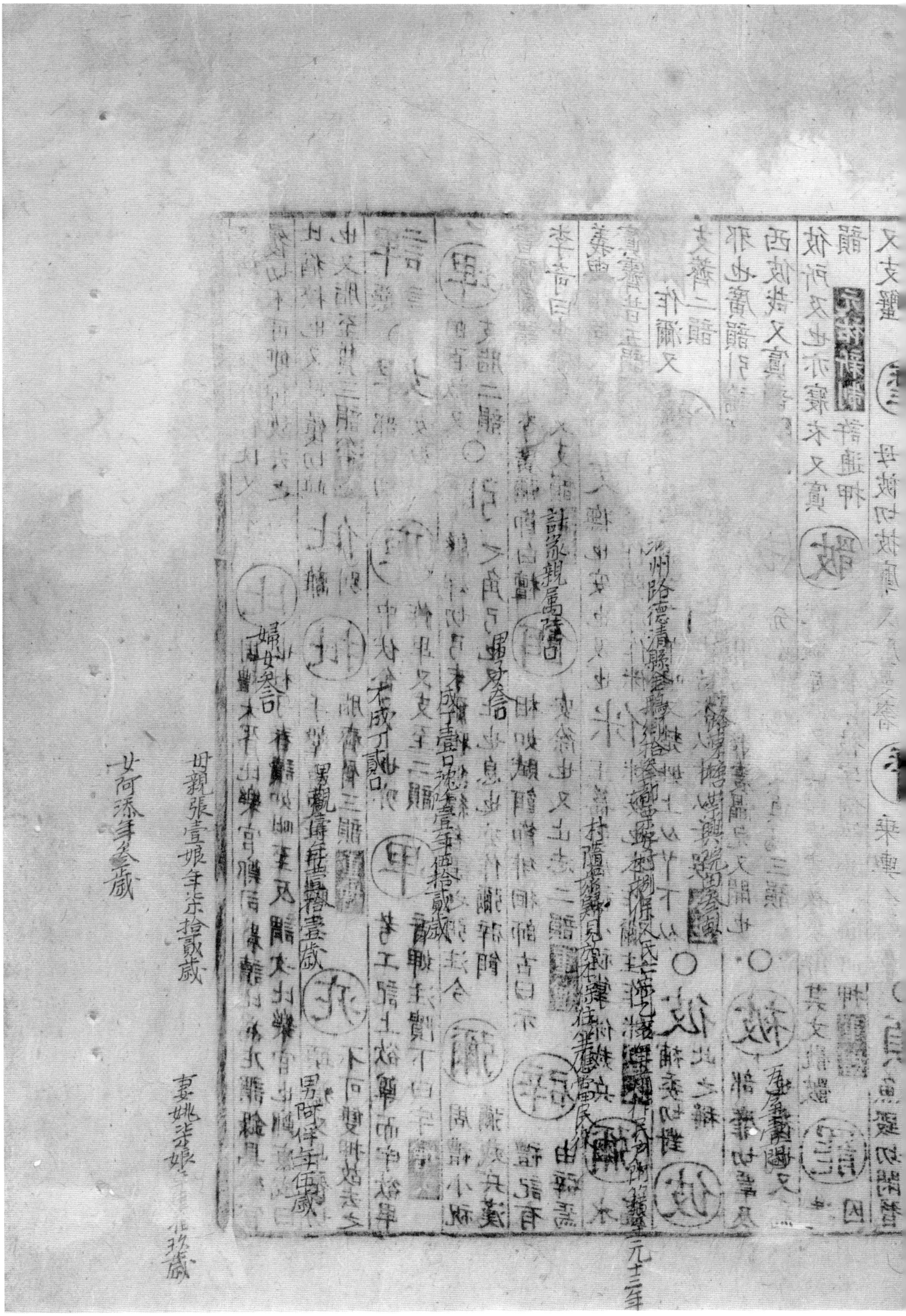
湖州路德清縣……
母親張壹娘年柒拾貳歲
女阿添年叁歲
妻姚……娘……拾玖歲

本年元係湖州路德清縣金鵝鄉伍都赤保王庄村人氏亡宋乙亥年前作民[illegible]用籍至

三本村置業歸附見於本保住坐[illegible]

親屬肆口

男子貳口

成丁壹口王[illegible]　二

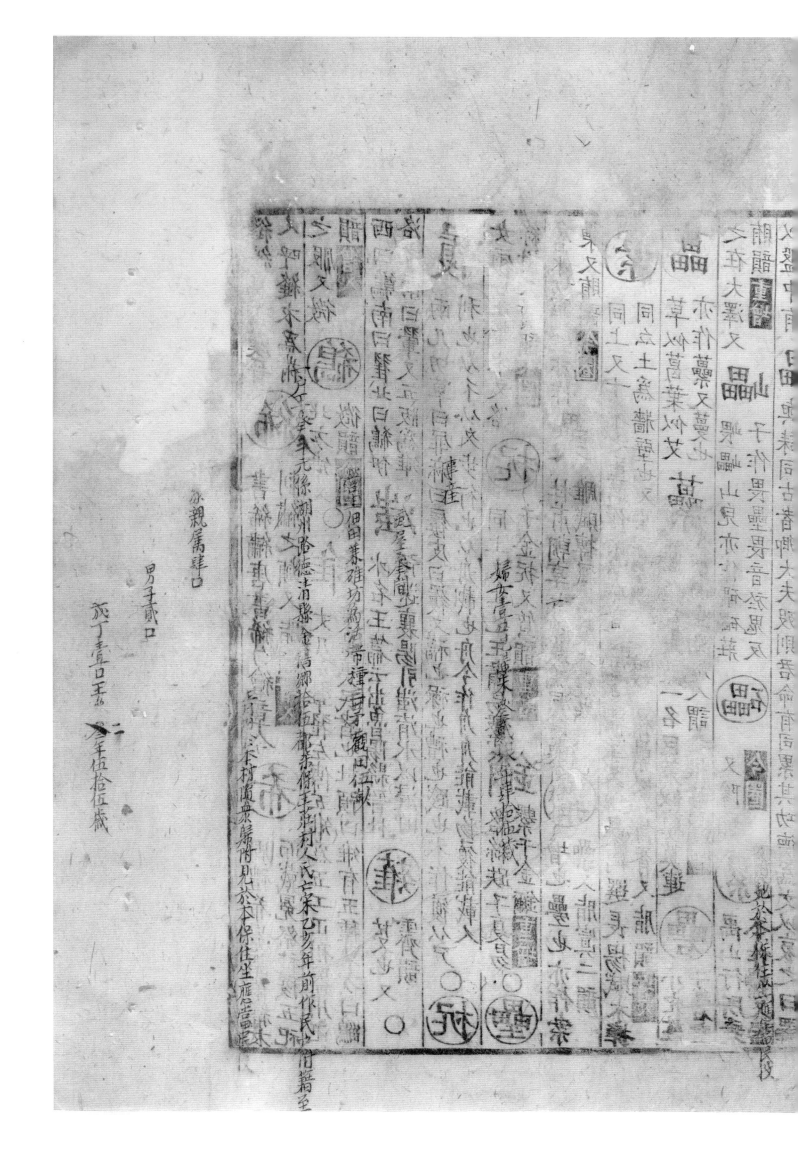

[illegible]年伍拾伍歲

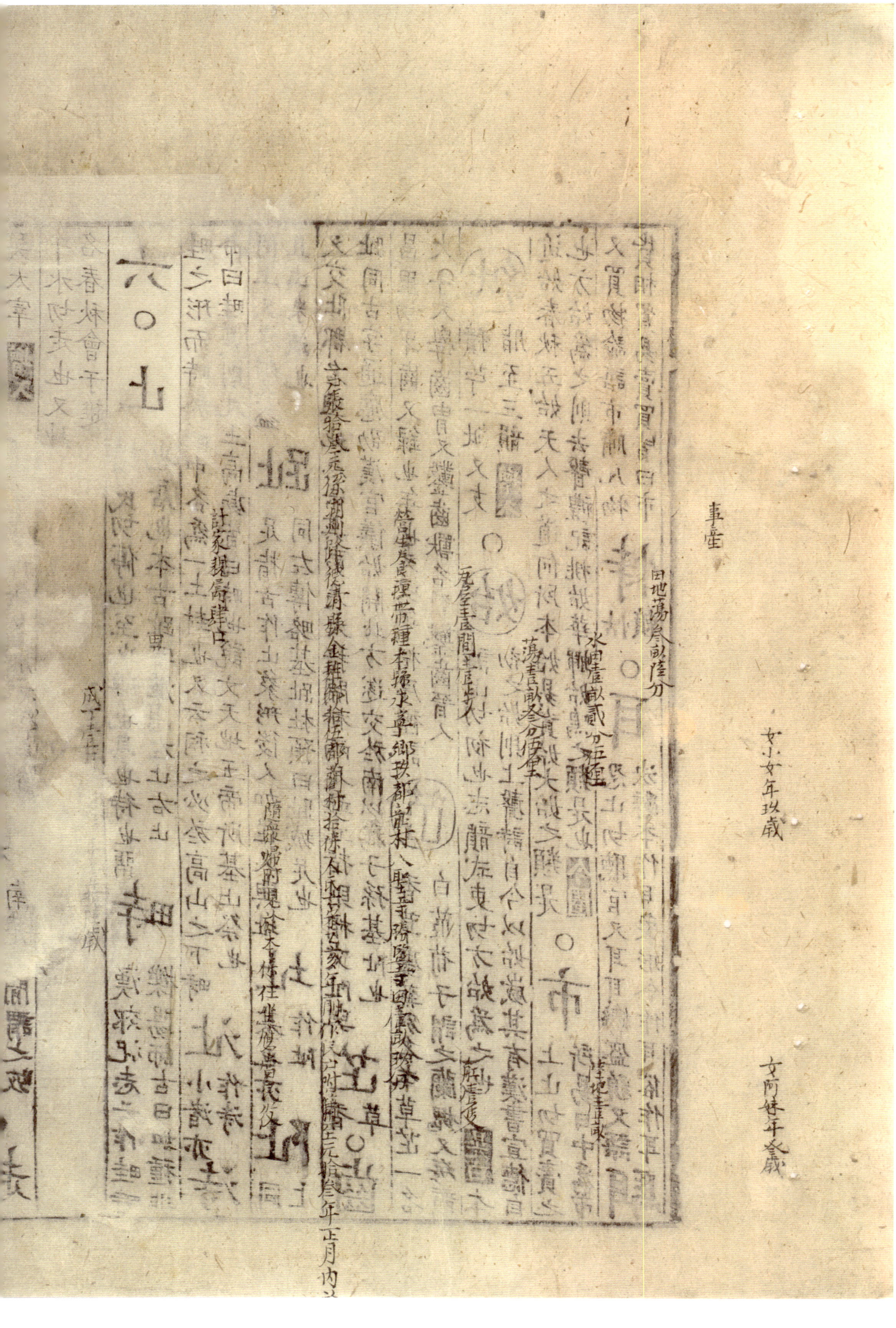
事產
田地蕩叁畝陸分
女小女年玖歲
女阿娃年叁歲

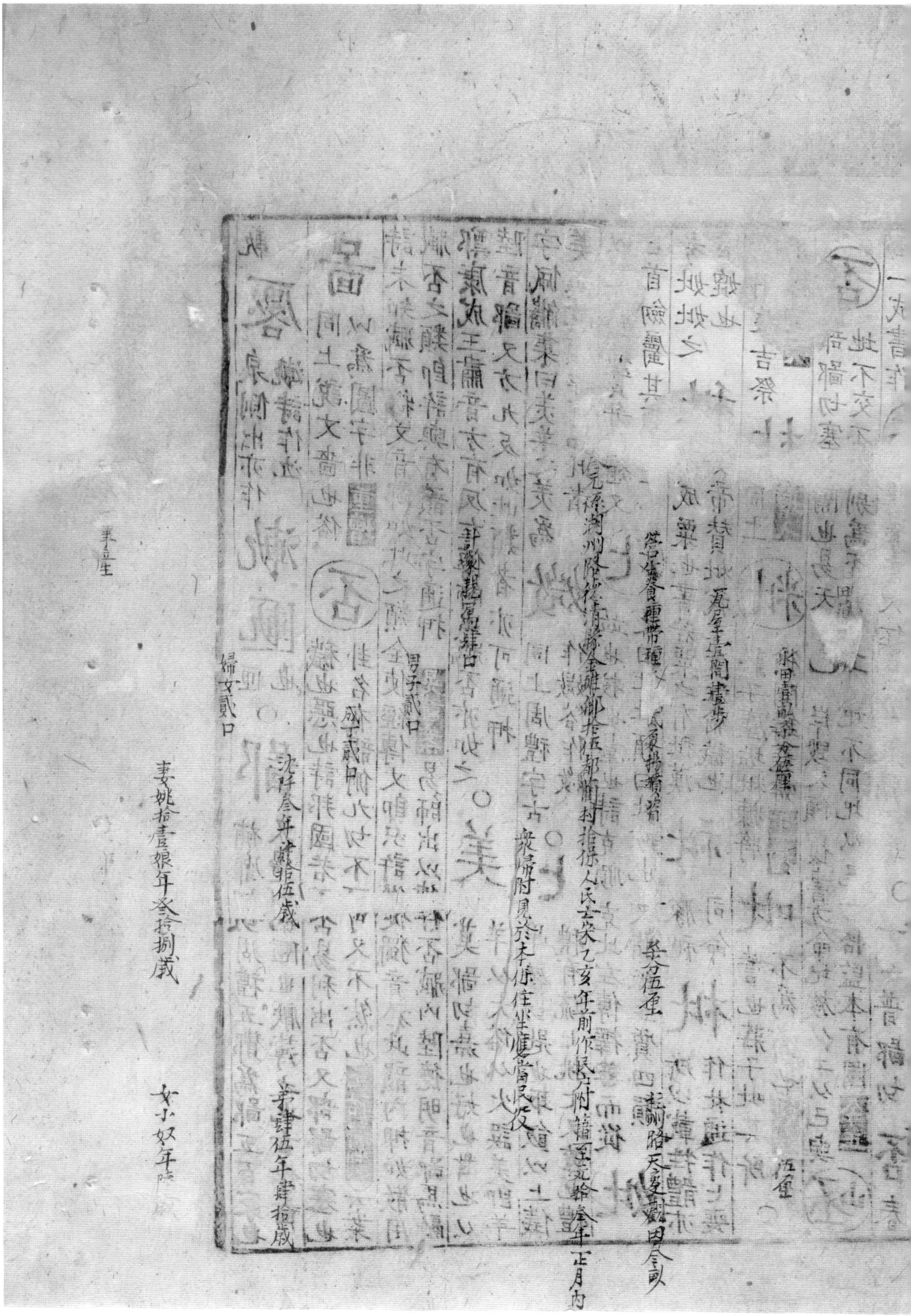

秋田壹畝寄住人在家屋
瓦屋壹間壹步
營生養種帶種
桑合伍畝
元係湖州路德清縣金鵝鄉拾伍都前村拾保人氏亡宋乙亥年前作民户附籍至元拾叁年正月内
歸附見於本保住坐應當民役
男子貳口
沈仔叁年柒拾伍歲
弟肆伍年肆拾歲
婦女貳口
事產
妻姚拾壹娘年叁拾捌歲
女小奴年陸歲

弟保兒[illegible]歲

弟李旺年[illegible]歲

婦女肆口

母沈肆娘年肆拾歲

妹阿肆娘年壹拾陸歲

妹阿伍娘年壹拾貳歲

妹阿陸娘年叁歲

事產

陸地陸分

瓦屋壹間半

船壹隻

營生佃田

一戶王福系元係湖州路德清縣金鵝鄉拾伍都[illegible]首村人氏亡宋[illegible]民戶附籍至元

男觀保年叁歲
水田捌畝伍分
屋宇貳間壹步
船壹隻

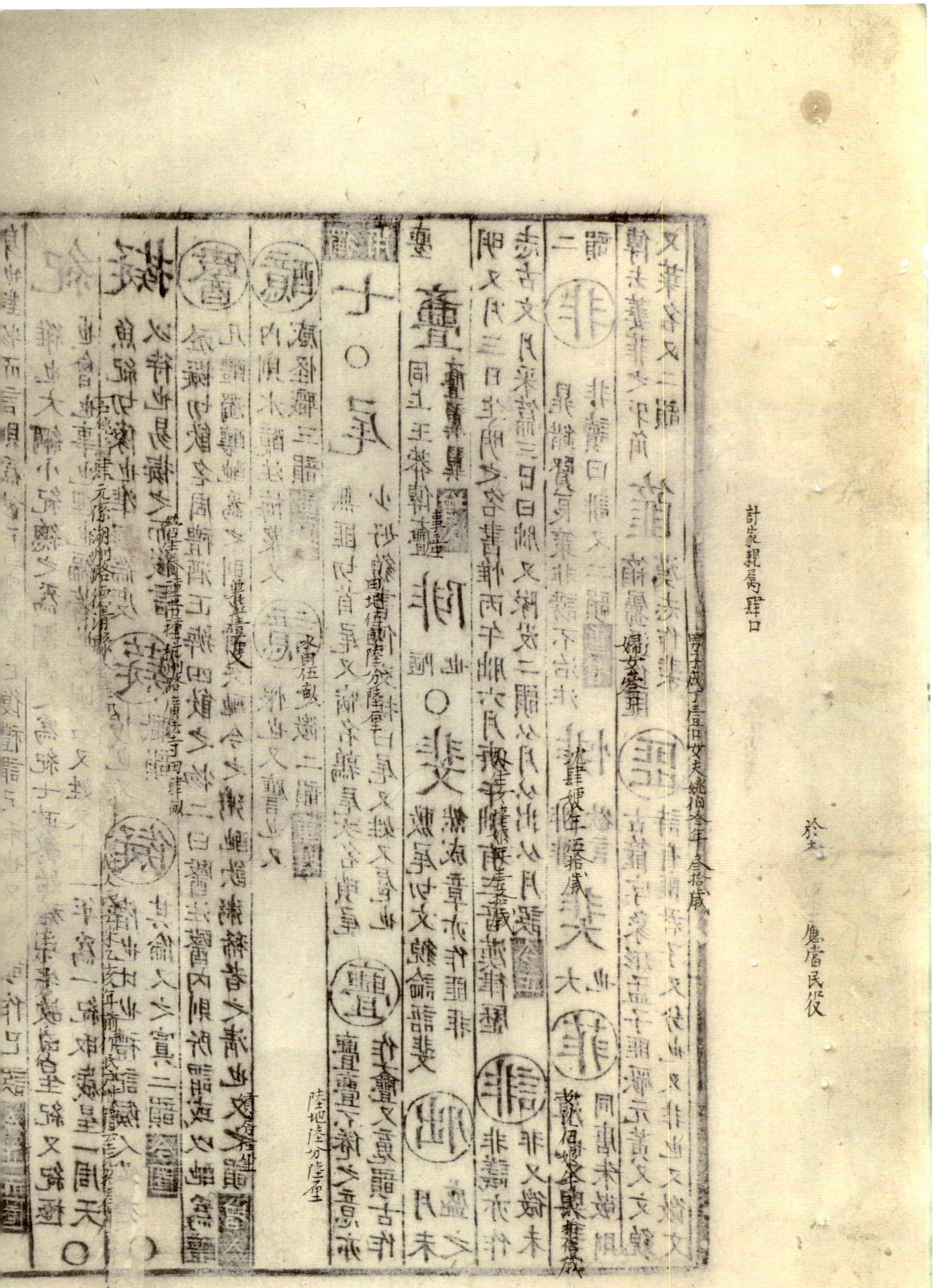
計家親屬肆口
於上
應當民役

戍丁貳口

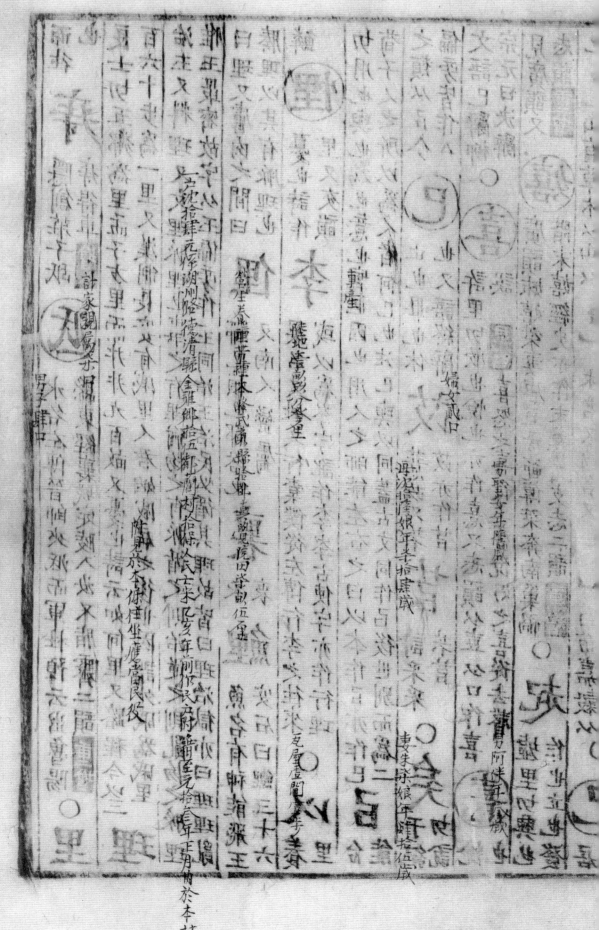

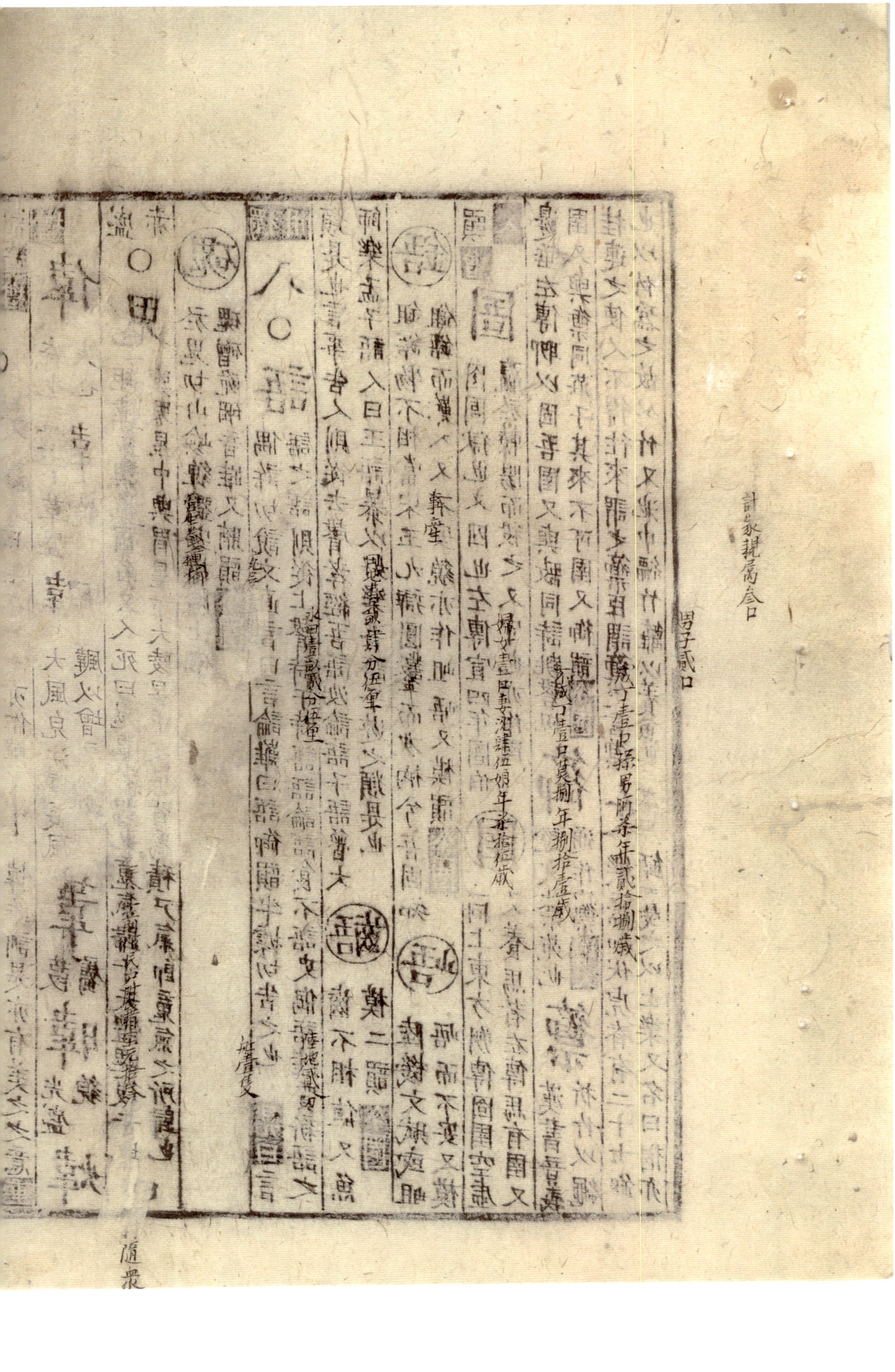

計家親屬叁口
男子貳口

至宣間

官生養種帶種同斌田陸畝伍分

恋湘州降德清紫金載鄉拾伍□□□保人民士宗乙亥年□□作民戶游籍於至元

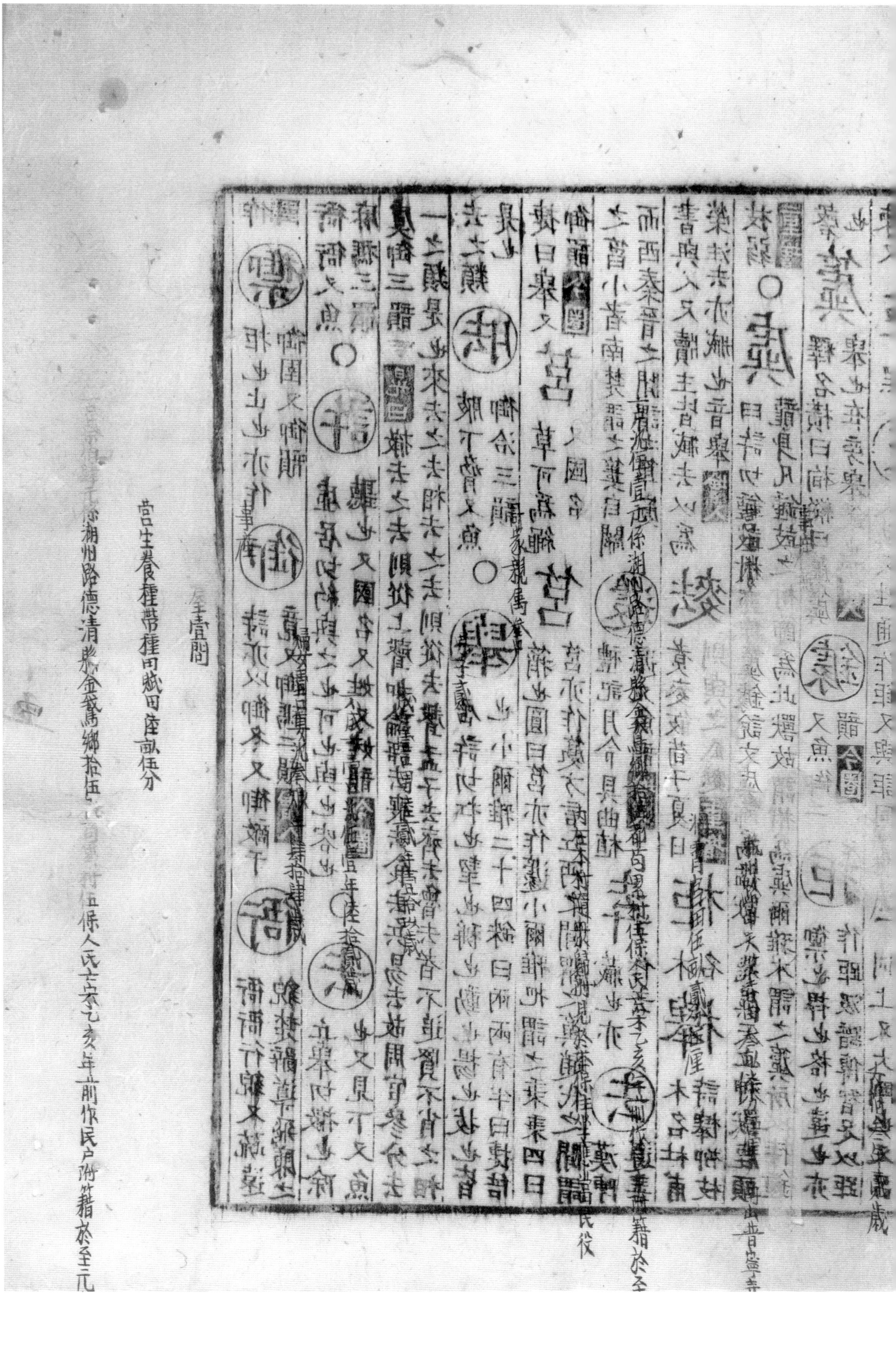

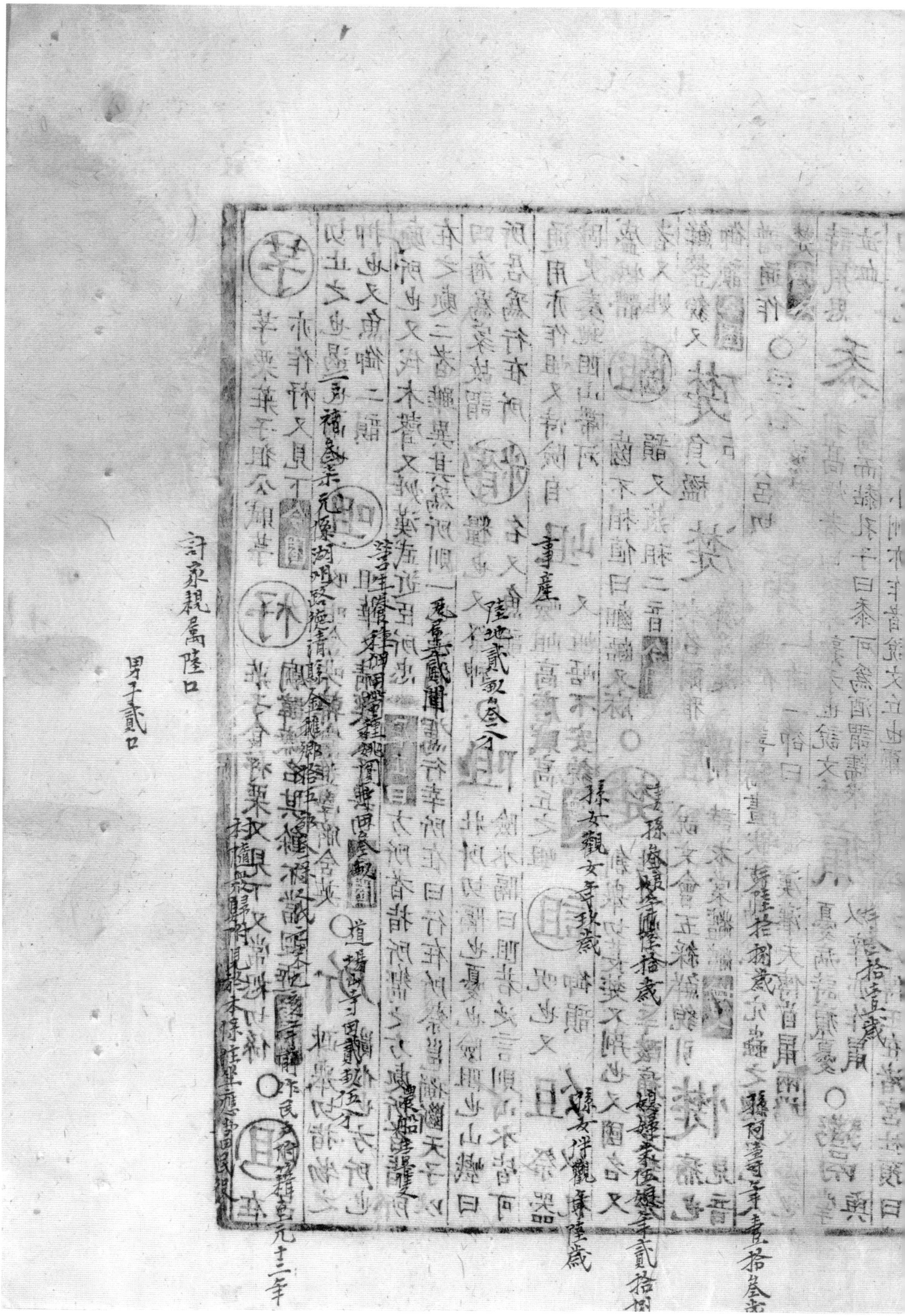

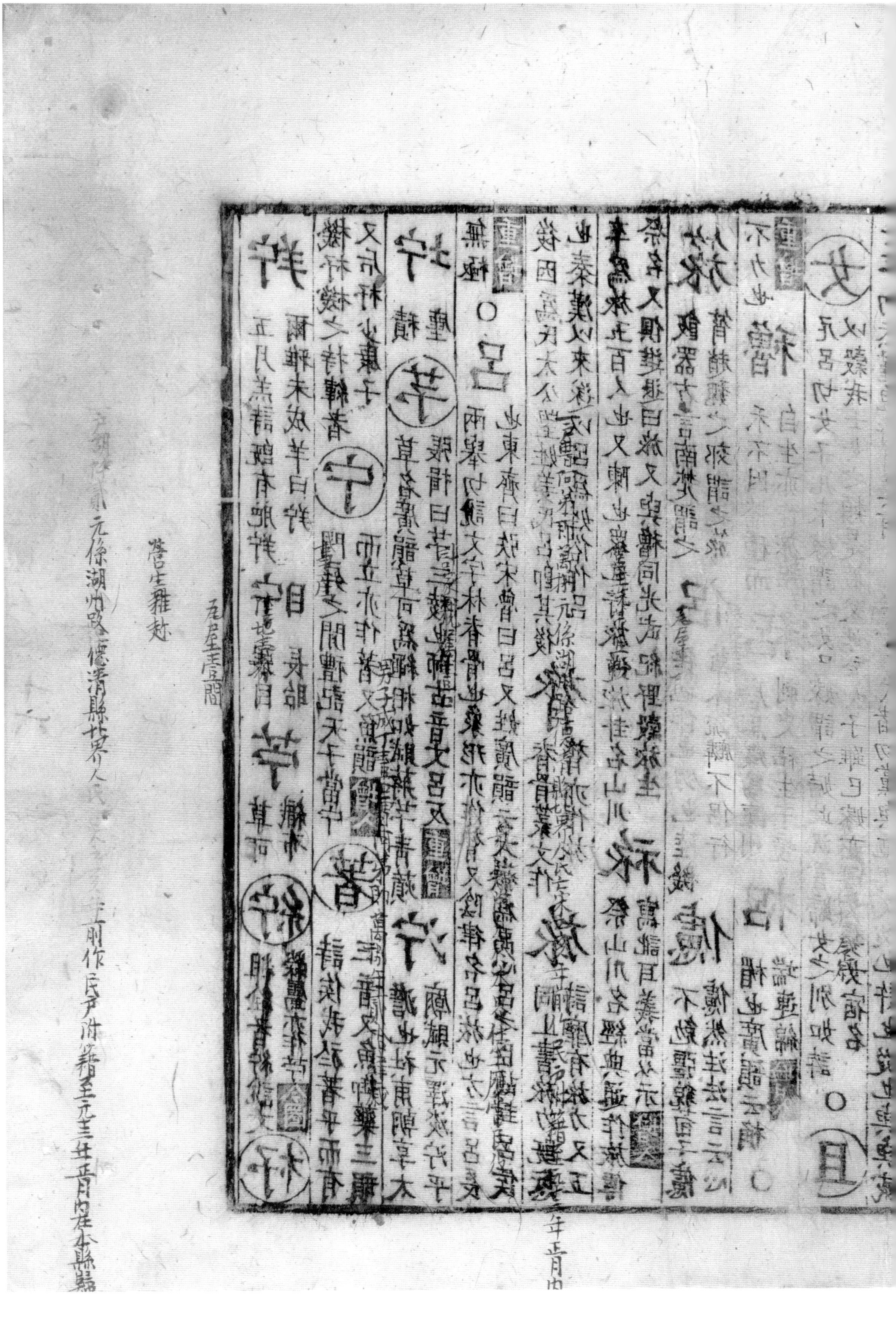
營生雜述

一户姚伯陸元係嘉興路崇德縣石門鄉人氏亡宋乙亥年前作民户附籍至元十三年

歸附至元二十二年移居湖州德清縣金鵝

都下舍村孫保馮監官河岸住居

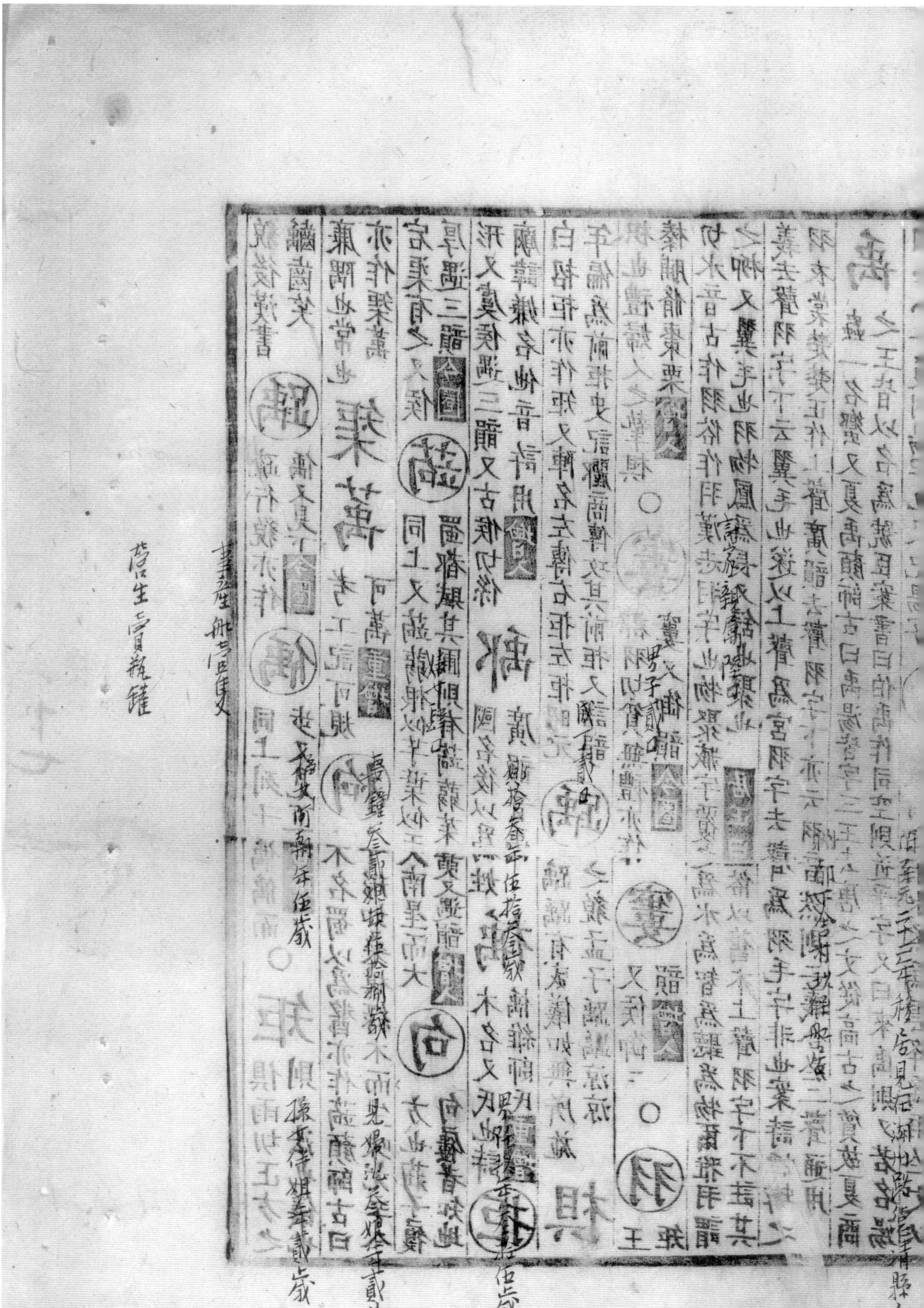

一戶姚伯陸元係嘉興路崇德縣石門鄉人氏亡宋乙亥年前民戶附籍至元十三年本處歸附

年移居湖州路德清縣金鵝鄉拾捌都下舍

水田叁畝

陸地壹畝貳分伍釐

瓦屋壹間壹步

營生養種帶種本路承東揚墳背照庵田肆畝

本縣本鄉本都朱從閭寳庵

一戶沈阡捌元係湖州路德清縣金鵝鄉拾伍都蒲村牧保人氏在亡宋乙亥年前作民戶附籍至元拾叁年十二月內

計家親屬伍口

男子成丁叁口

沈阡捌年叁拾陸歲

妻許政娘年叁拾叁歲

男阡拾伍年貳拾壹歲

男婦周壹娘年壹拾玖歲

妹多娘年壹拾柒歲

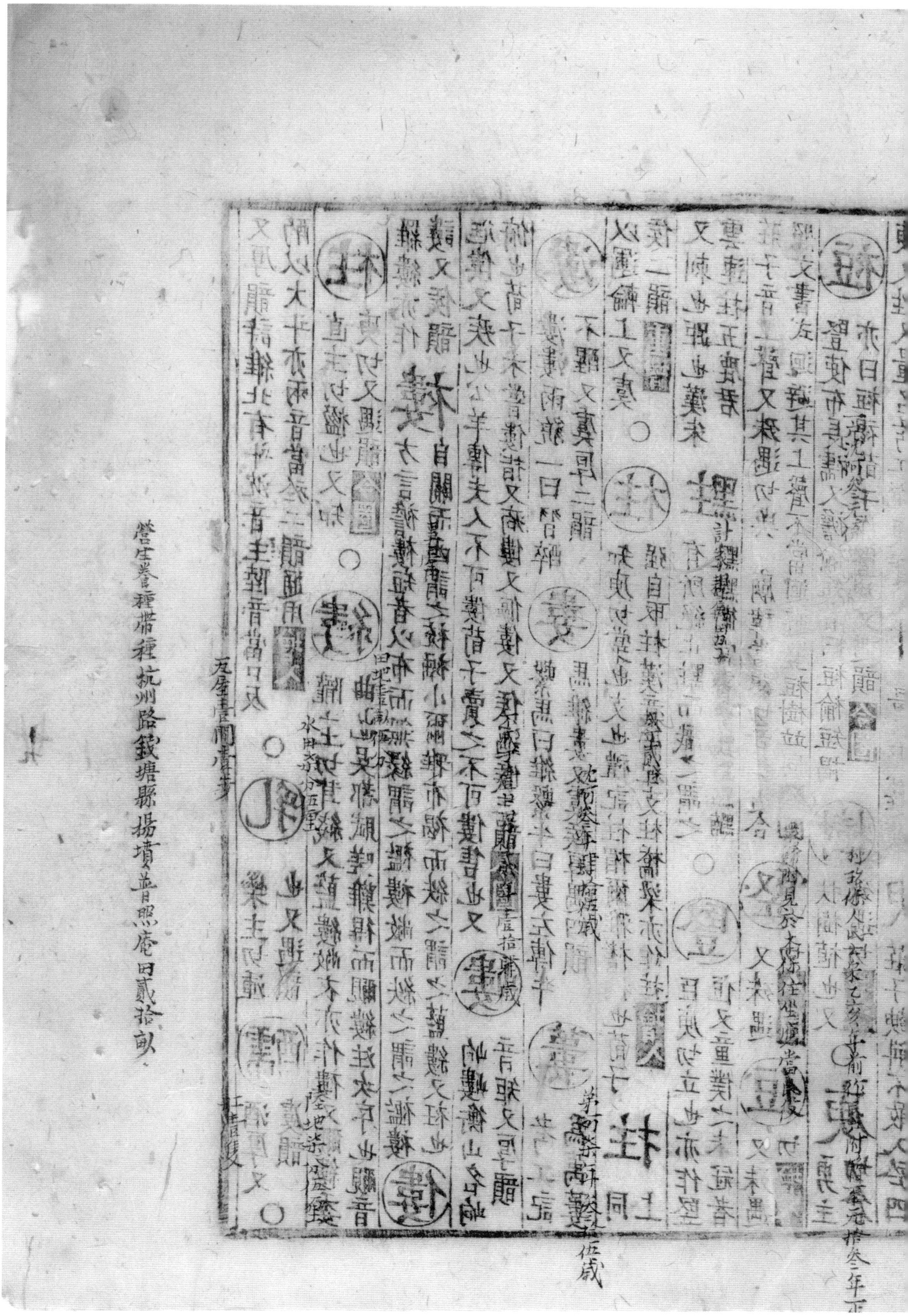
杭州路錢塘縣揚墳普照庵田貳拾畝

母朱拾伍娘年陸拾壹歲　　姐姚貳娘年叁拾柒歲

阿吾年壹拾壹歲　　妻沈肆娘年貳拾歲

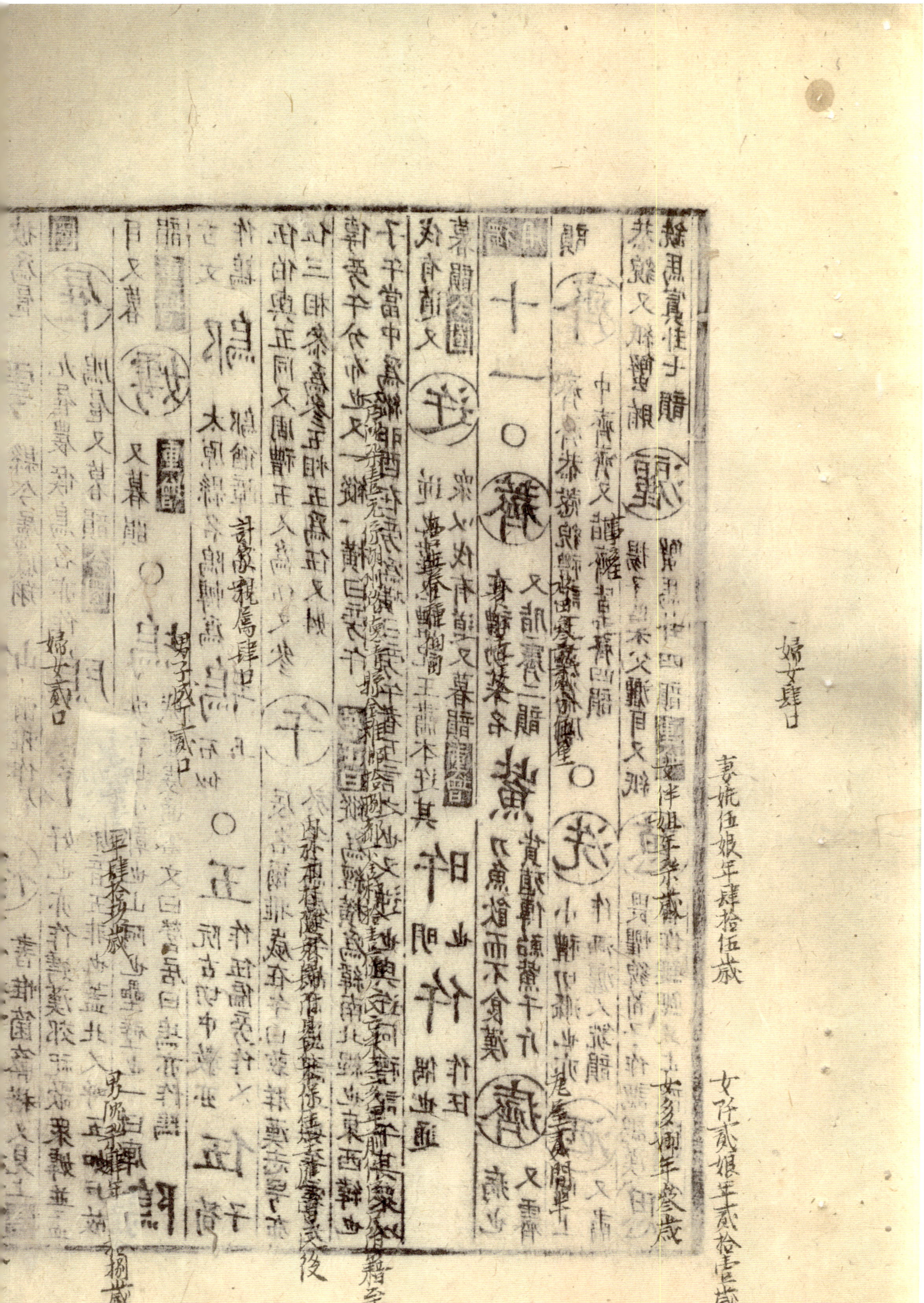
婦女肆口
妻姚伍娘年肆拾伍歲
女阡貳娘年貳拾壹歲
女伴姐年柒歲
女多娘年參歲
籍至元
後
親屬肆口
男子貳口
婦女貳口

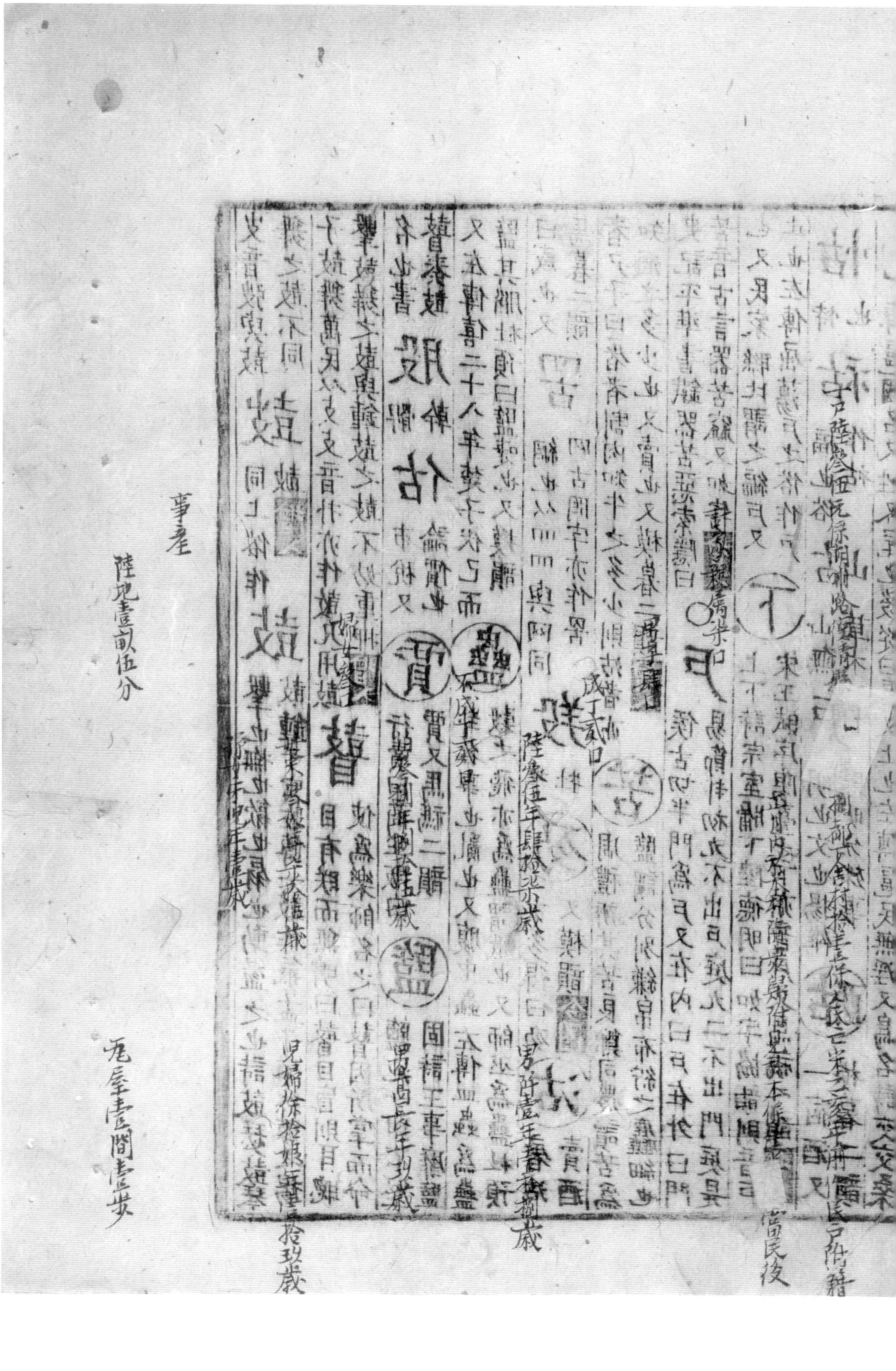
事產
陸地壹畝伍分

兒婦周陸娘年肆拾捌歲　孫女阿妹年壹拾壹[illegible]

事產

地壹畝　草屋壹間壹厦

一戶范阿捌元係湖州路德清縣金鵝鄉拾捌都[illegible]民戶附籍

[illegible]生產[illegible]

男[illegible]貳年[illegible]拾[illegible]歲

男捌[illegible]年[illegible]拾肆歲

男[illegible]年[illegible]拾歲

計家親屬伍口

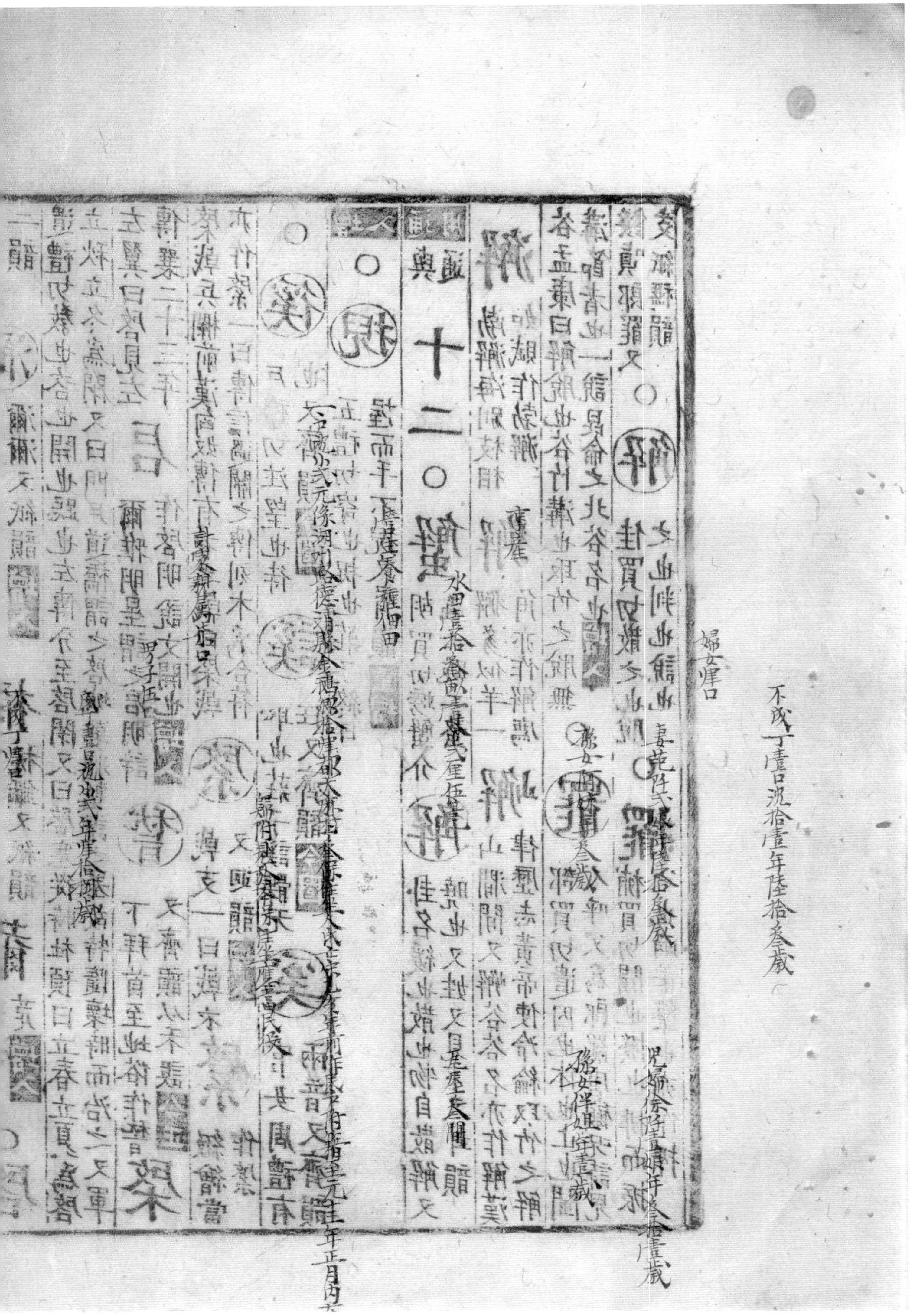
不成丁壹口沈拾壹年陸拾叁歲
婦女肆口
妻范伍娘年陸拾叁歲
兒婦徐好娘年叁拾壹歲
孫女伴姐年壹歲
元係湖州路德清縣金鵝鄉
男子貳口

不成丁壹口男伯洋年壹拾□歲

婦女叁

婦女叁口

母親張荣娘年陸拾歲

妻金叁娘年肆拾歲

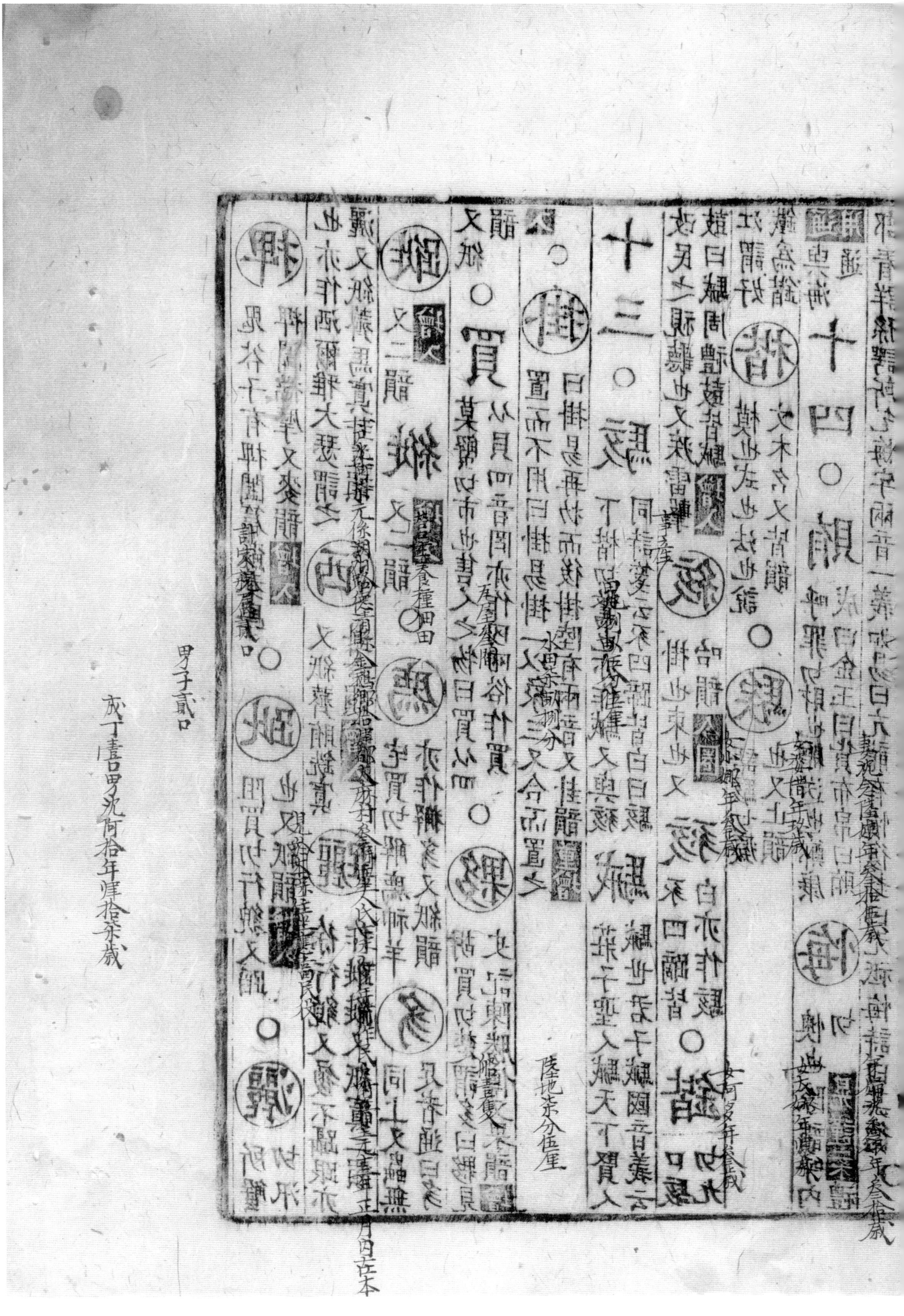
男子貳口
陸地柒分伍厘

男子貳口

成丁壹口男伍捌年叁拾肆歲

不成丁壹口[illegible]年[illegible]拾[illegible]歲

戶附籍至元十三年正月

男沈阿拾年叁拾叁歲

沈阿叁年陸拾叁歲

孫男沈阿娜年伍歲

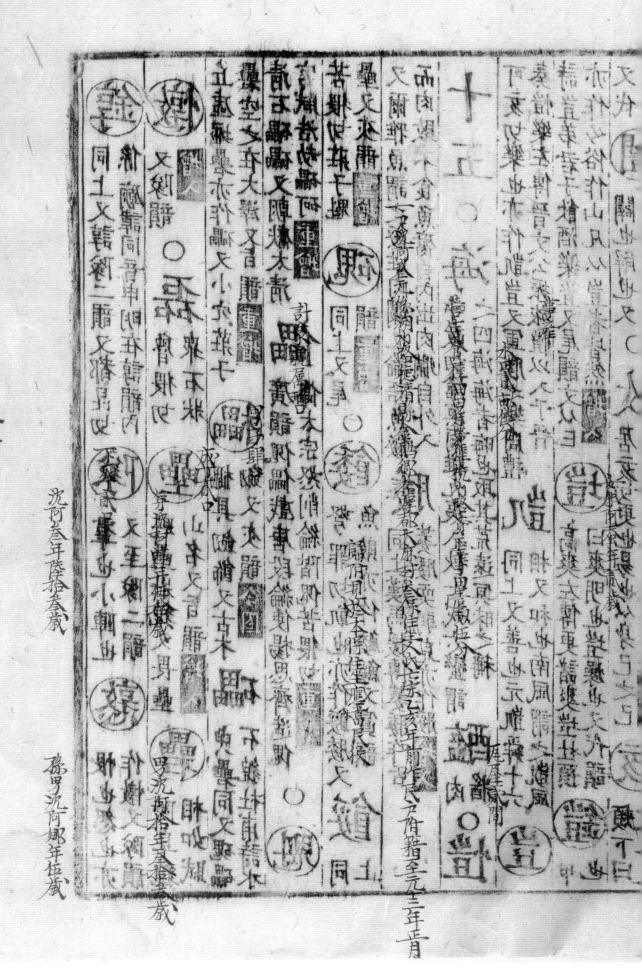

婦女伍口

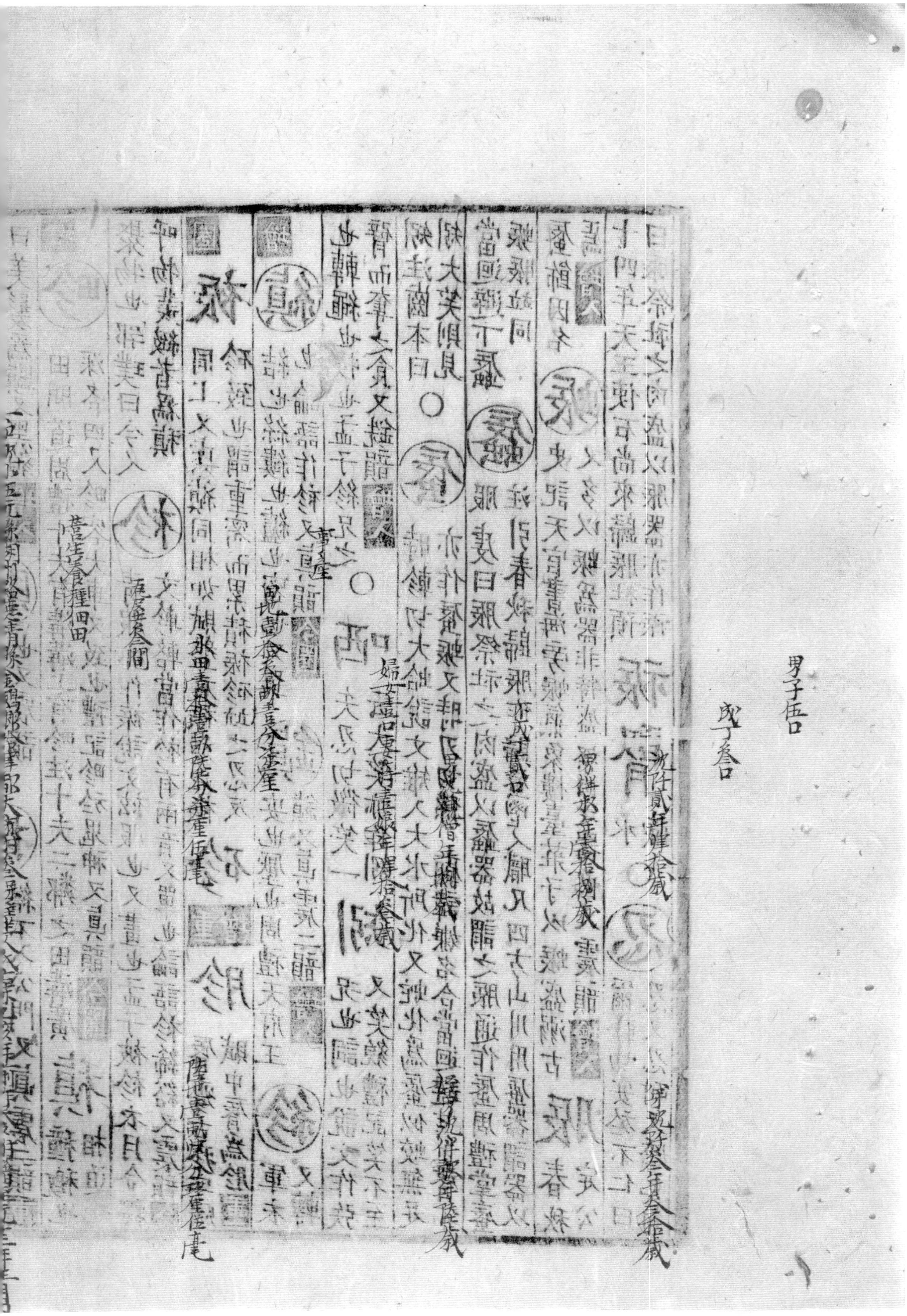
男子伍口
成丁叁口

事產

地滝壹畝柒分伍厘

陸地壹畝叁分伍厘　水滝伍分

房住坐

……拾伍元係湖州路德清縣……界住坐，亡宋乙亥年前係民戶，附籍至元拾叁年分在本縣隨衆歸附

計家親屬陸口

男子貳口

成丁壹口　本身年叁拾陸歲

不成丁壹口　男梁尚保年伍歲

婦女肆口

母親陳壹娘年陸拾叁歲

妻沈伯壹娘年叁拾柒歲

小女阿妹年柒歲
營生雜趁

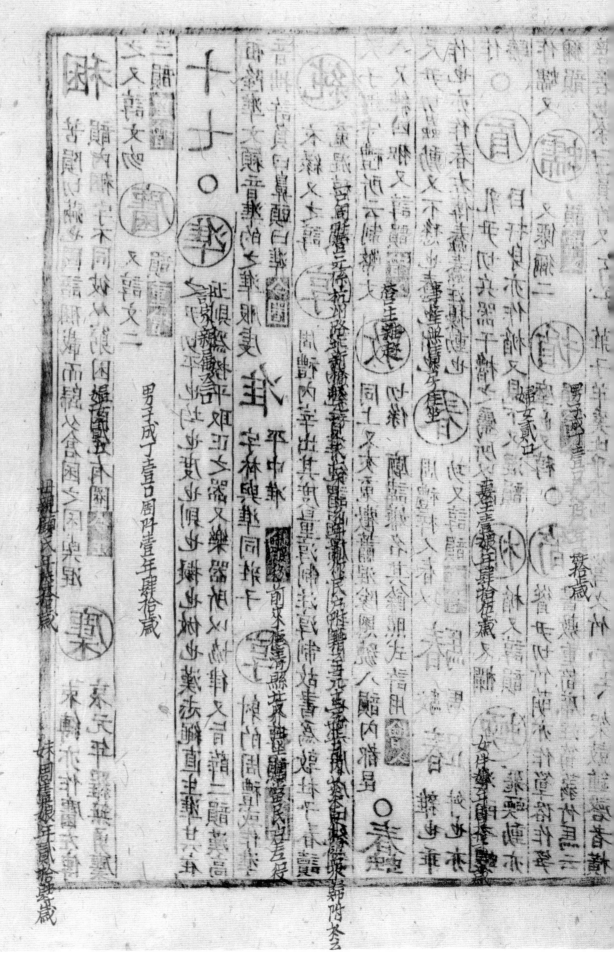

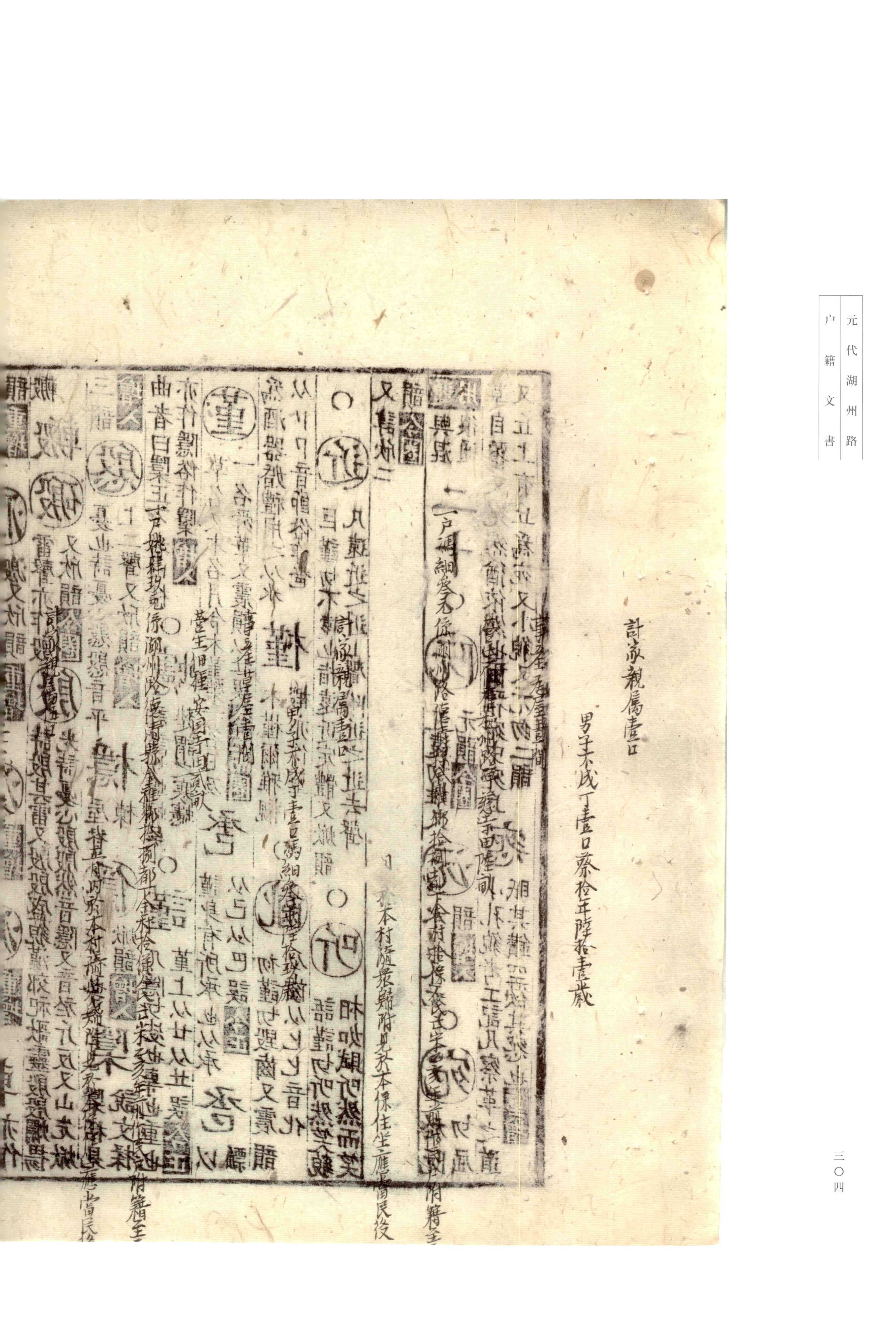

計家親屬壹口

男子不成丁壹口蔡捨年陸拾壹歲

於本村隨衆歸附見於本保住坐應當民役

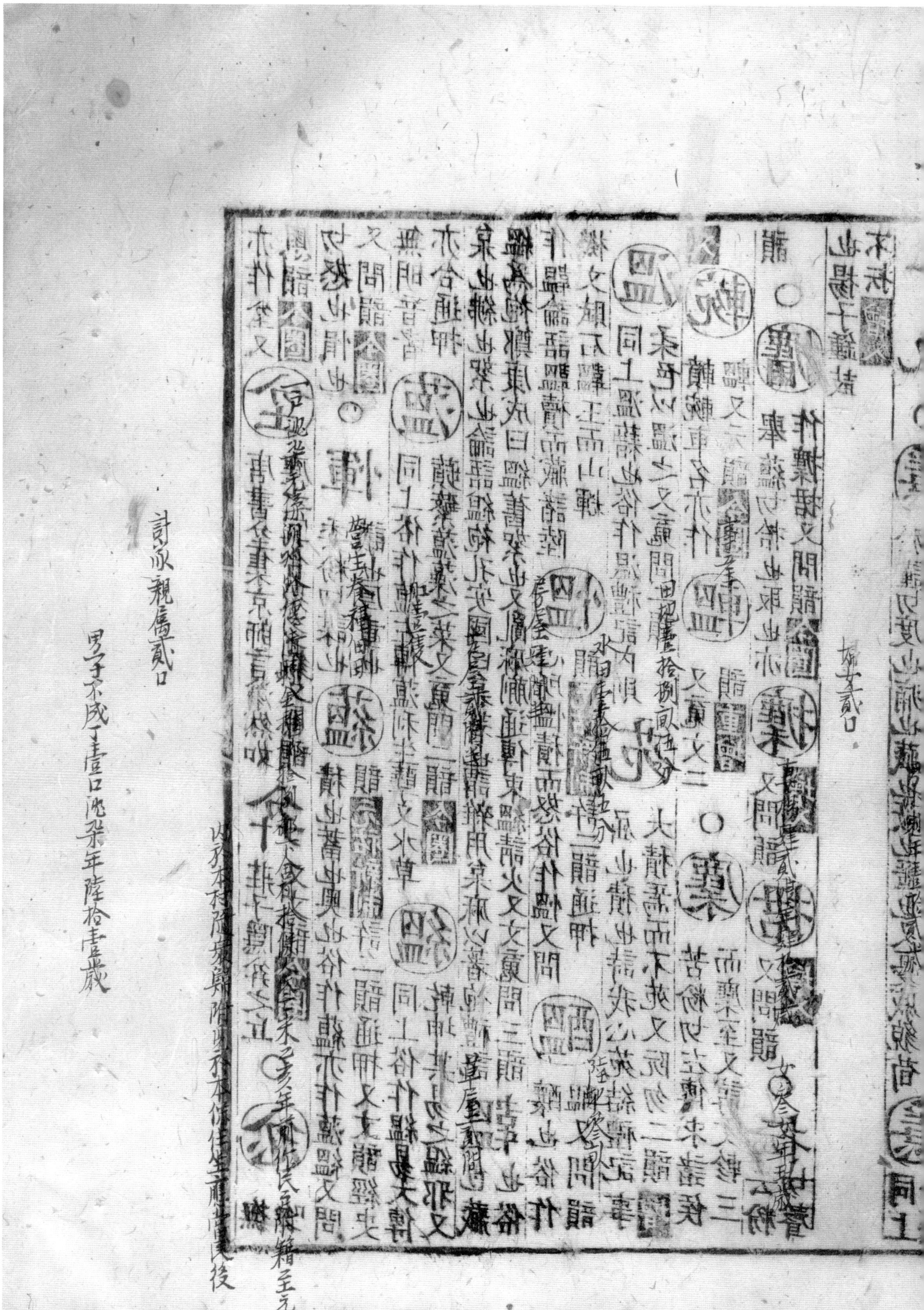

一戶謝肆陸元係湖州路德清縣金鵝鄉拾捌都皇土村捌保人氏亡宋乙亥年前民戶附籍至

三年正月内於本村隨衆歸附見於本保住坐應當

計家親屬叁口

男子不成丁壹口

謝肆陸年陸拾貳歲

田地伍畝伍分肆釐伍毫

水田伍畝伍分

蕩地陸釐

瓦屋壹間

營生養種爲由

一戶沈拾貳元係湖州路德清縣金鵝鄉拾捌都皇土村捌保人氏亡宋乙亥年前民戶附籍至

三年正月内於本村隨衆歸附見於本保住坐應當民

計家親屬貳口

男子不成丁壹口　沈拾貳年陸拾玖歲

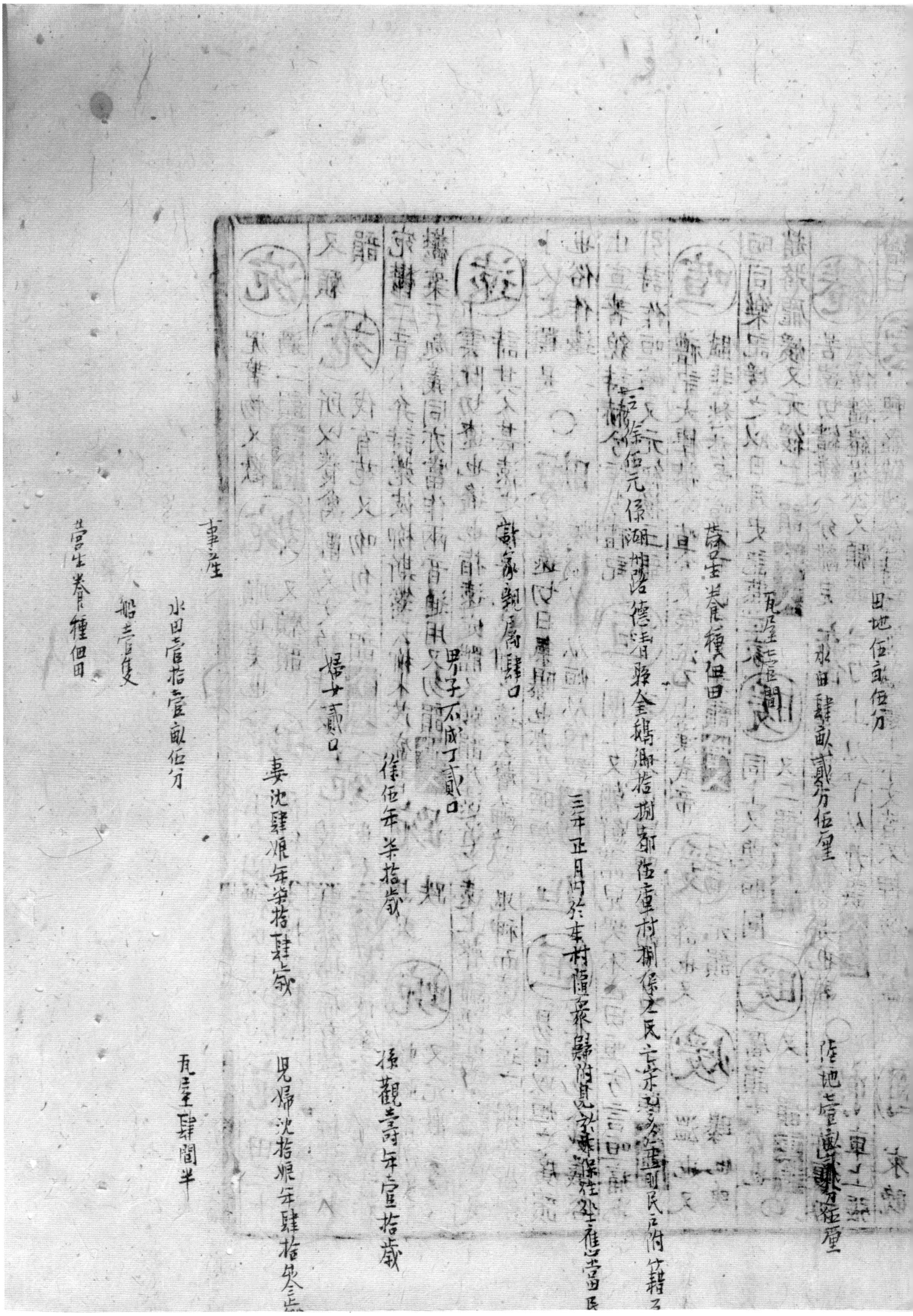
田地伍畝伍分
事產
船壹隻
營生養種佃田
婦女貳口
男子不成丁貳口

一户高定奴貳元係湖州路德清縣金鵝鄉拾叁都伍保蘇林村人氏亡宋乙亥年前作民户附籍至元十三年在本村随衆歸附

在本保住坐應當民役

一户陸貴臣元係湖州路德清縣金鵝鄉拾叁都伍保蘇林村人氏亡宋乙亥年前作民户附籍至元十三年在本村随衆歸附

本保住坐應當民役

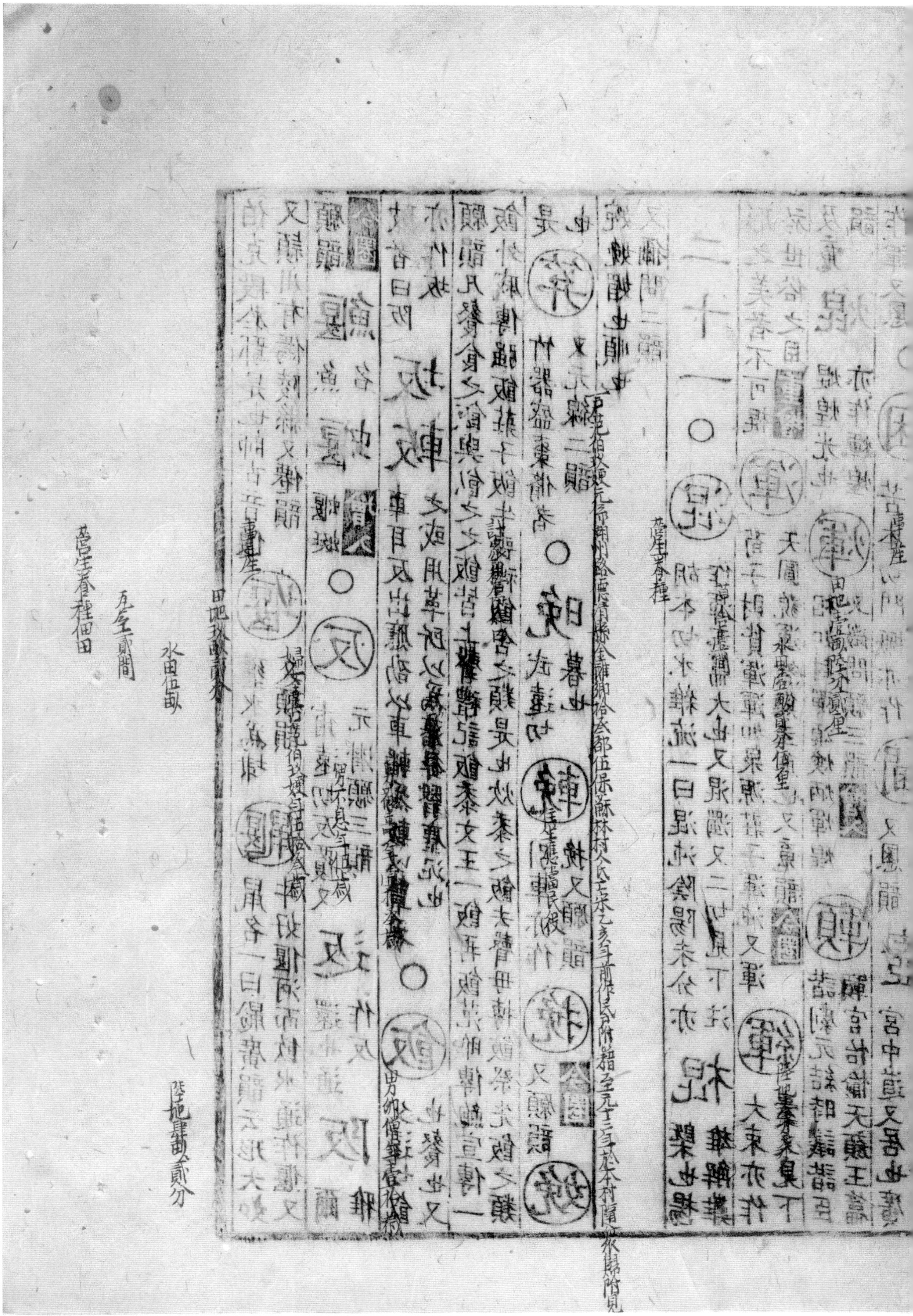

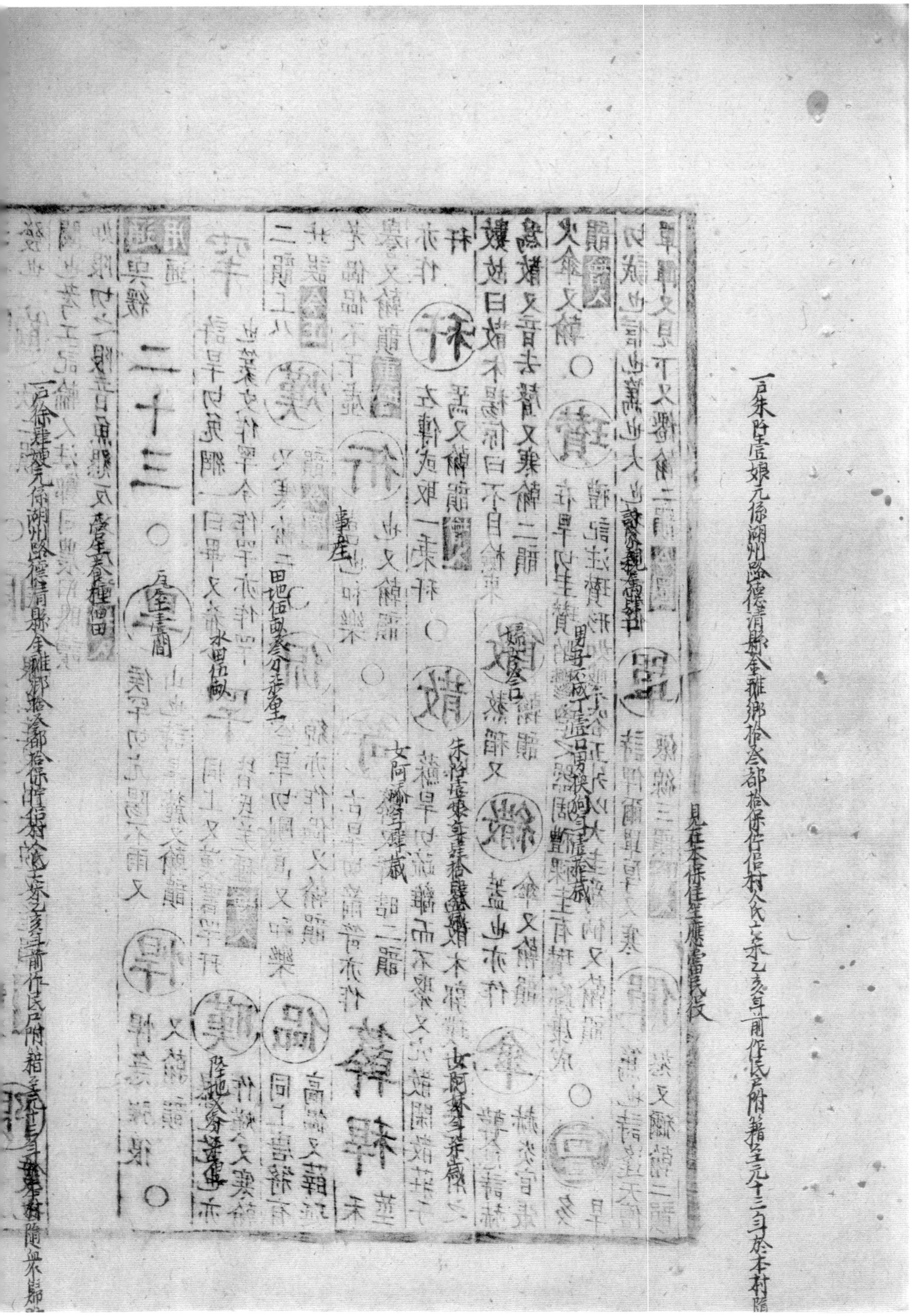

一戶朱阿壹娘元係湖州路德清縣金雞鄉拾叁都拾保竹信村人氏亡宋乙亥年前作民戶附籍至元十三年於本村隨

見在本保住坐應當民役

一戶徐□娘元係湖州路德清縣金雞鄉拾叁都拾保竹信村人氏亡宋乙亥年前作民戶附籍至元十三年於本村隨□□歸□

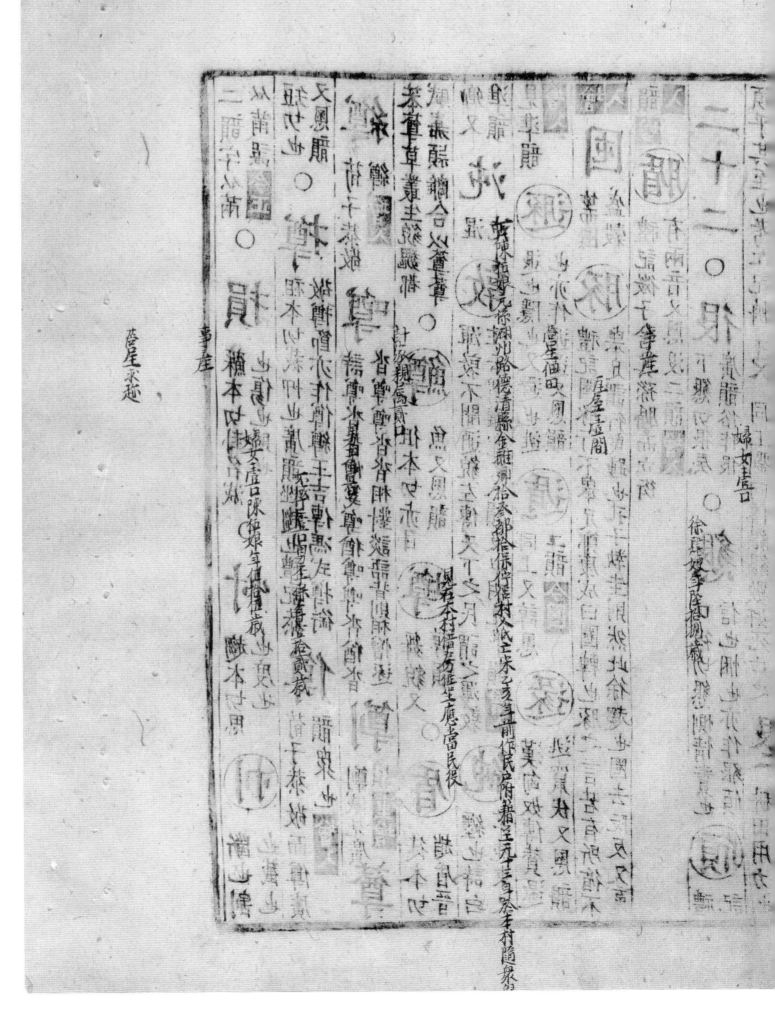

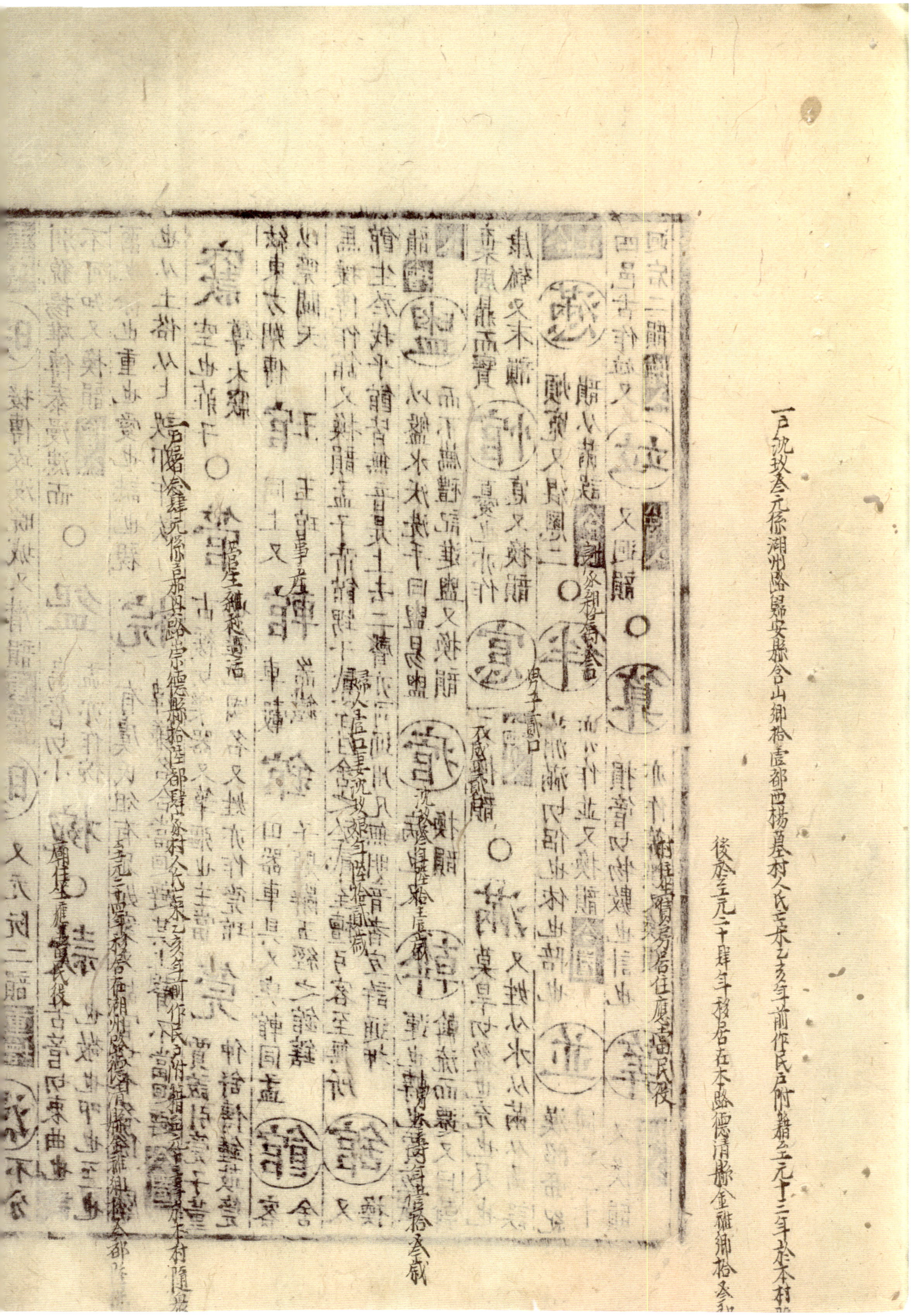
一戶沈玖叁元係湖州路歸安縣含山鄉拾壹都西楊墓村人氏，亡宋乙亥年前作民戶附籍，至元十二年於本村
後於至元二十肆年移居在本路德清縣金鵝鄉拾叁都

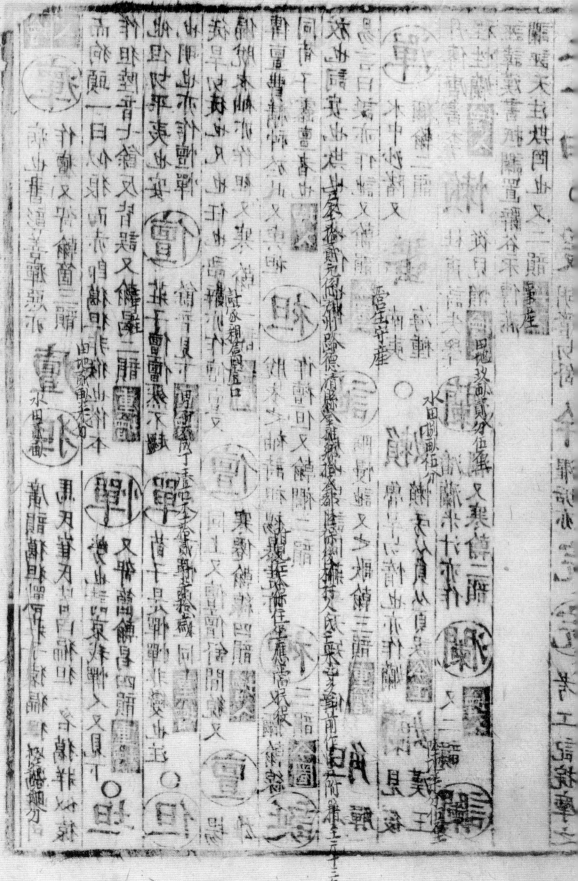

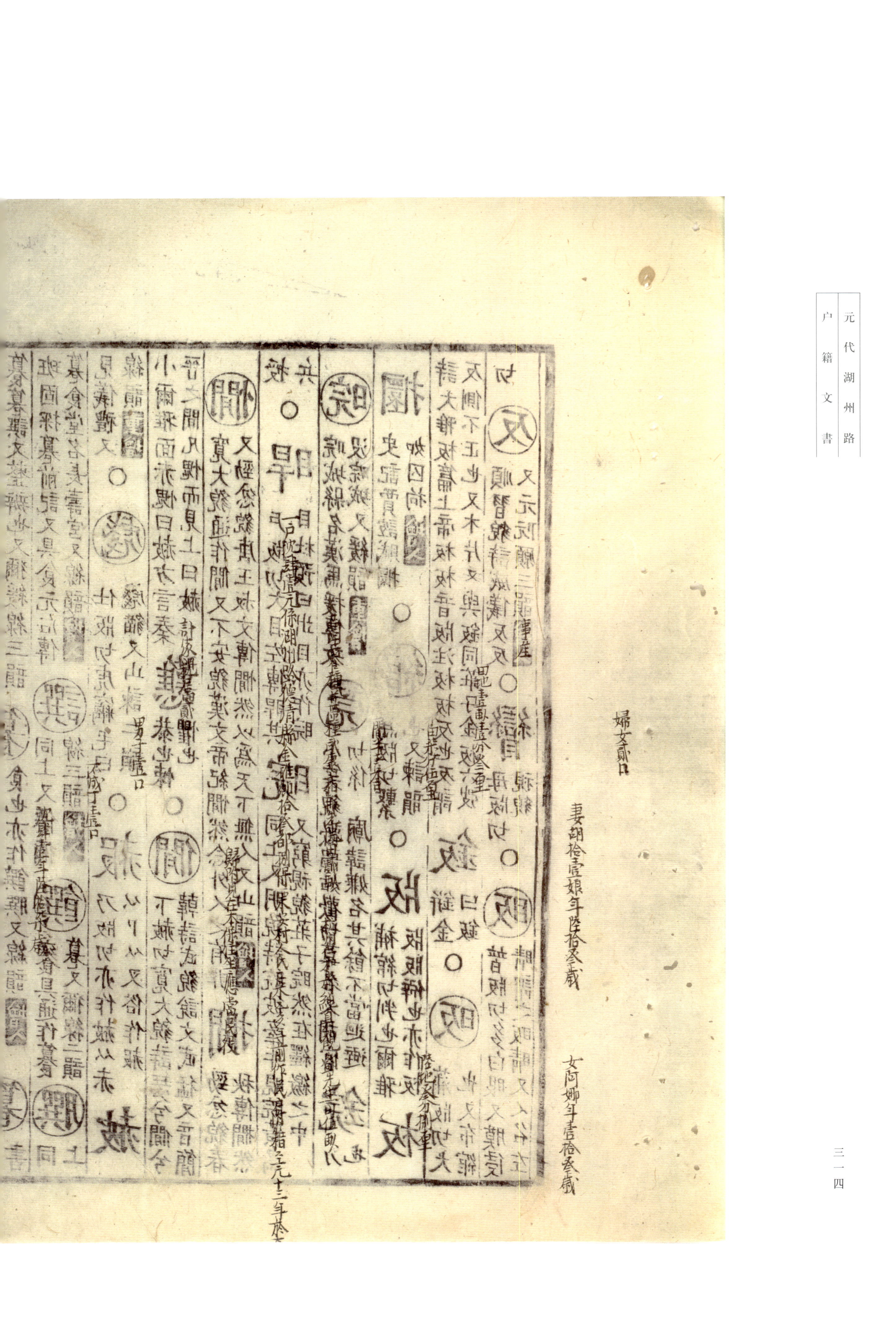

婦女貳口

妻胡拾壹娘年陸拾叁歲

女阿娜年壹拾叁歲

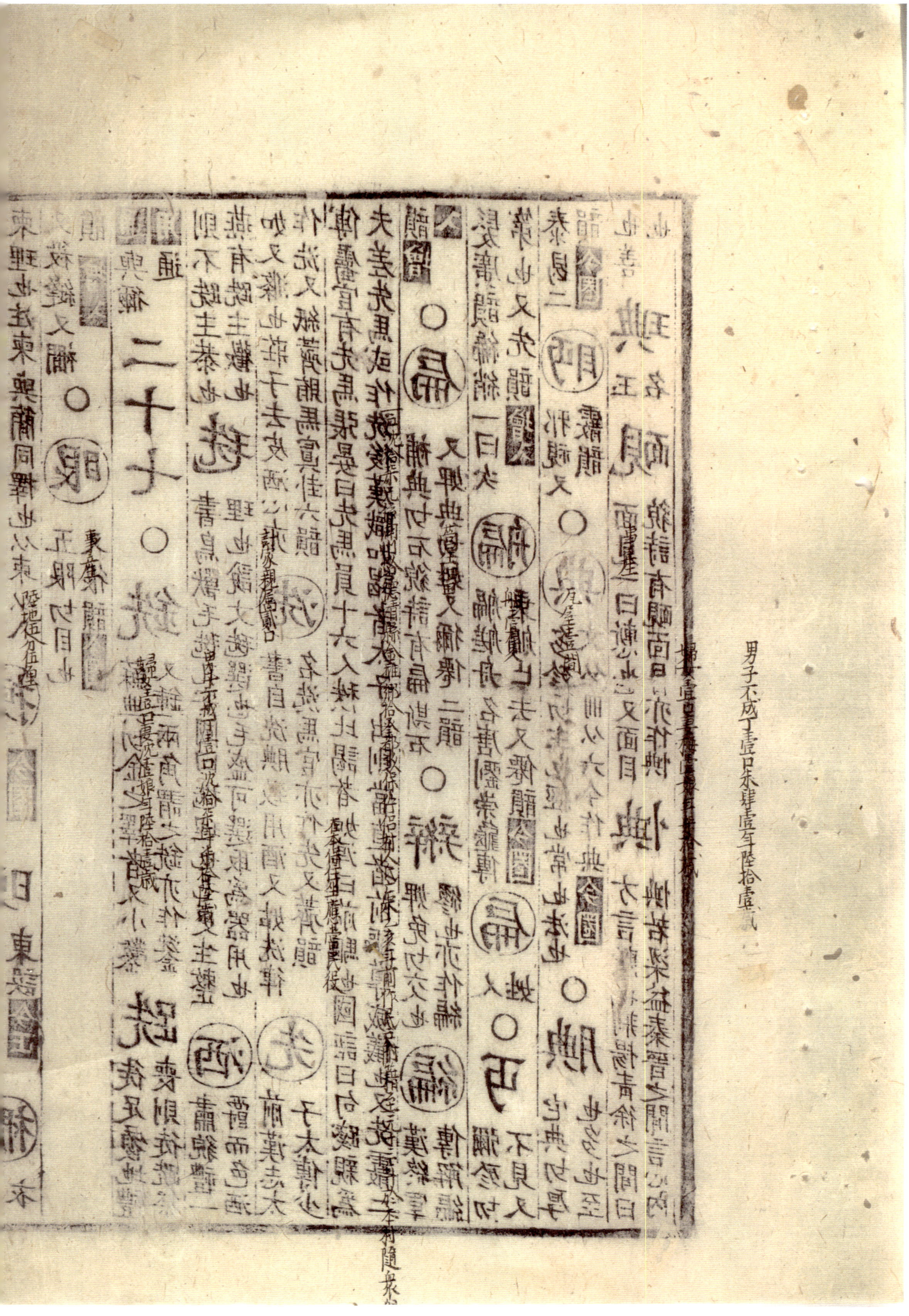

婦女壹口[illegible]

男子不成丁壹口朱肆壹年陸拾壹歲

詩家親侶壹口
男子不成丁壹口沈捌壹年陸拾伍歲
事産
歸附見在本保住坐應當民役

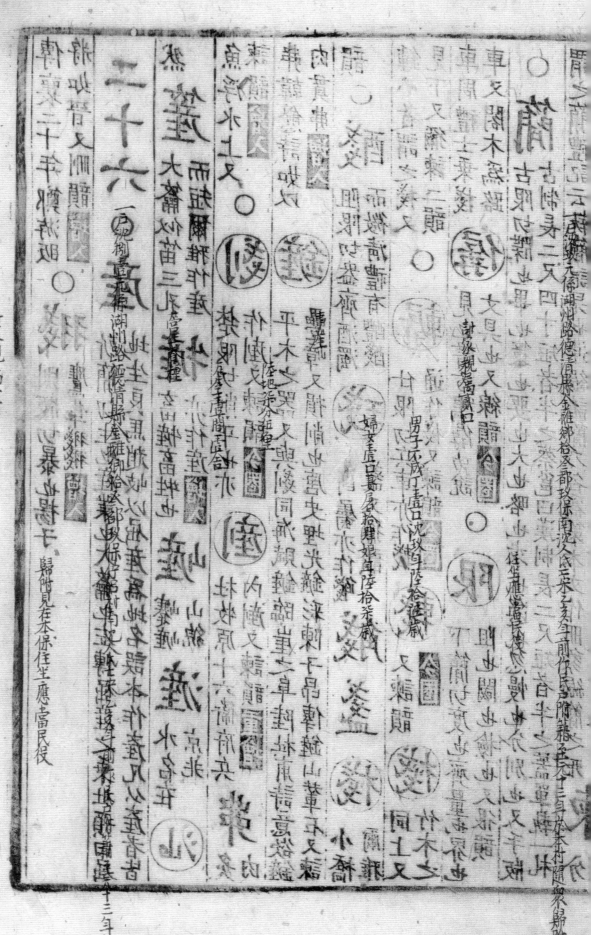

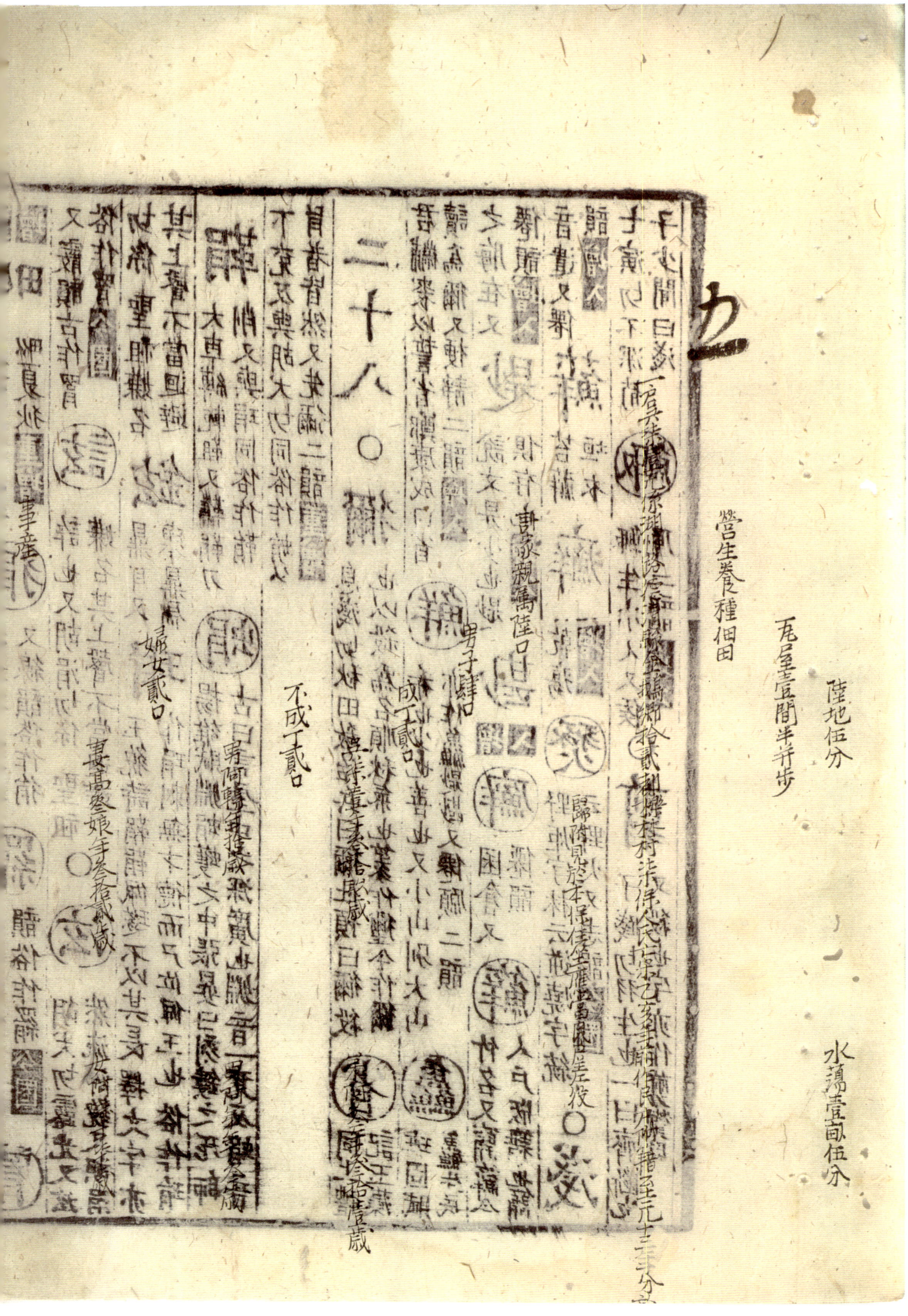
立
歸附見於本保住坐
計家親屬陸口
男子肆口
成丁貳口
不成丁貳口
婦女貳口
妻高叁娘年叁拾貳歲
營生養種佃田
瓦屋壹間半并步
陸地伍分
水蕩壹畝伍分

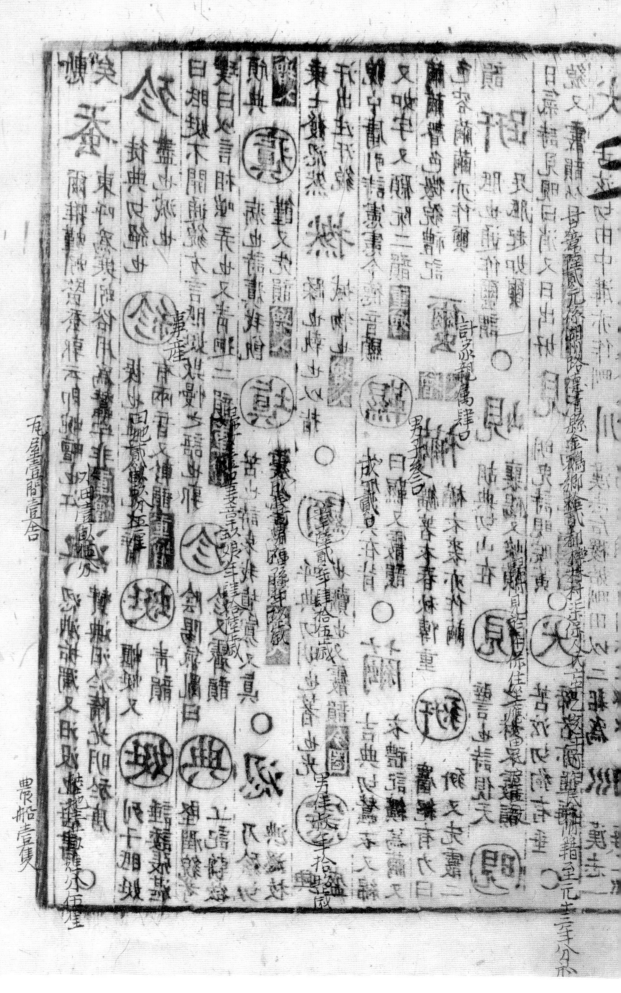

陸地壹畝叁拾壹步 … 瓦屋壹間半

一戶曹伯伍，元係湖州路德清縣金鵝鄉拾貳都林村保人氏，亡宋本家前係民戶附籍

於本村歸附，見於本保住坐，應當民役

計家親屬貳口

男子成丁壹口　曹伯伍年肆拾伍歲

婦女壹口　妻沈陸娘年肆拾叁歲

小女阿鄉年伍歲

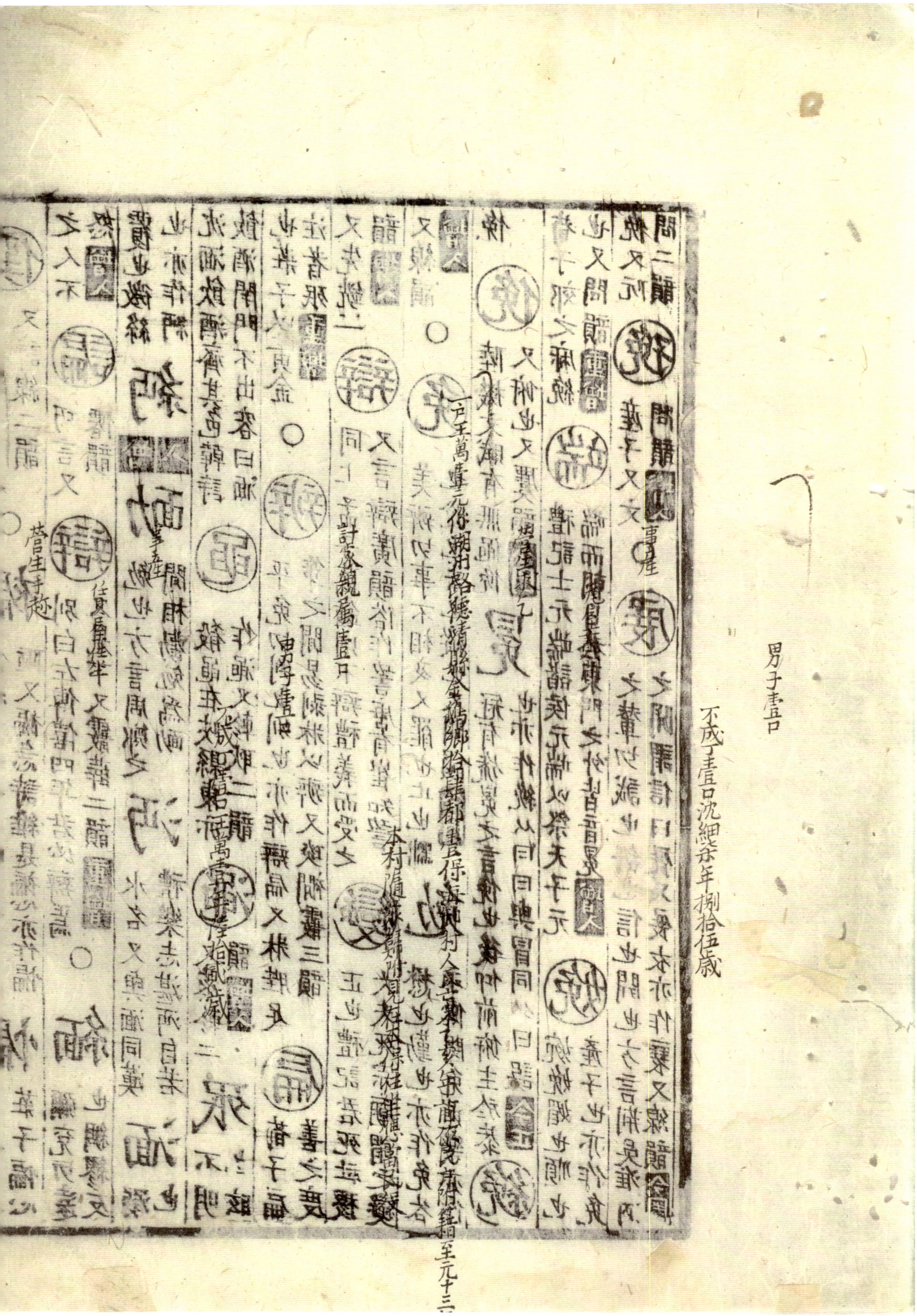
一戶王萬七元係湖州路德清縣金鵝鄉拾肆都壹保
至元十三
男子壹口
不成丁壹口沈細舍年捌拾伍歲

男阿醜年壹拾叁歲 男換兒年叁歲
婦女壹口鄧貳娘年伍拾歲
事産

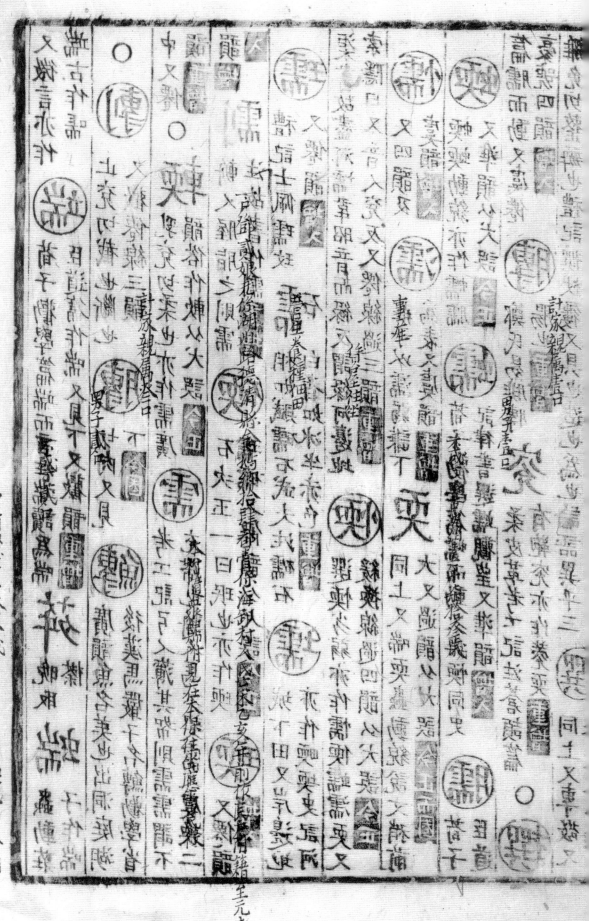

一户沈奈娘元係湖州路德清縣金鵝鄉拾肆都大麻村伍保人氏，乙亥年並前作民户附籍至元十三年十

本村歸附但在本保住坐應當民役

計家親屬貳口

婦女貳口

沈奈娘年叁拾歲

嫂嫂女年壹拾柒歲

田地壹拾柒畝叁分

水田壹拾伍畝

桑地壹畝叁分

車産
陸地貳分伍厘
營生耆種

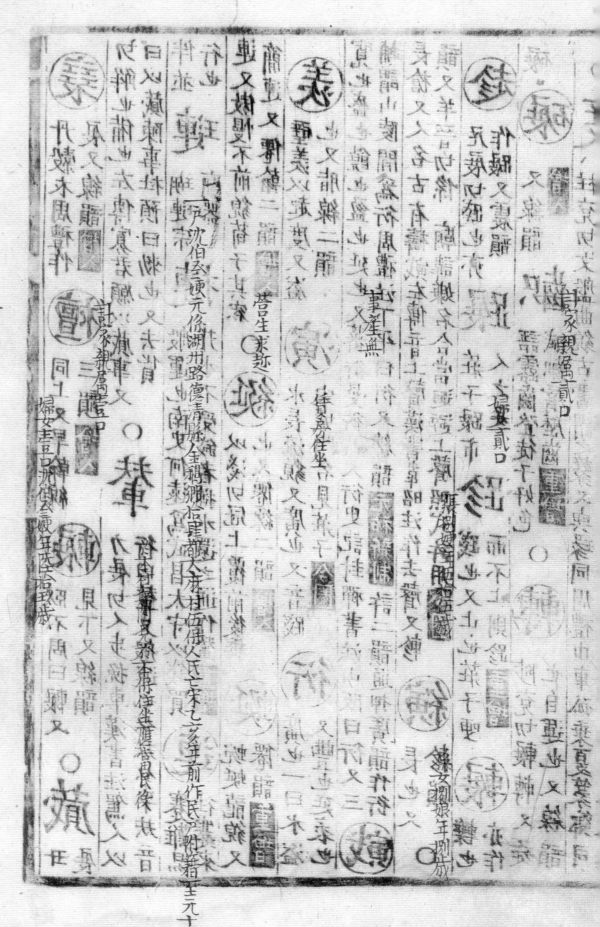

一戶沈阡玖元係湖州路德清縣金鵝鄉拾肆都大麻村第三保人氏亡宋乙亥年前作民戶附籍至元十三年

一戶……係湖州路德清縣金鵝鄉拾肆都大麻村……民戶附籍至元十三

一戶楊荼元係湖州路德清縣金鵝鄉拾肆都大麻村三保人氏，亡宋乙亥年前作民戶附籍至元十三年正月

本村歸附見於本保住坐應當民役

營生養種

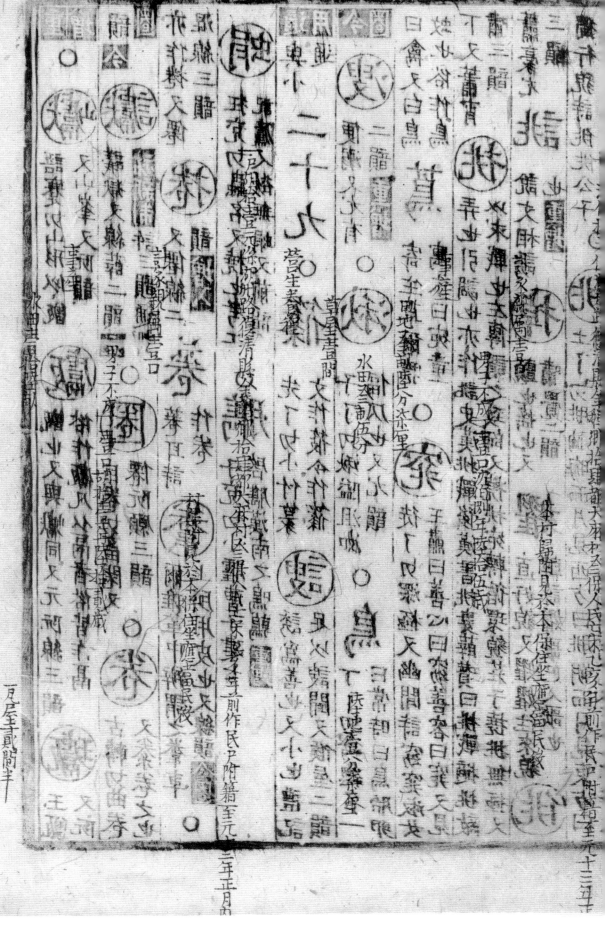

房屋貳間半

一户馮拾貳元係湖州路德清縣金鵝鄉拾捌都下舍村祐保人氏亡宋乙亥年前民户附籍至元

一户俞壹元係湖州路德清縣金鵝鄉拾捌都下舍村祐保人氏亡宋乙亥年前民户附籍至元十三年正

水田肆畝

營生養種

計家親屬壹口

男子不成丁壹口俞壹年壹拾叁歲

事產

陸地伍分

營生養種佃田

一户[illegible]元係湖州路德清縣金鵝鄉拾捌都下舍村祐保人氏亡宋乙亥年前民户附籍至元十三年

三十〇小

一戶湯昶叁元係湖州路德清縣金鵝鄉拾捌都下舍村拾保人氏亡宋乙亥年前民戶附籍至元十三年正月內

管生帶種僧田陸畝

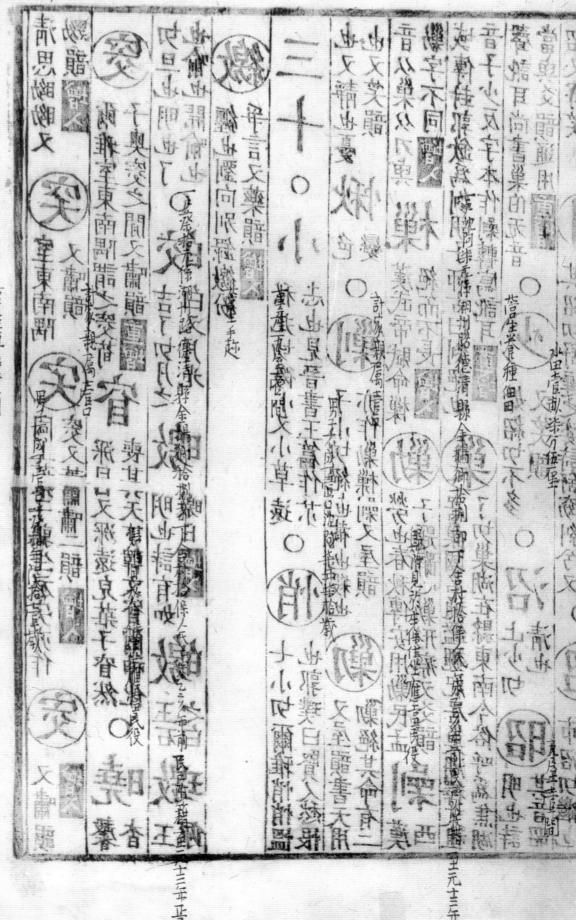

事產瓦屋壹間

一户沈陸壹元係湖州路德清縣金鵝鄉拾捌都下舍村□□□人氏亡宋乙亥年前作民户附籍至元

拾本村隨衆歸附見於本保住坐應當民役

男□□□年壹拾肆歲　女□□□年叁拾捌歲

沈陸壹年陸拾叁歲　男阿□年壹拾肆歲

妻周□娘年伍拾玖歲　女沈叁娘年貳拾捌歲

兒婦嚴叁娘年貳拾□歲　□□孫女年叁歲

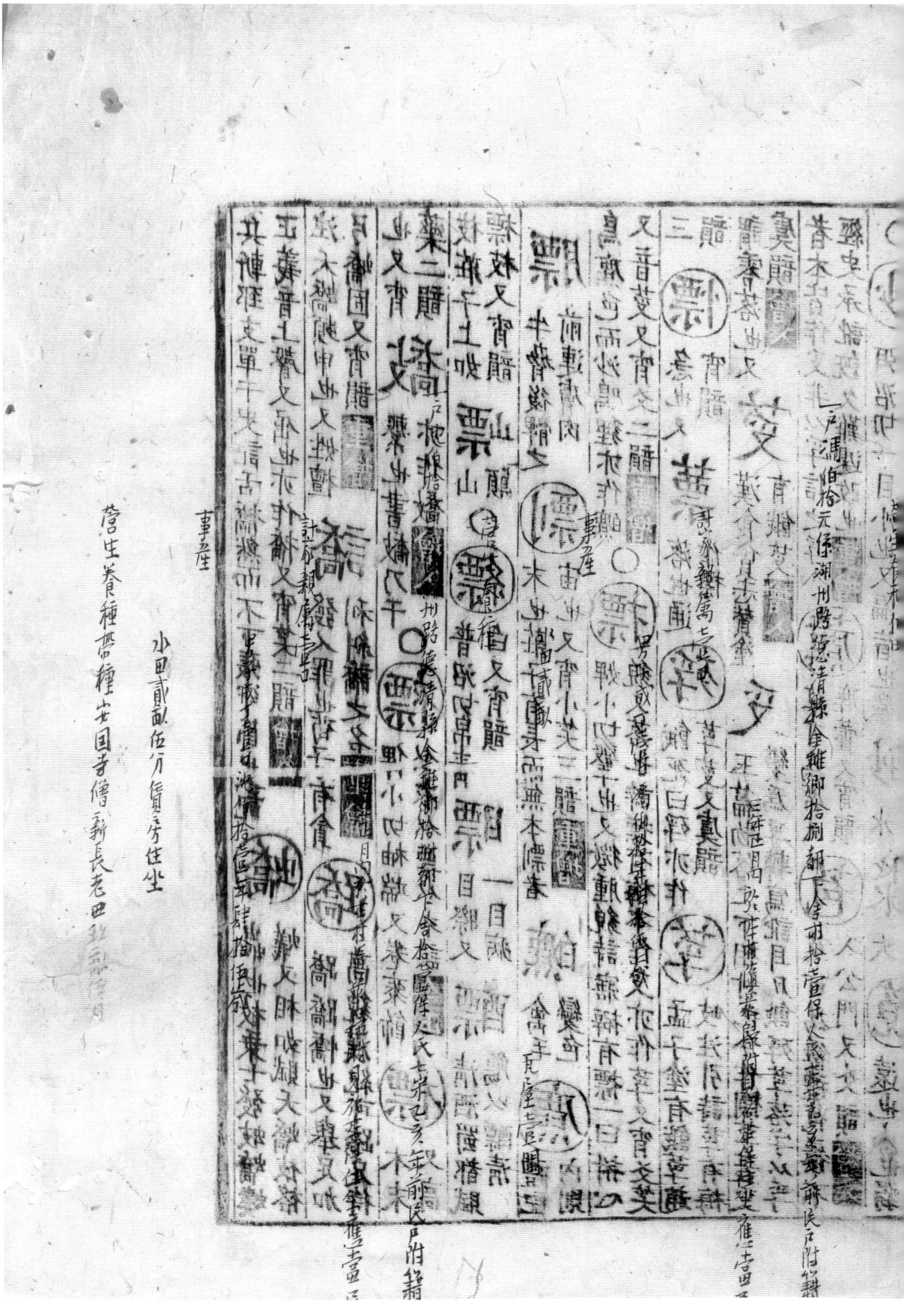

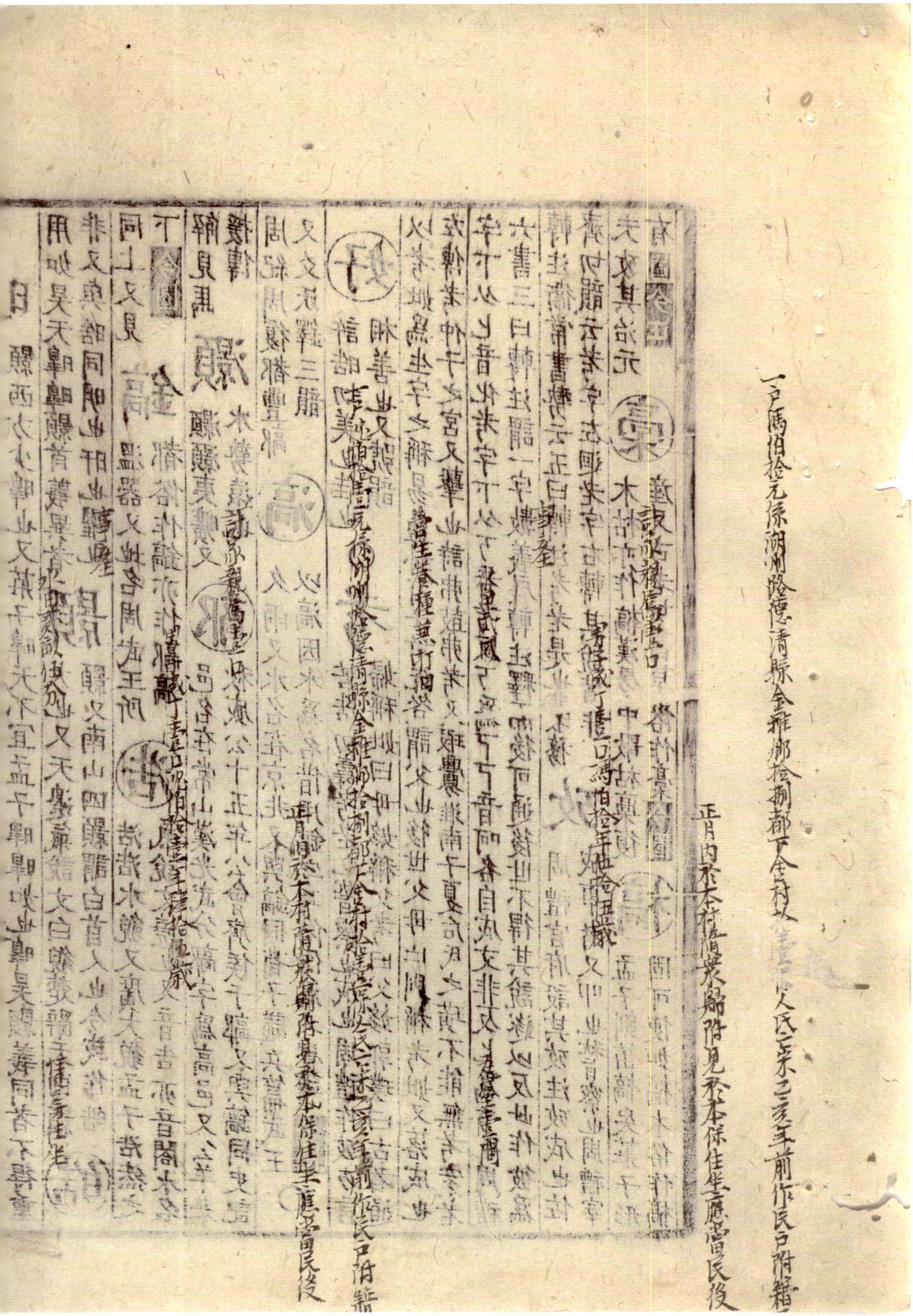

一戶馮伯捨元係湖州路德清縣金鵝鄉拾捌都下舍村人氏亡宋乙亥年前作民戶附籍
正月內於本村隨衆歸附見於本保住坐應當民役

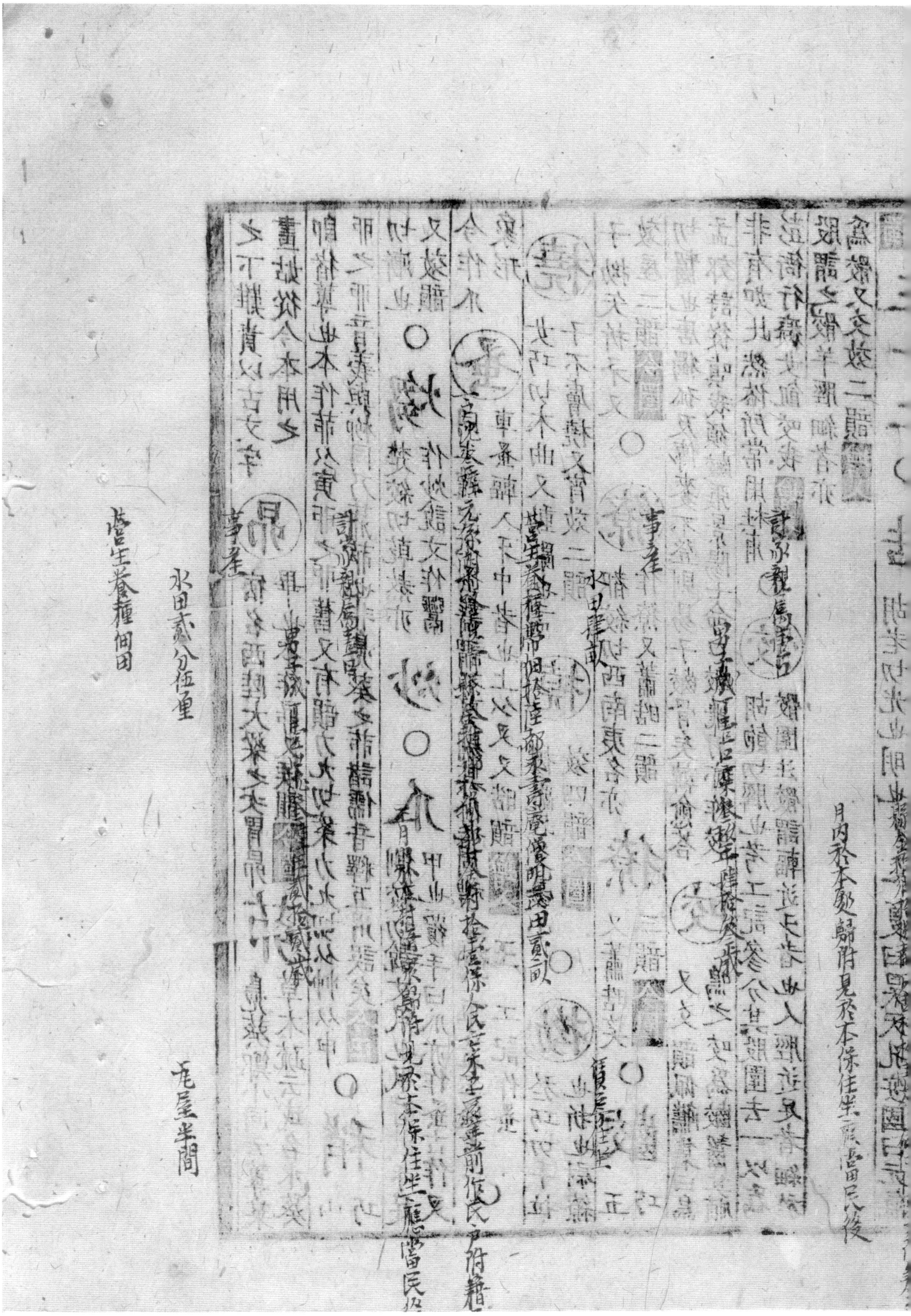

一户周叁元係湖州路德清縣金鵝鄉肆伍都荷浦人氏亡宋乙亥年前作民戶附籍至元十
在本處隨衆歸附見務居拾捌都上金村拾保
營生養種求趁
計家親屬叁口
男子不成丁貳口
周叁年肆拾叁歲
男阿孫年壹拾叁歲
婦女壹口妻周氏余年伍拾伍歲

一戶沈士得元係湖州路德清縣金鵝鄉拾捌都拾保人氏
舊生
事產
田地參畝柒分參釐
林田參畝
陸地伍分參釐
庵屋壹間壹步
舊生守產

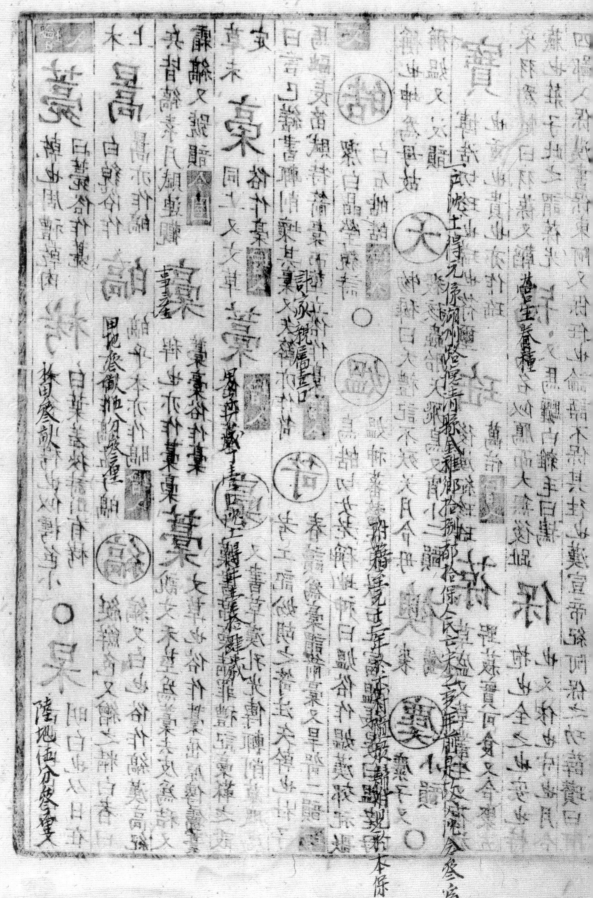

一户戴拾肆元係湖州路德清縣北界人氏亡宋乙亥年前作[illegible]户附籍至元十三年十二月内在本縣隨

後於至元十[illegible]年[illegible]蒙官司取勘得本户有茶地叁厘[illegible]

户計見於本鄉住坐應當

計家親屬肆口

男子貳口

成丁壹口戴拾肆年肆拾叁歲

不成丁壹口男保孫年壹拾[illegible]歲

婦女貳口

妻[illegible]年[illegible]歲

媳婦[illegible]年[illegible]拾[illegible]歲

事産

房屋[illegible]間[illegible]

營生養種

一户倪貢元係湖州路德清縣北界人氏亡宋乙亥年前作[illegible]户附籍至元十三年[illegible]内在本縣隨[illegible]

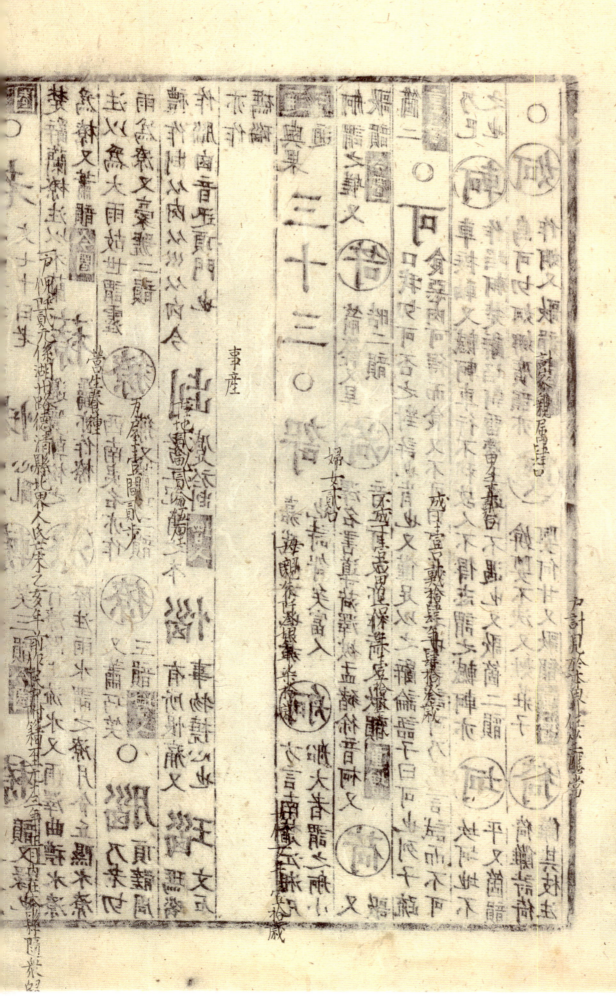

計家親屬壹口
男子成丁壹口倪阡貳年肆拾歲
計家親屬壹口
男子成丁壹口沈伯捌年叁拾□歲

計家親屬肆口

男子貳口

成丁：書兆祖保年肆拾貳歲

不成丁：書口男澤孫年壹拾壹歲

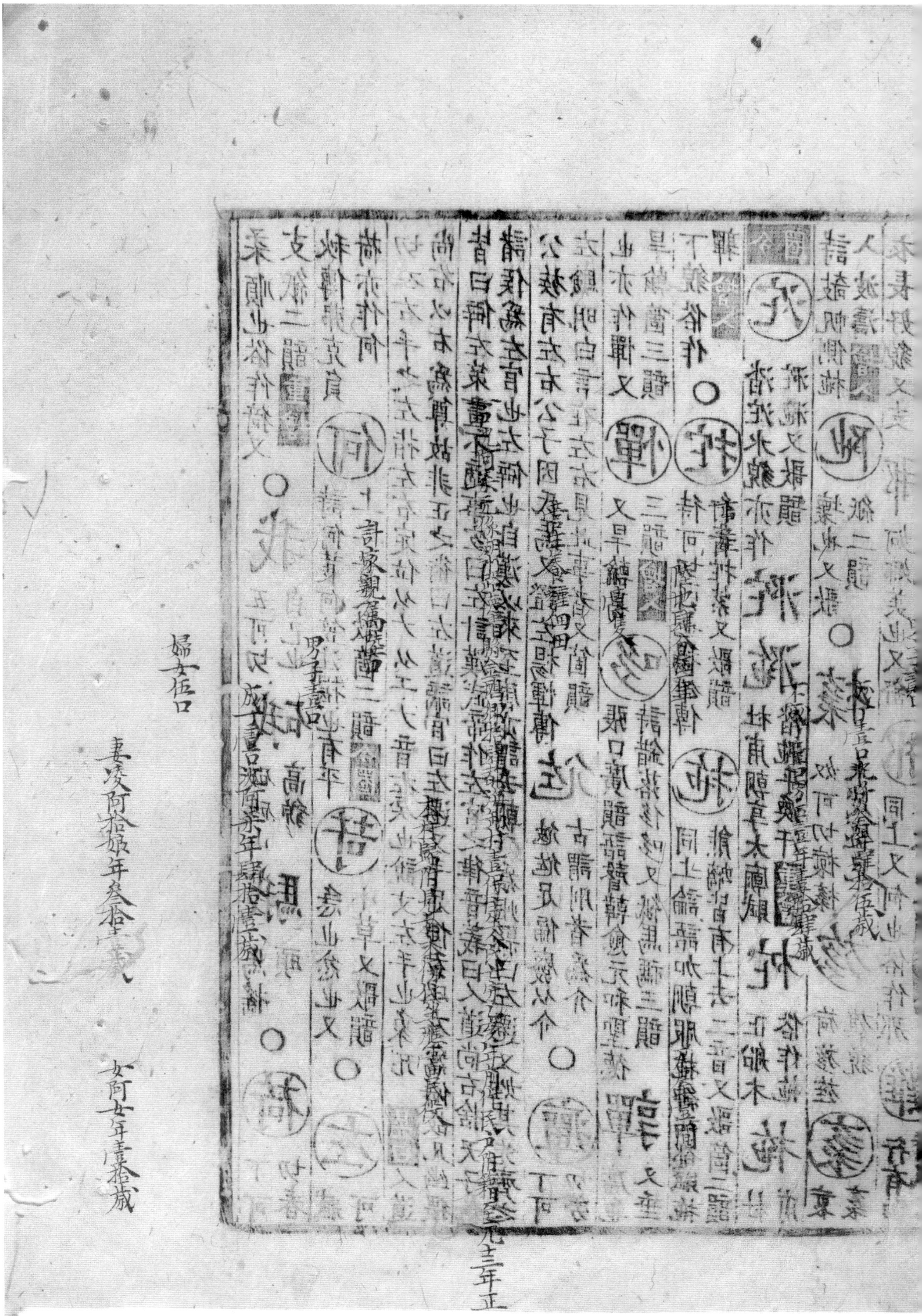
婦女伍口
男子壹口

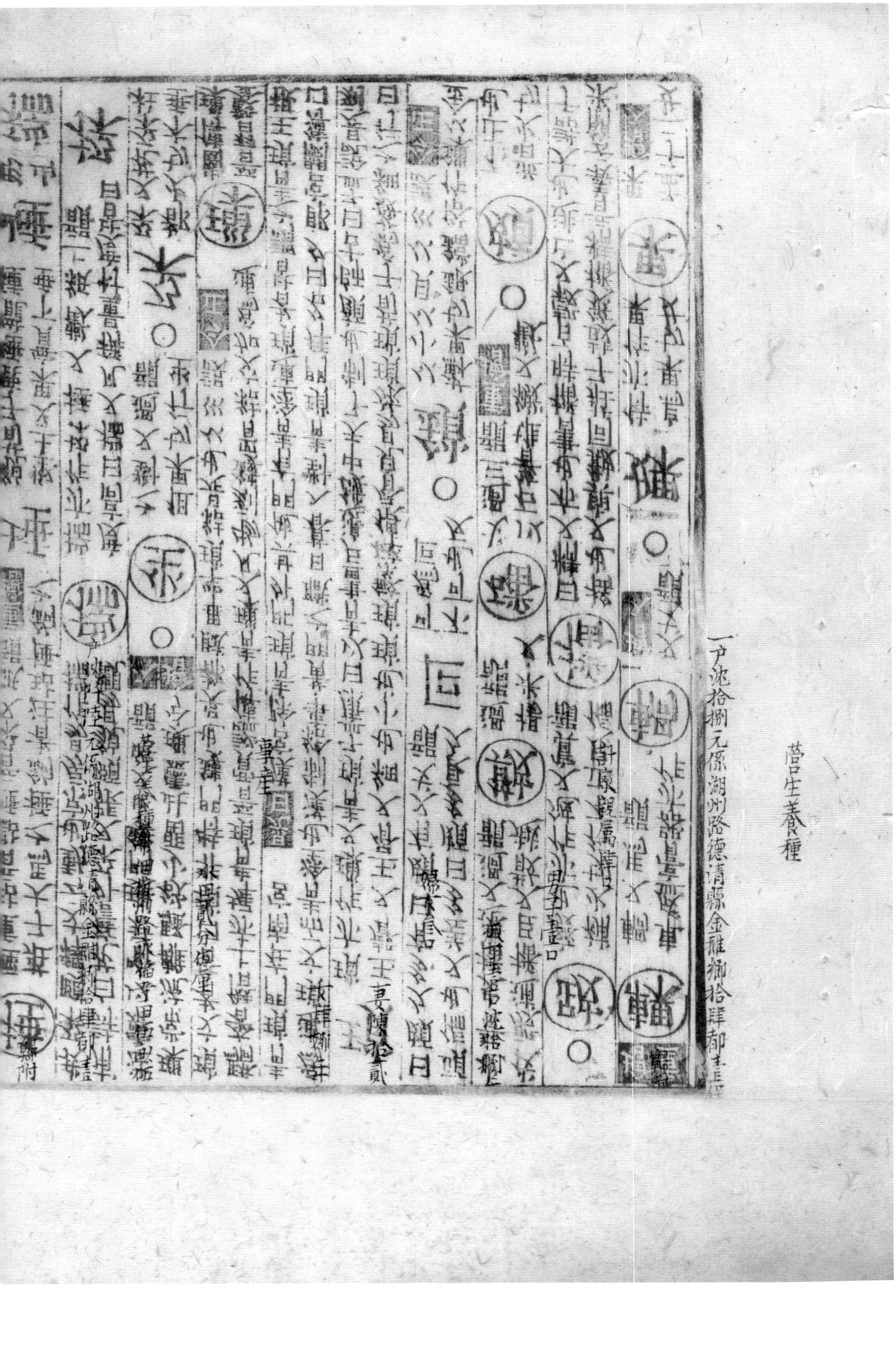

一户沈拾捌元係湖州路德清縣金鵝鄉拾肆都

營生養種

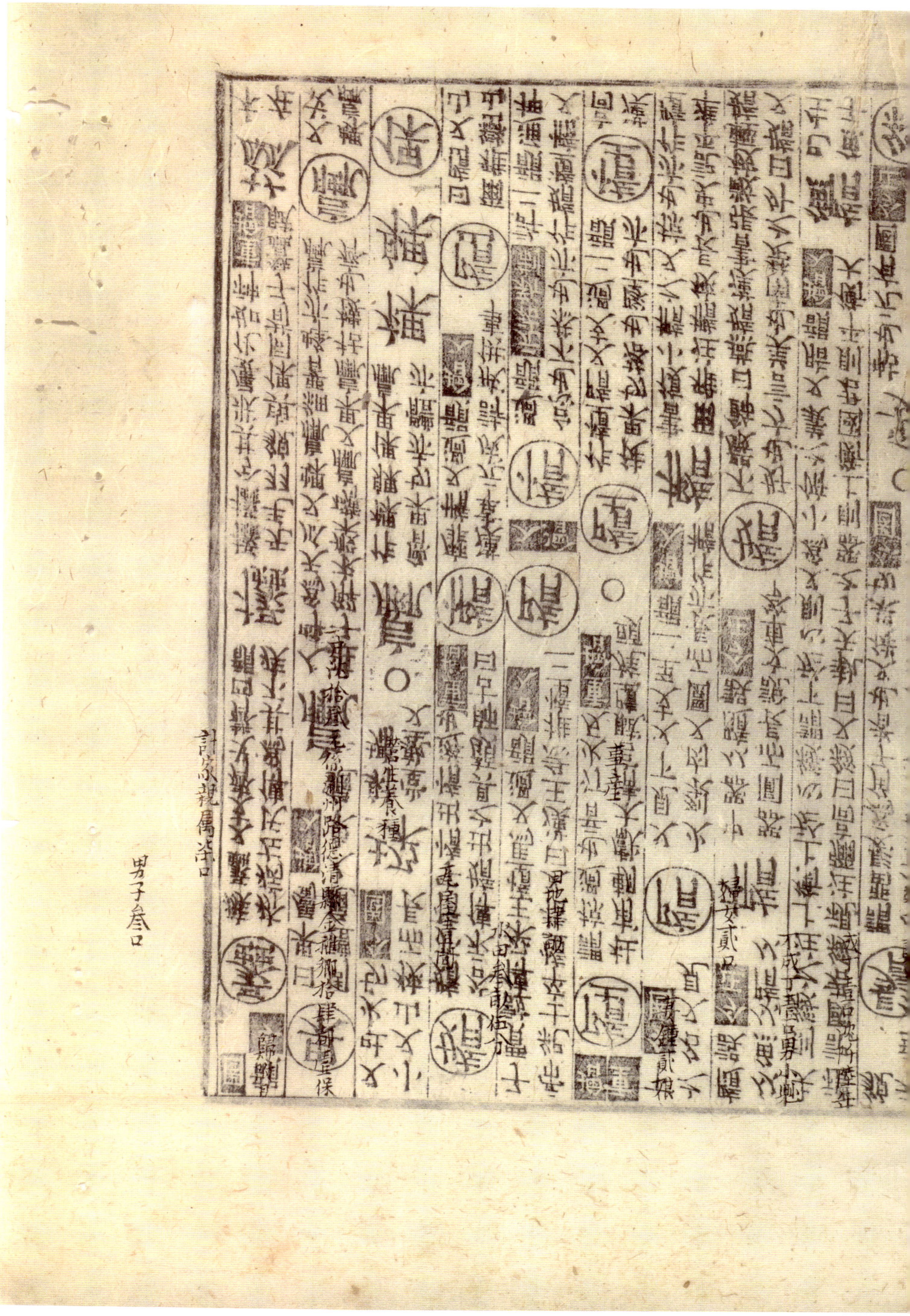
許家親屬柒口
男子叁口

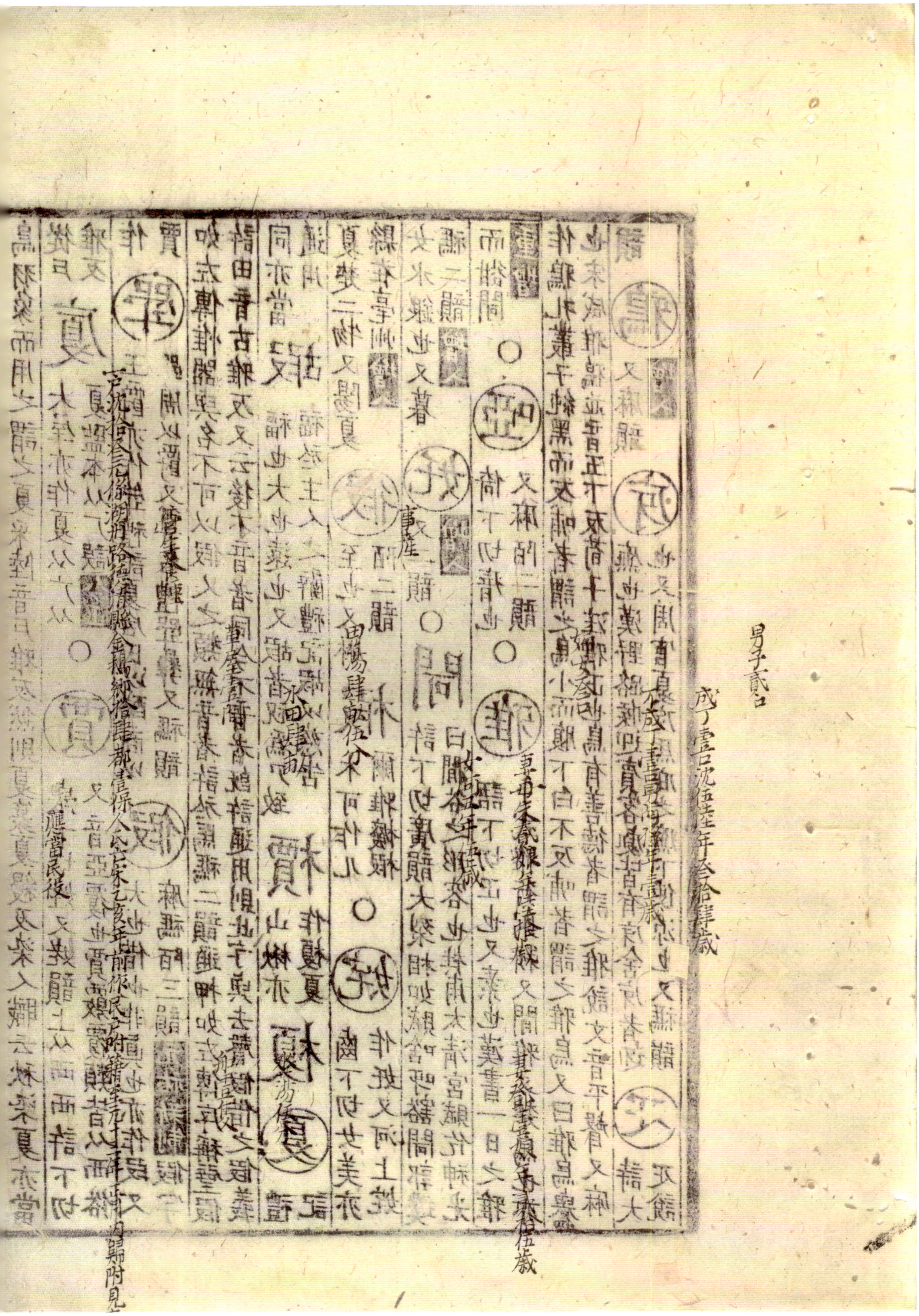
男子貳口
成丁壹口沈伍陸年叁拾肆歲
一戶沈拾叁元係湖州路德清縣金鵝鄉拾肆都住保人氏宋乙亥年前係民戶附籍至元十三年內歸附
應當民役

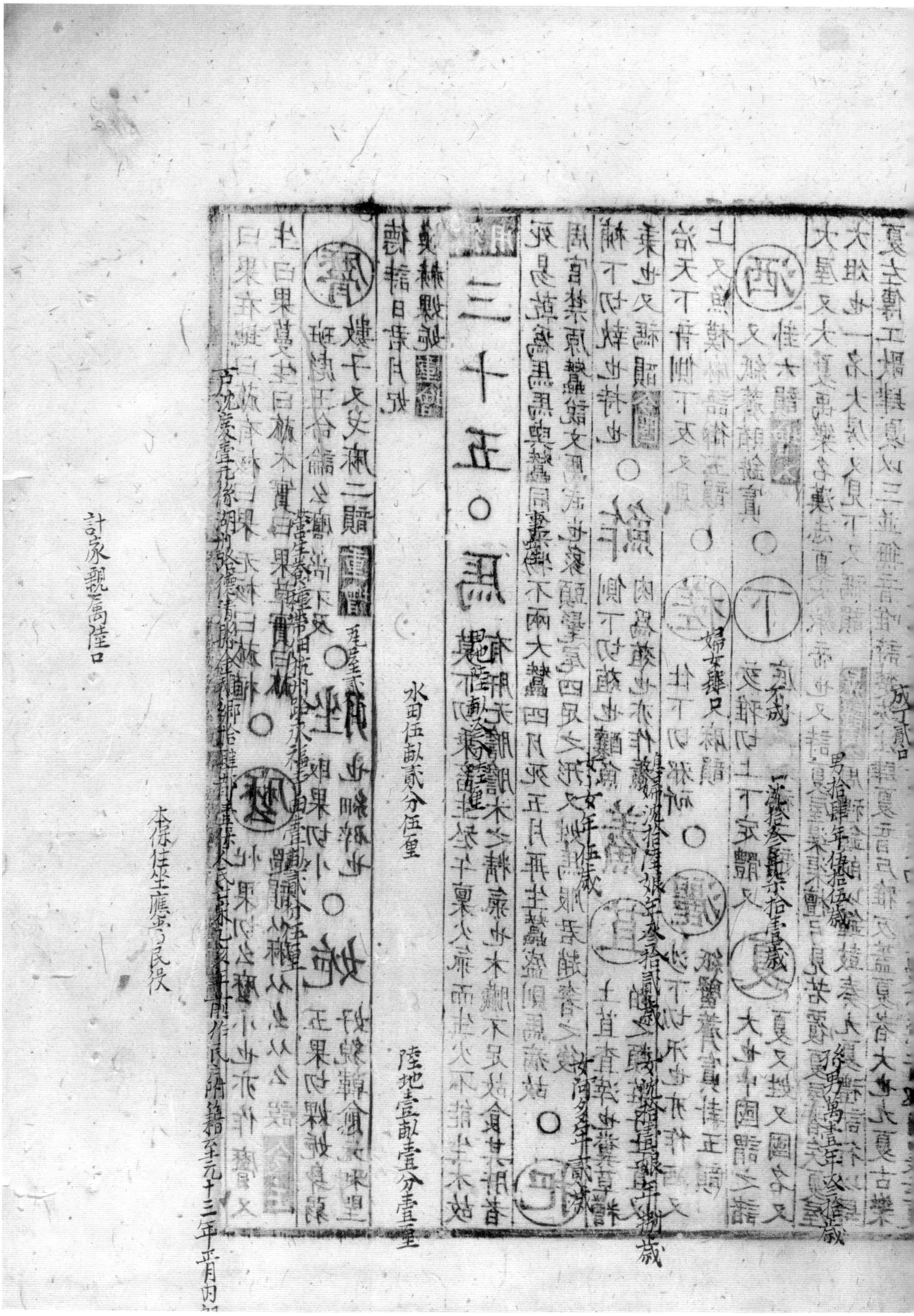

三十五○馬

計家親屬陸口

本保住坐應當民役

水田伍畝貳分伍厘

陸地壹畝壹分壹厘

事產

水田陸畝弍分伍厘

瓦屋弍間

一詹生養種佃田
一戶沈阿參元係湖州路德清縣金鵝鄉捨肆都大麻村人氏亡宋乙亥年前作民戶附籍至元十二年十月

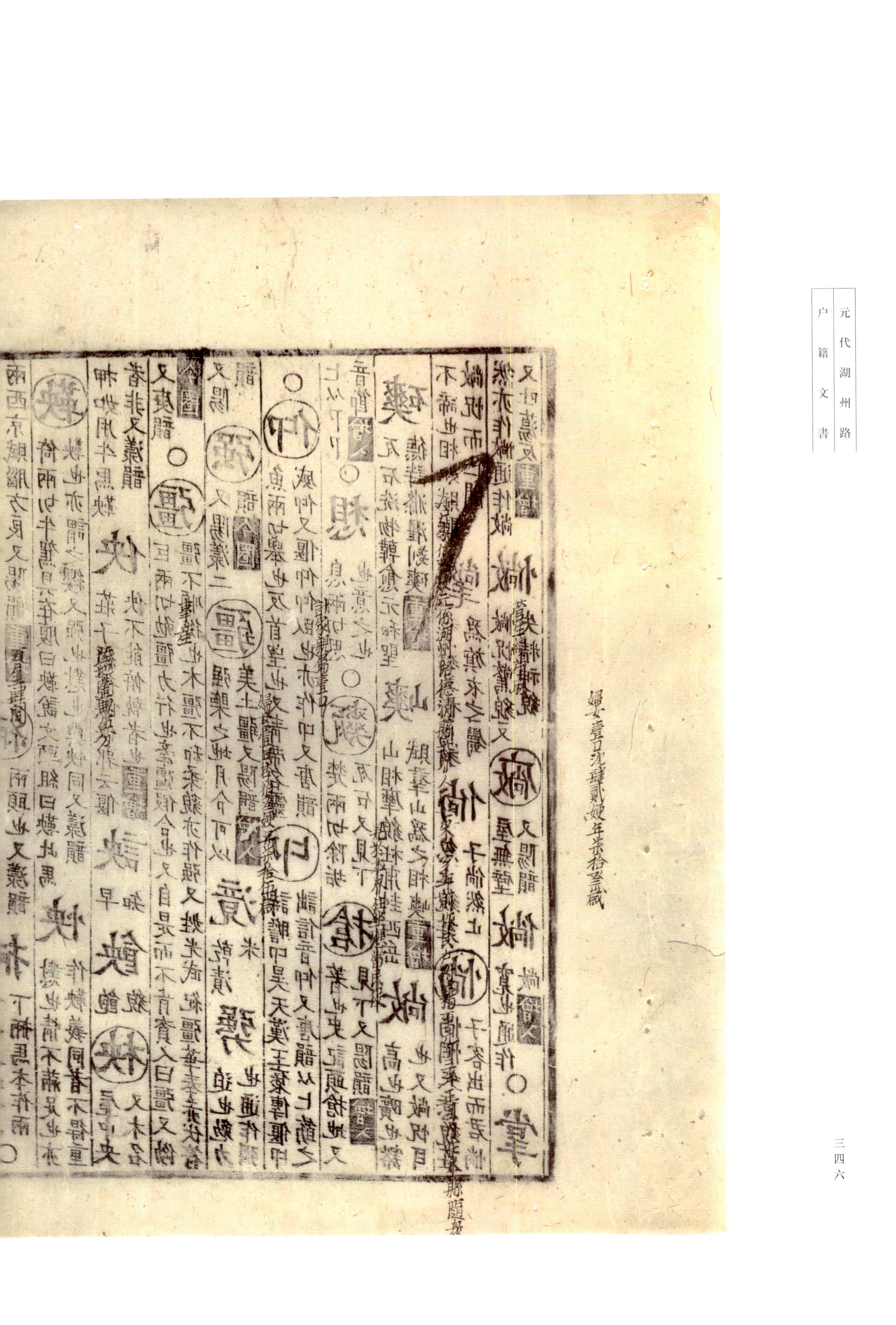

婦女壹口沈肆貳娘年柒拾叁歲

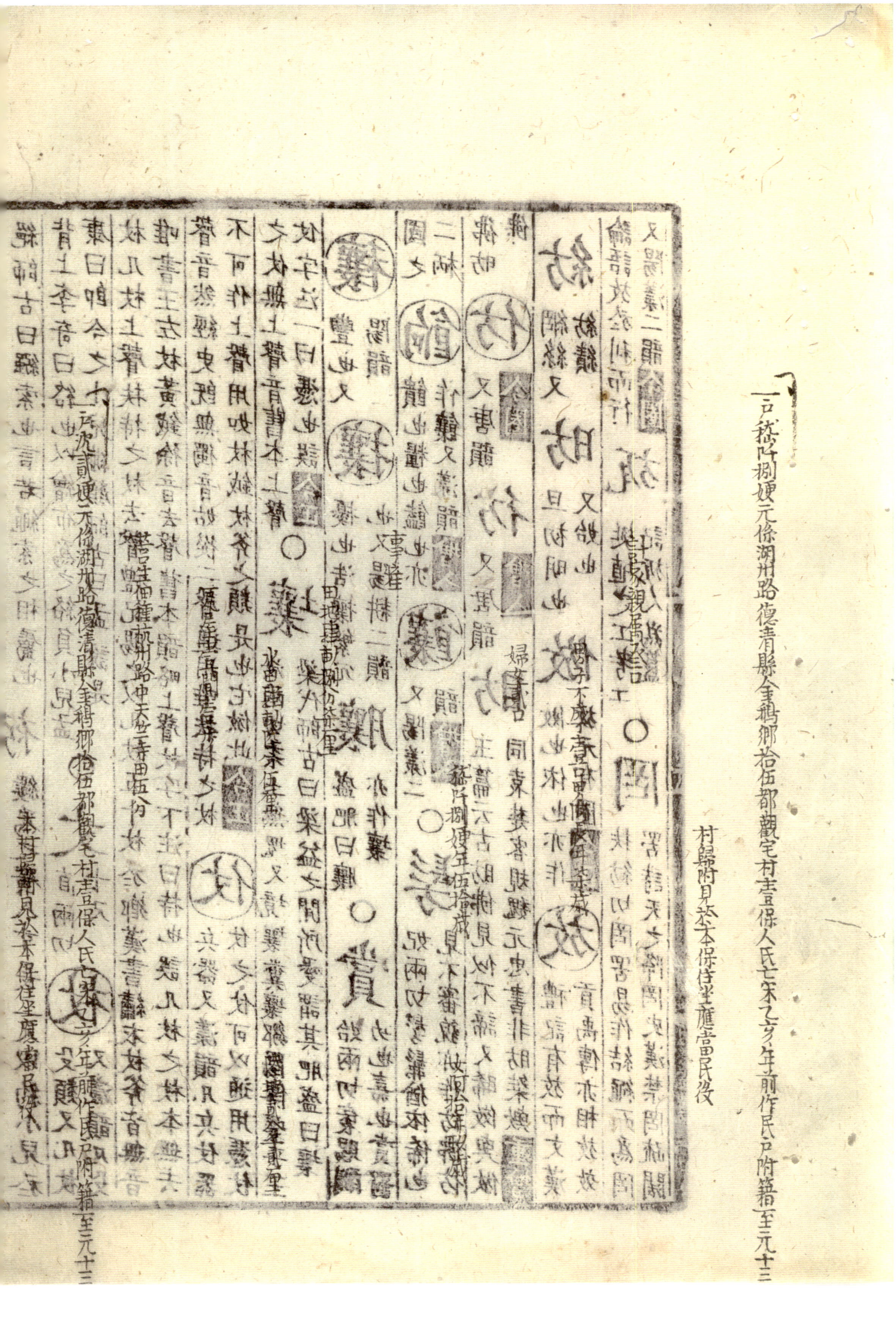
一戶孫阡捌娘元係湖州路德清縣金鵝鄉拾伍都觀宅村壹保人氏亡宋乙亥年前作民戶附籍至元十三
村歸附見於本保住坐應當民役

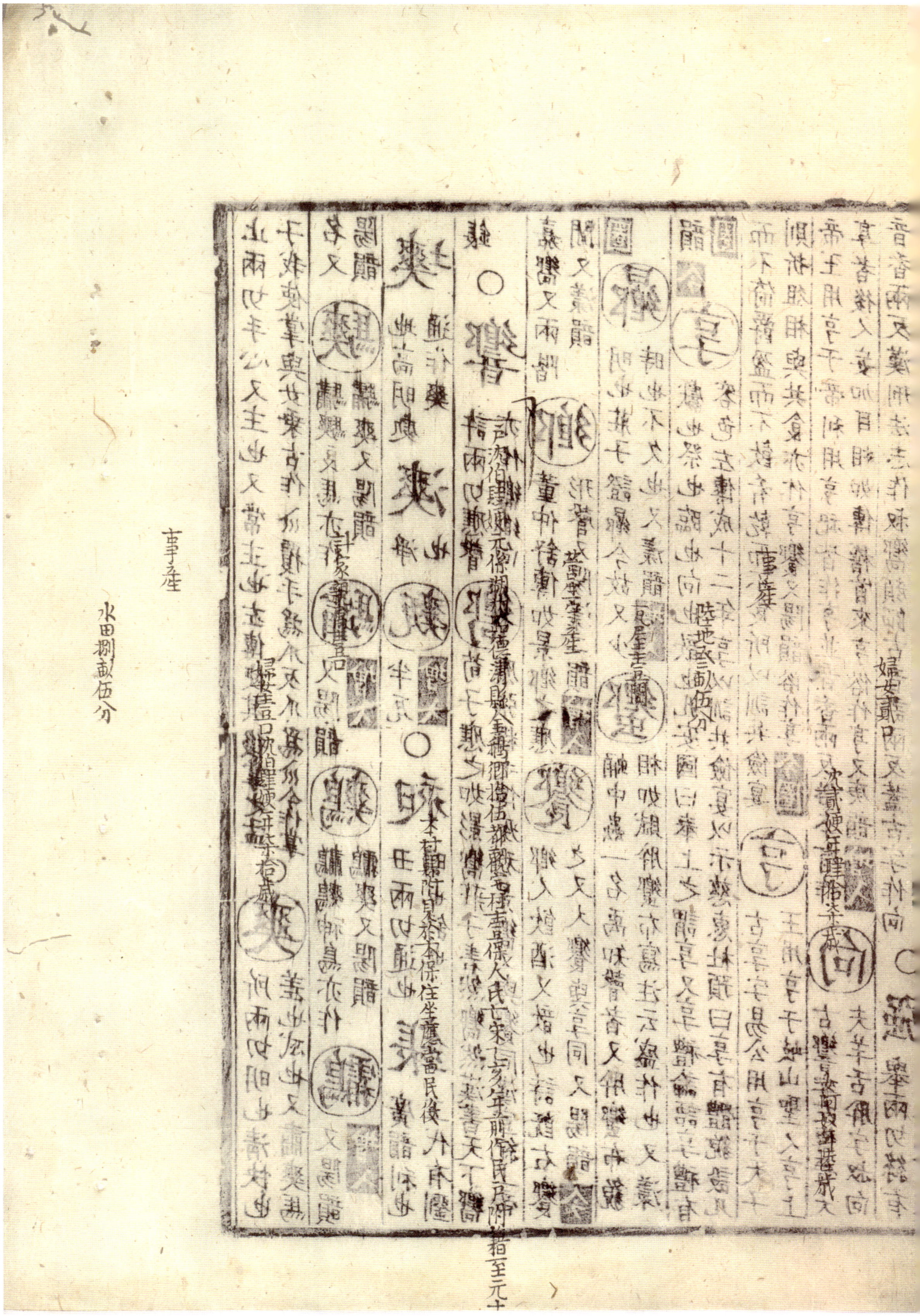
事産
水田捌畝伍分

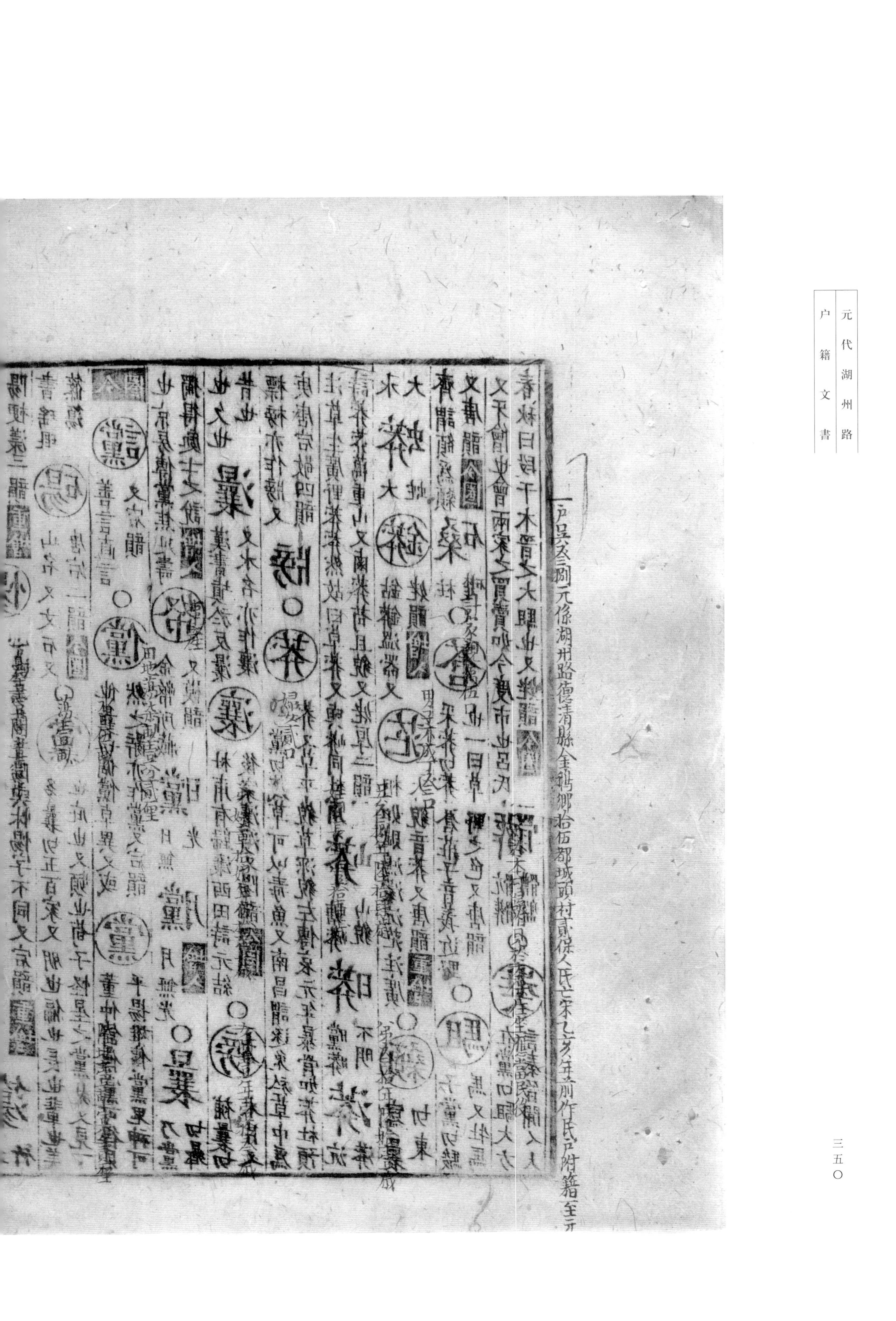

一户吴叁捌元係湖州路德清縣金鵝鄉拾伍都城頭村貳保人氏亡宋乙亥年前作民户附籍至元

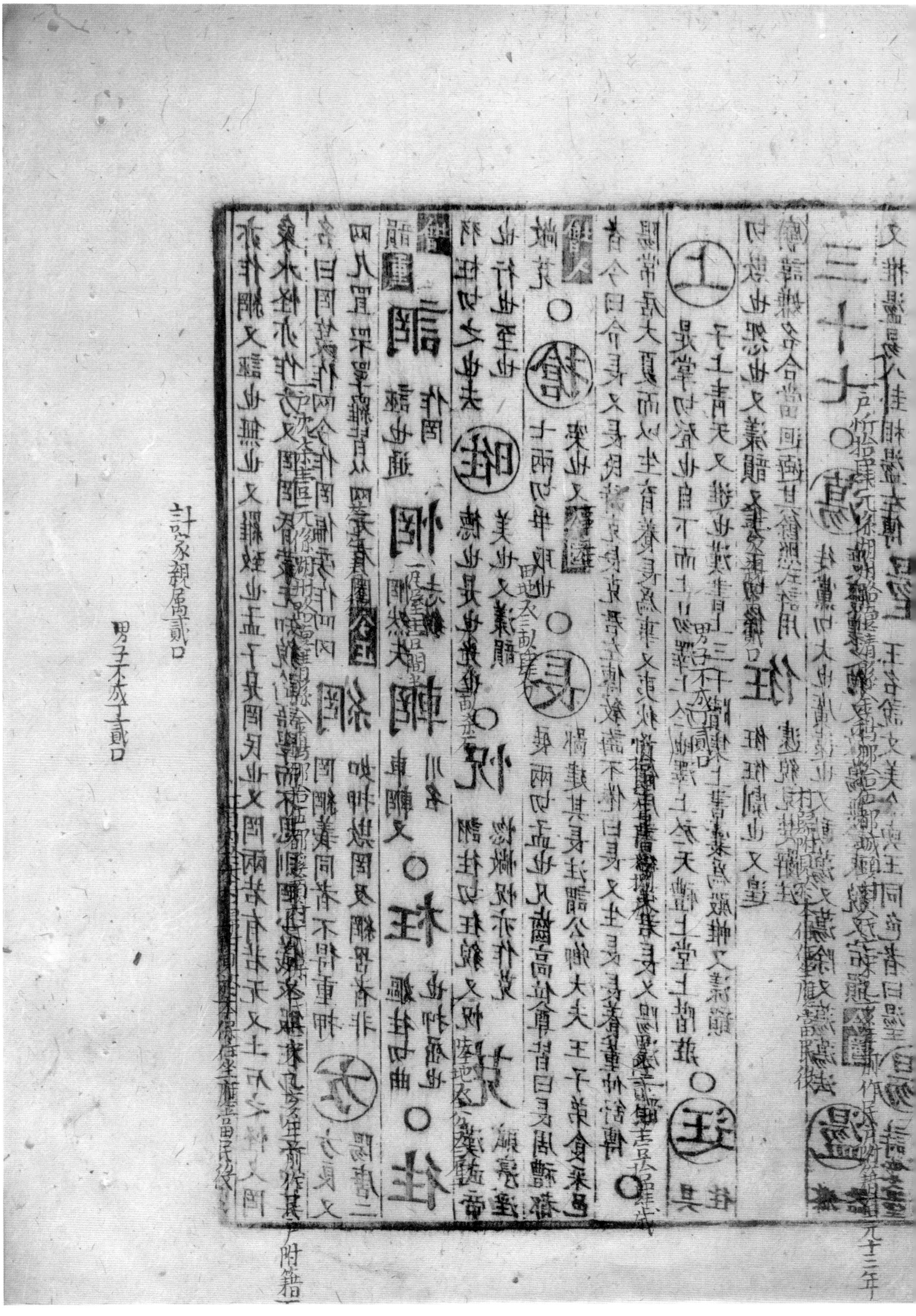
計家親屬貳口
男子不成丁壹口

男子不成丁壹口

蔡叁玖年陸拾陸歲

男聖保年肆歲

婦女貳口

[illegible]

一戶徐[illegible]元係湖州路德清縣北界人氏亡宋乙亥年前作民戶附籍至元十三年[illegible]本縣[illegible]

男子不成丁壹口徐伯[illegible]年[illegible]歲

一戶蔡叁[illegible]元係湖州路德清縣[illegible]界人氏亡宋乙亥年前作民戶附籍至元十三年正月內在本縣[illegible]

見於本界住坐[illegible]當民役

營生手段
婦女貳口

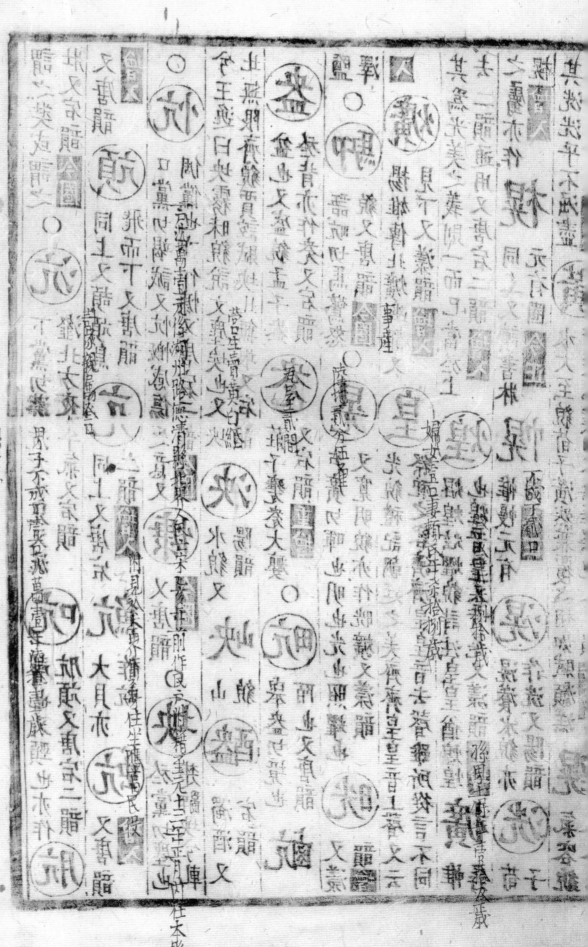

婦女貳口

妻阿姚年陸拾陸歲

女萬伍娘年貳拾伍歲

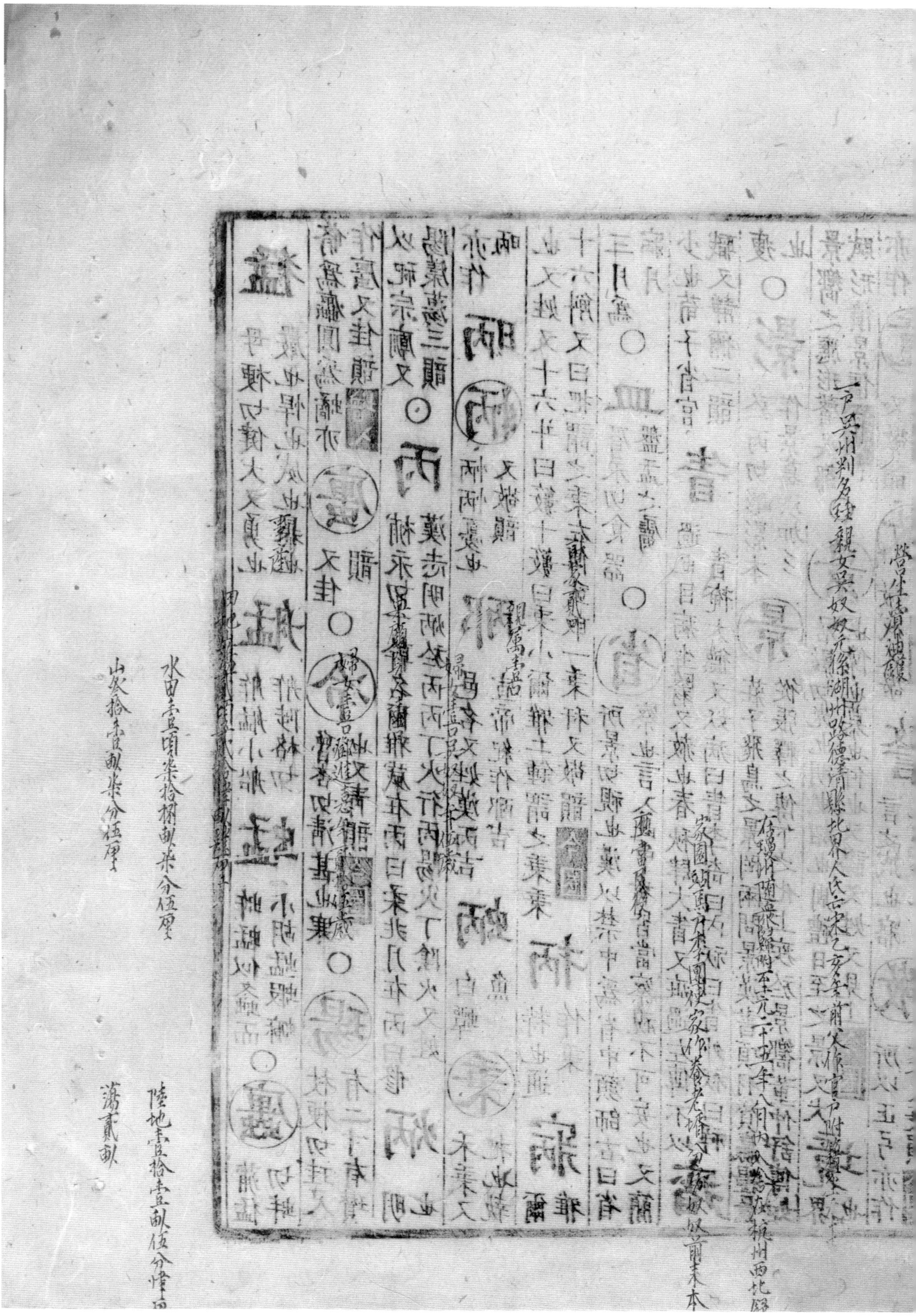

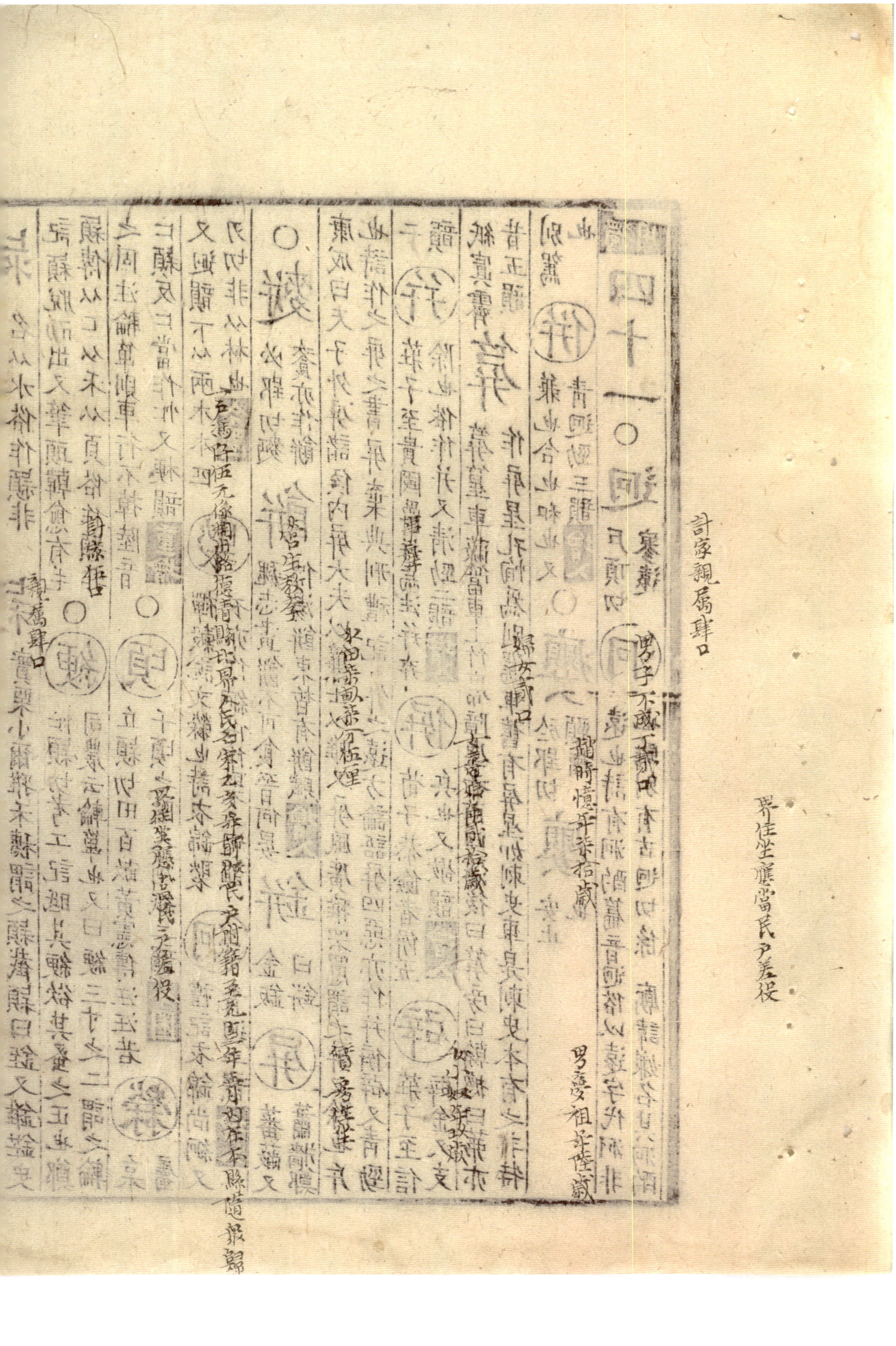

界住坐應當民户差役
計家親屬肆口
男子不成丁壹口
男夔祖年陸歲
□晴憶年叁拾歲
婦女貳口
[illegible]年貳拾歲
[illegible]伍元係湖州路德清縣[illegible]民户[illegible]年[illegible]内在本縣隨處歸[illegible]
[illegible]民户差役
親屬肆口

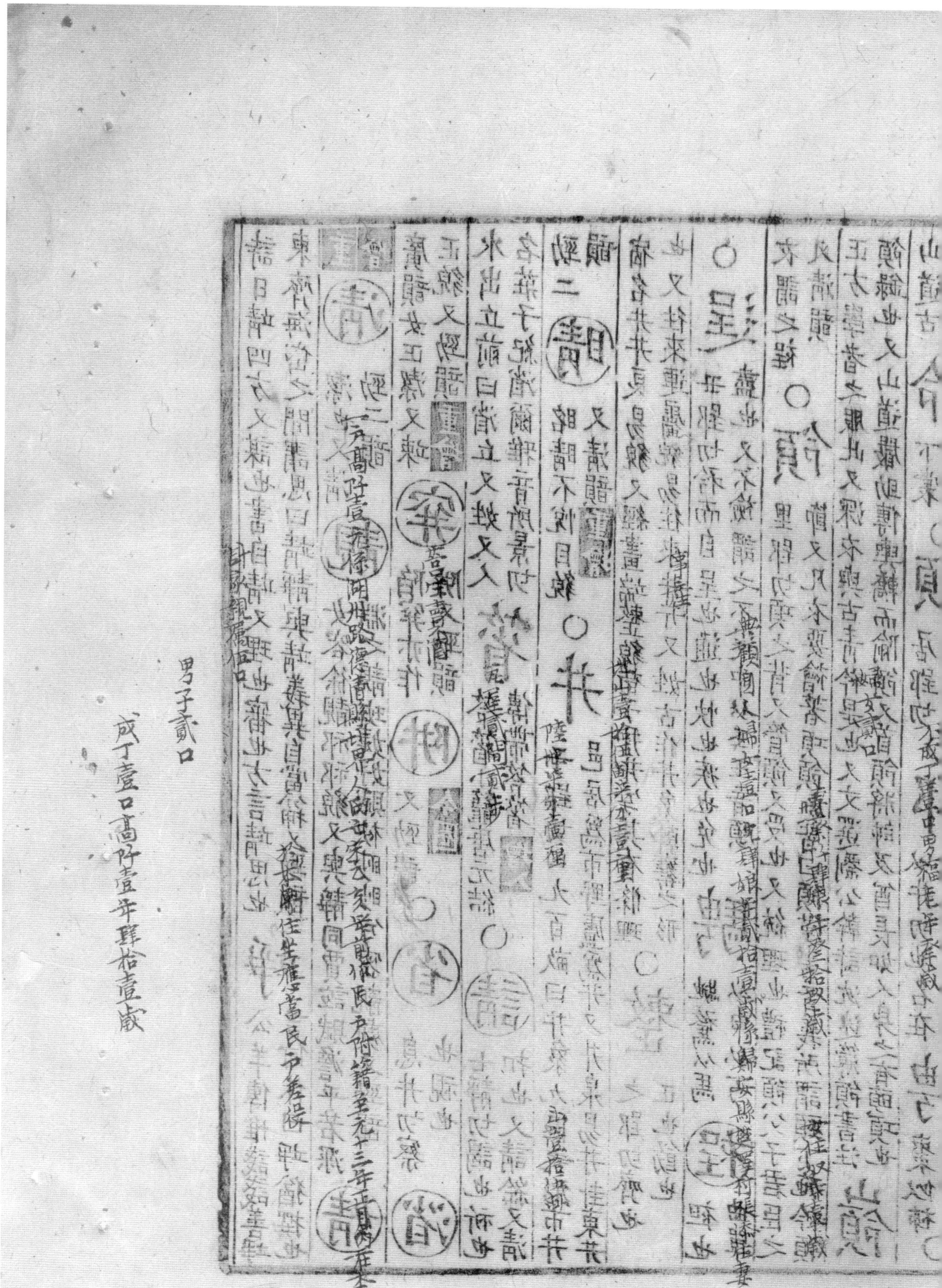
男子貳口
成丁壹口高阡壹并拜拾壹歲

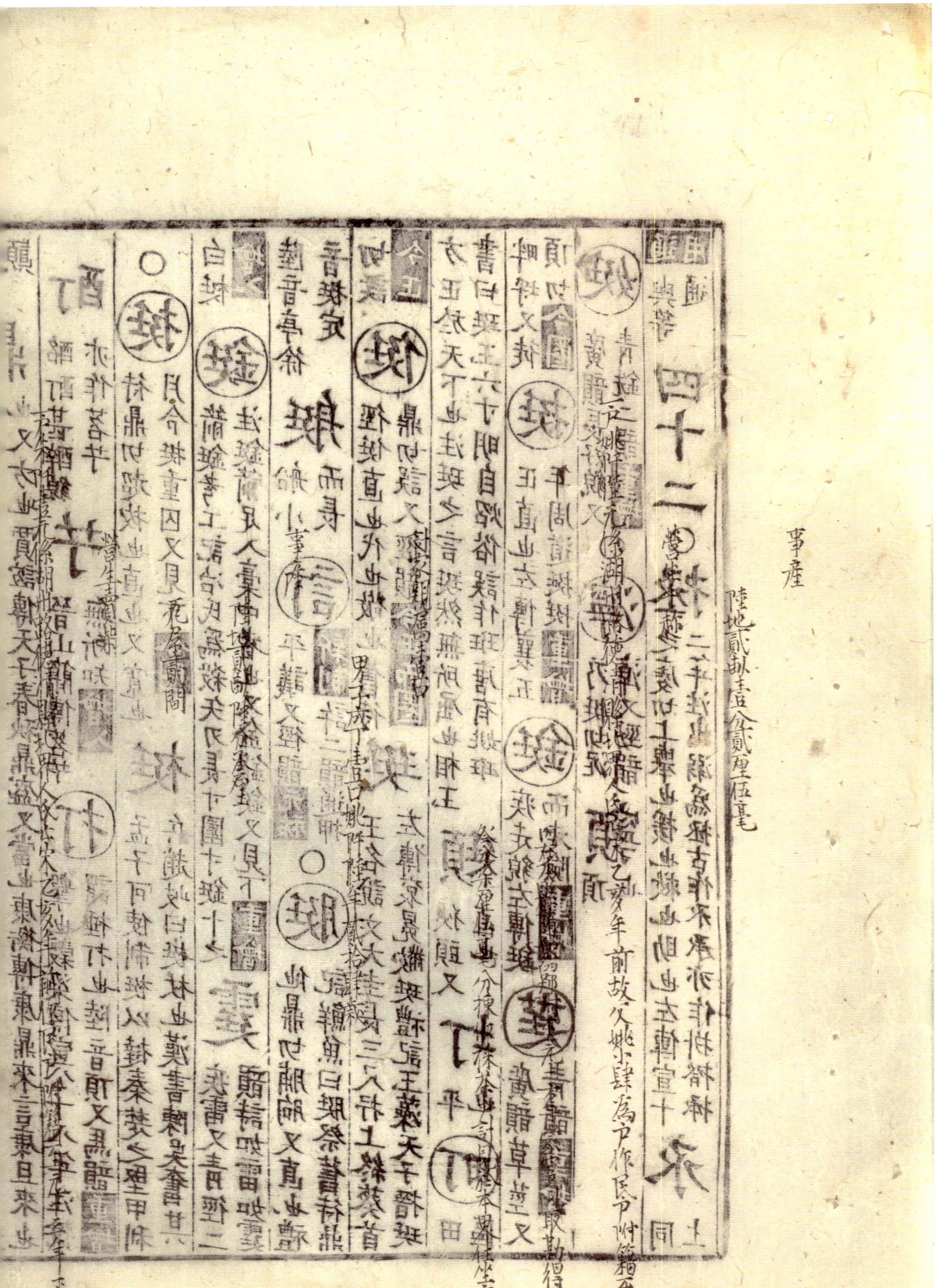
事產
陸地貳畝壹分貳厘伍毫

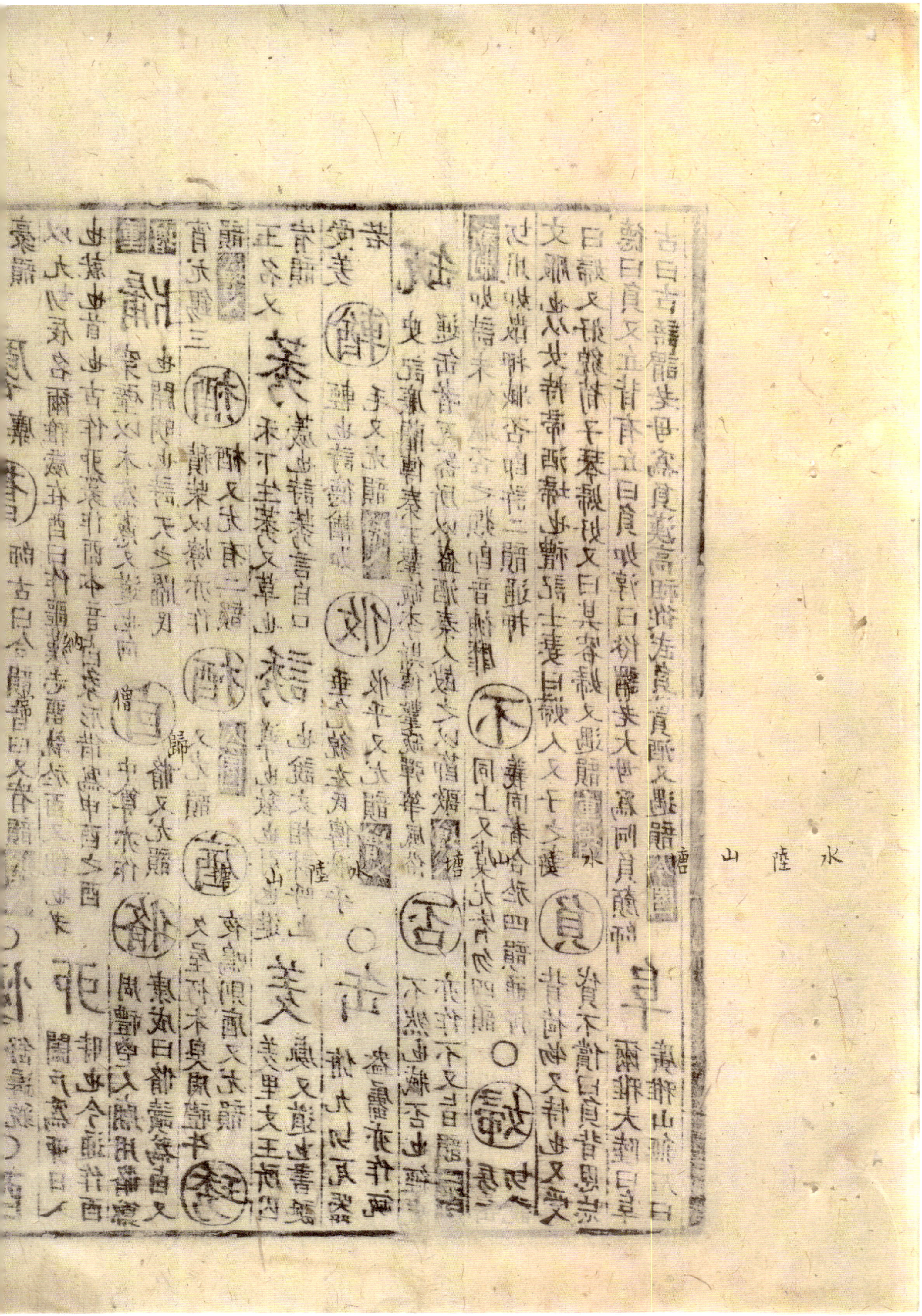

水 陸 山 塘

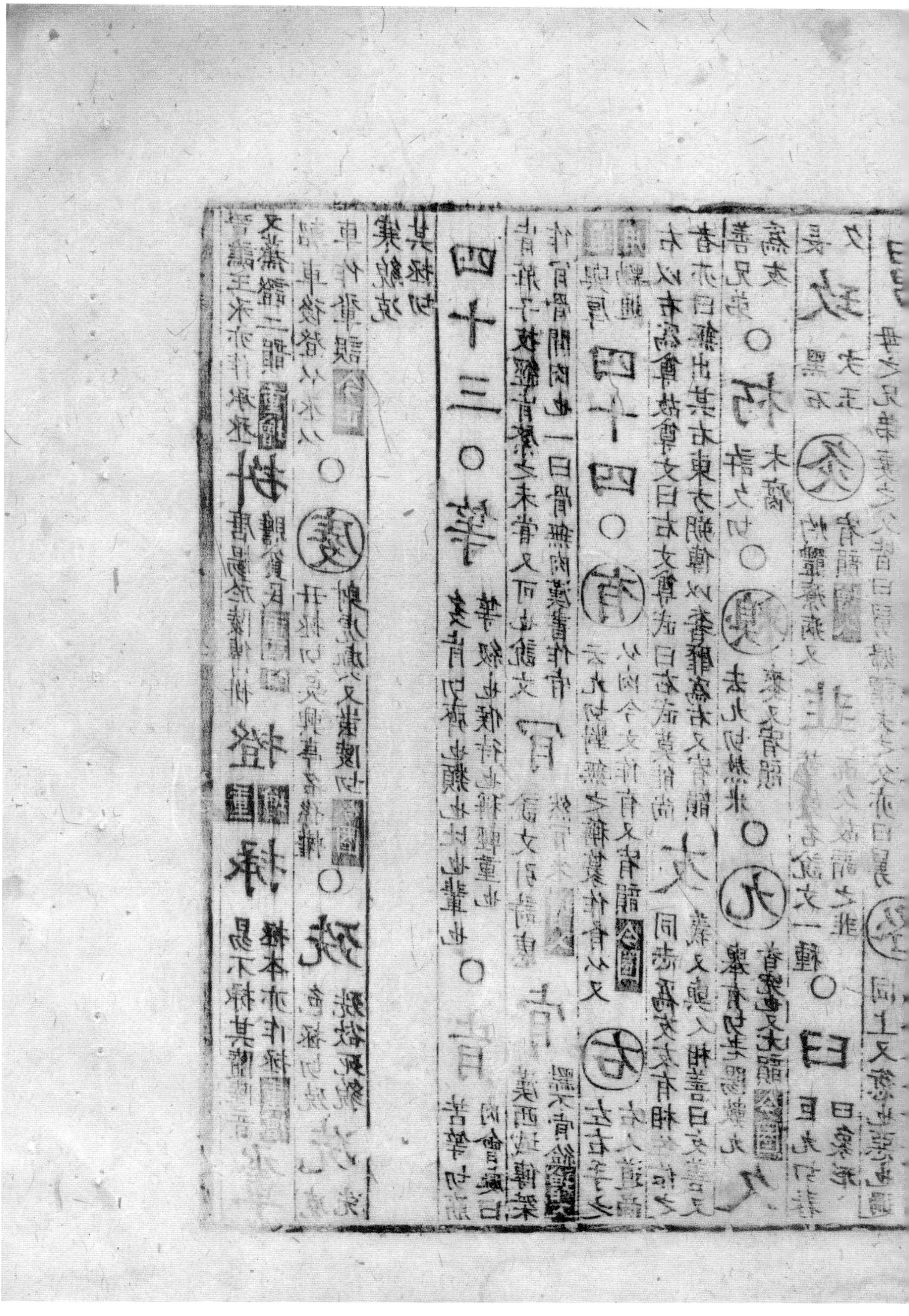

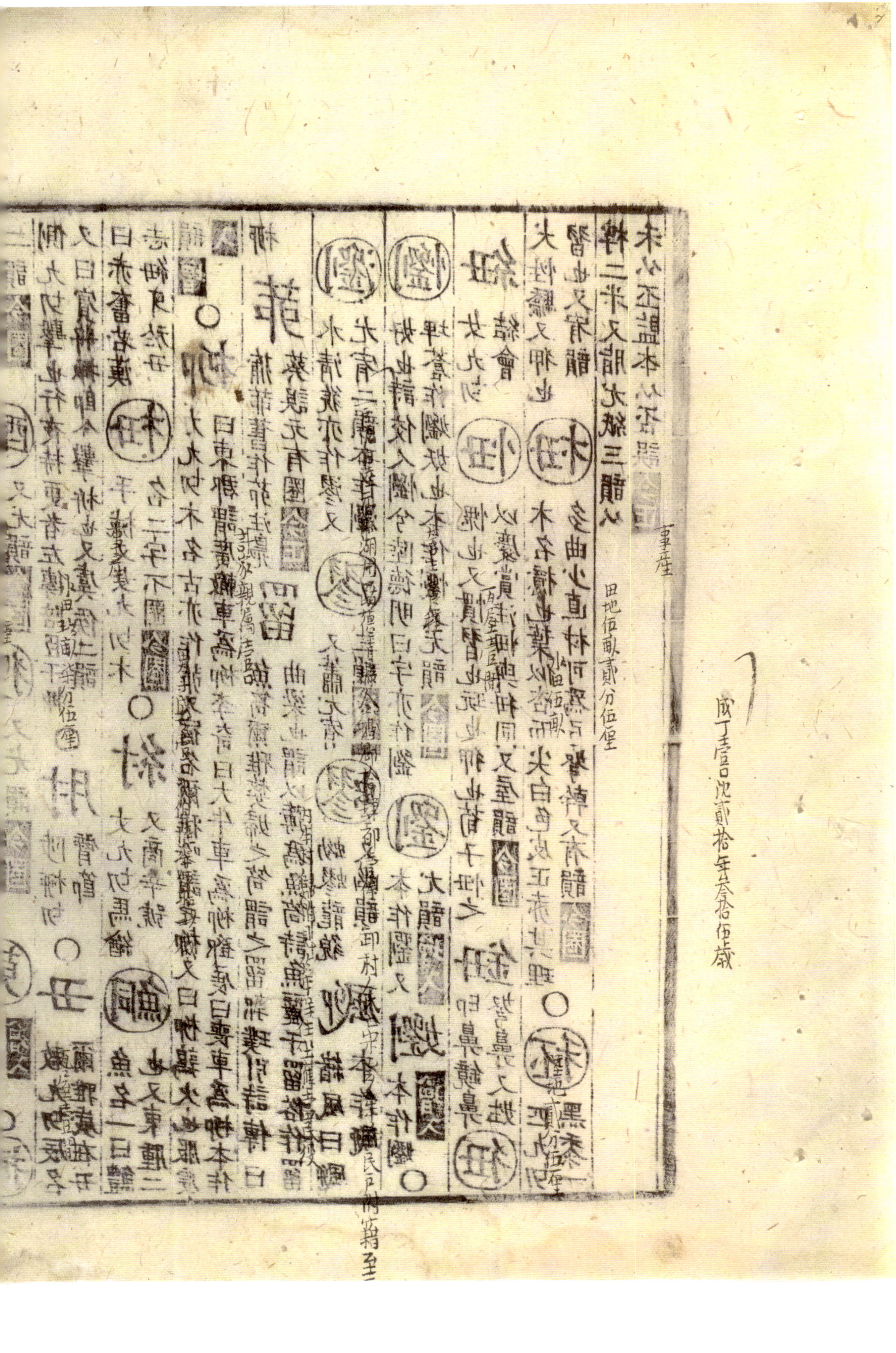
事産
田地伍畝貳分伍厘
成丁壹口沈貳拾年叁拾伍歲

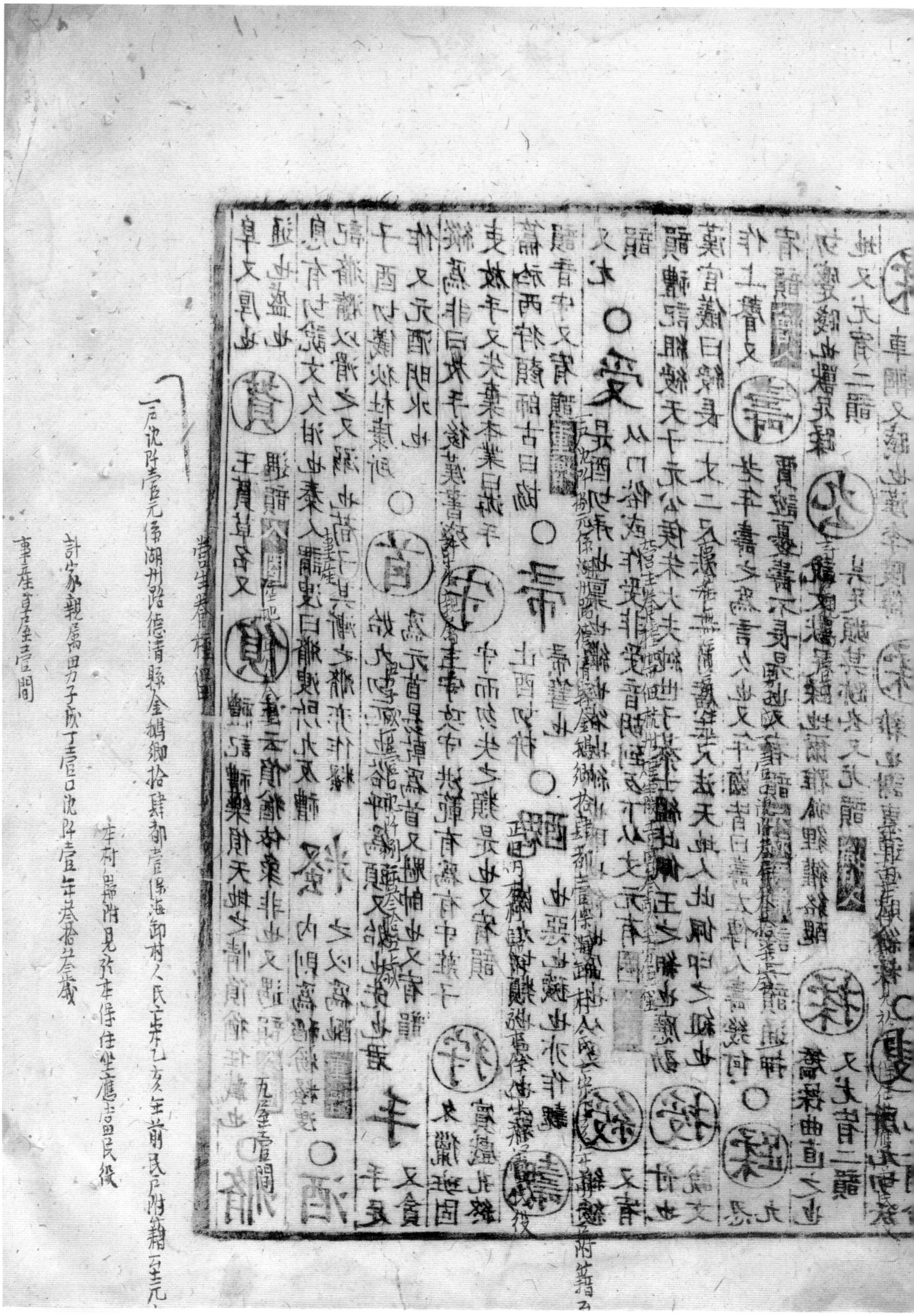
一戶沈阡壹元係湖州路德清縣金鵝鄉拾肆都壹保海卸村人氏亡宋乙亥年前民戶附籍至元
本村□附見於本保住坐應當民役
計家親屬田乃子成丁壹口沈阡壹年叁拾叁歲
事產草屋壹間

婦女壹口妻陸娘年陸拾伍歲

事產瓦屋壹間半

二

一戶孫拾壹元係湖州路德清縣金鵝鄉拾捌都下金村拾壹保人氏亡宋乙亥年前作民戶附籍至元十

叁年本村首報歸附見於本保住坐應當民役

計家親屬伍口

男子成丁貳口

孫拾壹年陸拾壹歲

男回孫年玖歲

婦女叄口

妻沈肆伍娘年伍拾歲

女伴姐年壹拾貳歲

女阿多年叄歲

事產

田地肆畝捌分伍釐

水田肆畝貳分伍釐

陸地陸分

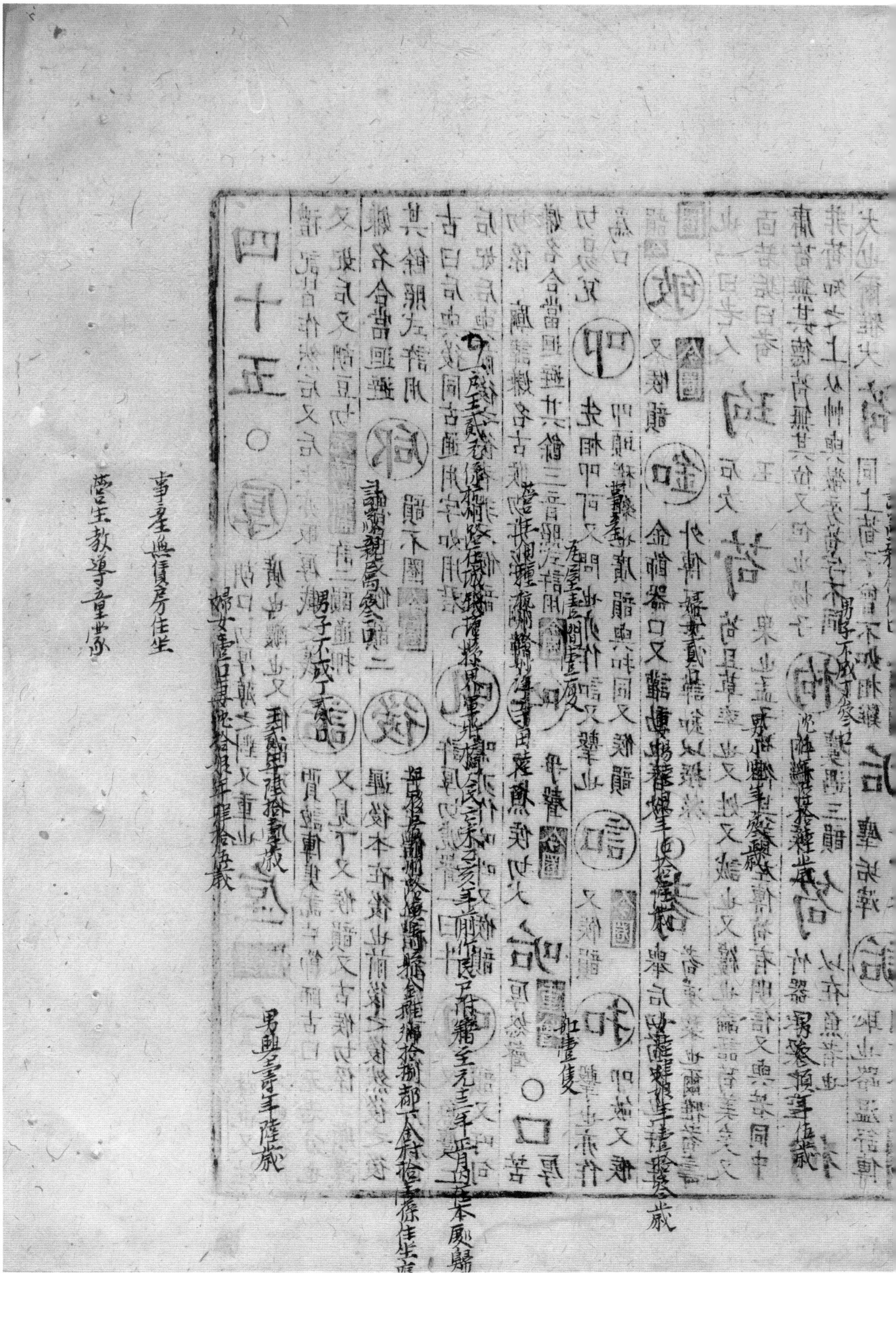
四十五

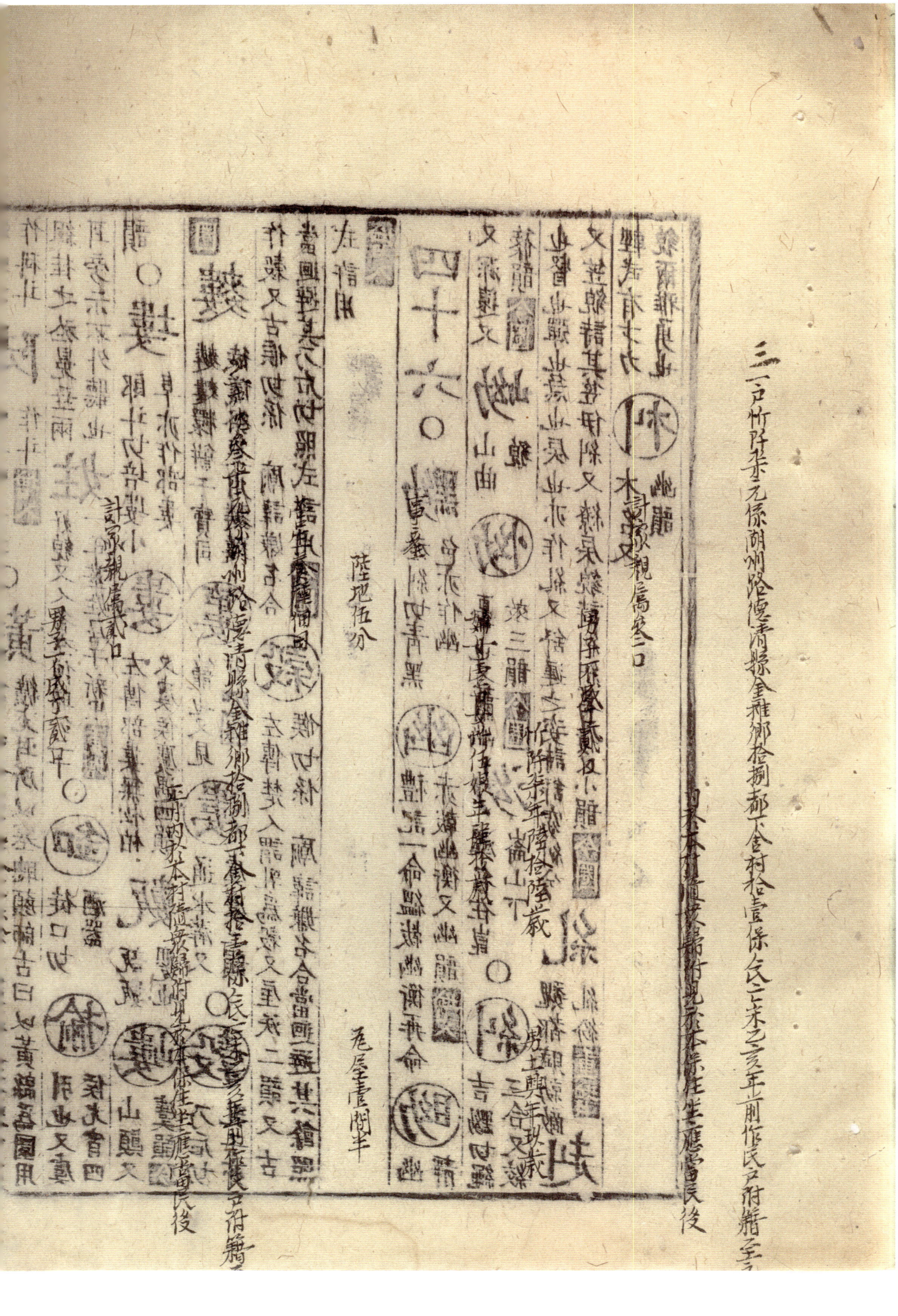
三一户竹阡杀元係湖州路德清縣金鵝鄉拾捌都下舍村拾壹保人氏亡宋乙亥年以前作民户附籍至元
[illegible]本村[illegible]歸附見於本保住坐應當民役
計家親屬叁口
[illegible]年陸拾陸歲
陸地伍分
屋壹間半
[illegible]係湖州路德清縣金鵝鄉拾捌都下舍村拾壹保人氏[illegible]民户附籍
[illegible]本村[illegible]歸附見於本保住坐應當民役
計家親屬貳口

許家親屬貳口
男子不成丁壹口錢拾叁年陸拾肆歲

一戶沈拾元係湖州路德清縣金鵝鄉拾捌都下金村拾保人民亡宋乙亥年前作民戶附籍至元十三年

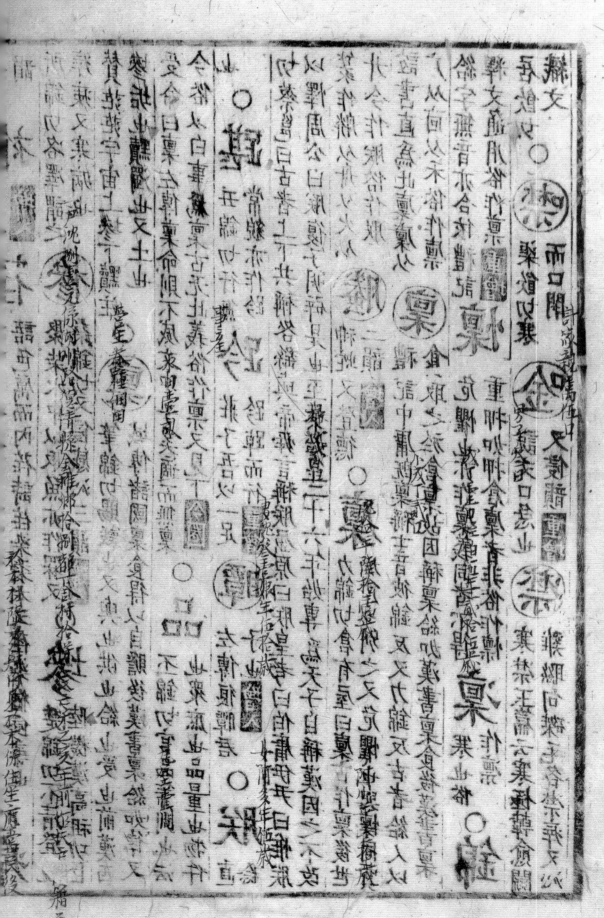

本村隨衆歸附見於本保住坐應當民役

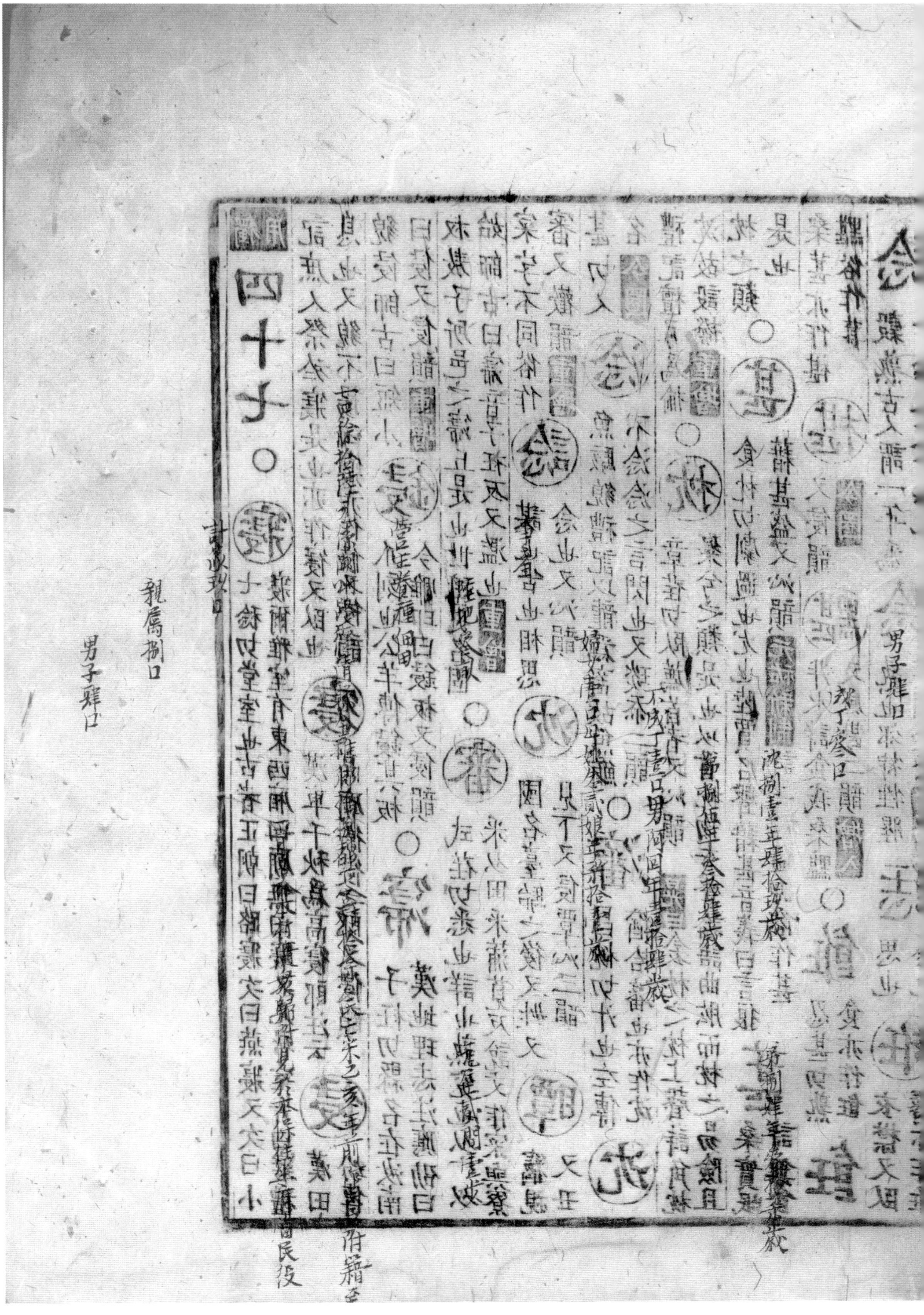
親屬捌口
男子肆口

男子貳口
成丁壹口沈玖年伍拾陸歲

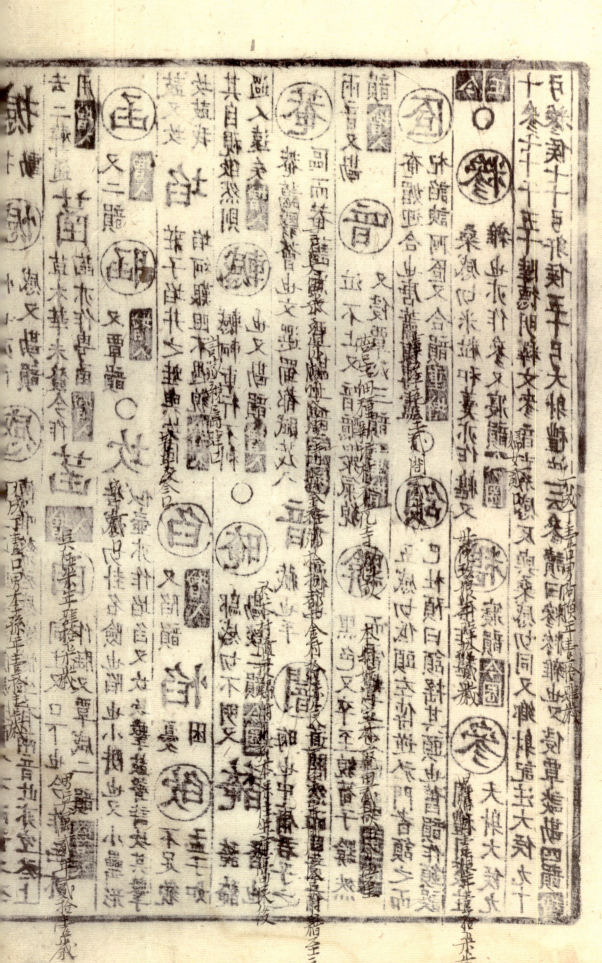

[illegible]

四十八

[illegible]

事產

營生　養種

一戶施肆貳元係湖州路德清縣青坡村人民亡宋乙亥年前作民戶附籍至元十二年十二月內在本處隨處[illegible]

男子成丁叁口

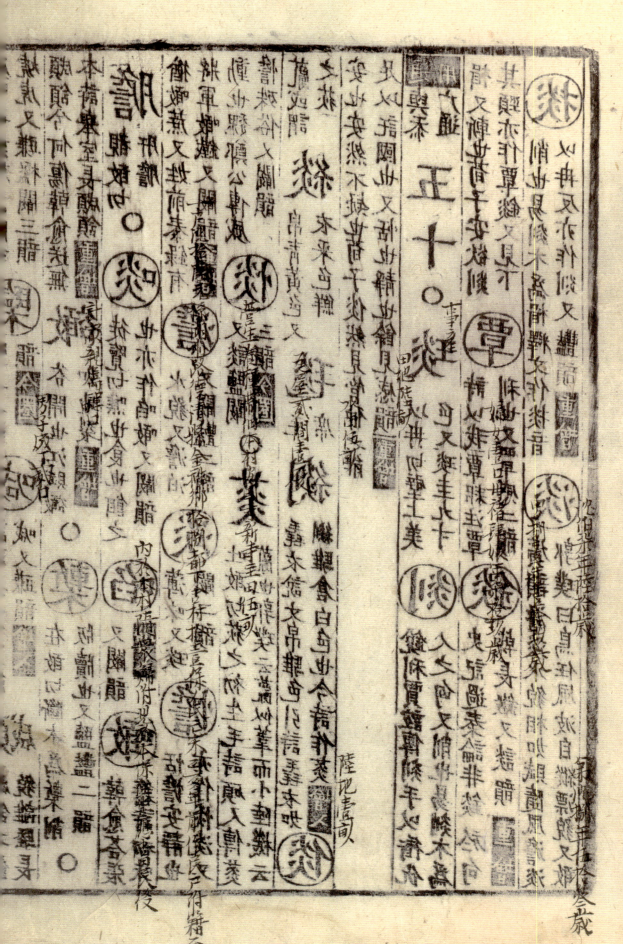

男浣阿長年伍歲

不感丁貳口

男佯長年壹歲

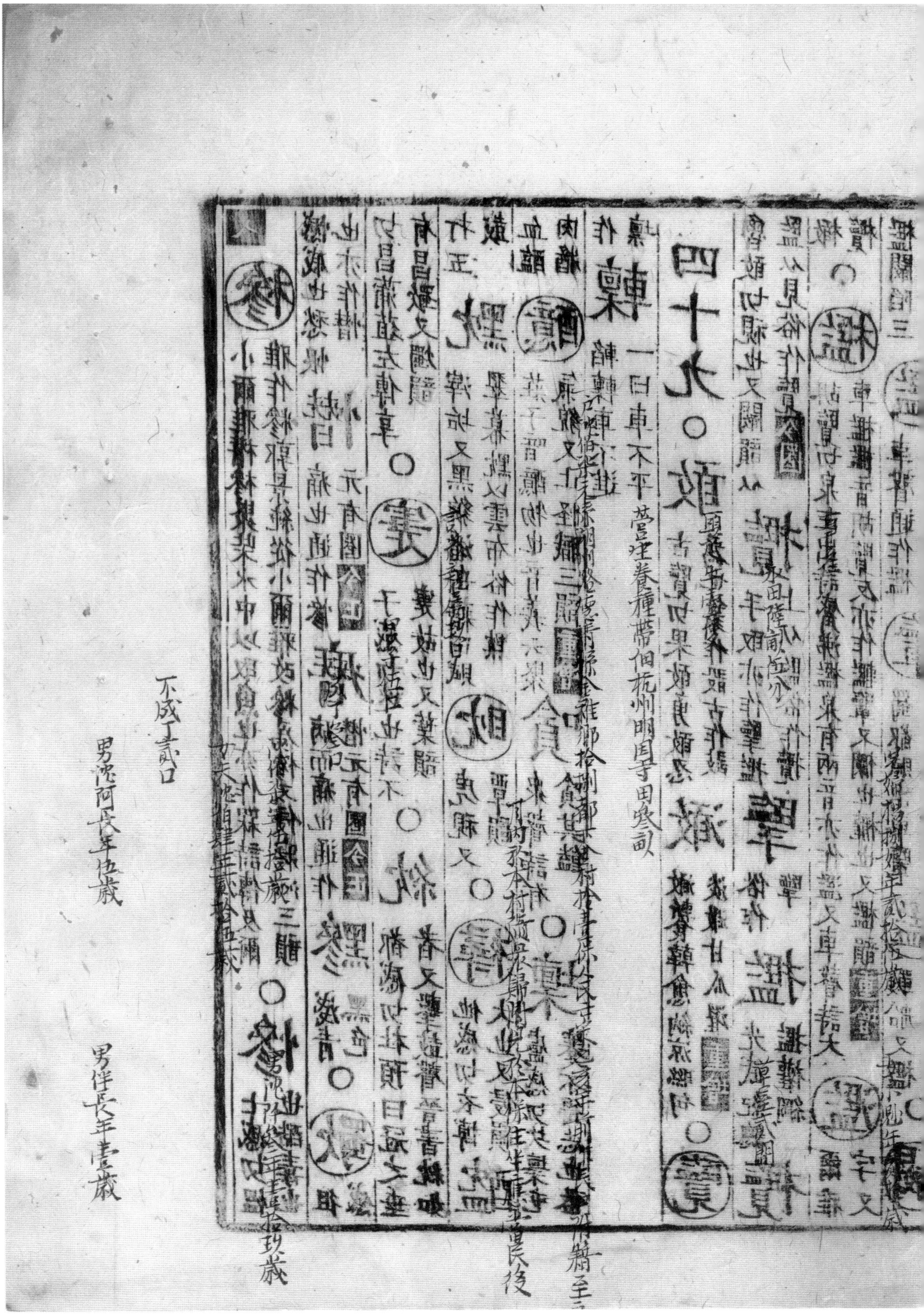

計家親屬柒口

男子叁口

成丁貳口

拾柒歲

拾伍歲

拾伍歲

一户姚肆壹元係湖州路德清縣金鵝鄉拾捌都

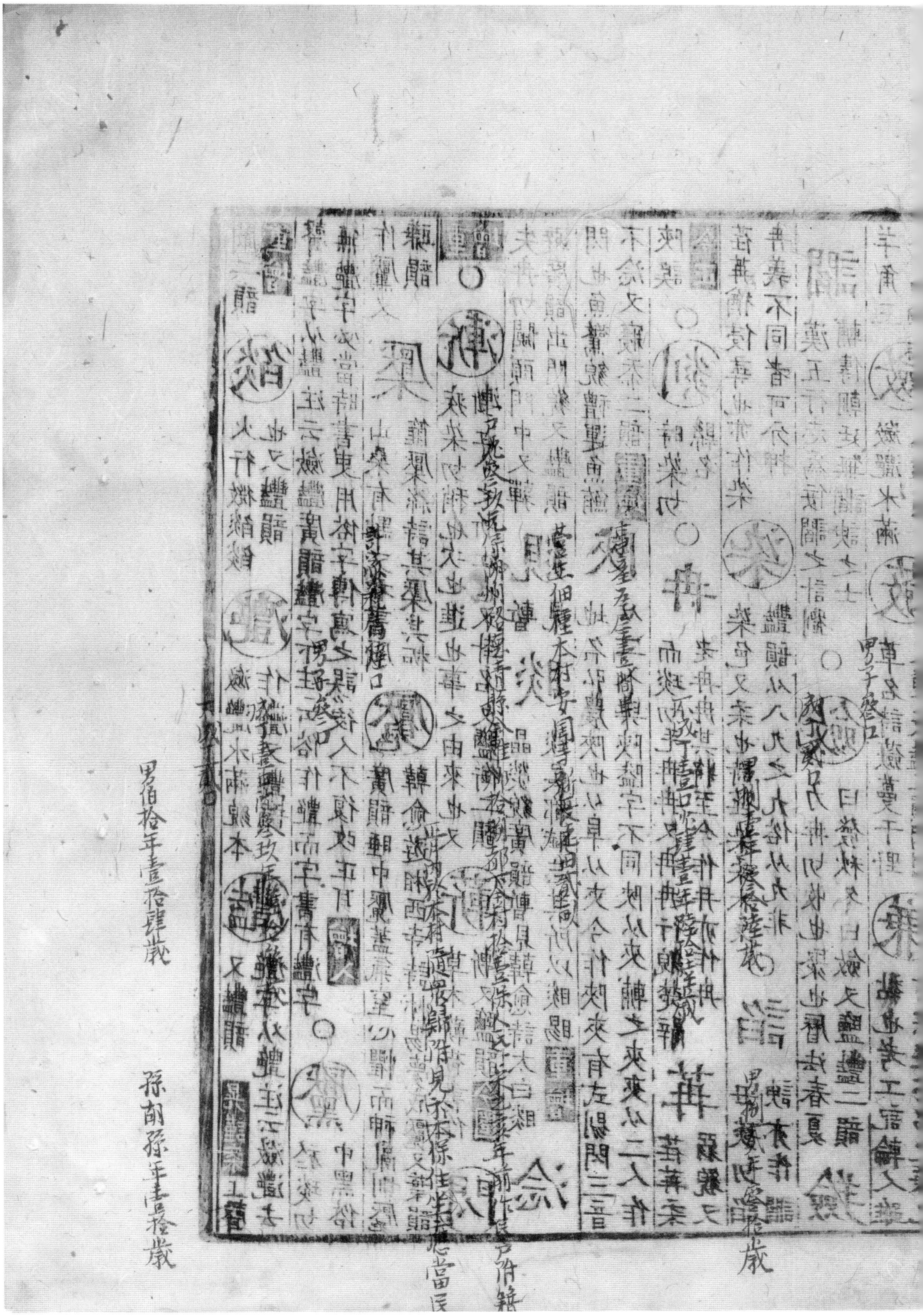

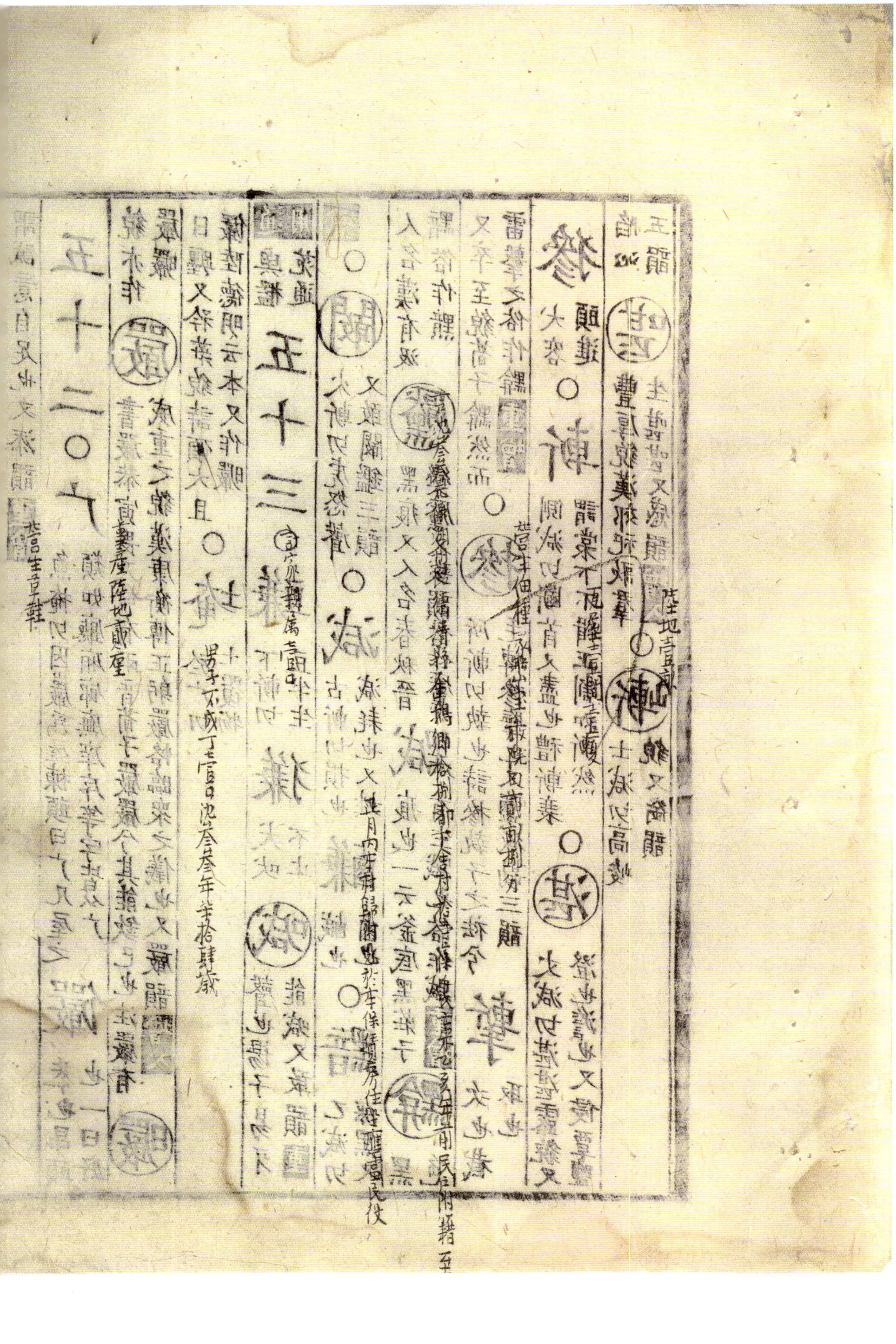

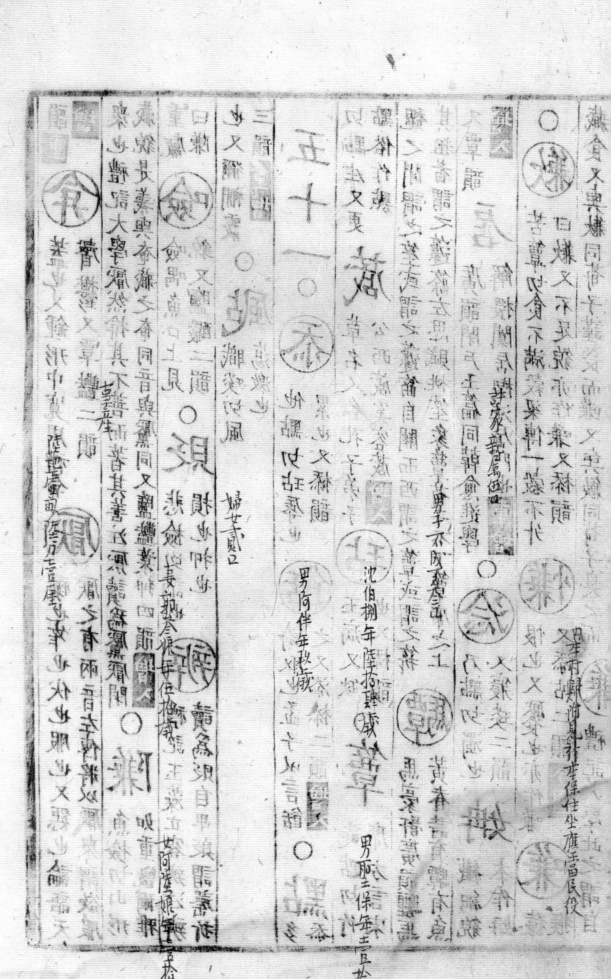

婦女叁口
妻張念陸娘年肆拾伍歲　兒婦程伍娘年貳拾陸歲

增修互註禮部韻略卷三

孫女發[illegible]年伍歲

事產
田地蕩叁拾伍畝柒分貳厘
水田貳拾伍畝柒分　陸地貳畝叁分伍厘
蕩柒畝陸分柒厘
房屋伍間
瓦屋肆間　草披屋壹間
船壹隻
營生養種田
一戶沈阡叁元係湖州路德清縣金鵝鄉拾肆都大麻村陸保住人氏亡宋乙亥年前作民戶附籍至元十三年正月內
歸附見於本保住坐應當民役

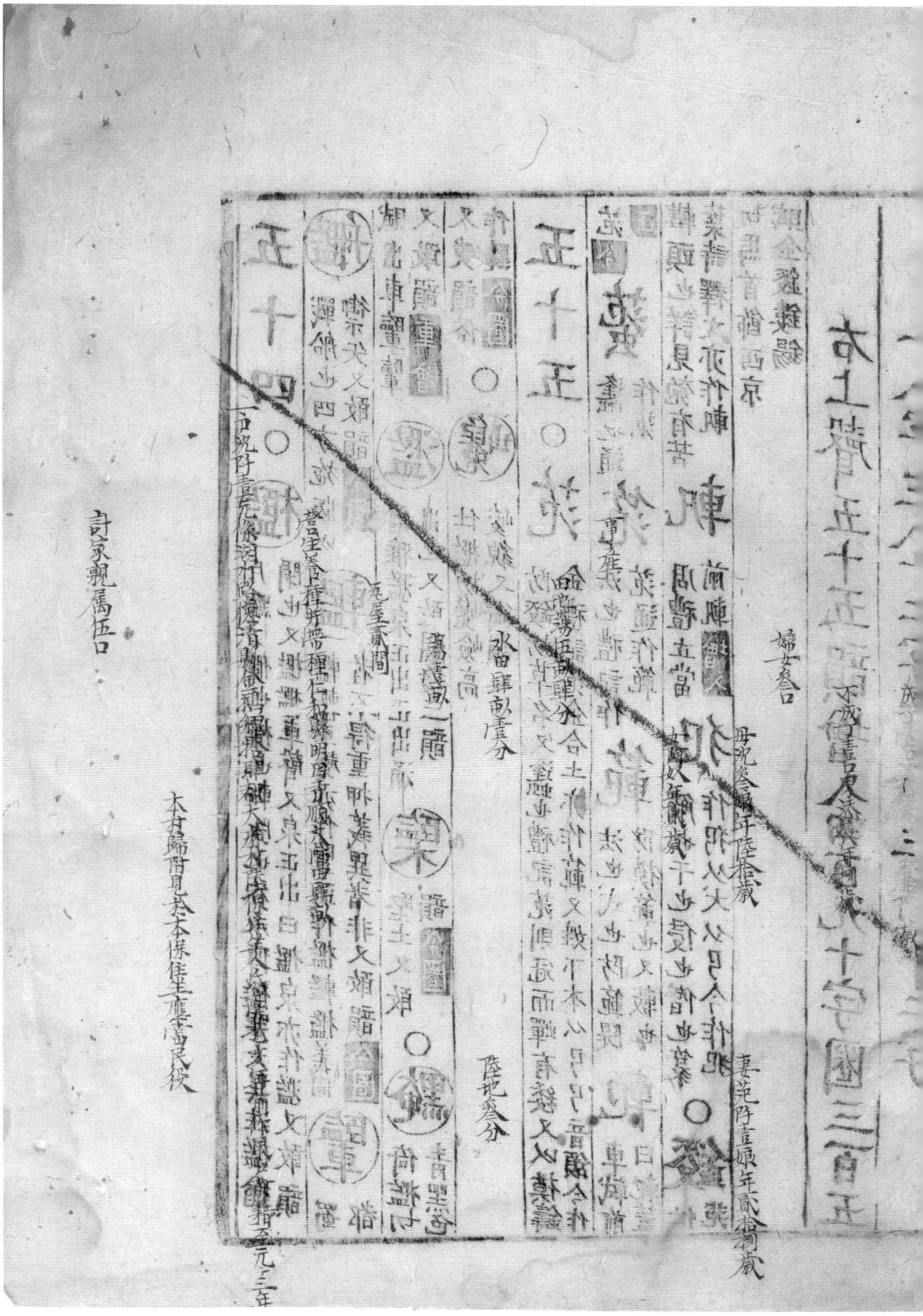